**A Descoberta
da Europa pelo Islã**

Coleção Estudos
Dirigida por J. Guinsburg

Equipe de realização – Tradução: Maria Clara Cescato; Edição de Texto: Luiz Henrique Soares; Revisão: Marcio Honorio de Godoy; Sobrecapa: Sergio Kon; Produção: Ricardo W. Neves, Sergio Kon e Raquel Fernandes Abranches.

**Bernard Lewis**

# A DESCOBERTA DA EUROPA PELO ISLÃ

Título do original em inglês
*The Muslim Discovery of Europe*
© 2001, 1982 by Bernard Lewis – Reissued in Norton Paperback 2001

Dados Internacionais de Catalogação na Publicação (CIP)
(Câmara Brasileira do Livro, SP, Brasil)

Lewis, Bernard
A descoberta da Europa pelo Islã / Bernard Lewis; [tradução Maria Clara Cescato]. – São Paulo : Perspectiva, 2010. – (Coleção Estudos ; 274)

Título original: The Muslim discovery of Europe
ISBN 978-85-273-0876-2

1. Europa – Relações – Oriente Médio 2. Islamismo 3. Oriente Médio – Relações – Europa I. Título. II. Série.

09-10069                                    CDD-303.4821767104

Índices para catálogo sistemático:

1. Oriente médio: Relações: Europa: Sociologia
303.4821767104

Direitos reservados em língua portuguesa à
EDITORA PERSPECTIVA S.A.

Av. Brigadeiro Luís Antônio, 3025
01401-000 São Paulo SP Brasil
Telefax: (011) 3885-8388
www.editoraperspectiva.com.br

2010

# Sumário

Nota sobre a Transcrição ............................ XI
Prefácio à Edição de 2001 .......................... XIII
Prefácio ........................................... XIX

1. Contato e Impacto ............................... 1
2. A Visão Islâmica do Mundo ..................... 55
3. Sobre a Língua e a Tradução ................... 69
4. Meios e Intermediários ........................ 95
5. Os Estudos Islâmicos sobre o Ocidente ........ 161
6. Religião ..................................... 211
7. A Economia: Percepções e Contatos ............ 231
8. Governo e Justiça ............................ 253
9. Ciência e Tecnologia ......................... 281
10. Vida Cultural ............................... 307
11. Vida Social e Pessoal ....................... 353
12. Conclusões .................................. 373

Fontes das Ilustrações ............................ 391
Índice Remissivo .................................. 395

*À estimada memória de*

*Abdülhak Adnan Adivar*
*Aziz Ahmad*
*Mujtaba Minovi*
*Muhammad al-Nuwaihi*

*Descobridores, Mestres, Amigos*

# Nota sobre a Transcrição

O autor faz preceder sua edição da seguinte nota explicativa sobre os critérios usados para a transcrição, cujos exemplos foram adaptados para o falante do português: "Os termos em persa e árabe foram transcritos de acordo com o sistema mais comumente utilizado pelos estudiosos do Islã. Para os termos otomanos, segui a ortografia padrão do turco moderno, na qual o *c* = j, como em *jest* [ou como em *dj*]; *ç* = ch, como em *church* [ou *tinta*, pronunciado *tch*, pelos falantes das capitais do Sudeste]; *ş* = ch, como em *sheet* [como em *chave*]; e *ı* representa um som entre *i* e *u* como em *radium* [ou como o *u* arredondado francês, como em *singulier*]. No corpo do texto, mas não nas notas e referências, empreguei *j* em vez de *c*, pouco comum para os nomes turcos".

# Prefácio à Edição de 2001

Em 1733, Samuel Johnson, então um jovem de vinte e quatro anos, observava, em sua primeira obra publicada em prosa, que:

uma mente generosa e elevada não se distingue, com certeza, por nada mais que um grau extremamente elevado de curiosidade; nem é essa curiosidade empregada de forma mais útil ou agradável que no exame das leis e costumes das nações estrangeiras.

Quase meio século mais tarde, numa conversa com seu amigo e biógrafo James Boswell, Johnson voltava a essa questão. Boswell observava: "gostaria de visitar algum país totalmente diferente de tudo a que estou acostumado; um país como a Turquia, onde a religião e tudo mais é diferente". A isso, Johnson teria respondido: "Sim, senhor; há dois objetos dignos da curiosidade – o mundo cristão e o mundo maometano. Tudo o mais pode ser considerado como bárbaro"[1].

A desqualificação que Johnson faz da grande civilização asiática e de outras como "bárbaras" é, naturalmente, absurda, mas bastante típica da ignorância e preconceitos da época.

---

1 James Boswell, *The Life of Samuel Johnson L. L. D.*, New York: The Modern Library, p. 45, 1039.

Mais interessante aqui é seu reconhecimento do Islã como uma civilização definida, em termos religiosos, como equiparável com a cristandade e, assim, digna de estudo.

Devido ao longo conflito entre as duas, que dura séculos e, na verdade, milênios, seu parentesco essencial tem sido muitas vezes ignorado, de ambos os lados. Ainda assim, as duas têm muito em comum e, sem dúvida, muito mais em comum entre si que qualquer das duas tem com as outras civilizações mais remotas que Johnson tão desdenhosamente descartava como "bárbaras". Elas compartilham das mesmas raízes nas tradições judaica e helenista e nas mais antigas civilizações do Oriente Médio. E, à filosofia e ciência helenísticas assim como à profecia e revelação judaicas, elas acrescentaram um novo elemento, exterior a essas duas tradições: a firme convicção, defendida pelos seguidores de ambas as religiões, de que eram elas as portadoras exclusivas da verdade divina definitiva, que seria seu dever levar – por que meios fossem – a toda a humanidade.

Entre essas duas pretendentes, assim historicamente consecutivas, teologicamente aparentadas, geograficamente contíguas, o conflito era inevitável.

A consciência dos cristãos da nova fé rival aflorou quase imediatamente após seu advento, com o avanço triunfante da nova religião, que se difundia de suas terras árabes de origem, na direção leste, até as fronteiras da Índia e da China e, na direção oeste, através do norte da África e das ilhas do Mediterrâneo, até a Europa. A vasta maioria dos adeptos da nova religião, a oeste do Irã, era constituída por convertidos do cristianismo. As terras nas costas leste e sul do Mediterrâneo haviam pertencido ao Império Romano cristão; elas se tornaram parte do reino do Islã e assim permaneceriam. O avanço foi ainda além e incluiu a Sicília, que retornaria ao domínio cristão no final do século xi, e a Península Ibérica, onde os oito séculos de conflito muçulmano-cristão se encerrariam em 1492 com a conquista cristã de Granada, o último centro do poderio muçulmano na Espanha. Por algum tempo pareceu que toda a Europa estava para ser absorvida, à medida que os exércitos muçulmanos vindos da Espanha cruzavam os Pireneus e avançavam rumo à França, enquanto outros se deslocavam da Sicília conquistada para a Itália continental.

No ano de 846, uma frota árabe proveniente da Sicília chegou a avançar pelo Tibre e os invasores saquearam Óstia e Roma. O avanço muçulmano na Europa ocidental foi por fim contido e repelido, mas havia outras ameaças vindas do Oriente – os tártaros islamizados, na Rússia, e, de importância muito maior, os turcos, que por duas vezes conquistaram toda a Grécia e os Bálcãs, em 1529 e novamente em 1683, e sitiaram Viena, no próprio coração da Europa cristã.

Assim não é de surpreender que os cristãos europeus medievais estivessem extremamente conscientes do que eles viam como a ameaça muçulmana – uma dupla ameaça, tanto de conquista quanto de conversão. A prudência mais elementar os aconselhava a aprender algo sobre seus adversários e sobre a religião que eles professavam. Em diferentes localidades na Europa, os estudiosos, sobretudo os sacerdotes cristãos, buscavam aprender algo sobre o Islã e procuravam se equipar para refutar suas doutrinas. Um marco decisivo foi a conclusão, em julho de 1143, de uma tradução para o latim do *Alcorão*, elaborada pelo estudioso inglês Robertus Ketenensis, com o apoio do famoso abade de Cluny, Pedro, o Venerável.

Mas o estudo do árabe na cristandade europeia não estava restrito a objetivos polêmicos como esses que, de qualquer forma, começavam a perder sua urgência. Havia um outro motivo, a longo prazo mais premente. A civilização do mundo árabe islâmico na Idade Média estava, sob todos os aspectos, num nível superior com relação à da Europa cristã. Em matemática, medicina e nas ciências em geral, o domínio do árabe dava acesso aos conhecimentos mais avançados existentes na época, em especial a traduções de originais da Antiguidade, perdidos e esquecidos na Europa, assim como ao novo material que provinha dos estudos e experimentos conduzidos por cientistas no mundo islâmico.

No final da Idade Média, ambos os motivos haviam perdido sua força. Os cientistas europeus tinham se recuperado do atraso e começavam a ultrapassar seus colegas no mundo islâmico e, na Europa pelo menos, a cristandade não mais se sentia ameaçada quer pelo peso dos exércitos muçulmanos quer pela sedução dos ensinamentos muçulmanos. Mas o estudo do árabe e da cultura que ele salvaguardava não diminuiu. Ao contrário, aumentou, mas desta vez com nova motivação – a curiosidade intelectual do Renascimento e, nutrindo essa curiosidade, a erudição filológica da tradição humanista que rapidamente se desenvolvia. Os centros de estudos árabes e outros estudos afins se desenvolveram na maioria dos países ocidentais e, no decorrer do século XVI e início do XVII, esses estudos se tornaram parte do currículo universitário.

Um observador moderno poderia se perguntar por que tanta atenção era dada ao árabe e tão pouca ao turco, na época a língua dos governos e do comércio no Oriente Médio e, em certa medida, até mesmo no norte da África. Assim, as cartas dos soberanos de Argel e de Túnis preservadas em arquivos no Ocidente estão em sua maior parte em turco, a língua dos soberanos, e não em árabe, a língua de seus súditos.

A resposta é clara. Não havia a cadeira de turco nas universidades europeias pela mesma razão que não havia cadeiras de inglês, francês ou alemão. As línguas modernas não eram um objeto apropriado de ensino e pesquisa acadêmica. O árabe, ao contrário, era uma língua clássica, na qual textos sagrados eram veiculados, que merecia ocupar seu lugar ao lado do latim, do grego e do hebraico bíblico.

A Europa cristã tinha fortes razões para se interessar pelas línguas e culturas do Oriente Médio. Além do óbvio fascínio de uma civilização mais rica e mais antiga e da ameaça ainda mais óbvia de um poderoso inimigo e invasor, havia o apelo da religião. Para o cristão, mesmo no norte distante, o próprio centro vital de sua religião estava na Terra Santa, desde o século VII sob domínio muçulmano. Sua *Bíblia* – assim como a fé que ela salvaguardava – provinha do Oriente Médio, grande parte dela estava em línguas do Oriente Médio, que registravam acontecimentos ocorridos em terras do Oriente Médio. Seus locais de peregrinação – Jerusalém, Belém, Nazaré – estavam todos sob domínio muçulmano e, exceto pelo curto intervalo das Cruzadas, era somente com a permissão dos muçulmanos que ele podia visitá-los como peregrino.

Os muçulmanos não tinham esse tipo de preocupação com relação à Europa cristã. Sua religião havia nascido na Península Árabe; seu profeta era árabe; seus livros sagrados estavam em árabe; seus locais de peregrinação, Meca e Medina, estavam seguros em mãos muçulmanas. Também não havia muita coisa que pudesse atrair os muçulmanos para a Europa. Seu principal produto de exportação para o mundo islâmico era seu próprio povo, como escravo; de fato, até o início da era moderna, não havia muito mais na Europa que pudesse despertar seu interesse ou curiosidade. A verdade é que estavam muito interessados em certas partes da herança da antiga Grécia, mas seu interesse se limitava ao que era útil: a medicina, química, matemática, geografia, astronomia e também a filosofia, nessa época ainda incluída entre as ciências utilitárias. Os muçulmanos medievais traduziram – ou, para ser exato, obtiveram traduções de – uma grande parte da bibliografia filosófica e científica da antiguidade grega; contudo, eles não mostravam interesse algum pelos poetas, dramaturgos ou historiadores gregos.

Eles também não encontravam nada de valor intelectual na Europa de sua época. Durante os séculos de presença árabe na Espanha e na Sicília, de presença dos tártaros na Rússia e, um pouco mais tarde, de presença turca nos Bálcãs, não há praticamente sinal algum de interesse quer nas línguas clássicas da Europa quer nas línguas faladas. Quando havia necessidade de tradutores para objetivos práticos, os soberanos muçulmanos sempre podiam encontrá-los em meio a seus súditos cristãos ou judeus, ou entre os convertidos dessas religiões. Isso poderia ser sintetizado da seguinte forma: eles estavam conscientes de pertencer à civilização mais avançada e esclarecida do mundo e de ser os afortunados portadores da mais rica e avançada das línguas. Tudo que valia a pena ler ou conhecer estava à disposição em sua língua, ou podia se tornar disponível por meio de imigrantes ou estrangeiros. Essa é uma atitude que muitos de nós facilmente reconheceriam nos dias de hoje.

No início do século XIX, os muçulmanos, primeiro na Turquia e depois em outras localidades, se tornavam conscientes da mudança no equilíbrio, não apenas de poder, mas também em termos de conhecimento, entre a cristandade e o Islã e, pela primeira vez, começaram a achar que valia a pena aprender línguas europeias. O historiador otomano Asim, escrevendo por volta de 1808, observava:

Alguns sensualistas, despidos dos trajes da lealdade, ocasionalmente aprendiam política com eles. Alguns, desejando aprender sua língua, contratavam professores franceses, aprendiam seu idioma e se orgulhavam [...] de sua conversa grosseira[2].

Somente em pleno século XIX é que encontraríamos alguns esforços, em algumas das línguas do Oriente Médio, em busca de elaborar gramáticas que tornassem possível aos que falavam essas línguas aprender uma língua ocidental. E, quando isso de fato acontecia, era em grande parte devido à iniciativa de dois intrusos detestados, o imperialista e o missionário. Esse era sem dúvida um contraste surpreendente, que levaria muitos a se perguntar: por que os muçulmanos estavam tão pouco interessados?

Essa, eu diria, é a pergunta errada. Eram os muçulmanos que estavam sendo normais, não os europeus. Não estar interessada em outras culturas é a atitude normal da humanidade. Foi uma peculiaridade dos europeus – e, sem dúvida, podemos ser mais específicos, dos europeus ocidentais e durante certo período de sua história – manifestar esse tipo de interesse por culturas estrangeiras, com as quais eles não tinham um relacionamento que pudesse ser quer observado quer constatado. Esse tipo de curiosidade intelectual provocava perplexidade e às vezes suspeita, em especial em meio aos que não compartilhavam dela.

Durante a maior parte da Idade Média, os políticos e estudiosos nas grandes cidades do mundo islâmico viram a Europa como o mundo exterior de trevas, barbárie e ausência de fé, com muito pouco valor e nada de interesse a oferecer. De tempos em tempos, diplomatas, comerciantes muçulmanos e mesmo muçulmanos feitos prisioneiros visitavam essa gente e, em seu retorno, ofereciam a seus compatriotas, em geral desinteressados, alguns curtos relatos sobre seus estranhos e primitivos costumes. Somente uma mudança radical nas posições relativas das duas sociedades e o surgimento em meio aos muçulmanos de uma consciência dessa mudança, faria emergir um novo interesse, ou antes, mais especificamente, uma nova preocupação.

2  Cf. infra, p. 54.

# Prefácio

Na tradição historiográfica ocidental, o termo descoberta é comumente empregado para descrever o processo pelo qual, do século xv em diante, a Europa e, mais especialmente, a Europa ocidental começou a descobrir o resto do mundo. Este livro trata de uma outra descoberta paralela, semelhante em certos aspectos, diferente em outros, que se iniciou antes dessa época e teria continuidade posteriormente, na qual o europeu não é o explorador que descobre povos selvagens em lugares estranhos e remotos, mas é ele próprio um selvagem exótico descoberto e observado pelos pesquisadores vindos das terras do Islã. Nas páginas que se seguem, é feita uma tentativa de examinar as fontes e a natureza do conhecimento muçulmano relativo ao Ocidente e as etapas de seu desenvolvimento. Nossa história tem início com as primeiras incursões muçulmanas pela Europa. Ela continua com a grande contraofensiva da cristandade ocidental contra o Islã e o reinício da Guerra Santa muçulmana a que isso deu origem, com a retomada e ampliação das relações comerciais e diplomáticas entre as regiões muçulmanas e cristãs da costa do Mediterrâneo e com a ascensão, após o fim da Idade Média, das novas monarquias muçulmanas na Turquia, Irã e

Marrocos e suas incursões exploratórias pela Europa. Ela termina com os primeiros estágios do enorme impacto europeu, do final do século XVIII em diante, sobre os centros vitais do Islã no Oriente Médio e o início de uma nova era, na qual a descoberta da Europa pelo Islã foi imposta, avançou em larga escala e foi, em geral, dolorosa.

O livro divide-se em três partes. A primeira examina o desdobramento das relações entre o Islã e a Europa ocidental, abordando acontecimentos com que estamos familiarizados de um ângulo pouco habitual para nós – o do adversário. Tentei focalizar as batalhas de Tours e Poitiers pelos olhos não de Carlos Martel, mas de seus adversários árabes, Lepanto, da perspectiva dos turcos, e o cerco da Viena, dos acampamentos dos que realizavam o cerco. A narrativa se caracteriza, dessa forma, pela ênfase dada ao modo como os muçulmanos viam o mundo, assim como o lugar que o Islã nele ocupava.

A segunda parte aborda os meios e os intermediários: de um lado, as línguas usadas na comunicação entre muçulmanos e europeus, inclusive problemas de tradução e o papel dos intérpretes, de outro, os viajantes – comerciantes, diplomatas, espiões e outros – que iam das terras islâmicas para a Europa. Também é dada alguma atenção ao papel, como intermediários, dos refugiados, dos súditos não muçulmanos dos Estados muçulmanos e dos novos recrutados para o Islã provenientes da Europa. Essa seção se encerra com o exame da imagem da Europa ocidental tal como ela se refletia em meio aos estudiosos islâmicos, sobretudo nos escritos de história e geografia.

A terceira parte do livro é dedicada a tópicos específicos – temas como economia, governo e justiça, ciência e tecnologia, literatura e artes, povo e sociedade.

Muita coisa tem sido escrita nos últimos anos sobre a descoberta do Islã pela Europa. Na maioria dessas discussões, no entanto, os muçulmanos aparecem como a vítima silenciosa e passiva. Mas a relação entre o Islã e a Europa, tanto na guerra quanto na paz, sempre foi um diálogo, não um monólogo: o processo de descoberta foi recíproco. A percepção muçulmana do Ocidente não merece menos estudo que a percepção do Islã pelo Ocidente – e, no entanto, recebeu menos atenção.

Este livro esteve por longo tempo em elaboração. Interessei-me pelo tema já faz mais de vinte e cinco anos e apresentei um primeiro texto no Congresso Internacional de Ciências Históricas, em Roma em 1955. A ele se seguiram outros artigos abordando diferentes aspectos da descoberta, bem como conferências apresentadas em universidades e sociedades de estudos especializados no norte da África, Oriente Médio e em outras partes, inclusive diversas universidades nos Estados Unidos. O material nele contido foi inicialmente apresentado com maior detalhamento numa série de transmissões do Third Programme da b.b.c. em 1957 e, mais recentemente, em cinco palestras apresentadas no Collège de France, em maio de 1980. A meus anfitriões e plateias em todos esses lugares sou imensamente grato pela oportunidade que me ofereceram de apresentar e às vezes melhorar minha exposição.

Tenho ainda o agradável dever de agradecer aos que contribuíram de diferentes maneiras para a realização e publicação deste trabalho. Gostaria de exprimir minha especial gratidão à sra. Dorothy Rothbard, da Universidade Princeton, e à sra. Peggy Clarke, do Instituto de Estudos Avançados, por seu cuidado e competência, digitando e redigitando meu manuscrito, às vezes em condições bastante adversas; à sra. Cathy Kornovich, da W. W. Norton, por seu meticuloso e inestimável trabalho de revisão da versão final; a quatro estudantes da pós-graduação em Princeton, à sra. Shaun Marmon e ao sr. Alan Makovsky, por sua enorme e valiosa ajuda, em particular no preparo final; ao sr. David Eisenberg, pela leitura de um conjunto de provas, e ao sr. James L. Yarrison, por diversas e úteis sugestões; à srta. Norah Titley, da Biblioteca Britânica, Londres, e ao prof. Glyn Meredith Owens, da Universidade de Toronto, pela ajuda e orientação na busca de material gráfico adequado, para ilustração deste volume; a meu amigo e colega, o prof. Charles Issawi, pela leitura do manuscrito final e por oferecer um sem-número de úteis comentários.

*Princeton*
*20 de abril de 1981*

# 1. Contato e Impacto

Nos primeiros anos do século VII, quando o profeta Maomé iniciou sua missão na Península Árabe, todo o mundo mediterrâneo ainda fazia parte da cristandade. Na região costeira da Europa, assim como nas costas asiática e africana, quase todos os habitantes eram cristãos de várias denominações. Das religiões presentes no mundo greco-romano, somente duas, o judaísmo e o maniqueísmo, haviam sobrevivido nessas terras e eram professadas por minorias. No Mediterrâneo oriental, o Império Romano do Oriente, conhecido em meio aos estudiosos como Império Bizantino, continuava florescendo e, com Constantinopla como sua capital, dominava a Síria, a Palestina, o Egito e parte do norte da África, assim como da Ásia Menor e do sudeste europeu. No Mediterrâneo ocidental, o Estado romano havia caído, mas os povos bárbaros, assim como os reinos que eles fundaram sobre as ruínas de Roma, adotaram a religião cristã e tentavam, com êxito esporádico, manter pelo menos formas do Estado romano e da Igreja cristã. Mas o domínio do cristianismo não estava limitado às terras da região mediterrânea. Situada além da fronteira oriental de Bizâncio, a Mesopotâmia, a província metropolitana mais ocidental do Império Persa, era, no início do século VII, predominantemente cristã e, assim, fazia parte do mundo cristão, embora não do mundo romano. Mesmo na Península Árabe, além das fronteiras imperiais tanto romanas quanto persas, minorias cristãs e judaicas viviam em meio a uma maioria pagã. Poucas décadas após a morte de Maomé em 632, seus seguidores árabes saíram da Península Árabe, atacaram os impérios bizantino e persa, os dois grandes impérios que dividiam entre si o Oriente Médio, e capturaram vastos territórios pertencentes a ambos. O Império Persa foi conquistado e absorvido em sua íntegra. Do mundo romano, os árabes tomaram a Síria, a Palestina, o Egito e o resto do norte da África que, por sua vez, se tornaram seu trampolim para a invasão da Espanha e das ilhas mediterrâneas, em especial, a Sicília. Derrotando tanto os exércitos bizantinos quanto os bárbaros, eles conseguiram incorporar esses países ao novo Império Islâmico e ameaçavam colocar em perigo a cristandade de ambas as extremidades. No leste, os exércitos árabes da Síria e do Iraque exerciam pressão sobre a Anatólia, então território cristão e centro vital do Império Bizantino, enquanto no oeste outros exércitos árabes e berberes avançavam da Espanha conquistada, atravessavam os Pirineus e ameaçavam tragar toda a Europa ocidental. Durante algum tempo os exércitos muçulmanos ocuparam a Sicília, partes do sul da Itália e pareciam ameaçar até mesmo Roma.

Para a tradição historiográfica ocidental, a batalha decisiva que deteve o avanço muçulmano e salvou o Ocidente europeu para a cristandade foi a Batalha de Tours e Poitiers, onde, no ano de 732, os francos, sob o comando de Carlos Martel, infligiram uma derrota decisiva aos exércitos do Islã. Na verdade, foi nessa ocasião que surgiu pela primeira vez a própria noção de Europa como uma entidade que podia ser ameaçada ou salva. Uma passagem famosa do *Declínio e Queda do Império Romano* de Gibbon pode servir para ilustrar a percepção ocidental dessa batalha e do destino que ela evitou:

> O avanço triunfal se prolongara por 1500 quilômetros, do Rochedo de Gibraltar até as margens do Loire; tivessem avançado mais mil e 1500 quilômetros, os sarracenos teriam chegado aos confins da Polônia e das Terras Altas da Escócia; o Reno não é mais intransponível que o Nilo e o Eufrates e a frota árabe poderia ter

navegado sem enfrentar combate naval até a foz do Tâmisa. Talvez a interpretação do *Alcorão* fosse agora ensinada nas escolas de Oxford e seus púlpitos demonstrassem a um povo circuncidado a santidade e verdade da Revelação de Maomé*[1].

"De calamidades como essa", continua Gibbon, "a cristandade foi poupada pelo gênio e sorte de um único homem".

A tradição muçulmana reflete uma visão diferente dos feitos de Carlos Martel e dos resultados da Batalha de Tours e Poitiers. Os árabes têm uma rica bibliografia historiográfica, celebrando, com detalhes afetuosos, as fases sucessivas da *jihād*, a guerra santa pela fé contra os infiéis, registrando com meticulosa honestidade tanto os reveses quanto as vitórias dos conquistadores.

Eles estavam, evidentemente, bastante conscientes de que, na França, haviam alcançado os limites de sua expansão rumo ao Ocidente e alguns autores falam de Narbona, uma cidade que ficaria sob o domínio dos árabes até 759 d.C., como "a última das conquistas muçulmanas na terra dos francos". Um escritor de um período posterior, que estava interessado em curiosidades e prodígios, chega a mencionar uma estátua em Narbona com uma inscrição dizendo: "Vão embora, filhos de Ismael, até aqui é o mais longe que vocês chegarão. Se me perguntarem, responderei e se não forem embora, vocês se trucidarão uns aos outros até o dia da ressurreição"[2]. Mas os historiadores árabes da Idade Média não mencionam nem Tours nem Poitiers e nada sabem sobre Carlos Martel. A batalha é mencionada pelo nome de Balāṭ al-Shuhadā´, a Via dos Mártires, e é apresentada como um combate de importância relativamente pequena. Essa denominação somente aparece no século XI e, mesmo então, somente em textos de historiadores árabes da Espanha. Na historiografia árabe oriental, o episódio recebe no

---

* Devido a peculiaridades da edição em inglês, não foi possível fornecer nas notas da presente edição em português todas as informações que, pelo padrão da editora, fariam parte da referência (N. da E.).
1 Edward Gibbon, *The Decline and Fall of the Roman Empire*, J. B. Bury (ed.), London, 1909/1914, v. 6, cap. 52: 16.
2 Zuhrī, *Kitāb al-Djuʿrāfiya*, Mappemonde du Calife al-Maʾmun réproduite par Fazàri (III/IX s.) rééditée et commentée par Zuhrī (VIᵉ/XIIᵉ s.), M. Hadj--Sadok (org.), *Bulletin d'études orientales*, n. 21, p. 77-230, 1968; cf. trad. para o francês, p. 39.

máximo uma menção casual. Ibn 'Abd al-Ḥakam (803-871), autor do mais importante relato árabe sobre a conquista do norte da África e da Espanha, diz apenas o seguinte:

'Ubayda [o governador do norte da África] dera autoridade sobre a Espanha a 'Abd al-Raḥmān ibn 'Abdallah al-'Akkī. Homem de mérito, 'Abd al-Raḥmān realizou expedições contra os francos. Eles são os inimigos mais distantes da Espanha. Ele conseguiu grandes pilhagens e os venceu [...]. Então embarcou numa outra expedição e sofreu, juntamente com todos os seus acompanhantes, martírio pelo Islã. Sua morte [...] ocorreu no ano de 115 [733-34]"[3].

Outros historiadores são igualmente sucintos. É importante notar que Ṭabarī (m. 923), o mais importante historiador árabe do Oriente, e Ibn al-Qūṭiyya (m. 977), o primeiro grande historiador da Espanha muçulmana, não fazem menção alguma à Batalha de Tours e Poitiers.

No entanto, se a tradição historiográfica muçulmana omite a Batalha de Tours e Poitiers, ou a menciona apenas como um episódio de importância menor, ela, por outro lado, tem muito a dizer sobre as tentativas árabes de conquista de Constantinopla, na mesma época. Esses ataques e cercos malsucedidos são celebrados tanto na historiografia quanto nas lendas muçulmanas e alguns dos episódios das batalhas chegam a encontrar seu lugar em meio aos detalhes escatológicos dos acontecimentos que devem pressagiar a chegada da Era Messiânica.

Parece haver poucas dúvidas de que, ao ignorar Poitiers e salientar Constantinopla, os historiadores muçulmanos estavam vendo os acontecimentos de uma perspectiva muito mais correta que os historiadores ocidentais que viriam a escrever mais tarde. Os francos que venceram Poitiers encontraram pouco mais que um bando de assaltantes operando além de suas fronteiras mais distantes, a milhares de quilômetros de seus locais de origem. Eles venceram uma força que já havia alcançado seus limites e estava exaurida. Os gregos que defendiam Constantinopla, ao contrário, se defrontaram com a nata dos exércitos do califa, enviados diretamente de suas

---

3 Ibn 'Abd al-Ḥakam, *Futūḥ Miṣr wa-akhbāruhā*, C. C. Torrey (org.), New Haven, 1922, p. 216-217.

bases de origem num ataque em larga escala contra a capital inimiga. Os gregos encontraram e detiveram os contingentes islâmicos enquanto eles ainda eram fortes e vigorosos. Do Rochedo de Gibraltar até as margens do Loire, como observa Gibbon, são mais de mil e quinhentos quilômetros. Mas o Rochedo de Gibraltar fica a milhares de quilômetros da Península Árabe. Para os árabes, o caminho até o Reno, atravessando a Europa oriental, era mais curto e mais fácil – muito menos árduo que o caminho que eles tomaram até o Oxus* e as fronteiras da China. Foi o fracasso dos exércitos árabes em conquistar Constantinopla – e não a derrota de um bando de árabes incursionando por Tours e Poitiers – que tornou possível a sobrevivência da cristandade tanto no Oriente quanto no Ocidente.

Os árabes estavam bastante conscientes da diferença entre as duas cristandades. Para se referir aos bizantinos, eles em geral utilizavam o termo Rūm, a forma árabe e, mais tarde também persa e turca, para se referir a Roma. Bizâncio se autodesignava Império Romano e seu povo se autodenominava "romanos". Até hoje, o termo comumente utilizado nas línguas islâmicas para se referir aos gregos é Rūm, os territórios do antigo Império Bizantino são conhecidos como as terras de Rūm e a língua grega é denominada rūmī. Na verdade, mesmo entre os gregos a forma cristã de sua língua, tanto bizantina quanto moderna, é muitas vezes conhecida como *romaike*. Não era desconhecido dos geógrafos árabes que também na Itália havia uma cidade com o nome Roma. Esse detalhe, no entanto, não era de amplo conhecimento e essa Roma era vista como muito menos importante que a outra, situada no Bósforo.

Apesar da derrota em Constantinopla, os exércitos muçulmanos continuaram avançando nas fronteiras tanto orientais quanto ocidentais de seu império. Mas estavam chegando aos limites de sua expansão. A oeste, a conquista da Sicília, entre 827 e 902, foi o único ganho territorial significativo. A leste, os muçulmanos foram detidos nas fronteiras da Índia e da China. No centro, a fronteira bizantina permaneceu relativamente

---

\* O autor emprega o nome antigo, em grego, Oxus (há também a denominação Oxiana Palus, pântano de Oxus), mas o rio hoje é chamado de Amu Dária ou Amudária (N. da T.).

calma e a captura de Constantinopla foi adiada para um futuro remoto.

A guerra santa, em sua primeira grande fase, tinha virtualmente chegado ao fim. O fogo e a paixão dos primeiros conquistadores estavam extintos havia muito; sua sede, quer por saques quer por martírio, saciada. A nova dinastia de califas, os abássidas, que sucederam os omíadas na metade do século VIII, mudara a capital para leste, da Síria para o Iraque. Ao fazê-lo, ela transformou o califado de império mediterrâneo em império asiático. O interesse na guerra santa desse novo califado era superficial e sua preocupação com as fronteiras ocidentais, mínimas.

Por algum tempo os novos Estados muçulmanos, com suas bases em países do Mediterrâneo, continuaram lutando contra os cristãos europeus. Mas, em pouco tempo, sua atenção era desviada da guerra santa contra os infiéis para problemas internos urgentes. Desde o início, houve dissidências religiosas no interior do mundo islâmico entre a forma sunita do Islã, que era preponderante e da qual o califa abássida em Bagdá era o líder legítimo, e as várias seitas, em sua maioria agrupadas sob a liderança dos xiitas, que desafiavam tanto o consenso sunita quanto a legitimidade do califa sunita. Durante o século X, surgiu o califado de uma seita rival, o dos fatímidas, primeiro na Tunísia e depois no Egito, que desafiaria os abássidas pela liderança de todo o mundo islâmico. Antes dos fatímidas houvera, nos Estados muçulmanos, outros governantes autônomos, e até mesmo independentes, mas a maioria deles sempre estivera disposta a se submeter, mesmo que apenas formalmente, à suserania do califa abássida sunita. Os fatímidas se recusavam até mesmo a isso e, em contrapartida, se proclamavam os únicos califas legítimos do Islã, que vinham para expulsar os usurpadores abássidas. Em vez de um, havia agora dois califas no Islã e eles logo se tornariam três, quando o emir omíada de Córdova, na Espanha, ameaçado pelo expansionismo e sedicionismo fatímida, proclamou-se califa em seus próprios domínios. O cisma religioso e a hostilidade entre os califados rivais se tornava agora a principal preocupação no mundo muçulmano e o antigo conflito relativo às fronteiras estava reaberto. Tanto os sunitas quanto os xiitas vieram a compartilhar do sentimento generalizado de que a idade heroica estava encerrada, que os limites entre o Islã e a cristandade eram mais ou menos permanentes e que alguma forma de reconhecimento e mesmo de relacionamento com os Estados não muçulmanos era inevitável.

Mas, se a guerra santa muçulmana chegara ao fim, pelo menos temporariamente, a dos cristãos estava apenas começando. Eles não haviam esquecido de que a maior parte do Império Muçulmano era constituída por terras que outrora haviam pertencido à cristandade, inclusive a própria Terra Santa, onde a religião cristã nascera. A contraofensiva cristã ao Islã era estimulada pela manifesta fraqueza e falta de união que a essa altura havia tomado conta do mundo muçulmano. Outros também se aproveitavam dessa desorganização. As primeiras incursões sérias contra territórios muçulmanos foram feitas por povos que não eram nem cristãos nem muçulmanos, mas pagãos – os turcos cazares, a leste, os vikings, a oeste. Mas esses foram nada mais que curtos episódios que logo chegavam ao fim. Muito mais importante foi a recuperação da força e a determinação cada vez maior dos cristãos de reconquistar as terras que a cristandade havia perdido.

A Reconquista cristã teve início pelas extremidades. Na Espanha, os pequenos principados cristãos que haviam conseguido manter uma existência precária no extremo norte da Península Ibérica, começaram a consolidar e expandir seus territórios, sendo ajudados nesse esforço pelos ataques dos francos, e mais tarde também dos normandos, contra terras muçulmanas. No leste, outras populações cristãs, os georgianos e os armênios do Cáucaso, começaram a se rebelar contra seus suseranos muçulmanos. Na segunda metade do século X, mesmo os bizantinos estavam em condição de desferir vigorosas ofensivas militares contra os muçulmanos na Mesopotâmia, na Síria e nas ilhas gregas e de recuperar muitos dos territórios que haviam sido perdidos.

Durante o século XI, as forças cristãs obtiveram importantes vitórias contra o Islã. No leste, o reino cristão da Geórgia resistiu às tentativas muçulmanas de subjugá-lo e entrou num grande período de expansão, durante o qual conseguiu dominar toda a região transcaucasiana entre o Mar Negro e o

Cáspio. No Mediterrâneo central, os invasores cristãos desembarcaram na Sardenha e na Sicília e as resgataram ao domínio dos soberanos muçulmanos. Na Península Ibérica, a Reconquista, avançando progressivamente rumo ao sul, trouxe Toledo, na Espanha, e Coimbra, em Portugal, para as mãos dos cristãos. Por fim, a partir de 1098, grupos de cristãos vindos da Europa ocidental conquistaram e, por algum tempo, mantiveram o controle das planícies costeiras da Síria e da Palestina por meio de uma série de campanhas que vieram a ser conhecidas na história da cristandade como as Cruzadas.

Eles não eram tão conhecidos em meio aos muçulmanos. As palavras "cruzada" e "cruzado" estavam ausentes dos escritos muçulmanos da época e, na verdade, parecem não ter equivalentes em árabe ou outras línguas islâmicas até ser cunhadas em textos cristãos em língua árabe, num período posterior. Para os observadores muçulmanos da época, os cruzados eram simplesmente os francos ou os infiéis – mais um grupo em meio aos muitos infiéis e bárbaros que atacavam o mundo islâmico, distinto dos outros apenas por sua ferocidade bélica e os êxitos que isso lhes trazia. Nesse aspecto, os muçulmanos não diferiam muito dos cristãos europeus, que durante muito tempo se recusaram a reconhecer no Islã uma religião rival e se referiam a eles como infiéis, pagãos ou, de forma mais polida, designavam-nos por denominações étnicas como sarracenos ou mouros, turcos ou tártaros.

Os êxitos dos cruzados deviam-se em boa parte às fragilidades dos muçulmanos. Na metade do século xi, a civilização islâmica já mostrava sinais de desintegração. Em resultado dos crescentes problemas internos e da fragmentação política cada vez maior, seus territórios estavam sujeitos a sucessivos ataques bem sucedidos pelo que era percebido pelos muçulmanos como bárbaros, tanto externos quanto internos, que já duravam quase três séculos. Na África, um novo movimento religioso unia as tribos berberes do sul do Marrocos e da região do Senegal-Níger. Ele os impeliu a um processo de expansão que culminou com a criação de um novo império berbere que abrangia a maior parte do noroeste da África e a Espanha muçulmana. Do leste, a partir da Ásia central e ainda além, as terras do Islã eram invadidas pelos povos das estepes –

inicialmente os turcos e depois os mongóis – cujas migrações e conquistas modificariam toda a estrutura cultural, social e étnica do Oriente Médio. Mesmo dentro do império, o colapso da administração civil tornou possível aos beduínos e outros nômades perambular livremente no que outrora haviam sido terras irrigadas e cultivadas.

Mas não foi nenhuma dessas forças que infligiu o maior e mais permanente dano ao mundo islâmico. Os berberes e beduínos eram, afinal de contas, muçulmanos e os turcos logo seriam convertidos e se tornariam os defensores mais destemidos que o Islã já conhecera. A primeira ameaça vital ao Islã viria dos bárbaros infiéis do norte – isto é, da Europa.

O cronista de Damasco Ibn al-Qalānisī, que foi contemporâneo a esses acontecimentos, registra a chegada dos cruzados no ano da Hégira de 490, correspondendo a 1096-1097, nos seguintes termos:

> E nesse ano começaram a chegar sucessivos relatos sobre o aparecimento dos exércitos dos francos, vindo da direção do Mar de Constantinopla com forças tão grandes que seu número não pode ser calculado. Esses relatos se seguiam uns aos outros e, à medida que se espalhavam e se tornavam conhecidos, as pessoas iam ficando ansiosas e inquietas[4].

Mais de um século depois, na distante Mossul, o grande historiador Ibn al-Athīr via esses acontecimentos de uma perspectiva mais ampla:

> O primeiro aparecimento do Império dos francos, o aumento de sua força, sua invasão dos territórios do Islã e a ocupação de alguns deles ocorreram no ano de 478 [1085-86], quando eles tomaram a cidade de Toledo e outras nas terras de Andaluz, como já dito. Então, no ano de 484 [1091-92], eles atacaram a ilha de Sicília e a conquistaram e também sobre isso já falei. Então abriram caminho à força, chegando até mesmo às praias da África, onde capturaram algumas localidades, que, no entanto, foram resgatadas deles. Então conquistaram outros locais, como vocês verão agora.

---

4 Ibn al-Qalānisī, *Dhayl ta´rīkh Dimaschq* (História de Damasco 365-555 A.H.), H. F. Amedroz (org.), Beirute, 1908, p. 134; cf. trad. para o inglês, H. A. R. Gibb, *The Damascus Chronicles of the Crusades*, London, 1932, p. 41.

Quando chegou o ano de 490 [1096-97], eles invadiram o território da Síria[5].

E aí, destruindo tudo que encontravam pela frente, os cruzados conseguiram estabelecer uma série de Estados francos, cristãos e feudais espalhados ao longo da costa síria e palestina, indo dos sopés dos Montes Tauros até a região próxima ao Sinai. Seriam necessários mais de dois séculos para que os últimos vestígios desses principados cristãos em solo muçulmano fossem eliminados pela guerra santa muçulmana.

Inicialmente as incursões desses recém-chegados foram recebidas pelos príncipes do Islã com indiferença e, em pouco tempo, os Estados latinos encontravam seu lugar na intricada configuração da política sírio-palestina. A *jihād* original havia muito chegara ao fim e até mesmo o espírito da *jihād* parecia perdido e esquecido. Essa era uma época de violência e de mudanças, quando as terras do Islã estavam sendo atacadas de todos os lados, pelos povos da Ásia central e da África berbere, assim como pela cristandade. Mesmo em Alepo, em Damasco e no Cairo, a perda da Palestina e da região costeira da Síria inicialmente atraiu pouco interesse. Em outras localidades, ela passou virtualmente despercebida. Escrevendo no início do século XIII, Ibn al-Athīr descreve como os primeiros refugiados da Palestina sob ocupação dos cruzados chegavam a Bagdá, falavam sobre seu infortúnio e pediam ajuda. Mas nenhuma ajuda era enviada. A falta até mesmo de informações corretas se revela nos escritos de um poeta iraquiano que, lamentando o fracasso de Jerusalém e dos muçulmanos em se mobilizar e seguir em sua defesa, fala dos conquistadores de Rūm, isto é, os bizantinos[6]. Tanto a oeste quanto a leste, os soberanos muçulmanos estavam dispostos a negociar com seus novos vizinhos e até mesmo a fazer ocasionais alianças com eles contra outros muçulmanos. Por mais de duzentos anos, francos e muçulmanos estiveram em contato estreito e diário na Síria e na Palestina, muitas vezes no campo de batalha, mas muitas vezes também em atividades comerciais e diplomáticas

---

5 Ibn al-Athīr, *Al-Kāmil fi´-l-ta´rīkh*, C. J. Thornberg (org.), Leiden, 1851-1876, 10: 185, ano 491.
6 Idem, 10: 192-193, ano 492.

e até mesmo em alianças. Durante séculos após o fim das Cruzadas, os peregrinos e comerciantes ocidentais viajariam pelo Egito e o Levante, enquanto os soberanos muçulmanos assinavam sucessivos tratados comerciais com os Estados ocidentais com os quais tinham interesses recíprocos.

No Ocidente, a reconquista cristã obtinha vitória final e completa. Os soberanos muçulmanos, e depois até mesmo os súditos muçulmanos, foram expulsos da Espanha e de Portugal e, em pouco tempo, os vitoriosos espanhóis e portugueses perseguiam seus antigos senhores também na África. No Oriente, os cruzados conseguiram se manter por algum tempo, graças aos reforços repetidamente enviados da Europa, mas eles se viram enfraquecidos pelos sucessivos ataques dos muçulmanos, até que o último bastião do poderio latino na Palestina, o porto de Acre, caiu nas mãos do sultão mameluco, em 1291.

Alguns débeis resíduos do espírito das Cruzadas permaneceram na Europa por algum tempo e ajudaram a inspirar algumas expedições relativamente infrutíferas contra os mamelucos no Egito e contra a nova potência em ascensão, os turcos otomanos. Mas, no final da Idade Média, a Europa cristã havia perdido o interesse e estava ocupada com outras questões. Enquanto os cristãos esqueciam as Cruzadas, os muçulmanos se lembravam da *jihād* e, mais uma vez, iniciavam uma guerra santa pela fé, primeiro, para restaurar e defender o que fora perdido para os invasores cristãos e então para, na torrente da vitória, levar a mensagem e o poder do Islã a novas terras e novos povos que nunca os haviam conhecido antes.

O impacto dos cruzados sobre os países que eles dominaram por até dois séculos fora, em quase todos os aspectos, notavelmente pequeno. Nesses Estados, eles nunca chegaram a formar mais que uma minoria dominante de católicos europeus ocidentais – barões, clero e comerciantes, com seus diversos servidores e subordinados. A grande massa da população constituída por nativos consistia em muçulmanos, cristãos das diferentes igrejas orientais e alguns judeus. Com a partida dos cruzados, essas terras foram facilmente reincorporadas à política e sociedade islâmicas.

Mas, em dois aspectos as Cruzadas deixaram uma marca permanente. O primeiro foi a deterioração da posição dos súditos não muçulmanos no interior do Estado muçulmano. O ressentimento resultante do longo conflito entre o Islã e a cristandade, a necessidade de segurança em áreas com população mista de muçulmanos e cristãos numa época em que a fidelidade religiosa era primordial e, talvez devamos acrescentar, o exemplo de perseguição introduzido pelos reis e prelados cristãos, tudo isso se combinaria mais tarde para dar origem a uma atitude mais hostil da parte dos muçulmanos. Dessa época em diante, as relações entre os muçulmanos e seus súditos cristãos e judeus se tornariam mais distantes e, muitas vezes, mais difíceis[7].

Outra mudança permanente foi a que ocorreu nas relações entre o Oriente Médio e a Europa. Antes do século XI, elas eram muito limitadas. Os Estados sob domínio dos cruzados deram início a uma nova estrutura de relações que, no geral, seus sucessores muçulmanos acharam conveniente manter. Sob o domínio dos cruzados, os comerciantes europeus, em sua maioria italianos, haviam se estabelecido nos portos do Levante, onde formavam comunidades organizadas sob o comando de seus próprios dirigentes e governadas por suas próprias leis. A reconquista muçulmana desses portos não pôs fim às atividades dos comerciantes europeus. Ao contrário, os soberanos muçulmanos eram cuidadosos em evitar perturbá-las e preferiam incentivar esse comércio, que era fonte de lucros para eles tanto quanto para os que estavam nele envolvidos. Os comerciantes europeus continuavam a prosperar nas antigas fortificações dos cruzados e agora apareciam até mesmo no Egito e em outros locais que os cruzados jamais haviam conquistado.

Esses novos vínculos com a Europa também afetaram as minorias cristãs que viviam no Oriente Médio, sob domínio muçulmano. Dessa época em diante, eles passaram a ter contato cada vez maior com o Ocidente, em parte devido aos negócios que eles empreendiam com comerciantes europeus, em parte também devido aos vínculos religiosos entre os vários grupos de cristãos que falavam o árabe e que haviam se afastado das igrejas orientais para formar comunidades uniatas em comunhão com a Igreja de Roma. Esses contatos comerciais e religiosos ajudaram a formar um pequeno núcleo de pessoas

---

7  E. Ashtor, The Social Isolation of the *Ahl adh-Dhimma*, *Pal Hirschler Memorial Book*, Budapeste, 1949, p. 73-94.

que tinham o árabe como língua nativa e também noções de alguma língua europeia, bem como algum contato com os europeus. Mais tarde, esses cristãos do Oriente Médio com vínculos com o Ocidente viriam a desempenhar um papel de grande importância. Durante muito tempo, no entanto, seu papel e o dos comerciantes ocidentais residentes em cidades do Oriente Médio permaneceram extremamente circunscritos. A segregação social que, desde a época das Cruzadas, separava os não muçulmanos residentes nessas cidades da maioria muçulmana da população também afetava as comunidades de comerciantes ocidentais residentes e reduzia os contatos entre eles e a população muçulmana ao mínimo necessário para as relações comerciais e, ocasionalmente, políticas.

Em 1174, Saladino escrevia uma carta ao califa em Bagdá, justificando sua política de estimular os comerciantes cristãos nos territórios que ele havia reconquistado aos cruzados. Ele havia, dizia ele, feito acordos com eles e, com isso, modificado as condições do comércio em benefício dos muçulmanos:

os venezianos, os pisanos e os genoveses, todos eles costumavam vir – às vezes como saqueadores cuja voracidade em causar danos não podia ser contida e cuja paixão pelo mal não podia ser saciada, às vezes como viajantes tentando subjugar o Islã com as mercadorias que traziam – e nossos tímidos decretos não eram capazes de dar conta deles [...] e agora todos trazem para nossas terras suas armas de guerra e combate e destinam a nós o mais seleto do que fazem e recebem em herança[8].

E esse resultado desejável, explica Saladino, fora outrora obtido estabelecendo vínculos com esses comerciantes e negociando condições "que nos agradam e eles deploram, que têm nossa preferência e não a deles".

A Igreja cristã era da mesma opinião, mas nem seu alarido nem suas sentenças de excomunhão foram capazes de impedir a retomada e ampliação do comércio entre os mundos cristão e muçulmano. É irônico que, exceto por uns poucos castelos, essa renovação do comércio com o Ocidente provavelmente

---

8  Abū Shāma, *Kitāb al-Rawḍatayn fī akhbār al-dawlatayn*, 2 ed., M. Ḥilmī Aḥmad (org.), Cairo, 1962, 1ª parte, 2: 621-622.

foi o único efeito permanente e de alguma importância deixado pelos cruzados no Oriente.

Enquanto o comércio ocidental aumentava e florescia, os exércitos ocidentais sofriam uma série de derrotas esmagadoras. Os cruzados foram expulsos de todas as terras conquistadas e, pela segunda vez, grandes áreas de territórios até então cristãos foram perdidas para os muçulmanos. Mais uma vez, como acontecera nos primórdios do Islã, os muçulmanos desfechavam uma guerra santa contra o mundo cristão. Desta vez, seus exércitos chegariam até o âmago da própria Europa.

A guerra santa que derrotou e por fim expulsou os cruzados não teve origem nos países que eles ocupavam nem com os povos que eles haviam conquistado ou ameaçado. O novo ímpeto provinha do oriente mais distante, de uma nova potência no Islã, os turcos, um povo originário do Oriente asiático, que chegara às terras do califado entre os séculos IX e XI e havia se tornado o líder político e militar do Islã. Sua chegada havia precedido as cruzadas. Sua conquista da Síria os havia até mesmo, num certo sentido, instigado.

Durante a hegemonia turca, o mundo muçulmano restabeleceu uma nova militância e embarcou em novas *jihāds* que trariam importantes ganhos territoriais, alguns deles permanentes. A primeira grande conquista turca contra a cristandade foi a da região oriental e central da Anatólia, o grande bastião do Império Bizantino que, durante muito tempo, constituíra a principal barreira ao avanço muçulmano. No final do século XI e durante século XII, os turcos seljúcidas transformaram a Anatólia, por conquista e por colonização, no território turco e muçulmano que mais tarde se tornaria a plataforma de lançamento de uma segunda e mais perigosa invasão islâmica da Europa.

Mas, antes disso, os próprios muçulmanos seriam invadidos e conquistados por um novo e perigoso inimigo no Oriente. Nos primeiros anos do século XIII, um líder mongol conhecido pelo título de Gêngis-Khan* conseguiu, após lutas encarniçadas, unificar as tribos nômades guerreiras da Mongólia e liderá-las numa imensa campanha de conquista.

---

\* Ou Gêngis-Cã, sendo cã (que significa comandante ou governador), o equivalente mongol para imperador, empregado doravante neste livro para designar tal título (N. da T.).

Em 1220, toda a Ásia central estava em suas mãos e, no ano seguinte, os mongóis cruzavam o rio Oxus e davam início à conquista do Irã*. A morte de Gêngis-Khan, em 1227, trouxe apenas uma curta pausa e logo seu sucessor, o novo cã, estava pronto para reiniciar os ataques. Em 1240, os mongóis haviam conquistado a região ocidental do Irã e invadido a Geórgia, a Armênia e o norte da Mesopotâmia; em 1243, eles enfrentaram e destroçaram as forças do sultão turco seljúcida da Anatólia.

Na metade do século XIII, os mongóis planejaram e executaram um novo avanço rumo ao Ocidente. O príncipe Hulagu, neto de Gêngis-Khan, cruzou o Oxus com ordens do grande cã de conquistar todas as terras do Islã, até o Egito. Em poucos meses, cavaleiros mongóis de longos cabelos irrompiam furiosamente pela Pérsia, derrubando toda resistência e, em janeiro de 1258, convergiam em massa rumo à cidade de Bagdá. Eles assaltaram, saquearam e incendiaram a antiga capital do califado e, em 20 de fevereiro de 1258, o último califa era executado, juntamente com todos os membros de sua família que puderam ser encontrados. Pela primeira vez desde a época do profeta, um povo não muçulmano invadia o centro vital do Islã, destruía a grande instituição histórica do califado e estabelecia domínio pagão sobre muçulmanos. Somente no Egito os sultões mamelucos conseguiram resistir e impedir a entrada dos mongóis no continente africano.

Ao norte, o avanço dos mongóis continuava. Deslocando-se rumo a oeste a partir da Ásia central, seus homens cavalgaram tanto para o norte quanto para o sul do Mar Negro e do Cáspio e conquistaram a maior parte do que é hoje a Rússia, chegando até as fronteiras da Polônia, Hungria e até mesmo da Silésia. Nas terras ao norte do Mar Negro, os conquistadores mongóis criaram, pela primeira vez, uma estrutura política para os povos das estepes – em sua maioria turcos – que se dispersaram por essa área. Relativamente poucos em número, os soberanos mongóis se apoiavam pesadamente em seus súditos turcos, que eram em número maior e os haviam precedido nessa migração rumo a oeste. Com o tempo, abandonando sua própria língua, os mongóis começaram a falar o turco e a se misturar com os

\* O autor alterna entre Pérsia e Irã, independentemente das datas dos acontecimentos, e na presente tradução isso foi mantido (N. da T.).

turcos. Isso foi especialmente importante nas estepes da Europa oriental, onde as tribos turcas constituíam parte importante da população. Os habitantes turco-mongóis que resultaram dessa mistura são muitas vezes designados como tártaros, um termo que, a rigor, se refere apenas a certos grupos entre os turco-mongóis, mas é com frequência empregado de forma menos precisa para designar todos eles. O período durante o qual eles exerceram o domínio é conhecido na história da Rússia como "o jugo tártaro". Após o esfacelamento do império dos grandes cãs, seus domínios foram divididos em diversos Estados menores, cada qual governado por uma linhagem de grandes cãs que reivindicavam descender diretamente de Gêngis-Khan. O Estado mongol na Europa oriental é conhecido na denominação russa e, dessa forma, também na europeia, como o Canado da Horda Dourada. Com a turquificação dos mongóis e a conversão da Horda Dourada ao Islã no final do século XIII e início do XIV, o Estado turco-muçulmano passou a dominar toda a Europa oriental, do Mar Báltico ao Negro, e a impor tributos aos príncipes da Moscóvia* e outros soberanos eslavos. No século XV, o Canado da Horda Dourada enfraqueceu; ele foi finalmente derrubado em 1502, dando lugar a canados menores com bases em Kazan, Astracã** e na Crimeia. Isso marcou o fim da hegemonia muçulmana na Europa oriental e abriu caminho para a ascensão e finalmente o domínio de Moscóvia.

Mais ao sul, os mongóis conseguiam se estabelecer no Irã e no Iraque e obter supremacia sobre o Estado seljúcida na Anatólia. Não conseguiram, no entanto, sobrepujar o Império Islâmico ainda existente e com bases no Egito, o dos sultões mamelucos. Presos a uma luta de vida e morte contra o Egito, os soberanos mongóis, não surpreendentemente, começaram a buscar no Ocidente aliados contra o inimigo em comum. Na Europa, os príncipes cristãos responderam com vivo, embora cauteloso, entusiasmo a ideia de uma nova cruzada, desta vez em aliança com uma grande potência não muçulmana situada além do Império Islâmico, que ficaria então sujeito a uma guerra em duas

---

\* Ou Principado de Moscovo ou de Moscou (depois "Grão-ducado de Moscovo" e "Domínio dos Tsares"), entidade que precedeu o Império Russo. Moscovo era o lugar de origem dos tsares russos (N. da T.).

\*\* Kazan, Cazã ou Kazã é a capital da República do Tartaristão; Astracã hoje é um *oblast*: ambas fazem parte da Federação Russa (N. da T.).

frentes. Durante algum tempo houve vigorosa atividade diplomática entre as cortes dos cãs mongóis e as da Europa cristã. Os emissários mongóis – em sua maioria cristãos da Igreja Oriental – foram a Roma, à França e até mesmo à Inglaterra, onde o rei Eduardo I manifestou certo interesse no projeto de aliança com os mongóis. Ao mesmo tempo, viajantes cristãos da Europa – comerciantes, diplomatas e missionários – visitavam os domínios persas do grande cã. Alguns deles, como o famoso Marco Polo, aproveitaram a *pax mongolica* para viajar até a Mongólia e a China, utilizando uma rota terrestre atravessando a Ásia.

A *jihād* dos turcos seljúcidas em direção ao Ocidente foi interrompida com a queda do sultanato seljúcida da Anatólia, conhecido como Sultanato de Rūm. Ela foi retomada por seus herdeiros, os otomanos. O Estado otomano começou como um principado de combatentes de fronteira, um dos vários Estados sucessores do sultanato seljúcida da Anatólia. A denominação "otomano" é uma corruptela do nome de seu primeiro soberano, Osman, que, de acordo com a tradição, teria reinado de 1299 a 1326.

O primeiro Estado otomano a surgir foi o da fronteira entre o Islã e a cristandade, na Anatólia. Seu soberano usava o título de chefe de fronteira ou, às vezes, chefe dos gázis, os guerreiros de fronteira na guerra santa. Um poeta turco do século XIV, cuja saga otomana nos fornece a mais antiga fonte histórica otomana escrita, define o gázi como "o instrumento da religião de Deus [...] a vassoura de Deus que limpa a terra da sujeira do politeísmo [...] a espada infalível de Deus"[9]. Com o tempo, com o avanço dos exércitos otomanos e a vasta extensão do poderio otomano, o principado se tornou um Estado e o Estado se tornou um império. Mas o Império Otomano permaneceu uma comunidade política infundida desde sua própria origem por um senso de missão na guerra santa.

Nessa guerra santa, a Europa era uma fronteira para a qual os otomanos, e na verdade muitos outros muçulmanos, olhavam de uma forma muito parecida com a que os europeus olhariam para as Américas, do século XVI ao XVIII. Além das fronteiras norte e oeste, estavam as ricas terras áridas e primitivas, para as quais era sua missão sagrada levar a religião e a civilização,

[9] Ahmedi em *Osmanli Tarihleri*, N. Atsiz (org.), Istambul: 1949, p. 7; cf. Paul Wittek, *The Rise of the Ottoman Empire*, London, 1938, p. 14.

a ordem e a paz – colhendo ao mesmo tempo as recompensas habituais dos pioneiros e homens da fronteira. O fim da expansão otomana – o fechamento da fronteira – levaria a mudanças profundas tanto no interior do Império Otomano quanto na percepção otomana do que estava para além das fronteiras.

Em sua fase imperial, os sultões otomanos se viam como sucessores legítimos dos imperadores bizantinos, uma aspiração manifesta até mesmo no título que eles em geral usavam, Sulṭan-i Rūm – Sultão de Roma. Com a conquista de Constantinopla em 1453, o sultão Mahmud II\*, a partir de então conhecido como o Conquistador, dava coroamento a sua carreira de conquistas. As duas partes do antigo império, a Ásia e a Europa, estavam em suas mãos; a antiga capital imperial era agora a sede de seu governo.

Os cronistas turcos, não é de surpreender, oferecem muitos relatos da conquista de Constantinopla. Os mais antigos – as narrativas dos próprios gázis e seus porta-vozes – são simples e diretos. O historiador gázi, Oruç, descreve a conquista da seguinte forma:

> Em Edirne\*\*, canhões do tamanho de dragões eram forjados e mosquetes eram preparados. O sultão Mahmud deixou Edirne e foi para Istambul, levando consigo essas armas. Quando foram montados e começaram a disparar de todos os lados, os canhões destruíram as torres e muralhas das fortificações de Istambul e os infiéis em seu interior não conseguiram chegar à vitória pela qual lutavam. O soberano\*\*\* de Istambul foi corajoso e não pediu trégua. Os sacerdotes haviam dito que, de acordo com o que estava escrito nos evangelhos, a cidade não poderia ser capturada. Acreditando em suas palavras, ele colocou canhões e mosquetes em todos os cantos, para defender as torres. Enquanto entravam na torre, seus homens falavam todo tipo de asneira. Deus proíba, eles blasfemavam contra a santidade do Profeta e proferiam besteiras sem sentido. Por causa de seu orgulho, Deus todo-poderoso infligiu esse desastre sobre eles. O sultão Mahmud, filho do sultão Murad, inspirado por seu fervor, exclamou: "pela causa de Deus", e ordenou o saque. Os gázis, vindo de todos os lados, foram entrando pelos rombos abertos pelos canhões

---

\* Também é grafado na forma aportuguesada, Maomé II (N. da T.).
\*\* Cidade da Turquia também conhecida como "Andrinopla" e "Adrianópolis" (N. da T.).
\*\*\* Trata-se de Constantino XI, o último imperador de Bizâncio (N. da T.).

na fortaleza e atacaram com suas espadas os infiéis que lá se encontravam. Estava aberto o caminho para o resto dos soldados. Eles atravessaram as trincheiras e colocaram escadas. Encostaram as escadas nas paredes das torres e escalaram. Subindo a torre, eles acabaram com os infiéis que estavam dentro e entraram na cidade. Saquearam e pilharam. Tomaram seu dinheiro e suas posses e escravizaram seus filhos e filhas. O sultão Mahmud também deu ordens para que saqueassem as casas. Desse modo, o que podia ser tomado foi tomado. Os muçulmanos conseguiram tanta pilhagem que a riqueza acumulada em Istambul desde que a cidade foi construída, 2400 anos atrás, ficou sendo a parte dos gázis. Eles saquearam a cidade durante três dias e, depois desses três dias, o saque foi proibido. Istambul foi tomada na terça-feira, dia 21 de Rebi ül-evvel do ano de 857 [correspondendo a 29 de maio de 1453][10].

Essa forma de narrativa, escrita em língua turca simples para homens simples, reflete a perspectiva dos gázis na fronteira. A mais sofisticada historiografia otomana do século XVI apresenta um quadro um pouco diferente.

Essa vasta região, essa cidade forte e altaneira, [...] de ninho da coruja do erro, se tornou a capital da glória e da honra. Pelos nobres esforços do sultão maometano, o tinido maligno dos sinos dos desavergonhados infiéis foi substituído pelo chamado à oração muçulmano, o doce canto, cinco vezes repetido, da Fé de ritos gloriosos, e os ouvidos do povo da Guerra Santa se encheram com a melodia chamando à oração. As igrejas que estavam dentro da cidade foram esvaziadas de seus ídolos vis e limpas de suas impurezas idólatras e imundas; pelo desfiguramento de suas imagens e a construção dos púlpitos e nichos de oração islâmicos, muitos mosteiros e capelas se tornaram a inveja dos Jardins do Paraíso. Os templos dos infiéis foram transformados nas mesquitas dos devotos, os raios da luz do Islã expulsaram as hostes das trevas desse lugar, por tanto tempo a residência dos desprezíveis infiéis, e o raiar da aurora da Fé afastou as horríveis trevas da opressão, pois a palavra – irresistível como o destino – do afortunado sultão se tornou suprema no governo desse novo domínio[11].

---

10  Oruç, *Die frühosmanischen Jahrbücher des Urudsch*, F. C. H. Babinger (org.), Hannover, 1925, p. 124; N. Atsiz (org.), *Oruç Beğ Tarihi*, Istambul, 1972, p. 108-109.
11  Trad. para o inglês, E. J. W. Gibb, *The Capture of Constantinople*, Londres, 1879, p. 33-34 (ligeiramente revisada); cf. Sa´d al-Din, *Taj al-tavarih*, Istambul, 1279 (A.H.), 1: 419 e s.

Com Constantinopla como sua capital, era natural, para o herdeiro muçulmano da Roma pagã e cristã, voltar-se para o Ocidente, para o passo seguinte. As forças otomanas avançaram de ambos os lados do Adriático. Do lado norte, a cavalaria otomana fazia incursões numa área ao alcance de Veneza. Do lado sul, as forças otomanas consolidavam sua posição na costa albanesa e capturavam as ilhas próximas. Em agosto de 1480, uma expedição naval otomana comandada por Gedik Ahmed Paşa*, o Kapudan (almirante-mor) da frota otomana, seguiu para Vlora, na Albânia, e capturou o porto italiano de Otranto. Na primavera seguinte, Paşa reuniu uma nova força expedicionária, com o objetivo de reforçar suas bases e expandir as conquistas otomanas na Itália.

No ano de 884 [diz o cronista] Gedik Ahmed Paşa seguiu com uma enorme frota para a península de Apúlia. Lá chegando, com a ajuda de Deus e o interesse do sultão, a sombra de Deus, ele atacou a fortaleza de Apúlia, que se parece com a fortaleza de Constantinopla. Ele conquistou um vasto território. Os templos dos ídolos se tornaram mesquitas do Islã e a oração cinco vezes ao dia, que é a chamada à vigília de Maomé, a paz esteja com ele, passou a ser entoada[12].

Mas o sultão Mahmud, o Conquistador, já estava morrendo e sua morte interrompeu os promissores planos de Paşa. Nas palavras de um historiador turco de um período ligeiramente posterior:

Enquanto o sultão não passou para o outro mundo, ele (Gedik Ahmed) permaneceu em Apúlia e deu início a vastas conquistas. Depois da morte do sultão Mahmud, Gedik Ahmed foi saudar o sultão Bajazeto e os infiéis que lá estavam criaram muitos problemas para os muçulmanos. O fim da história foi que os infiéis capturaram Apúlia novamente e, dos muçulmanos que lá estavam, alguns morreram e alguns, após passar por muitas aflições, escaparam[13].

\* Também Pasha (em inglês) e Pascia (italiano) (N. da T.).
12 Tursun, *The History of Mehmed the Conqueror*, H. Inalcik e R. Murphy (org. e trad.), Minneapolis/ Chicago, 1978, fólios 156a-156b.
13 Neşri, *Gihānnümā, die Altosmanische Chronik des Mevlānā Meḥemmed Neschrī*, F. Taeschner (org.), Leipzig, 1951, 2: 307-308; *Kitab-i Cihan Nüma, Neşri Tarihi*, F. R. Unat e M. A. Köymen (orgs.), Ankara, 1949, 2: 838-839.

No decorrer das lutas pela sucessão entre o novo sultão Bajazeto II e seu irmão Djem, as tropas otomanas se retiraram de Otranto e o plano de conquistar a Itália foi adiado e, por fim, abandonado. A facilidade com que, poucos anos mais tarde, em 1494-1495, os franceses conseguiriam conquistar os Estados italianos, um após outro, quase sem sofrer resistência, sugere que, tivessem insistido um pouco mais com seus planos, os turcos teriam conquistado a maior parte, ou mesmo toda a Itália, sem grandes dificuldades. Uma conquista da Itália pelos turcos, em 1480, quando o Renascimento apenas começava, teria transformado a história do mundo. Mas, embora os turcos deixassem a Itália sem a conquistar, o senso otomano de sua missão imperial se manteve forte e os exércitos otomanos continuaram seu avanço pela Europa.

Seu objetivo era avançar ainda mais. Do século XVI em diante, fontes turcas fazem referências frequentes a uma cidade remota e lendária chamada Kızıl-elma, ou Maçã Vermelha. O nome teria sido derivado da aparência da cúpula dourada de uma grande igreja que se erguia nessa cidade. A cidade da maçã vermelha era a meta final da conquista turco-muçulmana e sua captura selaria o fim da *jihād* e a vitória final do Islã. Foram identificadas várias capitais cristãs que teriam sido objetivos dos exércitos turcos, primeiramente Constantinopla, depois Budapeste e, então, em diferentes épocas, Viena e Roma. De fato, os turcos conquistaram Constantinopla para si, mantiveram Budapeste sob seu domínio durante um século e meio, mantiveram cerco a Viena por duas vezes e, por algum tempo, pareceram ameaçar até mesmo Roma.

Durante o reinado do sultão Suleiman, o Magnífico (1520-1566), o império estava no auge de seu poder. Na Europa, os exércitos otomanos, que já dominavam a Grécia e os Bálcãs, atravessaram a Hungria para sitiar Viena, em 1529. No Oriente, os navios de guerra otomanos desafiavam os portugueses no Oceano Índico, enquanto, no Ocidente, os soberanos muçulmanos do norte da África, com exceção do Marrocos, se submetiam à suserania otomana. Com isso, eles levaram o poderio naval muçulmano aos mares ocidentais, alcançando o Atlântico, onde os corsários do norte da África faziam suas incursões até mesmo próximo às ilhas britânicas.

Mais uma vez, como acontecera no início, o avanço do Islã parecia impor uma ameaça fatal à cristandade. A cruzada estava morta, a *jihād* havia tomado seu lugar. Richard Knolles, o historiador elizabetano famoso por sua história dos turcos, expressava o sentimento generalizado na Europa, ao se referir ao Império Turco como "o atual terror do mundo"[14]. Mesmo na distante Islândia, o Livro de Oração Comum luterano, utilizado nas igrejas, suplicava a Deus que salvasse os fiéis "da astúcia do Papa e do terror dos turcos". Que estes últimos representavam uma ameaça justificada é o que percebemos com o aparecimento, em 1627, na Islândia, dos corsários da Barbária\*, que de lá transportavam várias centenas de prisioneiros para os mercados de escravos da Argélia.

As vitórias de Suleiman, o Magnífico, foram o ponto alto das conquistas turcas – e o início do declínio. Os exércitos otomanos se retiraram de Viena e a frota otomana, do Oceano Índico. Por algum tempo, a ainda imponente fachada do poderio militar otomano ocultou o declínio real que ocorria no Estado e na sociedade otomana. Na Hungria, turcos e cristãos continuavam a travar batalhas que permaneciam indecididas e, em 1683, os turcos ainda conseguiam empreender uma segunda investida para capturar Viena. Mas era tarde demais e, desta vez, sua derrota foi definitiva. Em algumas partes do mundo, sobretudo na África tropical e no sudeste asiático, o Islã continuava seu avanço. Na Europa, no entanto, o Islã sofreu um revés decisivo, que as vitórias otomanas conseguiram por algum tempo obscurecer e retardar, mas não puderam impedir.

A resposta da cristandade europeia à primeira grande *jihād* tinha sido a Reconquista e as cruzadas. A resposta à segunda onda do avanço islâmico culminaria com a expansão da Europa e viria a ser conhecida como "imperialismo". Esse movimento de expansão teve início, não surpreendentemente, nos dois extremos da Europa, em países que haviam estado, eles próprios, sob o domínio muçulmano – os países da Península

---

14 R. Knolles, *The General Historie of the Turkes, from the First Beginning of that Nation to the Rising of the Ottoman Families*, London, 1603, p. 1.

\* Ou Berbéria, como os europeus denominavam a costa norte da África, do Marrocos até a Líbia (N. da T.).

Ibérica e a Rússia. Ele posteriormente se ampliaria até engolfar quase todo o mundo islâmico.

Em 1492, o último reduto muçulmano na Espanha era conquistado pelos exércitos de Fernando e Isabel. A essa altura, o contra-ataque europeu já estava a caminho. A reconquista de Portugal fora concluída em 1267, quase dois séculos e meio antes da reconquista da Espanha. Em 1415, os portugueses capturaram Ceuta, na costa norte do Marrocos, com isso levando a guerra para o campo inimigo. Durante o século XVI, os portugueses fizeram um esforço resoluto por se estabelecer no Marrocos. Ocuparam Tânger, por um curto período de tempo, e retiveram algumas bases no sul, por um tempo um pouco maior. Mas o grande empreendimento português no norte da África terminou com sua derrota nas mãos dos marroquinos, na Batalha de Alcácer-Quibir, em 1578.

Num ímpeto de reconquista do mesmo tipo, também os espanhóis perseguiram, da Europa até a África, seus antigos senhores derrotados e, de 1497 a 1510, capturaram diversas localidades na costa norte da África, de Melilha, no Marrocos, até Trípoli, mais a leste. Esse empreendimento, assim como o português, não deu em nada. Sua finalidade, em todo caso, era limitada – impedir, em sua origem, toda tentativa de recuperação e retorno dos muçulmanos e proteger suas embarcações e sua região costeira contra os piratas muçulmanos. Quando o poderio naval otomano começou a dominar o Mediterrâneo, os espanhóis abandonaram toda tentativa séria de invadir o norte da África e, assim como os portugueses, ficaram satisfeitos em manter alguns pontos reforçados com pequenas guarnições.

O verdadeiro contra-ataque do Ocidente europeu contra o Oriente ocorreu, no entanto, numa região totalmente diferente. Quando chegou a Calecute, Vasco da Gama explicou que estava "à procura de cristãos e especiarias". Essa era uma síntese bastante apropriada dos motivos que levavam os portugueses até a Ásia e também, possivelmente e com os ajustes apropriados, da *jihād* para a qual, num certo sentido, as viagens portuguesas davam a resposta, por longo tempo adiada. O sentimento de estar em luta pelo cristianismo era forte em meio aos portugueses que navegavam para o Oriente. As grandes viagens de descoberta eram vistas como uma guerra religiosa, uma continuação das cruzadas e da Reconquista contra o mesmo inimigo. Em águas orientais, os grandes adversários dos portugueses eram os soberanos muçulmanos – no Egito, Turquia, Irã e Índia – a cujo domínio eles punham fim. Após os portugueses, chegaram outros povos marítimos do Ocidente que, juntos, estabeleceram o domínio da Europa ocidental sobre a África e o sul da Ásia, que perduraria até o século xx.

O domínio dos europeus estava tão bem assegurado que eles puderam até mesmo lutar entre si em campos de batalha orientais, com vantagens ocasionais para as potências locais. Um incidente desse tipo tornou-se célebre. Em 1622, os portugueses, que haviam capturado o porto de Ormuz no Golfo Pérsico, foram expulsos por um exército persa, com a ajuda dos ingleses. A vitória é celebrada num poema épico persa e a aliança temporária foi justificada por um historiador persa da época:

> A situação tinha agora mudado, pois um grupo de ingleses havia recentemente se apresentado na corte safávida e dissera que, quando o xá desejasse retomar Ormuz, eles estariam prontos para ajudá-lo com soldados. Eles explicaram ao xá que eram inimigos dos portugueses e que sua hostilidade mútua provinha em parte de dissidências religiosas. Depois que o porto de Ormuz fosse retomado, disseram eles, navios de outros portos sob controle inglês iriam garantir que os portugueses não o capturassem novamente. O xá 'Abbās decidiu aceitar a oferta de ajuda dos ingleses. Como diz o provérbio:
>
> "Embora a água do poço cristão seja impura,
> Ela só lava o judeu morto, assim o que há lá para se temer?"[15]

Num livro escrito em 1580, um geógrafo otomano adverte o sultão sobre o perigo para as terras islâmicas e o desastre para o comércio islâmico que representava o estabelecimento dos europeus nas costas da América, Índia e Golfo Pérsico; ele aconselhava o sultão: "Faça abrir um canal do Mediterrâneo até Suez e deixe uma grande frota preparada no porto de Suez; então, com a captura dos portos da Índia e de Sind, será fácil expulsar os infiéis e trazer as preciosas mercadorias desses lugares até nossa capital"[16].

---

15 Eskandar Monshi, *History of Shah Abbas the Great*, trad. R. M. Savory, Boulder, 1978, 2: 1202-1203.
16 *Tarih al-Hind al-Garbi*, Istambul, 1729, fólios 6b e s.

Infelizmente para os otomanos sua proposta, já feita anteriormente pelos venezianos, não deu em nada. Em vez disso, o sultão otomano e seu principal rival cristão, o rei da Espanha, chegaram a um armistício que deixava ambos os monarcas livres para lutar contra seus próprios hereges – o sultão, contra os xiitas do Irã, o rei, contra os protestantes do norte da Europa. O Canal de Suez somente seria aberto séculos mais tarde e, a essa altura, para atender às necessidades de um outro império. As expedições navais otomanas ao Oceânico Índico no século XVI não tiveram êxito contra as embarcações e armamentos superiores dos portugueses.

O mesmo padrão de recuperação, reconquista e contra-ataque pode ser observado num outro país europeu que foi conquistado e governado pelos muçulmanos na Idade Média, a Rússia. Em comparação com o domínio mouro na Espanha, o domínio da Rússia pela Horda Dourada foi de curta duração e de efeitos limitados. No entanto, o "jugo tártaro" deixou marcas profundas na memória russa.

A reconquista russa teve início algum tempo depois da ibérica, quando, em 1380, Dimitri Donskoi*, grão-príncipe de Moscou, derrotou os tártaros numa acirrada batalha no campo Kulikovo. Embora célebre na história russa e comemorada em suas lendas, essa vitória não foi definitiva, uma vez que, dois anos mais tarde, os tártaros atacavam o norte novamente, assolavam o território russo e capturavam Moscou, voltando a impor seus tributos. Seria somente em 1480 que as divergências existentes entre os próprios muçulmanos tornariam possível a Ivã, o Grande, de Moscou, libertar-se de todo tributo e dependência.

Assim como os espanhóis e os portugueses, mas com êxito incomparavelmente maior, os russos, tendo se libertado do jugo muçulmano, passaram a perseguir seus antigos senhores. Uma longa e encarniçada luta contra os tártaros do Volga terminou com a captura de Kazan pelos russos, em 1552. Após essa vitória decisiva, os russos conseguiram, sem grandes dificuldades, avançar ao longo do Volga e capturar a

---

* Dimitri Ivanonvitch (1350-1389), depois chamado Donskoi, isto é "do Don", porque sua vitória contra os tártaros em Kulikovo se deu às margens desse rio (N. da T.).

Fig. 1: *Os portugueses repelem o ataque persa em Ormuz.*

Fig. 2: *Incendiando a fortaleza de Ormuz.*

Fig. 3: *Comandante persa recebe uma delegação de dois portugueses.*

cidade portuária de Astracã, em 1556. Os russos agora controlavam o Volga e tinham acesso ao Cáspio. Eles haviam vencido a maioria de seus adversários muçulmanos em sua rota rumo ao sul e agora atacavam diretamente os otomanos e os territórios tártaros na Crimeia.

Os otomanos, percebendo o perigo, tentaram contra-atacar. Uma grande expedição foi enviada contra Astracã, com o objetivo de capturar a cidade e utilizá-la como base para um sistema defensivo islâmico. Parte do plano era escavar um canal ligando os rios Volga e Don, através dos quais as frotas otomanas poderiam se deslocar entre o Mar Negro e o Cáspio. Isso teria permitido aos otomanos estabelecer comunicação regular com os soberanos muçulmanos da Ásia central e, assim, criar uma sólida barreira contra novos avanços dos russos, tanto rumo sul quanto rumo leste[17].

O projeto fracassou e não deu em nada. Os cãs tártaros da Crimeia conseguiram, durante algum tempo, repelir o ataque russo e manter seus vínculos com os sultões otomanos, que eles aceitavam como seus suseranos. O Mar Negro por ora permanecia sob controle turco-muçulmano e, entre a Crimeia e Istambul, um importante comércio se mantinha, em especial de gêneros alimentícios e de escravos originários da Europa oriental. Mas agora estava aberto o caminho para o grande avanço russo na Ásia.

Enquanto os comerciantes marítimos da Europa ocidental contornavam a costa da África e se instalavam nas cidades costeiras do sul e sudeste da Ásia, os soldados e administradores russos, seguidos dos comerciantes e camponeses russos, avançavam por terra até o Mar Negro, o Cáspio, a Cordilheira Pamir e o Oceano Pacífico. Tanto os europeus orientais quanto os ocidentais eram auxiliados em sua expansão na Ásia e na África por sua superioridade militar e tecnológica. Os russos não encontraram grande resistência em seu avanço rumo ao leste; os impérios da Europa ocidental, com seus navios construídos para resistir às tempestades do Atlântico, tinham uma

---

17 Sobre esse projeto, cf. o artigo de H. Inalcik, Osmanli-Rus rekabetinin menşei ve Don Volga Kanali teşebbüsü (1569), *Belleten* 46, p. 349-402, 1948; versão para o inglês: The Origins of the Ottoman-Russian Rivalry and the Don Volga Canal, 1569, *Annals of the University of Ankara*, 1: p. 47-107, 1946-1947.

vantagem em termos de capacidade navegacional e armamento naval, com a qual nenhum país asiático podia rivalizar.

Somente num lugar, no continente europeu, um Estado muçulmano – o Império Otomano, mesmo em seu declínio ainda o mais poderoso em todo o Islã – obstinadamente resistia ao avanço da Europa cristã rumo aos Bálcãs, ao Egeu e a Constantinopla. Mas, mesmo resistindo à Europa, os otomanos se viam cada vez mais submetidos à influência europeia, vendo-se até mesmo obrigados, a fim de se defender, a adotar uma série de práticas e costumes europeus.

Essas mudanças obrigavam os muçulmanos a fazer um reajuste doloroso. Acostumados a olhar com altivez para o resto do mundo, da confortável superioridade de uma religião verdadeira e um poder superior, eles agora se viam numa situação em que os infiéis, até então desprezados, ganhavam força cada vez maior. Em sua própria visão da história, os muçulmanos eram os portadores da verdade de Deus, com o sagrado dever de levá-la para o resto de humanidade. A Casa do Islã, da qual eles faziam parte, encarnava os propósitos de Deus na terra. Seus soberanos eram os herdeiros do Profeta e os guardiães da mensagem de Deus que ele trouxera. O Estado islâmico era o único poder verdadeiramente legítimo na terra e a comunidade islâmica, a única depositária da verdade e da iluminação, se encontrava rodeada, de todos os lados, pela escuridão exterior da barbárie e da falsa fé. A benevolência de Deus para com sua própria comunidade era demonstrada por seu poder e suas vitórias neste mundo. Assim era e assim sempre fora, desde os dias do Profeta.

Essas convicções, herdadas dos primórdios da fé muçulmana, haviam sido reforçadas de forma convincente pelos grandes êxitos otomanos nos séculos xv e xvi e revitalizadas pelas vitórias, passageiras mas importantes, às vezes obtidas pelos exércitos muçulmanos até mesmo no século xviii. Era difícil para os muçulmanos adaptar-se a um mundo em que o curso dos acontecimentos era determinado não pelo poder do Islã, mas pelo adversário cristão, e no qual a própria sobrevivência do Estado muçulmano poderia às vezes depender da ajuda ou mesmo da boa-vontade de alguns soberanos cristãos.

Enquanto os cossacos da Rússia e as caravelas dos portugueses ameaçavam as terras do Islã, tanto a partir do norte quanto do sul, os centros vitais do continente – da Ásia central passando pelo Oriente Médio até o norte da África – ainda conservavam sua independência. Durante o período de expansão europeia a partir de ambos os extremos, do século XVI ao XIX, surgiram no mundo islâmico cinco centros de poder político: na Índia, Ásia central, Irã, Império Otomano e norte da África. Na Índia, os muçulmanos, embora uma minoria da população, mantiveram supremacia política durante algum tempo. No século XVI, um invasor da Ásia central, o grande Babur, fundou uma nova dinastia. Sob seu domínio e o de seus sucessores, os assim chamados imperadores da dinastia Mogol, o domínio islâmico na Índia entrou em sua fase final e mais grandiosa. Esse domínio chegou ao fim com seu confronto, em última análise fatal, com o Ocidente europeu.

Mais ao norte, na Ásia central, o desmoronamento do canado mongol islamizado que dominava essa região deixou uma série de pequenos Estados muçulmanos na vasta área entre o Mar Cáspio e a China. Também esses Estados haviam se defrontado com os europeus que avançam, desta vez na figura dos russos, sendo por fim conquistados por eles e incorporados ao império russo.

Na extremidade oposta do mundo islâmico, no norte da África, o Marrocos sobrevivera durante alguns séculos como monarquia independente, enquanto a Argélia, a Tunísia e a Líbia estavam submetidas à suserania otomana, mas eram governadas por soberanos locais. Todos esses Estados foram, no decorrer do século XIX e início do século XX, incorporados aos impérios francês, espanhol e italiano.

Somente dois Estados conseguiram sobreviver à derrota generalizada – a Turquia e o Irã. Embora a independência de ambos se visse às vezes ameaçada e muitas vezes abalada, ela nunca foi inteiramente perdida.

Após o ímpeto português inicial, as atividades da Europa ocidental na Ásia se tornaram sobretudo comerciais e marítimas e, somente aos poucos, levaram ao estabelecimento de um domínio político. Mesmo então esse domínio estava confinado especificamente ao sudeste asiático e ao leste da África e, assim, afetava o Oriente Médio apenas indiretamente. Na região central da Ásia, os interesses políticos e estratégicos das potências ocidentais foram, por longo tempo, uma preocupação muito menor que os interesses das potências da Europa oriental e central.

No entanto, a consolidação do poderio português e, mais tarde, do inglês e holandês na Ásia e na África significava que o Oriente Médio – tanto o Irã quanto o Império Otomano – estava de fato cercado, com os russos ao longo das fronteiras ao norte e na Europa ocidental de ambos os lados. Foi esse cerco e não, como se acreditou por muito tempo, a circunavegação da África realizada tempos antes pelos portugueses que, com o tempo, levou à redução e ao desvio da rota do comércio de especiarias. Esse comércio, que durante séculos passara pelo Golfo Pérsico e pelo Mar Vermelho para chegar ao Mediterrâneo e à Europa, enriquecendo, em seu caminho, o Oriente Médio, era agora transferido para as rotas oceânicas controladas, em ambos os extremos, por potências ocidentais.

Essas mudanças foram lentas e seu efeito levou tempo para ser compreendido. Um observador atento como o embaixador imperial em Istambul, Ogier Ghiselin de Busbecq, queixava-se, numa carta datada de 1555, de que os europeus desperdiçavam seus esforços em busca de ouro e pilhagem nas "Índias e nos Antípodas, pelos vastos campos oceânicos", enquanto a própria existência da cristandade europeia se via ameaçada pelos turcos[18].

Mesmo no final do século XVII a ameaça ainda não havia desaparecido. Em 1683, os turcos fizeram sua segunda e última tentativa de capturar Viena. Após semanas, os exércitos otomanos se viram finalmente obrigados a abandonar o cerco e, em pouco tempo, eram levados a uma retirada precipitada. Um cronista otomano da época relata a história com franqueza e concisão características:

> Um prisioneiro foi capturado e interrogado. Ele disse que o imperador austríaco tinha enviado cartas para todo canto, pedindo ajuda a todos os reis da cristandade, e que somente o rei da Polônia, o maldito traidor chamado Sobieski, viera em pessoa em seu auxílio, acompanhado de suas tropas e dos soldados e *hetmans*\* da Lituânia, bem como de 35 mil infiéis da cavalaria e infantaria polonesas. O imperador

---

18 Ogier Ghiselin de Busbecq, *The Turkish Letters* ..., trad. C. T. Forster e F. H. B. Daniell, London, 1881, 1: 129-30; cf. *The Turkish Letters* ..., trad. W. S. Forster, Oxford, 1927, p. 40-41.

\* Título de comandante militar na Polônia e na Lituânia (N. da E.).

austríaco também enviara seus próprios homens junto com os reforços que ele conseguiu obter com o resto da cristandade, com a cavalaria e a infantaria perfazendo, juntas, 85 mil alemães selecionados, com 40 mil homens de cavalaria e 80 mil de infantaria perfazendo 120 mil infiéis. Todos eles estavam reunidos nesse lugar e, conta-se, deviam atacar os soldados do Islã entrincheirados em torno de Viena[19].

O cronista otomano não faz nenhum esforço para esconder o desastre que se seguiu:

tudo que estava no acampamento imperial [otomano], o dinheiro, o equipamento e os objetos preciosos, foi deixado para trás e caiu nas mãos de gente do inferno. Os malditos infiéis vieram em seu batalhão (seja ele esmagado), formado em duas colunas. Uma delas, avançando pelas margens do Danúbio, penetrou na fortaleza e tomou as trincheiras de assalto. A outra, capturou o acampamento imperial. Os feridos que eles encontraram nas trincheiras, alguns eles mataram e outros eles levaram como prisioneiros. Os homens que permaneceram nas trincheiras, cerca de 10 mil, estavam incapacitados para a luta, tendo sido feridos por mosquetes, canhões, minas, pedras e outras armas, alguns deles sem um braço ou uma perna. Esses homens, eles executaram imediata e sumariamente e, encontrando alguns milhares de seus próprios soldados como prisioneiros, eles os soltaram e libertaram. Conseguiram capturar quantidades indescritíveis em dinheiro e suprimentos. Assim, eles sequer pensaram em perseguir os soldados do Islã e, se o tivessem feito, teria sido terrível. Deus nos proteja! Essa foi uma derrota calamitosa, de magnitude tal que nunca houve nada parecido desde o surgimento do Estado otomano[20].

A primeira tentativa turca de capturar Viena em 1529, embora sem êxito, terminara num impasse que ainda deixava os otomanos como uma grande ameaça ao centro vital da Europa. O segundo cerco e a segunda retirada, em 1683, foram algo muito diferente. Desta vez, o fracasso era claro e inequívoco, a retirada sendo seguida por derrotas esmagadoras no campo de batalha e pela perda de terras e cidades. O sentimento otomano com relação a essas mudanças é expresso numa canção popular da época, uma elegia pela perda de Buda, recapturada pelos cristãos em 1686.

19 *Silihdar tarihi*, Istambul, 1928, 2: 80.
20 Idem, 2: 87; cf. trad. para o alemão, R. F. Kreutel, *Kara Mustafa vor Wien*, Graz, 1955, p. 160 e 166.

Nas mesquitas não há mais oração
Nas fontes, não mais ablução
Lugares populosos se tornaram desertos
Os austríacos levaram nossa bela Buda[21].

Em termos mais simples, um oficial otomano que visitava Belgrado durante sua ocupação pelos austríacos observava que os novos senhores haviam feito algumas mudanças na cidade: tinham transformado algumas mesquitas em quartéis, outras em depósitos de munição. Os minaretes ainda estavam de pé, mas num deles a ponta havia sido removida e o minarete fora transformado numa torre de relógio. As casas de banho tinham sido deixadas de pé, mas convertidas em residências. Somente uma casa de banho ainda funcionava. As casas e lojas às margens do Danúbio foram todas transformadas em tavernas de vinho. Entre os súditos, os pobres, dizia ele, ficavam ainda mais empobrecidos e oprimidos pelos alemães[22].

O Tratado de Paz de Carlowitz, assinado em 26 de janeiro de 1699, marcou uma virada crucial, não apenas nas relações entre o Império Otomano e o Habsburgo, mas, mais fundamentalmente, entre a cristandade e o Islã. Durante alguns séculos o Império Otomano fora a potência líder do Islã, assumindo o papel de seu representante no conflito milenar com seus vizinhos cristãos do Ocidente. Embora o verdadeiro poderio do Islã em relação à Europa tivesse diminuído em muitos aspectos, essa mudança ficou, durante algum tempo, oculta tanto para os cristãos quanto para os muçulmanos. No entanto, após a retirada de Viena e as derrotas militares e políticas que se seguiram, a nova relação ficaria clara para ambos os lados. Os turcos ainda eram um problema para a Europa, mas agora o problema provinha das incertezas resultantes da fraqueza turca, e não de uma ameaça do poderio turco. O Islã, que havia muito deixara de ser considerado um adversário religioso sério pelas Igrejas, agora deixava de ser até mesmo uma ameaça militar. Também do lado turco encontramos sinais

---

21 Citado em Ahmet Refik, *Ahmet Refik hayati seçme şiir ve yazilari*, R. E. Koçu (org.), Istambul, 1938, p. 101.
22 F. von Kraelitz-Greifenhorst, Bericht über den Zug des Gross-Botschafters Ibrahim Pascha nach Wien im Jahre 1719, *Akademie der Wiss. Wien: Phil. Hist. Kl. Sitzungsberichte*, 158: 26-77, 1909.

de uma nova consciência de que as terras além das fronteiras não eram mais uma selva de bárbaros ignorantes e infiéis a ser conquistados e depois convertidos ou subjugados ao bel-prazer, mas um inimigo perigoso, uma ameaça a todo o futuro do império.

A ameaça representada pelo poderio naval ocidental já estava clara no início do século XVI. Lûtfi Paxá, o grão-vizir de Suleiman, o Magnífico, conta que, um dia, o sultão Selim I (1512-1520), conquistador da Síria e do Egito, dissera a seu principal conselheiro: "Meu objetivo é a conquista da terra dos francos". A isso, o conselheiro respondeu: "Meu sultão, você vive numa cidade cujo benfeitor é o mar. Se o mar está perigoso, nenhum navio se aproxima; se nenhum barco se aproxima, a prosperidade de Istambul se vai". O sultão Selim estava à morte quando essa conversa se deu e não fez nada a respeito. Lûtfi Paxá mais uma vez voltou à questão com Suleiman e lhe disse: "Entre os sultões anteriores, muitos governaram a terra, mas poucos governaram o mar. Na condução da guerra em mar, os infiéis são superiores a nós. Temos que superá-los"[23]. Os turcos não os superaram e a lição seria dramaticamente aprendida com a catastrófica derrota otomana na grande batalha naval de Lepanto, em 1571.

Foi um duro golpe e os otomanos, como de hábito, não fizeram qualquer tentativa de disfarçar. Um documento turco da época, citando o relato do beilerbei* de Argel, descreve o resultado, com clássica concisão: "A frota imperial encontrou a frota dos miseráveis infiéis e a vontade de Deus tomou outra direção"[24]. Significativamente, enquanto nos anais europeus a batalha é conhecida pelo nome do porto grego perto do qual foi travada, nas crônicas turcas ela é conhecida simplesmente como *sıngın* – uma palavra turca que significa fuga ou derrota esmagadora. Mas a batalha foi menos decisiva do que pareceu a princípio e os otomanos conseguiram resgatar grande parte de sua força naval no Mediterrâneo e proteger do ataque todas

---

23 R. Tschudi (org. e trad.), *Das Asafname des Lutfi Pascha*, Berlin, 1910, p. 34.
* Título mais alto da hierarquia de administradores das províncias do Império Otomano, significa bei dos beis (N. da T.).
24 *Mühimme defteri*, v. 16, n. 139: Donanma-i hümayun küffar-i ḫaksar donanmasi ile mülaki olup iradet Allah nev´-i aḫire müte´allik oldu. Cf. M. Lesure, *Lepante: la crise de l'empire Ottoman*, Paris, 1972, p. 180.

as suas possessões. Um cronista turco conta-nos que, quando o sultão Selim II (1566-1574) perguntou ao grão-vizir Sokollu Mehmet Paxá sobre o custo da construção de uma nova frota para substituir as embarcações destruídas em Lepanto, o grão--vizir teria respondido: "a força do império é tal que, se quiséssemos equipar toda a frota com âncoras de prata, cordame de seda e velas de cetim, poderíamos fazê-lo"[25].

A derrota dos exércitos otomanos na Europa foi muito mais séria e muito mais rapidamente compreendida. Ela foi resultado da perda das principais províncias e do surgimento de uma nova ameaça às demais e, sobretudo, de uma mudança fundamental na relação entre o império e seus vizinhos e inimigos.

Ao buscar reduzir as consequências dessa derrota, os turcos puderam recorrer pela primeira vez a um novo dispositivo, a diplomacia, e adotaram uma nova tática – a de buscar a ajuda de países da Europa ocidental, neste caso, da Inglaterra e da Holanda, para mediar em seu favor e contrabalançar a força hostil de seus vizinhos mais próximos.

Houve tentativas anteriores de negociações desse tipo com as potências ocidentais. Suleiman fizera uma espécie de acordo com Francisco I da França contra o poderio dos habsburgos, que os franceses – assim como seus adversários europeus – viram como uma aliança.

Os turcos viram isso de forma um pouco diferente. Um escritor turco do século XVI escreve:

> O bei* da França [um título que reduzia o monarca ao nível de um governador provincial otomano] sempre declarara sua adesão [a palavra turca é *intisab*, normalmente empregada no contexto de relações cliente-patrono] ao Limiar do Ninho da Felicidade e manifestara sua devoção à Porta**, que é a morada do poder; [...] achando-se sob cerco e, após consultar seus vizires e conselheiros, ele descobriu que todos eles concordavam em que a melhor e mais

---

25 *Tarih-i Peçevi*, Istambul: 1283 (A.H.), 1: 498-99; cf. A. C. Hess, The Battle of Lepanto and its Place in Mediterranean History, *Past and Present*, 57: 54, 1972.
* Termo turco, que significa *líder* ou *chefe*, geralmente aplicado a líderes tribais (N. da T.).
** Refere-se à Sublime Porta, expressão que em geral designa o governo do Império Otomano e que será empregada diversas vezes nesta obra (N. da T.).

sábia alternativa seria buscar refúgio e entrar em contato com o trono do sultão, refúgio do mundo.

Assim o bei da França enviou um embaixador a Istambul, para pedir ajuda e entregar a seguinte mensagem:

Um inimigo implacável nos conquistou e esmagou, com a ajuda e apoio do malfeitor rei dos amaldiçoados húngaros. Se o sultão do mundo generosamente condescendesse em expulsar esse maldito protetor de nossos inimigos, teríamos então condições de enfrentá-lo e combatê-lo e conseguiríamos frustrar seus objetivos malignos. Escravos da gratidão ao Senhor da Majestade, curvaríamos devotamente nossos pescoços e inclinaríamos nossas cabeças ao jugo da obediência a ele[26].

Movido pela compaixão pelos infortúnios do infeliz francês, o glorioso e magnânimo sultão, diz o historiador, decidiu ajudá-lo e os exércitos otomanos foram então enviados para castigar os amaldiçoados e imprestáveis húngaros.

Em 1552 os franceses e turcos até mesmo realizaram operações conjuntas contra portos espanhóis, que são mencionadas casualmente em alguns relatos de historiadores otomanos, embora não em todos.

No final do século XVI, os turcos trocavam correspondência com a rainha Elizabeth I da Inglaterra sobre vários assuntos, fazendo inclusive referências ocasionais a uma possível frente unida contra o inimigo em comum, a Espanha. Mas tratava-se de negociações esporádicas, de iniciativa em grande parte do lado ocidental. Para os turcos, elas não tinham urgência e não conduziam a nenhum resultado. No entanto, após a segunda derrota em Viena, inaugurava-se uma nova diplomacia que, durante longo tempo, serviria de padrão para o futuro. No decorrer do século XVIII, surgia entre os otomanos uma consciência cada vez mais clara de que eles não eram mais o Império Islâmico confrontando a cristandade, mas um Estado em meio a diversos outros, entre os quais poderia haver aliados, assim como inimigos. A ideia não era algo fácil de aceitar e, mesmo

---

26 Kemalpaşazade, *Histoire de la campagne de Mohacz...*, M. Pavet de Courteille (org. e trad.), Paris, 1859, p. 24-27.

no final do século XVIII, ainda encontrava resistência. A Turquia estava em guerra tanto com a Rússia quanto com a Áustria. Argumentava-se, com alguma plausibilidade, que poderia ser útil concluir tratados com a Suécia – que também estava em guerra com a Áustria – e com a Prússia, que poderiam desviar a atenção da Áustria na retaguarda de suas fronteiras. Em 1789 e 1790, foram assinados, com ambos os países, tratados cujo teor era, em última análise, uma aliança militar. Os turcos estavam, havia muito, acostumados com a coexistência com as potências europeias e até mesmo com um relacionamento para o qual eles em geral empregavam palavras como "amistoso" e "amizade". Os europeus às vezes viam relações desse tipo como alianças; os turcos, nunca, e a ideia de uma aliança com potências cristãs, mesmo que contra outras potências cristãs, era estranha e, para alguns, repugnante. O juiz do exército, Şanizade, denunciou essa aliança como contrária à lei sagrada, citando como autoridade um verso do *Alcorão*: "Oh fiéis! Não tomeis como amigos meus inimigos e vossos inimigos"[27]. O líder mufti\*, Hamidizade Mustafa Efêndi, rejeitou essa interpretação do juiz do exército e citou as palavras do Profeta, dizendo: "Deus ajudará a causa do Islã com homens que não são do Islã", assim como outros textos e argumentos[28]. Essa opinião prevaleceu, embora houvesse muitos que a achavam inaceitável.

Somente numa região, o antigo estilo da *jihād* ainda continuava – no Mediterrâneo ocidental. Nos Estados da Barbária, o reino independente de Marrocos e os três principados da Argélia, Tunísia e Tripolitânia, sob suserania nominal otomana, vigorava, pelo menos teoricamente, um estado de perpétua guerra santa contra a cristandade. A guerra santa era travada por meios navais, e não militares, e continuava sendo um permanente problema para os Estados da cristandade. Para os europeus, os marinheiros errantes dos Estados do norte da África eram piratas. Para si próprios, eles eram combatentes da guerra santa e podiam ser, no pior dos casos, descritos

---

27 *Alcorão*, 60.1; cf. *Alcorão* 5.51. As citações do *Alcorão* foram traduzidas da edição em língua inglesa deste livro, e não do próprio livro sagrado (N. da E.).

\* Jurista e intérprete qualificado do *Alcorão*, para esclarecer os pontos controvertidos da lei, cf. *Dicionário Houaiss* (N. da E.).

28 *Tarih-i Cevdet*, Istambul, 1301-1309 (A.H.), 5: 14.

como corsários. O que, para os europeus, era pirataria em alto mar, para os Estados do norte da África era uma *jihād* marítima contra os inimigos da fé. Ela trazia ricas recompensas em dinheiro de pilhagem pelos navios capturados e suas cargas, além de uma vantagem adicional, não aberta a corsários europeus. Sob a lei da Charia*, os infiéis capturados numa *jihād* podiam ser legalmente vendidos como escravos. Caso conseguissem arranjar que fosse pago resgate ao preço de mercado, sorte deles. Caso não, eles permaneceriam escravos na posse de seus novos senhores.

A pirataria praticada pelos Estados do norte da África, tolerada e às vezes até mesmo incentivada em razão das rivalidades entre as potências europeias, continuou durante todo o século XVIII. As revoluções do século XVIII e as guerras napoleônicas deram nova importância a esses Estados e a tensa competição entre os beligerantes europeus por sua cooperação e pelo uso de suas instalações fortalecia imensamente sua posição. Após 1815, no entanto, eles não eram mais necessários e as potências ocidentais, inclusive a essa altura os Estados Unidos, tomaram firmes medidas no sentido de eliminar tal ameaça às comunicações e transportes ocidentais.

Um interessante quadro da época sobre alguns aspectos das relações entre os governos ocidentais e os corsários da Barbária pode ser obtido a partir do relatório de um embaixador otomano em Madri, no período de 1787-1788. Como representante do sultão, o suserano nominal do bei de Argel, ele estava bastante preocupado com um acordo assinado pouco tempo antes entre o bei e o rei da Espanha e teve a oportunidade de discutir a questão com o emissário do bei em Madri, que assegurou o seguinte:

> O acordo de armistício (*musalaha*), que os argelinos concluíram com a Espanha, está inteiramente a favor deles**. Segundo esse acordo, os espanhóis deveriam pagar um resgate de 1000 reais*** por cada um de seus 1250 homens presos em Argel. O divertido em tudo isso é que quando, após o acordo, o dinheiro chegou a

---

\* A Lei revelada, também grafado Charia e Shariah, esta última grafia de origem inglesa (N. da T.).
\*\* Isto é, dos argelinos (N. da T.).
\*\*\* *Reales*, moeda espanhola da época (N. da T.).

Argel, os argelinos receberam todo ele como pagamento por prisioneiros que haviam morrido no cativeiro e os espanhóis não puderam fazer nada a respeito. Os documentos também estabelecem que, além do envio, como presente para o governante de Argel, de quinhentas bolsas, joias e outras mercadorias, o rei da Espanha pagará uma soma substancial em dinheiro pela paz e lhes fornecerá os materiais necessários para a marinha e os arsenais [...]. Também havia mais de cem prisioneiros argelinos na Espanha, pelos quais, segundo o acordo, os argelinos deveriam enviar dinheiro para o resgate. Em vez disso, eles disseram: "não temos necessidade alguma desses traidores e covardes – se não o fossem, não teriam sido capturados". Assombrados com isso, os espanhóis ocultaram a história no estrangeiro. Para encurtar o assunto, eles escreveram uma carta confidencial ao monarca de Marrocos, dizendo: "se os quiser, vamos libertá-los em seu benefício". O monarca, inspirado na solidariedade islâmica, concordou e os prisioneiros foram libertados. Ele deu a cada um deles um pouco de dinheiro para despesas e roupas e os enviou de volta a Argel. Os espanhóis tentaram salvar as aparências, espalhando a história de que tinham agido em resposta a um pedido do monarca de Marrocos. Em resumo, a firmeza religiosa de Argel impressionou os infiéis e forçou os espanhóis a se render. Um dia, em Madri, conversando com uma importante personalidade argelina, perguntei: "por que vocês fazem as pazes com eles, quando se aproveitam tanto deles?". Ele respondeu: "nossos lucros são de fato enormes. Essa paz irá durar no máximo três anos, durante os quais vamos manter nossos lucros anteriores. Quanto a agora, estamos reunindo o suficiente para dois ou três anos e não sofremos perda alguma". Com isso ele queria dizer que a paz nada mais é que palavras escritas sobre água[29].

Apesar de alguns êxitos ocasionais, o século XVIII foi, no seu todo, um período ruim para os Estados islâmicos e, em meio aos muçulmanos, a consciência de sua nova posição se manifestava de diversos modos. Vários fatores contribuíram para produzir essa mudança. Em suas negociações com a Europa, as potências do Oriente Médio eram afetadas pela complexidade cada vez maior e o resultante custo maior dos armamentos e da guerra. Sua economia interna e seu comércio

---

29 Vasif, em *Cevdet*, 4: 357-358; cf. trad. para o francês, Barbier de Meynard, Ambassade de l'historien Turc Vaçif-Efendi en Espagne (1787-1788), *Journal Asiatique*, 5: 521-523, 1862.

haviam sido afetados negativamente pela grande inflação dos séculos XVI e XVII. Esses processos eram acelerados pelo atraso tecnológico, ou antes, a ausência de um progresso na agricultura, indústria e transportes nos países do Oriente Médio.

Uma importante mudança nos preços parece ter se iniciado na última parte do século XVI. Ela era o reflexo no Oriente Médio de um processo mais amplo, resultante dos efeitos desestabilizadores da entrada no mercado do ouro e prata americanos. O poder aquisitivo desses metais preciosos era maior no Império Otomano que no Ocidente, mas menor que no Irã e na Índia. As mercadorias persas, especialmente a seda, tinham grande demanda tanto em terras otomanas quanto na Europa onde, no entanto, não havia demanda de nenhum produto otomano com magnitude e persistência que se comparassem. Grãos e tecidos eram as duas mais importantes exportações otomanas para a Europa. Essas exportações para a Europa haviam consistido basicamente em mercadorias manufaturadas, mas esse comércio foi aos poucos se reduzindo, somente os tecidos de algodão permanecendo por mais algum tempo um item importante entre as exportações do Oriente Médio para o Ocidente. A composição do comércio se deslocou em massa no sentido oposto, com a Europa enviando tecidos manufaturados, inclusive tecidos indianos, para o Oriente Médio e importando matérias-primas como o algodão, o angorá* e sobretudo a seda, a maior parte dessas importações sendo proveniente do Irã. Não é de surpreender que, apesar da entrada do ouro e prata provenientes do Ocidente, os documentos otomanos revelem uma ausência crônica de metais preciosos, insuficientes até mesmo para dar conta de suas necessidades de cunhagem de moedas.

Se a introdução de dois novos produtos agrícolas do Ocidente, o tabaco e o milho, trouxe algum benefício para a agricultura, a situação geral, no entanto, era de estagnação tecnológica e econômica. A revolução industrial e agrícola europeia não teve nada equivalente, nem exerceu influência, nos países do Oriente Médio. Neles, a indústria se manteve na forma das atividades artesanais que floresceram até o final do

---

* Tipo de tecido também conhecido como *mohair*, obtido com a lã da cabra angorá (N. da T.).

século XVIII e manifestou poucos sinais – se é que há algum – de avanço tecnológico.

Essas mudanças também afetaram a capacidade dos otomanos de manter seus estoques militares – a obtenção das matérias-primas necessárias para a construção de navios, para forjar armas e mesmo para o preparo da pólvora. Esse foi sem dúvida um dos fatores que contribuíam para a queda progressiva na eficiência militar otomana, em si mesma apenas parte de um processo mais amplo no qual o poderio do Império Otomano foi se reduzindo e enfraquecendo em relação ao de seus rivais. A descoberta e a colonização do Novo Mundo deslocaram o centro de gravidade do comércio mundial para o Oceano Atlântico e para mar aberto, próximo à África do Sul e sul da Ásia. Os mundos do Mediterrâneo e do Oriente Médio, embora ainda importantes sob diversos aspectos, perdiam muito de sua relevância econômica e, em especial, as vantagens provenientes de sua posição intermediária com relação aos três continentes da Europa, Ásia e África. Com a abertura das rotas oceânicas, o Mediterrâneo e o Oriente Médio não eram mais tão importantes quanto antes. Em consequência, o Império Otomano, uma potência no Mediterrâneo e no Oriente Médio, foi progressivamente perdendo importância.

O domínio econômico da Europa no Oriente Médio era mantido e reforçado de diversas maneiras. Enquanto no Ocidente a importação de produtos do Oriente Médio estava limitada e às vezes excluída por tarifas protetivistas, o comércio do Ocidente para o Oriente Médio estava protegido pelo sistema de capitulações que equivalia, em última análise, a um direito de entrada livre e irrestrita. O termo "capitulações" (do latim, *capitula*, "capítulos" – isto é, um documento organizado por itens) era empregado na época dos otomanos com referência aos privilégios concedidos pelos soberanos otomanos e outros soberanos muçulmanos a Estados cristãos, que permitiam a seus cidadãos residir e praticar o comércio em domínios muçulmanos sem ficar sujeitos às desvantagens fiscais e outros tipos de desvantagens que eram impostas pelos soberanos muçulmanos a seus próprios súditos não muçulmanos. Originalmente, esses privilégios eram concedidos como um ato de benevolência e condescendência, de um monarca poderoso para um humilde suplicante. Essa relação se reflete na linguagem dos documentos, nos quais palavras como devoção, submissão e até mesmo servidão (*rıkkiyet*) são empregadas para descrever a resposta apropriada da pessoa que recebe o benefício[30]. Com a progressiva perda de poder dos Estados muçulmanos e a mudança na relação existente entre eles e seus vizinhos cristãos, as capitulações acabaram por conferir privilégios excessivamente maiores que os originalmente pretendidos. Entre esses privilégios estava a isenção de taxação e jurisdição locais, e os cidadãos dotados de poder capitular responderiam apenas diante dos tribunais consulares a que estavam submetidos. No final do século XVIII, a proteção de uma potência europeia resultava em importantes vantagens comerciais e fiscais e foi-se desenvolvendo a prática por meio da qual as missões diplomáticas europeias distribuíam *berats*, documentos ou certificados de proteção, numa dimensão abusiva de seus direitos capitulares. Originalmente esses certificados eram destinados apenas à proteção de oficiais e agentes dos consulados europeus recrutados localmente. Devido a abusos, eles eram vendidos ou concedidos a um número cada vez maior de comerciantes locais que, assim, obtinham uma posição protegida e privilegiada.

No início, os turcos viam o problema de sua fraqueza e declínio em termos puramente militares e, assim, formulavam remédios militares. Os exércitos cristãos haviam se revelado superiores em batalha aos exércitos muçulmanos; assim, devia haver alguma vantagem na adoção das armas, técnicas e métodos de treinamento dos vencedores.

Funcionários e outros missivistas otomanos escreviam memorandos sem fim, chamando a atenção para esse ponto. Um deles, escrito por Ibrahim Müteferrika, um adepto húngaro da doutrina unitarista* que havia se convertido ao Islã, foi impresso em Istambul, em 1731 – um dos primeiros livros impressos na primeira tipografia turca, fundada pelo próprio Ibrahim. Dedicado ostensivamente a questões administrativas

---

30 V. L. Ménage, The English Capitulations of 1580: A Review Article, *International Journal of Middle Eastern Studies*, 12: 375, 1980.

* Doutrina que afirma a unidade absoluta de Deus e a natureza não divina de Jesus, contra a doutrina da Santíssima Trindade (N. da T.).

e táticas, o livro é dividido em três seções. A primeira chama a atenção para a importância de sistemas de governo bem organizados e descreve os vários tipos existentes na Europa. A segunda discute o valor da geografia científica, a chave para o conhecimento dos próprios territórios e dos territórios vizinhos, como parte indispensável da arte militar e como suporte para a administração. Na terceira seção, o autor faz uma revisão dos diferentes tipos de forças armadas mantidas pelos Estados europeus, seus métodos de treinamento, sua estrutura de comando, seus métodos de combate e suas leis militares. Ibrahim tem o cuidado, ao discorrer sobre os infiéis francos e seus métodos, de se exprimir com a devida repugnância. Ao mesmo tempo, no entanto, ele deixa claro que os exércitos francos eram mais fortes e melhores e que os otomanos tinham de imitá-los, se quisessem sobreviver[31].

A lição foi bem aprendida. Em 1729 um nobre francês, o conde de Bonneval, chegou à Turquia, onde abraçou o Islã, adotou o nome Ahmed e entrou para o exército otomano. Em 1731 ele era encarregado da tarefa de reformar o corpo de bombardeiros. Em 1734 era criada uma escola de engenharia militar e no ano seguinte Bonneval recebia o título de paxá* e o título e patente de "chefe bombardeiro". Esse experimento deu em nada, mas um outro teria início em 1773, com a abertura de uma escola de engenharia naval.

A importação de instrutores militares do Ocidente, sobretudo da França mas também de outros países da Europa, para treinar oficiais turcos na nova arte da guerra, teve uma série de consequências importantes. Ela resultou numa nova relação entre professores infiéis e estudantes muçulmanos, os quais tinham agora de respeitar como mentores e guias gente que eles estavam acostumados a desprezar. Eles tiveram, além de tudo, que aceitar receber ensino em línguas bárbaras que, até então, eles não haviam sentido necessidade de aprender. Tinham de aprender essas línguas para entender seus professores e para ler seus livros de instruções e manuais de artilharia. Mas, uma

---

31 Ibrahim Müteferrika, *Uṣūl al-ḥikem fī niẓām al-umem*, Istambul, 1144 (A.H.); idem, versão para o francês, *Traité de la Tactique*, Viena, 1769.
* Ou, na grafia turca, paşa (N. da T.).

vez aprendido o francês, eles descobriram outras leituras mais interessantes e explosivas.

Esse mesmo período presenciou uma outra inovação de importância equiparável – a introdução da tipografia, na qual Ibrahim Müteferrika já havia desempenhado um papel importante. As prensas tipográficas, provindas da Europa, haviam sido introduzidas na Turquia por judeus refugiados, antes do final do século xv, e tipografias judaicas se estabeleceram em Istambul, Salônica e outras cidades. Os judeus foram seguidos pelos armênios e os gregos, que também fundaram tipografias para impressão em suas próprias línguas, em cidades otomanas. Contudo a autorização para seu funcionamento estava sob a rigorosa condição de que não fossem impressos livros em turco ou árabe. Essa proibição permaneceria em vigor até o início do século xviii, quando foi abandonada, graças em grande parte à iniciativa de Said Çelebi, filho de um embaixador otomano enviado a Paris em 1721. O primeiro livro foi publicado em fevereiro de 1729. Quando foi fechada compulsoriamente, em 1742, a tipografia havia impresso dezessete livros, a maioria deles abordando história, geografia e línguas. A tipografia foi reaberta em 1784, quando as tipografias tinham se disseminado por todo o Oriente Médio.

No entanto, durante longo tempo a influência ocidental permaneceu, no todo, superficial, sobretudo porque a penetração das ideias europeias alcançava somente uma parcela muito pequena da população; mesmo esse impacto limitado permanecia contido e às vezes era neutralizado por movimentos reacionários, como o que levou à destruição da primeira tipografia turca, em 1742. Se o fracasso militar era o principal estímulo para uma aceitação cada vez maior das ideias ocidentais, seu efeito se viu relativamente enfraquecido no início do século xviii, quando, durante algum tempo, os otomanos conseguiram manter a resistência e, em algumas ocasiões, até mesmo obter algumas vitórias. Mas esse estímulo seria renovado com força inequívoca pela sequência de acontecimentos no final do século xviii. O primeiro golpe foi o Tratado de Küçük Kaynarja, de 1774, que ratificava uma esmagadora derrota otomana contra os russos e garantia para a Rússia enormes vantagens territoriais, políticas e comerciais. O segundo foi a anexação russa da Crimeia, em 1783. Embora essa não fosse a primeira perda territorial, ela marcou uma importante mudança. As perdas anteriores haviam sido de países conquistados que eram habitados por populações cristãs, com apenas grupos pequenos de governantes e colonizadores turcos. A Crimeia era um caso diferente. Sua população era constituída por muçulmanos de língua turca, cuja presença na Crimeia datava das conquistas dos mongóis no século XIII e, talvez, antes. Era a primeira perda de um antigo território muçulmano habitado por população muçulmana e esse era um duro golpe contra seu orgulho.

O terceiro golpe vinha da França, de onde, pela primeira vez desde as cruzadas, era desfechada uma invasão militar contra um centro vital do Islã no Oriente Médio. Em 1798, uma expedição francesa comandada pelo general Bonaparte chegava ao Egito, na época uma província otomana, e ocupava o país com pouca dificuldade. A ocupação francesa foi de curta duração e, pouco tempo depois, o Egito retornava ao controle muçulmano. O episódio revelava, no entanto, tanto a importância estratégica quanto a fraqueza militar dos países árabes, até então protegidos pelo poderio e, sobretudo, pela autoridade do Império Otomano.

Uma consequência muito maior desse terceiro acontecimento foi a entrada em terras islâmicas das novas ideias da Revolução Francesa. Foi o primeiro movimento de ideias europeu a romper a barreira que havia separado o mundo dos infiéis do mundo do Islã e exercer influência profunda sobre o pensamento e ação muçulmanos. Uma das razões desse êxito, quando todos os movimentos anteriores haviam fracassado, estava sem dúvida no fato de que a Revolução Francesa era secular – o primeiro grande movimento social e intelectual europeu a encontrar expressão ideológica em termos não religiosos. Movimentos europeus anteriores a esse, como o Renascimento, a Reforma, a revolução científica e o Iluminismo, tinham passado sem provocar impacto no mundo islâmico, sem nem sequer ser percebidos. Talvez a principal razão disso fosse que todos esses movimentos eram, em certa medida, cristãos em sua forma de expressão e, desse modo, tinham sua entrada barrada pelas defesas intelectuais do Islã. O secularismo enquanto tal não tinha, naturalmente, nenhuma atração especial para os muçulmanos, muito ao contrário; mas uma ideologia que fosse não cristã podia ser avaliada pelos muçulmanos com um distanciamento que não era possível com relação a doutrinas contaminadas por uma religião rival. Numa ideologia secular como essa – ou antes, neutra em termos religiosos – os muçulmanos poderiam esperar encontrar o talismã que lhes daria acesso aos segredos do conhecimento e progresso ocidentais, sem colocar em risco suas próprias tradições e modo de vida.

A princípio, as elites governantes da Turquia não viam os acontecimentos sob essa luz. Enquanto a revolução se disseminava da França para outros países europeus, eles ainda a viam como um problema francês ou, no máximo, da cristandade. Como Estado muçulmano, o Império Otomano não era incomodado pelo caos que se desenrolava na cristandade e estava imune ao contágio dessa doença cristã. Alguns até viam nisso possíveis vantagens. Em janeiro de 1792, Ahmed Efêndi, secretário pessoal do sultão, comentava em seu diário que a revolução, exigindo a atenção das potências europeias e fornecendo uma outra isca para sua ganância, facilitava a vida para os otomanos. E ele concluía devotamente: "possa Deus fazer com que a revolta na França se espalhe como sífilis [*firengi*] para os outros inimigos do império e os lance num longo conflito uns contra os outros, assim produzindo resultados benéficos para o Império. Amém"[32].

Era sem dúvida essa convicção de sua imunidade que levava os turcos a rejeitar as propostas russas de ação conjunta contra a França e até mesmo um pedido mais modesto, feito em conjunto pelos emissários austríaco, prussiano e russo, de que proibissem os franceses na Turquia de usar a insígnia tricolor. O historiador otomano, Jevdet Paxá, cita a seguinte conversa:

> Um dia o principal dragomano austríaco foi até o chefe de secretaria, Raşid Efêndi, e disse: "Possa Deus punir esses franceses como eles merecem: eles nos causaram muita tristeza. Mas, pelo

---

32 T. Öz (org.), Selim III ün Sïrkatibi tarafindan tutulan Ruzname, *Tarih Vesikalarï*, 3: 184, maio 1949; cf. Vasif, *Cevdet*, 6: 130; cf. B. Lewis, The Impact of the French Revolution on Turkey, em G. S. Metraux; F. Crouzet (orgs.), *The New Asia: Readings in the History of Mankind*, 1965, p. 119, n. 37.

amor de Deus – se ao menos vocês fizessem arrancar essas insígnias de suas cabeças!" A isso Raşid Efêndi respondeu: "Amigo, dissemos muitas vezes que o Império Otomano é um Estado muçulmano. Nenhum de nós presta atenção nesses seus distintivos. Nós reconhecemos os comerciantes de Estados amigos como nossos hóspedes. Eles podem usar na cabeça o chapéu que desejarem e prender nele os distintivos que quiserem. E se colocarem cestos de uvas em suas cabeças, não é problema da Sublime Porta perguntar por que o fazem. Você está se aborrecendo por nada"[33].

Em outubro de 1797, pelo Tratado de Campo Fórmio, os franceses suprimiam o Estado e o Império Veneziano e dividiam as possessões com a Áustria. Eles próprios anexaram as ilhas Jônicas e algumas localidades nas costas adjacentes da Albânia e da Grécia. A França e a Turquia, países amigos durante séculos, eram agora vizinhas – e sob essa pressão, a antiga amizade deteriorou. Com os cidadãos gregos da república francesa imediatamente ao lado dos *rayahs* da Grécia otomana, não era possível ocultar o contraste, nem evitar o contato. Em pouco tempo, o governador otomano da Moreia começava a enviar a Istambul relatos inquietantes. Os franceses, dizia ele, apesar de seus protestos de amizade pela Sublime Porta, tinham planos sérios contra ela. Como herdeiros dos venezianos, eles até mesmo planejavam exigir o retorno de outras antigas possessões venezianas, como a ilha de Creta e a própria Moreia. E isso não era tudo. Havia relatos alarmantes sobre encontros e cerimônias logo além das fronteiras do império, com discursos sobre liberdade e igualdade e até mesmo sobre a restauração do antigo esplendor da Hélade[34]. Desta vez, quando o novo embaixador russo mencionou essas coisas e falou sobre a ameaça que os acontecimentos na França representavam para todos os regimes estabelecidos, os paxás estavam mais atentos e Ahmed Atıf Efêndi, o chefe de secretaria otomano, escreveu um memorando para o Conselho Supremo de Estado, discutindo o convite feito aos otomanos pelos austríacos e russos, para que se juntassem a eles numa coalizão

---

33 Vasif, *Cevdet*, 6: 118-119; cf. também B. Lewis, The Impact of the French Revolution on Turkey, p. 57, n. 12.
34 E. Z. Karal, Yunan Adalarînîn Fransîzlar tarafîndan işgali, *Tarih Semineri Dergisi*, p. 113 e s., 1937; Vasif, *Cevdet*, 6: 280-281.

contra a França, a fim de impedir que a Revolução se espalhasse. Uma ideia assim nova exigia alguma explicação, que Ahmed Atıf Efêndi fornecia em detalhe:

> Em vista das observações precedentes, a questão a ser considerada é a seguinte: o império corre o mesmo risco que os outros Estados, ou não? Embora, desde o início desse conflito, tenha escolhido o caminho da neutralidade, o império não deixou de manifestar amizade e boa-vontade e de se conduzir de forma a praticamente dar assistência à República Francesa, a ponto de provocar repetidos protestos por parte de outras potências. Quando a França passava por grandes dificuldades e os franceses eram afligidos pela fome e escassez, o império permitiu que importassem provisões em abundância dos reinos sob a guarda de Deus e também que os transportassem até os portos franceses, assim ele os salvou dos tormentos da fome. Em recompensa, a República Francesa e seus generais nunca deixaram de tentar, por palavras e ações, corromper os súditos do império. Em especial na época da Partilha de Veneza, eles tomaram as ilhas e quatro cidades no continente próximo a Arta, chamadas Butrinto, Parga, Prevesa e Vonitza; sua ação, lembrando a forma de governo dos antigos gregos e instalando um regime de liberdade nesses lugares, revela, sem necessidade de comentários ou explicações, as más intenções de suas mentes[35].

Aqui, novamente, eram os gregos e outros súditos cristãos do império que eram vistos como vulneráveis, e não os próprios muçulmanos. Mas, em 1º de julho de 1798, a expedição de Bonaparte ao Egito chegava a Alexandria e inaugurava uma nova era na história islâmica.

O relato do historiador egípcio Jabartī, em sua crônica diária desses eventos sem precedentes, reflete a percepção e incredulidade muçulmanas na época:

> No domingo, dia 19 do sagrado mês de Ramadã deste ano (1213/1798), chegaram cartas [ao Cairo] pelas mãos dos mensageiros do porto de Alexandria. Seu conteúdo dizia que, na quinta-feira, dia 8 desse mês, dez navios ingleses haviam chegado ao porto e tinham atracado próximo à costa, ao alcance de visão da população da cidade, e pouco tempo depois chegavam quinze outros navios.

---

35 Vasif, *Cevdet*, 6: 311; cf. Bernard Lewis, *The Emergence of Modern Turkey*, London, 1968, p. 66-67.

As pessoas no porto esperaram para ver o que eles pretendiam e um pequeno barco com dez pessoas se aproximou da costa. Eles desembarcaram e se reuniram com os membros ilustres da cidade e com o líder (*Ra'īs*) que detinha a autoridade do soberano, al--Sayyid Muḥammad Karīm. Quando perguntaram sobre seu objetivo, eles responderam que eram ingleses e que tinham vindo em busca de franceses que haviam partido com uma enorme força militar rumo a um destino desconhecido. "Não sabemos", disseram, "qual o objetivo deles e achamos que podem atacar vocês e que talvez vocês não tenham como se defender e impedir que desembarquem".

Al-Sayyid Muḥammad Karīm não acolheu bem essa afirmação, suspeitando de que se tratava de uma armadilha. Ele reagiu com dureza. A isso, os emissários ingleses responderam: "vamos esperar em nossos barcos em alto mar e ficar vigiando o porto. Não vamos pedir nada a vocês, a não ser água e provisões, pelas quais pagaremos". Mas eles recusaram dar-lhes essa ajuda, respondendo: "estas são terras do sultão e nem os franceses nem ninguém mais tem nada a fazer aqui. Por isso, vão embora". Diante disso, os emissários ingleses retornaram e levantaram velas, para buscar provisões em alguma outra parte que não a Alexandria e para que Deus pudesse levar a cabo sua sentença [...]. Na quarta-feira, dia 20 do mesmo mês, chegaram mensagens do porto de Alexandria e também de Roseta e Damanhūr, dizendo que na segunda-feira, dia 18, um grande número de navios franceses havia chegado [...]. Eles desembarcaram com armas de guerra e soldados, sem que a gente do porto percebesse, e na manhã seguinte tinham se espalhado como gafanhotos ao redor da cidade[36].

Embora discutissem com certo detalhamento a chegada e as atividades e, por fim, a partida da expedição de Bonaparte no Egito, Jabartī e seus contemporâneos no Egito não manifestaram nenhum interesse ou preocupação com a história interna da França e menos ainda com o resto da Europa. Os franceses chegaram, permaneceram por algum tempo, fizeram várias coisas e foram embora. Ninguém se preocupou em perguntar, e menos ainda descobrir, por que eles tinham ido e por que partiram. A chegada do infiel era vista como uma espécie de desastre natural, tão pouco controlável quanto sem necessidade de explicação. Somente um deles, um cristão libanês conhecido como Nicola Turk, tentou fazer uma rápida avaliação

36 Jabartī, '*Ajā'ib al-athār fī al-tarājim wa'l-akhbār*, Būlāq, 1297 (A.H.), 3: 2-3.

da Revolução Francesa – sem dúvida a primeira em árabe – como introdução a sua história do Egito de 1789 a 1804:

> Começamos com a história do surgimento da República Francesa no mundo, depois que eles mataram seu rei, e isso foi no início do ano 1792 da era cristã, correspondendo ao ano de 1207 da *hijra*\* islâmica. Nesse ano, todo o povo do reino da França se insurgiu contra o rei, os príncipes e a nobreza, exigindo uma nova ordem e o abandono da ordem existente, que estivera em vigor na época do rei. Eles afirmavam e confirmavam que o poder monárquico do rei tinha causado grande destruição nesse reino e que os príncipes e nobres desfrutavam de todas as boas coisas desse reino, enquanto o resto do povo vivia na miséria e degradação. Por causa disso, todos se levantaram a uma só voz e disseram: "não descansaremos, a não ser com a abdicação do rei e o estabelecimento de uma República". E foi um grande dia na cidade de Paris e o rei e o resto das pessoas de seu governo, príncipes e nobreza, ficaram com medo e o povo foi até o rei e falou sobre seus objetivos[37].

Nicola prossegue, com um relato razoavelmente exato dos acontecimentos que se seguiram na França e no resto da Europa.

A penetração dos franceses no centro vital do Oriente Médio muçulmano e o surgimento dos britânicos como a única potência com força suficiente para desafiá-los foi um duro golpe para o orgulho muçulmano. E não foi o único. Enquanto os britânicos e os franceses estendiam suas operações até o Mediterrâneo oriental, os russos continuavam com seu avanço por terra, rumo ao sul. Uma nova fase se iniciou em 1783, com a anexação da Crimeia. A partir desse momento os russos avançaram rapidamente em ambas as direções ao longo da costa norte do Mar Negro, subjugando e colonizando terras anteriormente governadas e habitadas por turcos, tártaros e outros povos muçulmanos. Isso levou a uma nova guerra com a Turquia, ao final da qual, em 1792, os otomanos foram obrigados a reconhecer a anexação dos canados tártaros pelos russos e a aceitar o rio Kuban, na Circássia, como a fronteira entre os impérios

---

\* Hégira.
37 Nicola Turk, *Chronique d'Egypte 1798-1804*, Gaston Wiet (org. e trad.), Cairo, 1950, texto p. 2-3; cf. trad. para o francês, p. 3-4. Cf. também George M. Haddad, The Historical Work of Niqula el-Turk, 1763-1828, *Journal of the American Oriental Society*, n. 81, p. 247-251, 1961.

Otomano e Russo. Os russos haviam dado fim a um domínio muçulmano no Mar Negro que durara séculos e ameaçavam as fronteiras do Império Otomano, tanto na extremidade oriental quanto na ocidental. Eles também ameaçavam o Irã, onde uma jovem dinastia, a dos Qājār, tentava recuperar as terras caucasianas perdidas para a Rússia e fracassava. Enfrentando uma invasão persa, alguns habitantes do antigo reino cristão da Geórgia recorreram aos russos em busca de proteção e o tsar respondeu declarando a anexação da Geórgia ao império russo, em janeiro de 1801. A isso se seguiu, em 1802, a reorganização do Daguestão, as terras entre a Geórgia e o Cáspio, como protetorado russo e, pouco tempo depois, a absorção de um outro pequeno reino transcaucasiano. O caminho estava agora livre para um ataque contra o Irã, que se iniciou em 1804 e resultou na anexação russa da Armênia e do norte do Azerbaijão.

A essa altura os franceses tinham deixado o Egito, mas havia o medo generalizado de que voltassem. A presença dos rivais britânicos trazia muito pouco consolo. A crônica de Nicola reflete claramente o mau pressentimento muçulmano quanto a essa dupla ameaça provinda da Europa tanto ocidental quanto oriental:

> Neste mês [fevereiro de 1804] chegaram a este país, vindo de outras partes, relatos de que os franceses tinham enviado um grande contingente para o Mediterrâneo, com muitos barcos e numerosas tropas que seguiam para leste. A população no leste estava com muito medo disso e havia rumores de que também os ingleses seguiam, com homens e navios, rumo a Alexandria [...] a fim de proteger a terra do Egito contra os franceses. Esses rumores se multiplicaram e os egípcios estavam apreensivos com relação a esses Estados europeus, pois tinham presenciado sua coragem e suas proezas bélicas. As pessoas diziam que um ou outro dos reis francos estava destinado a capturar o Egito, pois percebiam a pouca resistência dos homens do Islã na guerra e em batalhas campais, assim como sua falta de determinação.
> 
> A essa altura também havia rumores sobre o sultão Constantino, irmão do sultão Alexandre, soberano da Rússia, conhecido como Al-Muskūb, de que ele havia capturado o reino da Geórgia, tinha tomado as terras dos persas e avançava rumo a Bagdá. O Estado otomano tinha muito medo desse sultão, que tinha o apelido de a "Rocha Amarela" ou o "Bárbaro Amarelo". O Estado moscovita

travara muitas guerras e batalhas com o Estado otomano, desde a época do sultão Ahmed, que subiu ao trono em 1115 [1703], até a época do sultão Selim, que subiu ao trono em 1203 [1789]. Esse império vem crescendo e se expandindo sem cessar, esmagando povos, tomando terras e vencendo batalhas até este ano de 1218 [1804]. Ele se tornou poderoso – imensamente poderoso! E o momento era propício para eles e esse Estado capturou as terras dos tártaros, dos georgianos e dos persas. Ele começou a se expandir e crescer e isso vai continuar enquanto Deus quiser[38].

Na verdade, os franceses não voltaram. Pelo tratado de 1802, eles tiveram que se retirar tanto do Egito quanto das ilhas Jônicas. Não mais um dos vizinhos da Turquia, a França estava em melhor posição para transmitir suas ideias aos turcos. As cartas de Halet Efêndi, embaixador turco em Paris de 1803 a 1806, são reveladoras:

Peço a vocês que rezem por meu regresso seguro desta terra de infiéis, já que vim até Paris, mas ainda não vi a terra dos francos, da qual alguns falam e elogiam. Em que Europa essas coisas maravilhosas e esses sábios francos se encontram, não sei [...].
Glória a Deus, que mentes e crenças as dessa gente! É estranho que essas terras dos francos, com os elogios que por tanto tempo encheram nossos ouvidos, se revelam não somente diferentes do que se dizia, mas o contrário [...].
Se alguém, com a intenção de intimidar ou enganá-los, elogiar a terra dos francos, então perguntem-lhe: "você esteve na Europa ou não?" Se ele responder "de fato, estive lá e me diverti por uns tempos", então ele sem dúvida é um partidário e espião dos francos. Se disser: "não, não fui, sei disso pelos livros de história", então ele é uma de duas coisas. Ou é um tolo por prestar atenção no que os francos escrevem ou então elogia os francos por fanatismo religioso[39].

A última frase pressupõe que quem quer que elogie os francos é ele próprio um cristão – presumivelmente um cristão otomano – elogiando seus correligionários europeus.

38 Idem, p. 173; cf. trad. para o francês, p. 223.
39 E. Ziya Karal, *Halet Efendinin Paris Büyük Elçiligi 1802-1806*, Istambul, 1940, p. 32-34, 35 e 62; cf. B. Lewis, *The Impact of the French Revolution on Turkey*, p. 54.

Halet Efêndi era um reacionário convicto que odiava tudo que fosse ocidental, mas suas cartas revelam como a influência francesa se tornara forte. A disseminação das ideias francesas, até mesmo em Istambul, é confirmada pelo historiógrafo imperial Ahmed Asim Efêndi, que escreveu uma crônica do período de 1791 a 1808 e tem algo a dizer sobre as atividades francesas na Turquia. Os franceses tinham se apresentado como amigos e fizeram muita publicidade a respeito. Eles haviam confundido as mentes, não só dos grandes que faziam parte do Estado, mas também do povo comum. Para difundir suas ideias perniciosas, eles buscavam a companhia dos muçulmanos, atraindo-os com protestos de amizade e simpatia e, assim, pelo contato social, familiar e íntimo, tinham feito muitas vítimas.

Alguns sensualistas, despidos dos trajes da lealdade, ocasionalmente aprendiam política com eles. Alguns, desejando aprender sua língua, contratavam professores franceses, aprendiam seu idioma e se orgulhavam [...] de sua conversa grosseira. Foi desse modo que os franceses conseguiram insinuar os costumes franceses nos corações e conquistar para seu modo de pensar a simpatia das mentes de algumas pessoas de mente fraca e fé superficial. As pessoas perspicazes e de mente sóbria e os embaixadores de outros Estados, todos eles perceberam o perigo da situação. Alarmados e cheios de desaprovação, eles censuraram e condenaram essas coisas tanto implícita quanto explicitamente e advertiram sobre as más consequências às quais suas atividades dariam origem. Esse bando maligno e abominável estava cheio de artimanhas, primeiro semeando a semente de sua política no solo dos corações dos grandes no Estado, depois por sedução e incitação a suas formas de pensar, minando – Deus nos guarde – os princípios da Lei Sagrada[40].

O impacto do Ocidente sobre o Oriente Médio entrava numa nova e violenta fase.

---

40 *Asim Tarihi*, Istambul (não datado), 1: 374-376; cf. Vasif, *Cevdet*, 8: 147-148 e Bernard Lewis, *The Emergence of Modern Turkey*, p. 72.

# 2. A Visão Islâmica do Mundo

O mundo ocidental inventou, no decorrer de séculos, diversas formas de subdividir a humanidade. Os gregos dividiam o mundo em gregos e bárbaros, os judeus, em judeus e gentios. Mais tarde, os gregos também inventariam uma classificação geográfica, na qual o mundo era visto ou como dividido em continentes – Europa, o seu próprio continente, e Ásia, o que se encontrava do outro lado do Mar Egeu. Por fim, quando, para além da costa do Egeu, uma Ásia mais extensa e mais longínqua começou a se delinear, ela se tornou a Ásia Menor e a denominação Ásia recebeu uma amplitude maior. Com o tempo, também a Ásia (isto é, a não Europa) seria subdividida e a parte situada na costa sul do Mediterrâneo receberia novos nomes em grego e latim, primeiro Líbia e, mais tarde, África. O mundo medieval estava, para os europeus, dividido inicialmente entre a cristandade e os pagãos e, a própria cristandade, por sua vez, em monarquias. O mundo moderno adotaria o Estado-nação como sua classificação básica, a determinante das identidades e lealdades.

A visão muçulmana do mundo e seus povos foi construída de forma diferente. Até o século XIX, os autores muçulmanos que escreviam sobre história e geografia nada sabiam sobre os nomes que os europeus davam aos continentes. A Ásia era desconhecida, uma Europa mal definida – soletrada como Urūfa – recebia não mais que uma menção de passagem, enquanto a África, grafada em árabe como Ifrīqiya, aparecia apenas como o nome do Magreb oriental e consistia na Tunísia e a região adjacente. Em seus textos de geografia, os muçulmanos dividiam o mundo em "*iqlīm*" (climas), termo derivado do grego antigo, *clima*, mas essa era uma classificação puramente geográfica, sem nenhuma das implicações políticas ou mesmo culturais que as línguas ocidentais modernas embutiram nos nomes dos continentes. Em seus textos de história os muçulmanos praticamente não fazem referência aos *iqlīms* e, ao que parece, estes não tinham lugar na autoconsciência comunitária dos povos muçulmanos.

A divisão do mundo em países e nações, tão importante na percepção de si do mundo ocidental e na definição de suas lealdades, tem importância relativamente menor no mundo do Islã. As designações territoriais têm tão pouca importância que muitos países nem mesmo têm um nome de país específico. Uma parcela notavelmente alta dos nomes atribuídos aos estados modernos nos quais hoje se divide o mundo islâmico é constituída por criações novas. Alguns desses nomes, como Síria, Palestina ou Líbia, foram desenterrados da Antiguidade clássica; alguns, como Iraque ou Tunísia, são nomes de províncias medievais; alguns outros, como Paquistão, são invenções inteiramente novas. Os nomes Arábia e Turquia, apesar da antiguidade dos países e, na verdade, dos povos que eles designam, foram introduzidos modernamente pelo Ocidente. A língua árabe não tem nenhum termo territorial para designar a "Arábia", sendo obrigada a fazer uso de locuções como "Terras Árabes" ou "Península Árabe". O termo Turquia, embora empregado durante séculos no Ocidente, foi adaptado e adotado na língua turca somente no século XX, para denominar um país anteriormente designado por nomes dinásticos ou regionais. No uso clássico, muitas vezes o mesmo termo é empregado para designar o país ou província e sua principal cidade – em geral o nome da cidade sendo aplicado ao país no qual ela se encontra. Em nenhum momento antes do século XIX os domínios soberanos foram definidos em termos territoriais. Pelo contrário, uma designação territorial aplicada a um monarca, era vista como depreciativa.

O mesmo vale, embora em menor grau, em termos étnicos. Entidades étnicas como os árabes, os persas ou os turcos figuram com destaque na literatura islâmica e pertencer a um ou outro desses grupos, definidos pela língua, cultura e, às vezes, pela linhagem, era parte importante da consciência que os indivíduos muçulmanos tinham de si próprios. Mas essas distinções raramente tinham alguma relevância política. Os monarcas muçulmanos normalmente não definiam sua soberania ou formulavam seus títulos em termos de nação, nem a nação em termos étnicos, linguísticos ou territoriais era vista como base natural para se definir o Estado.

Na visão muçulmana do mundo, a humanidade se divide em duas categorias básicas: a Casa do Islã (*Dār al-Islām*) e a Casa da Guerra (*Dār al-Ḥarb*). A primeira é formada por todos os países em que prevalece a lei do Islã, isto é, em termos amplos, o Império Muçulmano; a última, pelo resto do mundo. Assim como só existe um Deus no céu, assim também só pode haver um soberano e uma lei na terra. Em termos ideais, a Casa do Islã é concebida como uma única comunidade, governada por um único Estado, encabeçado por um único soberano. Esse Estado deve tolerar e proteger os infiéis trazidos por conquista sob seu domínio, desde que, naturalmente, não sejam politeístas, mas seguidores de uma das religiões permitidas. No entanto, a lógica da lei islâmica não reconhece a existência permanente de nenhuma outra comunidade política fora do Islã. Com o tempo, na visão muçulmana, toda a humanidade aceitará o Islã ou se submeterá ao domínio islâmico. Nesse meio tempo, é dever religioso dos muçulmanos lutar para que esse fim se realize.

O nome que os juristas muçulmanos dão a essa luta é *jihād*, um termo árabe que significa esforço ou empenho. A pessoa que desempenha esse dever é chamada de *mujāhid*. A palavra ocorre diversas vezes no *Alcorão*, no sentido de travar guerra contra os infiéis. Nos primeiros séculos da expansão islâmica, essa era sua significação normal. Entre a Casa do Islã e a Casa da Guerra havia, de acordo com a Chariá, a Lei sagrada tal como formulada pelos juristas clássicos, um estado de guerra compulsório, tanto religiosa quanto legalmente, que só poderia se encerrar com a conversão ou subjugação de toda a humanidade. Assim, um tratado de paz entre o Estado muçulmano e um Estado não muçulmano era, em teoria, juridicamente impossível. A guerra, que somente terminaria com o triunfo universal do Islã, não podia terminar; ela só podia ser interrompida, por razões de necessidade ou de conveniência, por uma trégua. Essa trégua, de acordo com os juristas, só podia ser provisória. Ela não podia exceder a dez anos e poderia, a qualquer momento, ser unilateralmente rompida pelos muçulmanos que, no entanto, estavam obrigados, pela lei muçulmana, a dar ao adversário o devido aviso, antes de retomar as hostilidades.

Mesmo durante esses períodos de paz relativa, o intercâmbio com os infiéis era desencorajado. A lei muçulmana distingue entre as ações que são efetivamente proibidas (*ḥarām*) e as que são consideradas como repreensíveis (*makrūh*). Viajar até a Casa da Guerra pertencia a esta última categoria e os juristas, em sua maioria, concordavam em que a única razão legítima para um muçulmano viajar até a Casa da Guerra era com o objetivo de resgatar prisioneiros. Mesmo o comércio não era um objetivo aceitável, embora algumas autoridades permitissem a compra de suprimentos alimentares em terras cristãs, em caso de necessidade extrema[1].

A lei relativa à *jihād*, assim como a maior parte da Chariá, recebeu sua forma clássica durante o primeiro século e meio da era islâmica, quando os exércitos árabes avançavam sobre a França, Bizâncio, China e Índia e parecia não haver razão para se duvidar de que o triunfo final e universal do Islã era não só inevitável, mas iminente. Posteriormente, nesse aspecto assim como em outros, começaria a surgir uma brecha entre a doutrina legal e o fato político – uma brecha que os soberanos e os soldados ignoravam e os juristas faziam o possível para ocultar. O Estado islâmico único e universal, que havia existido tanto de fato quanto por princípio nos primeiros um ou dois séculos, se esfacelou em Estados menores. A *jihād* irresistível e perpétua chegava ao fim e, com o tempo, uma relação de tole-

---

1 H. R. Idris, Commerce maritime et ḳirāḍ en Berberie orientale, *JESHO*, n. 14, p. 228-229, 1961.

rância mútua se estabelecia entre o mundo do Islã e o resto do mundo. Este último ainda era percebido e designado como a Casa da Guerra, mas sua subjugação era adiada do tempo histórico para o tempo messiânico. Enquanto isso, surgiam fronteiras mais ou menos estáveis entre os Estados muçulmanos e os não muçulmanos, nos quais a paz, e não a guerra, era a condição normal. Essa paz podia ser infringida por invasões, a fronteira podia ser ocasionalmente deslocada pela guerra, mas, do período da Reconquista e das Cruzadas em diante, esses deslocamentos das fronteiras podiam significar tanto o recuo quanto o avanço dos limites do poderio muçulmano.

Essas mudanças e o consequente desenvolvimento das relações diplomáticas e comerciais com o mundo exterior colocavam novos problemas para os juristas. Eles responderiam, tanto nesse como em outros campos, com interpretações engenhosas. O dever da guerra santa receberia maior detalhamento e seria reinterpretado. Sem dúvida, o cessar das hostilidades com a Casa da Guerra somente podia ser alcançado por uma trégua limitada, mas essa trégua podia ser renovada tantas vezes quanto necessário e assim se tornar, de fato, um Estado de paz legalmente regulado.

Alguns juristas chegavam a reconhecer uma posição intermediária, a Casa da Trégua ou Casa do Pacto (*Dār al-Ṣulḥ* ou *Dār al-'Ahd*), situada entre a Casa da Guerra e a Casa do Islã. Era constituída por certos Estados não muçulmanos, que haviam estabelecido alguma forma de relação contratual com o Estado muçulmano, por meio da qual eles reconheciam a suserania muçulmana e pagavam tributos, mas conservavam uma certa autonomia em seu próprio governo. Ao optar por considerar os presentes recebidos como tributos, os soberanos muçulmanos e seus conselheiros jurídicos podiam ampliar o alcance do pacto ('*Ahd*), para abranger uma ampla variedade de acordos com potências não muçulmanas, relativos a questões políticas, militares e comerciais. Um não muçulmano da Casa da Guerra poderia até mesmo visitar terras muçulmanas e receber o salvo-conduto denominado *amān*. Segundo os juristas, qualquer muçulmano livre, adulto e do sexo masculino podia conceder *amān* a uma ou diversas pessoas. O chefe do Estado muçulmano podia conceder *amān* coletivo a entidades maiores, como uma cidade, os súditos de um soberano, ou uma entidade comercial. A prática de conceder o *amān* facilitou em muito o desenvolvimento das relações comerciais e diplomáticas entre Estados muçulmanos e cristãos e forneceu uma estrutura legal islâmica para o desenvolvimento das comunidades de comerciantes europeus residentes em cidades muçulmanas. Uma das diferenças determinantes entre os dois lados era a inexistência de *amān* para visitantes muçulmanos na Europa cristã e, menos ainda, para os residentes. O *amān* era uma fórmula muçulmana puramente legal para o contato pacífico. No entanto, com a crescente mudança no equilíbrio do poder efetivo, essas relações passariam a ser cada vez mais reguladas não pela lei islâmica, mas pelas práticas comerciais e diplomáticas europeias.

Em termos tanto ideais quanto legais, a Casa do Islã era uma entidade única e, apesar da existência de muitas distinções originadas nas dissensões entre as seitas e em diferenças regionais, nacionais e outras diferenças que surgiam entre os muçulmanos, sempre houve e ainda há o forte senso de uma identidade única. Assim era natural que os muçulmanos tendessem a atribuir uma unidade análoga à Casa da Guerra. Segundo um provérbio às vezes atribuído ao profeta Maomé, "os infiéis são uma única nação"*. Tanto a atribuição a Maomé quanto o conteúdo dessa afirmação são manifestamente falsos, mas o provérbio sem dúvida exprime uma atitude comum, que se refletia na prática e nos textos muçulmanos. A divisão que realmente tem importância é a divisão da humanidade entre muçulmanos e infiéis. Se as divisões entre os próprios muçulmanos eram de importância secundária, as subdivisões específicas entre os infiéis e, em particular, entre os que viviam além das fronteiras islâmicas eram de muito menor interesse ou relevância.

Evidentemente, os muçulmanos reconheciam de fato certas divisões importantes na massa dos infiéis em geral. Uma delas era entre os que possuíam e os que não possuíam uma religião revelada. Para os ateus ou para os politeístas, a escolha

---

\* Em árabe: "Al-kufru millatun wahida", em inglês "Unbelief...", literalmente "a descrença é uma única nação"(N. da T.).

era clara – o Islã ou a morte. Para os judeus e cristãos, que possuíam o que era considerado como religiões reveladas baseadas em revelações autênticas, embora superadas, a escolha incluía um terceiro termo – o Islã, a morte ou a submissão. A submissão envolvia o pagamento de tributos e a aceitação da supremacia muçulmana. A morte podia ser comutada em escravidão. Os que se submetiam, segundo a lei e a prática muçulmanas, podiam receber tolerância e proteção do Estado muçulmano. A relação resultante era regulada por um pacto denominado, em árabe, a *dhimma*. Os que se beneficiavam dele eram conhecidos como *ahl al-dhimma*, gente do pacto, ou mais concisamente *dhimmīs*. Esse era o termo em geral aplicado aos judeus, cristãos e alguns outros que haviam se tornado súditos do Estado muçulmano. Sob as regras da *dhimma*, eles tinham permissão para praticar sua própria religião, manter seus próprios locais de adoração e, de diversas formas, administrar seus próprios negócios, desde que dessem reconhecimento inequívoco da primazia do Islã e da supremacia dos muçulmanos. Esse reconhecimento era expresso por meio de uma série de restrições impostas pela lei sagrada sobre os *dhimmīs*, que afetavam os trajes que eles podiam usar, os animais que eles podiam montar, as armas que eles podiam portar e outras restrições análogas. A maioria dessas restrições tinha caráter social e simbólico, mais que tangível ou prático. A única verdadeira carga econômica imposta aos infiéis era fiscal. Eles tinham de pagar impostos mais altos, um costume herdado dos impérios anteriores do Irã e de Bizâncio. Sobretudo, eles tinham de pagar o imposto conhecido como *jızya*, cobrado de cada indivíduo não muçulmano adulto do sexo masculino.

O termo *dhimmi* era aplicado exclusivamente aos judeus e cristãos que viviam nos territórios muçulmanos e estavam sob o domínio do Estado muçulmano. Os cristãos que permaneciam além das fronteiras eram chamados de *ḥarbī*, isto é, habitantes da Casa da Guerra. Os que iam da Casa da Guerra para a Casa do Islã sob salvo-conduto, como visitantes ou residentes temporários, eram conhecidos como *musta'min*, isto é, portadores de um *amān*. As informações mais completas e exatas sobre os não muçulmanos disponíveis no mundo muçulmano eram, não surpreendentemente, sobre os *dhimmīs*; sobre os *musta´mins*, elas eram consideravelmente menos completas e exatas e sobre os que residiam na Casa da Guerra, limitadas e inexatas.

Os contornos mais gerais podiam, no entanto, ser percebidos. A principal classificação, como já indicado, se baseava na religião. Os judeus e os cristãos eram vistos como comunidades político-religiosas como o próprio Islã, embora inferiores. Na verdade, tem-se argumentado, talvez com certo exagero, que a noção de religião como classe ou categoria, da qual o judaísmo, o cristianismo e o Islã seriam exemplos individuais, somente se originaria com o advento do Islã e da capacidade dos muçulmanos de perceber e reconhecer dois diferentes predecessores de sua própria forma de governo e revelação religiosa[2]. Não encontramos uma consciência desse tipo em meio aos antigos judeus ou aos primeiros cristãos, nem em meio a qualquer outro culto no mundo antigo. Para um muçulmano, o advento de Maomé e a revelação do *Alcorão* marcam o último de uma série de acontecimentos análogos, por meio dos quais os desígnios de Deus teriam sido revelados à humanidade. Havia uma série de profetas que Deus enviara em missão para a humanidade, como portadores de um livro que era objeto de revelação. Maomé era o selo dos profetas e o *Alcorão*, a revelação completa e definitiva. Tudo que tinha valor nas revelações anteriores estava contido nele. O que não estava, se devia à corrupção ou distorção dos textos revelados anteriormente.

Nem judeus nem cristãos eram estranhos ao Islã. Ambas as religiões estavam presentes na Península Árabe do período pré-islâmico. Ambas eram conhecidas do Profeta e ambas figuravam no *Alcorão* e nas tradições mais antigas. O Islã, em certo sentido, se definia contra crenças anteriores – contra o judaísmo e o cristianismo, tanto quanto contra os cultos pagãos da Península Árabe, contra os quais Maomé lutara suas principais batalhas. Ao proclamar (Surata 112) que "Ele é o Deus, o Único Deus! O Absoluto. Jamais gerou ou foi gerado!

---

2 W. Cantwell Smith, *The Meaning and End of Religion*, New York, 1964, p. 58 e s., 75 e s.; cf. Marcel Simon, *Verus Israel*, Paris, 1948, p. 136 e s.

E ninguém é comparável a Ele!"³, o *Alcorão* está rejeitando a teologia cristã. Quando diz (Surata 16.115 ou 114) "Comei, do que Deus vos destinou, o que é permissível e bom. Graças a Deus por sua Benevolência", ele está rejeitando algumas das leis dietéticas judaicas⁴. O princípio da separação e coexistência em geral é justificado por meio da citação da Surata 109. "Dize: Ó incrédulos! Não adoro o que adorais. Não adorais o que adoro. Não sou adorador do que adorais e nem sois adoradores do que adoro. A vós, vossa religião. A mim, minha religião"⁵. Essa era uma nova noção, sem precedentes quer na fé e na prática cristãs quer nas judaicas.

Após as conquistas islâmicas, os muçulmanos se viram como uma minoria governante em meio a populações predominantemente cristãs por toda a região da Mesopotâmia até a Espanha. Assim, tiveram ampla oportunidade de observar grandes parcelas do mundo cristão em ação, em adoração e em outras atividades. Um certo volume de informações acerca das crenças e práticas cristãs passou a fazer parte do conhecimento comum dos muçulmanos mais cultos e alguns aspectos das doutrinas e usos muçulmanos chegaram mesmo a sofrer a influência de exemplos cristãos. Um ou outro estudioso muçulmano fazia ocasionalmente um estudo da religião e das Sagradas Escrituras cristãs e judaicas. Às vezes isso era feito com o objetivo de refutação, embora essa motivação em geral fosse encontrada apenas entre os novos convertidos dessas religiões ao Islã. Às vezes o interesse era acadêmico, mais que polêmico, e ocasionais discussões sobre a fé e a Sagrada Escritura cristã e judaica estavam incluídas em livros muçulmanos sobre a classificação das religiões e doutrinas – um tema e uma bibliografia que, ao que parece, surgiram pela primeira vez com o Islã medieval.

À medida que os cristãos e judeus vivendo sob domínio islâmico foram progressivamente adotando a língua árabe em vez de seus idiomas anteriores, eles começaram a produzir sua própria bibliografia em árabe, inclusive traduções das Sagradas Escrituras. Muitas vezes esses textos cristãos e judaicos,

---

3 *Alcorão*, 112.
4 Idem, 16.115. Na verdade, 16.114 (N. da E.).
5 Idem, 109.

embora em árabe, estavam em caracteres de outras línguas – o siríaco, para os cristãos, o hebraico, para os judeus – e, assim, eram inacessíveis aos leitores muçulmanos. No entanto, ao que parece, mesmo quando escritos em caracteres árabes, eles atraíram pouca atenção dos estudiosos muçulmanos. Em geral, ao mesmo tempo em que concediam certa tolerância aos cristãos e judeus, eles lhes dedicavam pouco respeito. Para os muçulmanos, convencidos da perfeição do Islã e da supremacia do poderio muçulmano, tratava-se de seguidores de religiões superadas e membros de comunidades conquistadas. Assim, eles eram de pouco ou nenhum interesse ou valor para eles.

Algumas dessas mesmas considerações também determinavam as atitudes dos muçulmanos com relação aos infiéis que viviam além das fronteiras. Mas, nesse aspecto, outras considerações também estavam atuando. Durante os primeiros séculos, a comunidade e o Império Islâmico haviam se expandido principalmente nas direções leste e oeste. Ao norte e ao sul das terras muçulmanas, as planícies desabitadas da Eurásia e as selvas e desertos da África ofereciam poucos atrativos e o avanço do Islã nessas regiões era lento e tardio. O principal esforço de conquista e conversão era dirigido a regiões mais populosas e mais compensadoras: na direção oeste, rumo ao norte da África e, daí, até a Europa; na direção leste, atravessando o Irã até a Ásia central e as proximidades da Índia e da China. De ambos os lados os muçulmanos encontravam adversários formidáveis; a leste, primeiro, o grande Império Persa, além dele, os povos guerreiros das estepes e florestas e as grandes potências da Índia e da China; a oeste, o Império Bizantino e, além dele, os mais distantes reinos da cristandade.

Do ponto de vista muçulmano, havia uma importante diferença qualitativa entre a guerra contra os cristãos e as guerras contra outras fronteiras do Islã. Entre os povos das estepes e das selvas, mesmo nas grandes civilizações da China e da Índia das quais eles tinham limitado conhecimento ou compreensão, os muçulmanos não viam uma alternativa ao Islã que se identificasse como tal. Um avanço muçulmano nessas regiões era parte inevitável da islamização dos povos pagãos. Nelas, o Islã não encontrava adversários militares importantes nem alternativas religiosas sérias. A luta no Ocidente, ao contrário, se fazia contra um sistema religioso e político rival que negava a própria base da missão universal do Islã e o fazia em termos que eram tanto conhecidos quanto inteligíveis. A convicção muçulmana de sua própria vitória final e predestinada não os cegava para o significado e para as incertezas desse conflito prolongado e em larga escala entre duas fés e duas sociedades. Nos textos muçulmanos, o mundo cristão se torna a Casa da Guerra por excelência e a guerra contra a cristandade é o próprio modelo e protótipo da *jihād*.

Entre os séculos XI e XV, o recuo do Islã e o avanço da reconquista cristã na Itália, Portugal e Espanha colocaram sob o domínio cristão grandes populações muçulmanas, havia muito estabelecidas nesses países. Em todos eles, a reconquista foi seguida – às vezes após um intervalo de tolerância – por um esforço resoluto da parte dos soberanos cristãos no sentido de converter ou então expulsar os súditos muçulmanos. Nesse esforço, eles foram, a longo prazo, bem sucedidos.

Em geral, a má-vontade dos cristãos em tolerar os súditos muçulmanos se equiparava à má-vontade muçulmana em permanecer sob o domínio cristão. A maioria dos juristas muçulmanos defendia ser impossível a um muçulmano viver sob um governo não muçulmano. Quando um infiel residente nas terras dos infiéis se convertia ao Islã, era seu dever deixar seu lar e seu país e viajar para um país governado por muçulmanos e em que prevalecia a lei muçulmana. A autoridade dos textos sagrados quanto a essa doutrina era a migração (*hijra*) do profeta Maomé e seus companheiros de Meca para Medina – o acontecimento que marcava o nascimento do Estado muçulmano e o início da era muçulmana. O local para onde o Profeta havia sido conduzido era para onde se esperava que todos seguissem.

A perda de terras muçulmanas para conquistadores cristãos colocava a pergunta de forma aguda e renovada. Esse problema foi primeiramente enfrentado pelos juristas da escola Mālikī\*, que predominava no norte da África e na Sicília e Espanha muçulmanas. Os juristas maliquitas estavam divididos em seu debate sobre as questões legais impostas pela

---

\* Também "escola maliquita", uma das quatro escolas de lei religiosa do Islã sunita (N. da T.).

perda de território muçulmano para os infiéis. Alguns argumentavam que, se um soberano cristão admitia a livre prática da religião muçulmana e permitia aos muçulmanos viver segundo as prescrições da Lei sagrada, então os muçulmanos podiam ter permissão para ficar. Alguns iam ainda além e estavam dispostos a permitir que muçulmanos submetidos a infiéis intolerantes escondessem sua própria religião, a fim de sobreviver. A visão que prevalecia, contudo, era de que pelo menos alguns e, de preferência, todos os muçulmanos de um país conquistado por infiéis deviam fazer como seus antepassados haviam feito em Meca e partir numa *hijra*, do reino pagão para o Islã. Uma formulação clássica dessa posição era dada numa declaração do jurista marroquino al-Wansharīsī, que sustentava ser dever de todos os muçulmanos emigrar e evitar permanecer sob o domínio de infiéis. Quando os infiéis eram tolerantes, isso tornava a necessidade de partir mais – e não menos – urgente, uma vez que o perigo de apostasia também era maior. Mesmo a tirania muçulmana, diz Al-Wansharīsī, é melhor que a justiça cristã[6].

Mas, em geral, a justiça cristã não estava disponível. Havia exceções. Os muçulmanos permaneceram durante algum tempo na Sicília reconquistada, sob o domínio dos normandos, que eram relativamente tolerantes, e nas partes da Espanha que haviam sido reconquistadas pelos cristãos. Mas sua sobrevivência dependia da presença contínua dos Estados muçulmanos no sul, que impunham tolerância mútua por parte do norte cristão. Após a vitória final dos cristãos em 1492, essa tolerância não era mais necessária e o édito de expulsão foi emitido pouco tempo depois.

O problema surgiu novamente na Europa oriental, com a conquista russa de terras muçulmanas ao norte e a leste do Mar Negro e com a perda sucessiva de províncias otomanas nos Bálcãs. Novos grupos de muçulmanos ficavam sob o domínio cristão e alguns deles encontravam a mesma resposta – a emigração. Mas, na era da expansão imperial europeia, essa não podia mais

---

6 Cf. D. Santillana, *Instituzioni di Diritto Musulmano*, v. 1, Roma, 1926, p. 69-71; L. P. Harvey, Crypto-Islam in Sixteenth Century Spain, *Actas del Primer Congreso de Estudios Árabes e Islámicos*, Madrid, 1964, p. 163-178; Al-Wansharīshī, *Asnā al-matājir fī bayān aḥkām man ghalaba 'Ala waṭanihi al-naṣārā wa-lam yuhājir*, Ḥusayn Muʼnis (org.), em *Revista del Instituto Egipcio de Estudios Islámicos en Madrid*, 5: 129-191, 1957.

ser uma solução. Com a ascensão dos impérios russo, britânico, francês e holandês, o domínio cristão por fim se estendia até os principais centros do mundo islâmico, onde grandes populações muçulmanas tinham, por força das circunstâncias, de permanecer onde estavam, sob o domínio dos infiéis.

Apesar de sua importância para eles, os muçulmanos revelaram um interesse surpreendentemente baixo pelo mundo cristão. A parte que eles conheciam melhor era, como de se esperar, o império grego e cristão de Bizâncio. Nos anais muçulmanos, havia sido esse império, conhecido como a terra de Rūm, o grande adversário do Estado muçulmano. Ele é mencionado com frequência na história das guerras do Islã e suas províncias, em particular as situadas imediatamente além das fronteiras, são discutidas com certo detalhe nos textos muçulmanos de geografia e de história.

No ano de 1068 – isto é, dois anos após a Batalha de Hastings e trinta anos antes da chegada dos cruzados à Palestina – um certo Ṣāʻid ibn Aḥmad, cádi da cidade muçulmana de Toledo, na Espanha, escrevia um livro em árabe sobre os tipos de nação. Em sua introdução, ele dividia as nações do gênero humano em duas espécies, as que se dedicavam à ciência e ao conhecimento e as que não se dedicavam. As nações que teriam contribuído para o avanço do conhecimento seriam oito em número – os indianos, os persas, os caldeus, os gregos, os romanos (um termo que incluía os bizantinos e os cristãos do Oriente em geral), os egípcios, os árabes (o que incluía os muçulmanos em geral) e os judeus. Essas nações constituíam o objeto de todo o livro. Do restante da humanidade, ele destacava os chineses e os turcos como "os mais nobres dos povos incultos", dignos de respeito por suas realizações em outros campos, os chineses, por sua habilidade com trabalhos artesanais e artes pictóricas, assim como por sua persistência; os turcos, por sua coragem, suas habilidades nas artes da guerra e sua destreza na equitação e no uso da lança, da espada e do arco. O resto da humanidade, Ṣāʻid descartava com desprezo como os bárbaros do norte e do sul. Sobre os do norte, ele observava:

> Os outros povos desse grupo que não cultivou as ciências se parecem mais com animais que com homens. Para aqueles dentre eles que

vivem mais para o norte, entre o último ou os sete climas e os limites do mundo habitado, a distância excessiva do sol em relação à linha do zênite torna o ar frio e o céu, nublado. Assim, seus temperamentos são frígidos, seus humores, rudes, suas barrigas, grandes, sua cor, pálida e seus cabelos, longos e escorridos. Dessa forma, falta-lhes perspicácia na compreensão e clareza de inteligência e eles são dominados pela ignorância e apatia, pela falta de discernimento e estupidez[7].

Com essas observações, Ṣā'id estava expressando a visão em geral aceita em meio aos estudiosos muçulmanos de sua época. O centro do mundo eram as terras do Islã, que se estendiam da Espanha, atravessando o norte da África, até o Oriente Médio e que continham em si quase todos os povos e centros da civilização antiga. Ao norte, o império cristão de Bizâncio representava um estágio anterior e interrompido dessa civilização e se fundava na revelação divina que alcançaria sua forma final e acabada no Islã. A leste, além da Pérsia, havia países que tinham alcançado alguma forma de vida civilizada, embora de uma espécie inferior e idólatra. Além deles, só havia os bárbaros brancos e negros do mundo exterior, no norte e no sul. É com o desenvolvimento do conhecimento muçulmano de alguns desses bárbaros do norte que aqui nos ocupamos.

---

[7] Ṣā'id b. Aḥmad al-Andalūsī, *Kitāb ṭabaqāt al-Umam*, Cairo (sem data), p. 11; cf. trad. para o francês, R. Blachère, *Livre des catégories des nations*, Publications de l'Institut des Hautes Études Marocaines, 28, Paris, 1935, p. 36-37.

# 3. Sobre a Língua e a Tradução

Numa obra persa do século XIV sobre história universal, o autor, discutindo a Europa, observava que "os francos falam vinte e cinco línguas e nenhum deles entende a língua dos outros. Tudo que eles têm em comum", acrescentava ele, "é seu calendário, escrita e números"[1]. Esse era um comentário natural para um muçulmano medieval, habituado à unidade linguística do mundo muçulmano, no qual duas ou às vezes três línguas principais não só atendiam às necessidades de uma restrita classe religiosa (como o latim na Europa ocidental), mas eram meios eficientes de comunicação universal, suplantando as línguas e dialetos locais, em todos os níveis, exceto os mais baixos.

Inicialmente, somente uma língua era utilizada entre os muçulmanos, o árabe, a língua do *Alcorão* e dos conquistadores árabes. Por algum tempo, o árabe foi praticamente a única língua utilizada pelo governo, comércio e cultura nas terras muçulmanas, substituindo com assombrosa rapidez as mais antigas línguas das culturas locais, como o latim, o grego, o

---

[1] Rashīd al-Dīn, *Histoire universelle...*, I, *Histoire des Franks*, K. Jahn (org. e trad.), Leiden, 1951, texto p. 11; cf. trad. para o francês, p. 24; cf. trad. para o alemão, K. Jahn, *Die Frankengeschichte des Rašīd ad-Dīn*, Viena, 1977, p. 54.

copta, o siríaco e o persa, que haviam florescido nos territórios que eram incorporados ao Império Islâmico.

O latim e o grego desapareceram quase inteiramente; o copta e o siríaco sobreviveram como línguas litúrgicas, mas não como as línguas faladas pelas minorias cristãs. Somente o persa entrou numa nova fase de desenvolvimento. Com a islamização do Irã, surgiu uma nova forma do persa, escrito em caracteres árabes, com uma enorme quantidade de vocabulário emprestado do árabe e diferindo do persa pré-islâmico como o inglês difere do anglo-saxão. Com o tempo, o persa se tornou a segunda língua culta mais importante no mundo islâmico, amplamente utilizado na Ásia central, na Índia e na Turquia, assim como no próprio Irã.

A chegada dos turcos vindos da Ásia central para o Oriente Médio e o estabelecimento em terras muçulmanas de um domínio turco que duraria mil anos introduziam a terceira grande língua islâmica. Antes da entrada dos turcos no mundo islâmico, havia entre eles seguidores de diversas religiões e eles registravam suas línguas em diferentes tipos de escrita. Eles se tornaram muçulmanos em esmagadora maioria e várias línguas turcas passaram pelos mesmos processos que o persa. Surgia então uma língua turca muçulmana, escrita em caracteres árabes e com um vasto vocabulário tomado de empréstimo ao árabe e, agora, também ao persa. Mais tarde surgiriam outras línguas muçulmanas no sul e sudeste da Ásia e na África subsaariana. Mas, nos centros vitais do Islã e nos antigos centros da civilização muçulmana na Ásia central e sudoeste, no norte da África e na Europa, somente três línguas, o árabe, o persa e o turco, eram de uso comum.

Em geral, os árabes, mesmo os mais cultos, falavam somente o árabe. Os persas mais cultos falavam o árabe e o persa. Os turcos mais cultos falavam o árabe, o persa e turco. O persa se tornou uma língua clássica; o árabe era tanto uma língua clássica como a língua dos textos sagrados e constituía parte essencial da formação dos muçulmanos cultos de todos os contextos étnicos e linguísticos. Tanto o persa quanto o turco, assim como outras línguas usadas pelos muçulmanos, eram escritos em caracteres árabes e seu vocabulário intelectual e conceitual era derivado quase inteiramente de fontes árabes.

A associação entre a filiação religiosa e a escrita era total. Os judeus empregavam a escrita hebraica, não somente para o hebraico, mas também para outras línguas que eles falavam. Os cristãos usavam a escrita siríaca, não só para o siríaco mas também para o árabe. E os muçulmanos empregavam a escrita árabe, à exclusão de todas as outras. Para os muçulmanos, aprender uma forma de escrita utilizada por infiéis envolveria um elemento de, por assim dizer, falta de fé e mesmo profanação e, na verdade, eram poucos os muçulmanos que tentavam aprender uma língua estrangeira. As línguas não islâmicas eram desconhecidas, exceto no caso do conhecimento prévio que os novos convertidos levavam consigo para o Islã.

Essa situação estava em notável contraste com a que prevalecia na Europa, dividida em muitos países e nações, cada qual com sua própria língua. Muito cedo os europeus descobriram ser necessário aprender outras línguas que não a de seu próprio país e preparar as ferramentas adequadas a essa finalidade. No mundo islâmico, a gramática e a lexicografia estiveram, por longo tempo, limitadas ao árabe, em vista da tarefa religiosa de tornar possível aos não árabes convertidos ao Islã ler e compreender os textos sagrados.

A ausência generalizada de interesse por línguas estrangeiras ocorria até mesmo em áreas de fronteira como a Espanha muçulmana onde, durante os séculos de domínio muçulmano, a língua românica falada localmente, que depois se desenvolveria no espanhol, era de uso comum e era sem dúvida conhecida por muçulmanos e judeus, assim como por cristãos. Isso fica manifesto na prática de poetas tanto muçulmanos quanto judeus de acrescentar um estribilho em língua românica a seus poemas em árabe ou hebraico. Esse tipo de refrão, conhecido como *kharja* e escrito em caracteres árabes ou hebraicos, constitui uma importante fonte de informações sobre a história mais antiga da língua e literatura espanhola. Mesmo assim, essa prática não parece ter fomentado um interesse mais profundo em meio aos muçulmanos da sociedade em que ela se desenvolveu. O *kharja* nada mais é que uma forma estilística – um refrão extraído da língua falada, provavelmente usado para sugerir uma melodia popular. Ele era adotado num certo tipo de improvisação poética e em nada mais além disso. Existe um tipo de literatura em que os escritores árabes na Espanha glorificam o esplendor de Al-Andalus – o nome árabe para a Espanha muçulmana – contra as pretensões do velho Oriente muçulmano. Eles têm muito a dizer sobre as belezas da paisagem espanhola, a riqueza de suas cidades e as realizações do povo muçulmano. Mas não acham valer a pena mencionar seus antigos habitantes ou quaisquer outros. De todos os oito séculos de presença muçulmana na Espanha, somente sobreviveu um único documento sugerindo algum interesse numa língua europeia. Trata-se de um fragmento de um período bastante tardio, não mais que uma folha de papel, contendo umas poucas palavras em alemão com seus equivalentes em árabe[2]. Segundo se relata, dos incontáveis estudiosos e filólogos que floresceram na Espanha muçulmana, somente um certo Abū Ḥayyān de Granada, que morreu em 1344, teria se interessado por línguas estrangeiras. Ele aprendeu o turco e o etiópico*.

Isso não significa que a arte da tradução fosse desconhecida no Islã medieval. Muito ao contrário; antes da era moderna, havia provavelmente mais atividades de tradução do e para o árabe que de qualquer outra língua. Textos religiosos, legais e, mais tarde, alguns outros textos foram traduzidos para o persa, o turco e outras línguas muçulmanas, para orientação dos fiéis; textos científicos e filosóficos foram traduzidos para o hebraico e o latim, para o ensino de judeus e cristãos e, com o tempo, seria por meio dessas traduções que eles se tornariam disponíveis para o mundo ocidental[3].

De relevância mais imediata são as traduções para o árabe de textos mais antigos. De acordo com a tradição árabe, o movimento teve início na virada do século VII para o VIII, quando um príncipe da dinastia omíada reinante providenciou a tradução de alguns textos gregos de alquimia. O tradutor era certo Estevão, pelo nome, sem dúvida, um cristão. Ao que

---

2   G. S. Colin, Un Petit glossaire hispanique arabo-allemand de début du XVIe siècle, *Al-Andalus*, 11: 275-281, 1946.

*   A língua oficial da Etiópia é o amárico, mas há diversas outras línguas designadas como "etíopes". Provavelmente se refere à língua geʾez ou giʾiz, uma antiga língua semítica do norte da Etiópia também designada como "etiópico" (N. da T.).

3   Sobre o movimento das traduções e suas realizações, cf. F. Rosenthal, *The Classical Heritage in Islam*, London, 1975.

parece, as primeiras traduções foram feitas para uso privado e poucas delas chegaram até nós. A escolha era determinada por considerações práticas e se concentrava em dois campos, a medicina e a alquimia. Algum material religioso também foi disponibilizado, uma vez que o conhecimento das religiões judaica e cristã podia contribuir para uma melhor compreensão do *Alcorão*.

O movimento de tradução ampliou-se sob os califas da dinastia dos abássidas, que sucederam aos omíadas na metade do século VIII. A transferência da capital da Síria para o Iraque levou ao fortalecimento do Oriente Médio e enfraquecimento das influências mediterrâneas. Algumas obras, sobretudo as que abordavam a arte de governar e o cerimonial da corte, foram traduzidas do persa médio para o árabe; outras, sobre matemática, foram traduzidas a partir das línguas da Índia. Mas a maior parte das traduções era de textos gregos, traduzidos ou diretamente do grego ou indiretamente, a partir das versões em siríaco. Os tradutores eram, sem exceção, não muçulmanos ou novos convertidos ao Islã. Eram cristãos, em sua maioria, uns poucos eram judeus e o restante era formado por membros da comunidade sabeia*.

A escolha das obras que deviam ser traduzidas é instrutiva. As traduções do grego para o árabe consistiam, em sua maior parte, em livros de duas áreas – filosofia e ciências. Entre as obras de filosofia estavam os textos clássicos de Platão e Aristóteles, juntamente com uma série de obras de outros filósofos antigos, que incluíam textos herméticos, gnósticos e neoplatônicos. As obras de ciências incluíam a medicina, a astrologia e a astronomia, a alquimia e a química, a física e a matemática. Também era dada certa atenção à bibliografia técnica, em especial, as obras sobre agricultura. Dois tratados incluídos nesse tópico foram traduzidos antes do século X, um a partir do aramaico, o outro, do grego.

Na época em que os muçulmanos chegaram às terras do leste do Mediterrâneo, a população nesses territórios já era cristã em sua esmagadora maioria e, em grande medida, a herança helenista que assim chegava aos muçulmanos já havia

---

* Dos "sabeus", o povo do reino de Sabá (N. da T.).

passado pelo filtro das igrejas cristãs do Oriente. Essa é, sem dúvida, parte da explicação para as escolhas feitas pelos muçulmanos e pelos tradutores que trabalhavam para eles, sobre quais textos gregos deveriam ser traduzidos. Ela é, no entanto, apenas parte da explicação. Algumas das obras valorizadas pelos cristãos do Oriente foram deixadas de lado pelos muçulmanos; outras, que eram negligenciadas pelas igrejas do Oriente, foram resgatadas diretamente a partir dos textos antigos ou pelos estudiosos dos clássicos de Bizâncio.

O critério de escolha básico era a utilidade, embora, como mostra a progressão da astrologia para a astronomia e da alquimia para a química, isso, no devido tempo, podia levar a uma curiosidade científica mais desinteressada. O critério da utilidade não era menos aplicável à filosofia que à ciência. Mas a utilidade não deve ser aqui entendida num sentido rigorosamente utilitário. Ela inclui obras cuja finalidade era permitir às pessoas alcançar o que os filósofos muçulmanos denominavam *sa'āda*, a felicidade, que correspondia ao conceito grego de *eudaimonia*. Embora expressa em termos abstratos e envolvendo noções abstratas, essa justificação da filosofia se baseia na busca de certas conquistas específicas, tanto espirituais quanto materiais. Se a ciência se dedica à saúde e ao bem-estar do homem neste mundo, a filosofia ajuda a prepará-lo para o próximo. A tradução e o estudo de textos filosóficos eram essencialmente uma atividade religiosa e a influência do pensamento grego sobre a teologia muçulmana era considerável.

Não houve tentativas de traduzir textos gregos de poesia, drama ou história. A literatura é uma experiência tanto pessoal quanto vinculada à cultura. É difícil apreciar a estética de um outro povo e, no passado, a tradução literária era extremamente rara, ocorrendo somente quando havia uma forte simbiose cultural. Havia traduções do grego para o latim, do árabe para o persa, do chinês para o japonês. Na ausência desses vínculos culturais, textos de ciência e até mesmo de filosofia são às vezes traduzidos, a literatura quase nunca. A transposição da poesia através das fronteiras de uma civilização para outra tem início com o surgimento da modernidade europeia. Para os muçulmanos medievais, a literatura de uma sociedade estrangeira e pagã não podia oferecer nem atrativos estéticos nem orientação moral. A história desses povos remotos, sem profetas nem textos sagrados, não passava de uma sequência de acontecimentos, sem finalidade ou significado. Para os muçulmanos, a literatura era a poesia e eloquência de sua própria e rica tradição cultural. A história era o desdobramento dos desígnios de Deus para a humanidade, tal como eles se manifestavam na vida de Sua própria comunidade islâmica. A história do período pré-islâmico era relevante somente na medida em que prefigurava a revelação islâmica e ajudava nos preparativos para o advento da comunidade islâmica. Seria somente com a Europa do Renascimento e pós-Renascimento que uma sociedade humana pela primeira vez desenvolveria a sofisticação, distanciamento e, sobretudo, curiosidade para o estudo e apreciação das realizações literárias de sociedades estrangeiras e até mesmo hostis.

Duas outras espécies de textos tinham valor limitado e eram traduzidas numa proporção limitada – a geografia e a política. Foi de traduções de obras gregas de geografia que os muçulmanos extraíram suas primeiras informações sobre a configuração geográfica do mundo no qual viviam; foi de obras gregas sobre a política que eles adquiriram certas noções básicas sobre a natureza do Estado e da relação entre governante e governados. O pensamento político grego era, no entanto, de influência limitada e os muçulmanos que escreviam sobre a política nos termos da tradição grega eram marginais à tradição predominante no Islã, na qual as influências que predominavam eram o *Alcorão* e as tradições dos primeiros muçulmanos.

O movimento de tradução a partir do grego chegou ao fim no século x, quando um corpo considerável de materiais já se encontrava traduzido. Então, por diversas razões, esse movimento cessou. A razão certamente não era a falta de materiais, uma vez que muita coisa permanecia acessível e sem traduzir. O Império Bizantino ainda oferecia uma grande riqueza em textos gregos, cuja existência era conhecida em terras muçulmanas. Existem até mesmo casos registrados de emissários especiais enviados por soberanos muçulmanos a Bizâncio, em busca dos textos gregos indispensáveis para as traduções. O fim do movimento também não pode ser atribuído exclusivamente à falta de tradutores. Sem dúvida o avanço da arabização em meio às minorias cristãs tornava cada vez mais difícil encontrar estudiosos com o necessário conhecimento do grego. No entanto, havia alguns e as traduções continuavam sendo feitas no âmbito das comunidades cristãs, para seu próprio uso. Contudo, elas não mais entravam para o acervo coletivo da cultura árabe, que se tornara, a essa altura, resistente a tais influências externas.

O acervo de materiais traduzidos do grego era vasto e suficiente para dar ao leitor muçulmano uma ampla visão da antiga filosofia, medicina e ciência grega, assim como dos acréscimos helenistas posteriormente feitos a esses conhecimentos. Em contraste com o grande acervo de obras traduzidas do grego, apenas um único livro foi traduzido do latim nesse período. Trata-se de uma das últimas crônicas de Orósio, excepcional não apenas por ser em latim, mas também por ser uma obra de história. Esse curto relato da história romana foi traduzido na Espanha e posteriormente serviria de base para os autores muçulmanos em suas abordagens da história de Roma[4].

Se o interesse pela Roma antiga era pequeno, o interesse pela Europa medieval e suas línguas era ainda menor. Quando um embaixador italiano chegou a Bagdá em 906, com uma carta, presumivelmente em latim, houve certa dificuldade em conseguir que fosse lida. De acordo com um relato árabe da época:

A carta era escrita sobre seda branca, numa letra que lembrava a escrita grega, mas mais reta, [...] as autoridades procuraram alguém que pudesse traduzir a carta e havia na loja de roupas, com Bishr, o eunuco, um franco que podia ler a escrita desse povo. O eunuco o levou até o califa e ele leu e traduziu a carta para a escrita grega. Então Isḥāq ibn Ḥunayn [um dos grandes tradutores de textos científicos] foi chamado e ele a traduziu do grego para o árabe[5].

---

4 Sobre a versão de Orósio, cf. G. Levi Della Vida, La traduzione araba delle storie di Orosio, *Al-Andalus*, 19: 257-293, 1954.
5 Awḥadī, (org.), M. Hamidullah, Embassy of Queen Bertha to Caliph al-Muktafi billah in Baghdad 293/906, *Journal of the Pakistan Historical Society*, 1: 272-300, 1953. Cf. também G. Levi Della Vida, La corrispondenza di Berta di Toscano col Califfo Muktafi, *Rivista Storica Italiana*, 66: 21-38, 1954; C. Inostrancev, Notes sur les rapports de Rome et du califat abbaside au commencement du Xᵉ siècle, *Rivista degli Studi Orientali*, 6: 81-86, 1911-1912.

Essa história ilustra vividamente como o Ocidente latino era distante e pouco familiar para a corte em Bagdá. Mais tarde, no mesmo século, ao compilar uma ampla pesquisa bibliográfica de trabalhos acadêmicos escritos "tanto por árabes quanto por não árabes", o grande estudioso árabe Ibn al-Nadīm enumerava dezesseis línguas, algumas das quais ele discutia com grande detalhe. Somente três delas – além de uma rápida menção ao russo – podem ser chamadas europeias. A primeira é o grego, sobre o qual ele tem uma grande quantidade de informações. A segunda é

a escrita dos lombardos e saxões, um povo que vive entre Roma e a França, próximo ao soberano de Andalus. Sua escrita tem vinte e duas letras. É chamada de 'Apostólica' [a palavra está transcrita para o árabe] e eles começam a escrita da esquerda para a direita [...].

A terceira é o franco e tudo que Ibn al-Nadīm conhece sobre ela é o relatório de 906 para a embaixada, acima citado. O latim não é mencionado pelo nome; a escrita "lombardo--saxônica" é talvez um eco distante das campanhas na Itália do imperador saxão Oto[6].

Se o mundo muçulmano rejeitava o estudo das línguas não muçulmanas e não mostrava qualquer interesse por obras que pudessem estar escritas nessas línguas, os muçulmanos, no entanto, eram obrigados a se comunicar com os ocidentais, para uma série de finalidades não culturais. Mesmo antes das cruzadas, o comércio entre o Islã e a cristandade ocidental tinha sido retomado do outro lado do Mediterrâneo e, do início das cruzadas em diante, ele cresceria continuamente em volume e dimensões. Obviamente devia existir alguma forma de comunicação entre os comerciantes europeus e os compradores, vendedores ou intermediários do Oriente Médio com os quais eles mantinham negócios. Também a diplomacia dá origem a conversas e ocasionais trocas de cartas e documentos. O mundo muçulmano somente adotaria a prática europeia de manter relações diplomáticas contínuas por meio de embaixadas

---

6 Ibn al-Nadīm, *Kitāb al-Fihrist*, G. Flügel (org.), Leipzig, 1871, 1: 15-16; cf. trad. para o inglês, B. Dodge, New York, 1970, 1: 28-31.

residentes nos últimos anos do século XVIII. Mas alguma forma de contato diplomático já existia desde os primeiros tempos.

Durante o século XVIII, um importante terceiro canal de comunicação foi acrescentado ao comércio e à diplomacia – o ensino, sobretudo militar e naval. A modernização do exército e da marinha otomanos exigia a importação de oficiais militares e navais europeus, para ensinar nas academias militares turcas e até mesmo, ocasionalmente, servir com as forças armadas turcas. Obviamente alguma língua em comum era necessária.

Para todas essas atividades, tradutores e intérpretes eram empregados como intermediários entre os dois lados. Alguém tinha que fazer o esforço de aprender a língua do outro. Numa proporção esmagadoramente maior, foram os europeus e não os muçulmanos que fizeram esse esforço. Primeiro na Espanha, depois na Itália e mais tarde em países mais ao norte, havia europeus que, devido a circunstâncias em sua vida ou profissão, tiveram a oportunidade de viver num ambiente em que se falava o árabe ou o turco e adquirir um conhecimento pelo menos operacional da língua falada. Enquanto um número cada vez maior de comerciantes europeus residia em cidades muçulmanas, havia poucos muçulmanos que voluntariamente residiam na Europa e, assim, os muçulmanos não tinham a oportunidade ou mesmo o desejo de aprender uma das línguas europeias.

Ao longo das fronteiras europeias do Império Otomano é provável que a versatilidade linguística fosse relativamente maior e as crônicas fazem referências ocasionais ao uso de intérpretes em interrogatórios, discussões e mesmo negociações durante as guerras dos séculos XVI e XVII, presumivelmente com o emprego de línguas locais. Essas línguas sem dúvida também eram conhecidas pelos numerosos cristãos e muçulmanos dos Bálcãs que, por uma razão ou outra, iam para Istambul, de modo que a língua turco-otomana, em particular no uso fiscal e burocrático, acabou absorvendo um bom número de palavras de origem balcânica e mesmo húngara. Tudo isso, no entanto, tinha pouco ou nenhum efeito na percepção que os turcos tinham do Ocidente.

Informações como as que temos sobre os intérpretes no serviço oficial muçulmano indicam que se tratava ou de renegados, isto é, cristãos ocidentais que tinham se estabelecido num país muçulmano e abraçado o Islã, ou então de *dhimmis*, isto é súditos não muçulmanos do Estado muçulmano. Entre esses súditos estavam tanto cristãos quanto judeus, sendo que estes últimos, na época dos otomanos, muitas vezes eram imigrantes recém-chegados da Europa e, dessa forma, traziam consigo o útil conhecimento das línguas e da situação na Europa.

Apenas ocasionalmente ficamos sabendo de um intérprete nascido muçulmano, ao qual a sorte – ou mais provavelmente alguma calamidade – havia proporcionado a oportunidade de aprender uma língua estrangeira. Um exemplo disso é Osman Ağa, um oficial da cavalaria turca de Temesvar*, na Hungria otomana, que passou onze anos como prisioneiro de guerra em mãos austríacas e, assim, teve a oportunidade de adquirir amplo conhecimento da língua alemã. Suas memórias indicam que ele já conhecia o sérvio e o húngaro, dos quais ele cita amostras transcritas para a grafia turco-árabe. Depois de sua fuga, ele serviu como intérprete para o paxá de Temesvar, em suas negociações com os adversários ao longo das fronteiras da Europa central entre o Império Habsburgo e o Otomano[7].

Além da diplomacia de fronteira, os intérpretes também eram empregados no comércio e um registro otomano de impostos, proveniente da cidade de Trípoli, chega a mencionar um "imposto de intérprete" – o *terjumāniyya*[8]. O termo deriva do árabe, *tarjumān*, e significa tradutor ou intérprete. O termo ocidental dragomano, normalmente empregado para designar esses intérpretes, é derivado dele.

Os mais importantes eram, evidentemente, os que estavam diretamente sob o serviço dos monarcas muçulmanos. Pouco se sabe a respeito dos dragomanos empregados pelos sultões mamelucos do Egito e outros soberanos muçulmanos da Idade Média, embora a pouca documentação existente indique que eram, em sua maioria, renegados europeus. Um caso interessante é o

---

\* Atual Timişoara, na Romênia.
7 Ambos os volumes das memórias de Osman Ağa foram inicialmente publicados em tradução para o alemão: cf. R. F. Kreutel; O. Spies, *Leben und Abenteuer des Dolmetschers 'Osman Ağa*, Bonn, 1954, e R. F. Kreutel, *Zwischen Paschas und Generalen*, Graz, 1966. O texto em turco de um dos volumes foi organizado por R. F. Kreutel, *Die Autobiographie des Dolmetschers 'Osman Ağa aus Temeschwar*, Cambridge, 1980.
8 Ö. L. Barkan, *XV ve XVIinci asirlarda Osmanli Imparatorluğunda zirai ekonominin hukuki ve mali esaslari*, v. 1, Kanunlar, Istambul, 1943, p. 213.

do dragomano Taghri Berdi, que serviu primeiro como dragomano e depois como embaixador do sultão mameluco em Veneza, onde chegou em 1506. Seu nome é turco e significa "Deus deu". Seu nome patronímico, de acordo com as fontes, era Ibn 'Abdallah, uma forma comumente utilizada no Islã por convertidos cujos verdadeiros nomes paternos eram demasiado estranhos para se ajustar ao padrão da nomenclatura muçulmana.

Taghri Berdi era claramente de origem europeia, embora exista alguma incerteza quanto a sua religião e nacionalidade anteriores. Alguns autores da época o descrevem como um ex-cristão, outros, como um ex-judeu. Um viajante cristão afirma que ele era judeu de nascimento e teria posteriormente se convertido, primeiro ao cristianismo e depois ao Islã. Um judeu italiano e visitante do Egito, Mesullam da Volterra, afirma que Taghri Berdi era de ascendência judaica, mas era "um cristão para os cristãos e um judeu para os judeus". Há concordância geral em que ele teria nascido na Espanha, embora algumas fontes afirmem que nasceu na Sicília[9].

Um dos primeiros intérpretes otomanos sobre o qual temos maiores informações era um húngaro, conhecido, após sua conversão ao Islã, como Murad. Embora tivesse apenas dezessete anos quando foi capturado pelos turcos na batalha de Mohács, em 1526, ele aparentemente recebeu boa formação em latim e, graças a isso, conseguiu fazer carreira como intérprete no serviço oficial turco. No interesse de sua nova religião, ele elaborou um tratado missionário em turco e posteriormente em latim e, em 1559-1560, a pedido do emissário de Veneza em Istambul, fez uma versão para o turco do *De Senectute*, de Cícero, para apresentação ao sultão Suleiman, o Magnífico. A notícia seguinte que temos dele é de que teria sido demitido de seu cargo de intérprete para a Sublime Porta, por beber vinho de forma contumaz. Com falta de dinheiro, aceitou a encomenda feita por um europeu de fazer a tradução para o latim de uma seleção de obras turcas sobre a história otomana[10].

---

9 Cf. J. Wansbrough, A Mamluk Ambassador to Venice in 913/1507, *Bulletin of the School of Oriental and African Studies*, 26, 3ª parte: 503-530, 1963.
10 F. Babinger, Der Pfortendolmetscher Murad und seine Schriften, em F. Babinger et al. (orgs.), *Literaturdenkmäler aus Ungarns Türkenzeit*, Berlim/Leipzig, 1927, p. 33-54.

Sob os otomanos, o cargo de intérprete oficial ou dragomano era parte essencial do aparato governamental destinado à conduta de assuntos estrangeiros. O intérprete fazia parte da equipe do chefe de secretaria (*Reis ül-Küttab* ou *Reis Efêndi*) que, no gabinete do grão-vizir, era o responsável pelos contatos com governos estrangeiros. Do século XVI em diante, temos uma lista bem mais completa de nomes de intérpretes. Os mais antigos a ser mencionados são todos de convertidos ao Islã, em sua maioria de origem europeia. Entre eles estão poloneses, austríacos, húngaros e gregos. No século XVII, o cargo, com o nome de grão-dragomano (*Terjüman-başi*), se tornou uma instituição e, durante longo tempo, foi reserva exclusiva de um grupo de famílias gregas que viviam no bairro de Fener*, em Istambul. Não eram famílias convertidas ao Islã, mas, ao ocupar esse cargo, assim como alguns outros sob a autoridade dos sultões, elas obtinham uma posição de grande poder e influência no governo otomano. A abertura das primeiras embaixadas otomanas residentes em capitais europeias, nos últimos anos do século XVIII, ampliou o âmbito de suas atividades. Praticamente cada um desses embaixadores era acompanhado por um intérprete greco-otomano, que aparentemente conduzia parte substancial dos negócios da embaixada e sem dúvida se reportava ao grão-dragomano em Istambul.

Os outros estados islâmicos eram relativamente precários e, ao que parece, dependiam em muito de não muçulmanos, que às vezes nem sequer eram seus súditos. Assim, um embaixador marroquino para a Espanha no final do século XVII tinha que recorrer a um cristão sírio que falava o árabe e era intérprete no serviço oficial espanhol. Ainda no início do século XIX, um enviado persa à Europa era acompanhado por um cristão, provavelmente um armênio do Irã, e era seu único vínculo com o mundo exterior.

O interesse europeu não se limitava às necessidades práticas do comércio e da diplomacia, nem essas necessidades podiam ser adequadamente atendidas por intérpretes que tinham aprendido seu ofício em campo. O estudo sistemático do árabe e o preparo de ferramentas acadêmicas com essa

---

\* Ou Fanar (N. da T.).

finalidade começou muito cedo. O primeiro glossário latim-árabe foi preparado no século XII. No século XIII encontramos diversos estudiosos europeus envolvidos no estudo do árabe e havia até mesmo tentativas de traduzir partes do *Alcorão* para o latim. A isso se seguiu a publicação de outros glossários e dicionários e, em 1538, o primeiro tratado de gramática árabe, em latim.

Esses trabalhos constituíram o ponto de partida de uma onda muito mais ampla de estudos árabes nas universidades europeias, durante a grande expansão intelectual dos séculos XVI e XVII. Esse mesmo período também presenciou a publicação de gramáticas e dicionários para edições persas e turcas, bem como edições críticas, a partir de manuscritos, de textos nessas línguas. A finalidade dessas atividades era, em parte, prática, vinculada às necessidades do comércio e da diplomacia e também, em parte, acadêmica, a de satisfazer a curiosidade intelectual ilimitada desencadeada pelo Renascimento. Uma figura característica dessa atitude é William Bedwell (1561-1632), o primeiro grande arabista inglês. Num ensaio sobre a importância do árabe e a necessidade de aprendê-lo, ele o descreve como "a única língua da religião e a principal língua da diplomacia e dos negócios, das Ilhas Afortunadas até os mares da China". E ele discorre amplamente sobre seu valor para a literatura e para a ciência.

Apesar do estabelecimento de uma série de cadeiras de estudos árabes nas universidades europeias e do crescimento de uma bibliografia acadêmica sobre o tema, o produto dessas escolas era absolutamente insuficiente para atender as necessidades da diplomacia e do comércio ocidentais no Oriente Médio. Durante longo tempo as potências ocidentais dependeram de cristãos locais recrutados como dragomanos e empregados nos consulados e embaixadas. No século XVIII os franceses recorriam a um novo método, escolhendo jovens franceses em tenra idade e oferecendo formação nas línguas em questão. Por mais de um século, os dragomanos franceses no Levante foram treinados desse modo e, dessa forma, os governos franceses podiam recorrer a uma reserva de funcionários que, de um lado, eram cultos e franceses metropolitanos e, de outro, possuíam um conhecimento do Oriente Médio e de suas línguas que era tanto acadêmico quanto prático. Seu papel, em especial durante as revoluções do século XVIII e as guerras napoleônicas, foi considerável.

Do lado muçulmano não havia qualquer interesse desse tipo. Se alguns muçulmanos, em especial no norte da África, tinham ao que parece algum conhecimento coloquial e operacional do francês, espanhol ou italiano, esse conhecimento servia para objetivos puramente práticos e, em geral, eles se situavam num nível inferior da sociedade, com muito pouca ou nenhuma influência cultural. O conhecimento de línguas estrangeiras não era uma qualificação apreciada – talvez, na verdade, o inverso – e não conduzia a postos altos. Ao contrário, tratava-se de um conhecimento especializado que pertencia às comunidades de não muçulmanos e estava, como algumas outras ocupações desse tipo, marcado com o estigma da inferioridade social. Os comerciantes podiam precisar falar com os europeus – mas eles também podiam empregar intérpretes e, muitas vezes, eram eles próprios estrangeiros ou não muçulmanos. Marinheiros podiam ter que falar com outros marinheiros ou ter que receber oficiais do governo, mas, para isso, o jargão pan-Mediterrâneo conhecido como *língua franca* era suficiente. Em todo caso, os marinheiros do Império Otomano e seus vizinhos não serviam como canais para influências culturais.

De interesse intelectual nas línguas ocidentais e nas literaturas nelas veiculadas, não há o menor sinal. Antes do século XVIII, não temos notícia de estudiosos ou homens de letras muçulmanos que estivessem tentando aprender alguma língua ocidental e, menos ainda, de alguma tentativa de elaborar gramáticas, dicionários ou outras ferramentas linguísticas. As traduções eram poucas e ocasionais. As que chegaram até nós são obras escolhidas por razões práticas e as traduções são feitas por não muçulmanos ou por convertidos ao Islã.

Somente um autor muçulmano do Império Otomano, o grande viajante e sempre curioso Evliya Çelebi, manifesta algum interesse pelas línguas europeias e chega mesmo a oferecer alguns exemplos a seus leitores. No decorrer de um longo relato sobre sua visita a Viena, Evliya observa que os habitantes do Império Austríaco falavam principalmente duas línguas, o húngaro e o alemão, esta última designada em turco como

Nemçe, sendo a mais importante. Evliya observa que "o Nemçe é uma língua muito difícil, na qual existem muitas palavras persas". A razão desse fato curioso, de acordo com Evliya, é que "esse povo" veio da Pérsia com os filhos de Manučihr. Uma explicação mais provável é a de que Evliya teria notado certas semelhanças lexicais, por exemplo, *tochter* em alemão, *dukhtar* em persa, *bruder* em alemão, *birāder* em persa, devido à origem indo-europeia em comum das duas línguas. Evliya prossegue então fornecendo alguns exemplos da língua alemã – algumas orações transcritas em caracteres turco-árabes, juntamente com uma lista de números, palavras e expressões simples. Evliya observa que, embora os Nemçe sejam católicos e sigam as orientações do papa em Roma, sua língua é diferente da do papa romano, que é o espanhol[11]. O termo Nemçe, comumente empregado por escritores otomanos para se referir à Áustria e aos austríacos, deriva de uma palavra eslava que significa mudo, sendo utilizado, na maioria das línguas eslavas, para se referir aos alemães. Evliya oferece uma explicação diferente: "a palavra *Nem* significa, em língua húngara, 'não sou' e Nemçe significa então 'não sou checo, sou alemão'"[12]. A demonstração de Evliya de seus conhecimentos linguísticos não se limita a seus versos e vocabulário em alemão. Ele também oferece alguns exemplos de uma língua que ele chama de "judaica", obtidos com judeus sefarditas na Palestina otomana. Ele parece ignorar completamente que na verdade se trata do espanhol[13].

Em geral, o mundo muçulmano parece não ter se incomodado nem mesmo em se informar sobre a identidade das línguas da cristandade e, menos ainda, em aprendê-las. O grande número de línguas faladas na Europa parece, não surpreendentemente, ter intrigado e confundido os observadores muçulmanos. Alguns anos antes de Evliya, Kâtib Çelebi, um dos maiores estudiosos muçulmanos de sua época, oferecia a seus leitores uma descrição do mapa linguístico da Europa. Nos tempos antigos, dizia ele, "esse bando maldito" costumava

---

11  Evliya, *Seyahatname*, Istambul, 1314 A.H., 7: 322; cf. trad. para o alemão, R. F. Kreutel, *Im Reiche des Goldenen Apfels*, Graz, 1957, p. 199.
12  Evliya, op. cit., 7: 323; cf. Kreutel, idem, p. 200.
13  Evliya, op. cit., 3: 120-121.

falar o grego, que, além de ser a língua dos estudiosos e dos antigos, era de uso comum. Mas então as pessoas que falavam a língua diminuíram e depois surgiu o latim. Essa língua, derivada do grego, se tornou uma língua apreciada. Mas também as pessoas que falavam essa língua diminuíram. As duas permaneceram como línguas dos estudiosos da Europa e a maioria dos livros acadêmicos costumava ser escrita nessas duas línguas. Mas, posteriormente, as pessoas de cada região começaram a usar sua própria língua [um destino ao qual o mundo islâmico escapara] e um grande número de diferentes línguas se tornou de uso comum. Assim, na Inglaterra há três línguas: Hibérnia, Ânglia e Scosia (sic). Na Espanha e Portugal, igualmente, há muitas línguas e também na França, onde, por exemplo, na costa do Mediterrâneo (sic) eles falam o gascão e o provençal, na costa do Atlântico, o bretão e, no interior, o francês. Da mesma forma, na Áustria, eles falam o checo, o húngaro e o austríaco (Nemçe). Há também, diz Kâtib Çelebi, outras línguas como o moscovita e o holandês. No centro da Itália, eles falam a língua suíça e a língua italiana que, além de ser falada na Itália, também é falada por judeus na Turquia. Ela também é chamada de língua franca. Na Europa oriental eles também falam línguas como o eslavo, o albanês, o bósnio, o grego (Rūmī), o búlgaro e o sérvio. Todas essas línguas são independentes entre si e diferem, não só uma da outra, mas também nelas mesmas. Assim, o melhor e mais claro italiano é chamado de toscano e a língua de Veneza é condenada como sendo uma língua ruim. A forma mais pura falada na França é a língua chamada francês. Kâtib Çelebi também observa que o latim é ainda a língua da educação e do aprendizado e tem um lugar na cristandade semelhante ao do árabe em meio aos muçulmanos. Uma observação análoga seria feita por um embaixador marroquino do século XVII que, percebendo a importância do latim na educação espanhola, o descreve como "o equivalente da morfologia e sintaxe [isto é, do árabe clássico] entre nós"[14]. A descrição que Kâtib Çelebi faz das línguas da Europa é surpreendente tanto em seu detalhamento quanto

---

14 Muḥammad b. ʿAbd al-Wahhāb, al-Wazīr al-Ghassānī, *Riḥlat al-wazīr fī iftikāk al-asīr*, Alfredo Bustāni (org.), Tânger, 1940, p. 96; cf. trad. para o francês, H. Sauvaire, *Voyage en Espagne d'un Ambassadeur Marocain*, Paris, 1884, p. 225-226.

em sua ignorância. Ele ouviu falar de línguas locais como o bretão e o basco e não faz qualquer distinção entre elas e línguas mais importantes como o francês e o alemão. Mais bem informado que Evliya, ele sabe que a língua falada pelos judeus na Turquia não é "a língua judaica", mas uma língua europeia – e a identifica como o italiano, em vez do espanhol. Suas noções sobre as línguas românicas são, em todo caso, um tanto confusas. As informações de Kâtib Çelebi obviamente provêm de algum viajante europeu. Seu tom, ao discutir esses idiomas bárbaros e insignificantes, é notavelmente semelhante ao dos exploradores europeus de um período posterior, ao discutir os dialetos tribais do "continente negro"[15].

Mas uns poucos muçulmanos sem dúvida faziam esforços no sentido de aprender uma língua europeia e, no final do período otomano, seu número começou a aumentar. A introdução da impressão tipográfica, no início do século XVIII, e o emprego de instrutores europeus nas escolas militares otomanas e, mais tarde, também em outras escolas militares muçulmanas, ofereceriam novas oportunidades e incentivos.

Que línguas os muçulmanos aprendiam – se é que aprendiam alguma? Provavelmente a afirmação mais antiga a esse respeito encontra-se numa passagem do cronista alemão das cruzadas, Arnoldo de Lubeca, citando um enviado alemão que visitara a Síria e a Palestina em 1175. Falando dos misteriosos "assassinos", ele explica que o chefe dos assassinos fazia trazer jovens em sua tenra infância e os treinava especialmente para sua terrível tarefa. Entre outras coisas, "ele fazia com que aprendessem várias línguas, como o latim, o grego, o romano, o sarraceno, bem como muitas outras"[16]. Com o termo "romano", ele presumivelmente se refere às línguas latinas faladas nos acampamentos dos cruzados. Embora esse relato sobre o treinamento de jovens assassinos seja provavelmente

---

15 Kâtib Çelebi, *Irşad al-hayara ila tarih al-Yunan wa 'l-Rum wa 'l-Nasara*, manuscrito em turco da Biblioteca Tarih Kurumu, n. 19 (sem paginação). Kâtib Çelebi também é conhecido como Hajji Khalifa, na ortografia turca, Haci Halife. O manuscrito é sucintamente descrito por V. L. Ménage em Three Ottoman Treatises on Europe, em C. E. Bosworth (org.), *Iran and Islam*, Edimburgo, 1971, p. 421-423.
16 Arnoldo de Lubeca, *Chronicon Slavorum*, em W. Wattenbach (org.), *Deutschlands Geschichtsquellen*, Stuttgart/Berlim, 1907, livro VII, cap. 8.

fantasioso, ele nos dá algumas indicações de quais línguas podiam ser consideradas úteis. Em geral, as únicas indicações que temos na Idade Média do uso de línguas estrangeiras por muçulmanos se referem às línguas nativas dos novos convertidos ao Islã.

Somente no período otomano é que vamos ter informações mais sólidas. Um visitante veneziano da época relata que Mehmed II, o conquistador de Constantinopla, falava o grego e a língua eslava, bem como turco. Segundo o relato, ele também teria recebido em sua corte humanistas italianos e mostrado interesse em seu trabalho, sendo chamado por seu biógrafo grego de "filo-heleno". É pouco provável que o sultão conhecesse alguma língua não islâmica, mas o grego sem dúvida era de uso comum entre os primeiros otomanos, sendo que o conhecimento de línguas eslavas era bastante comum em meio aos novos recrutas e convertidos ao Islã, que constituíam uma parcela tão grande do governo otomano. Existem até mesmo *fermans* escritos em grego e emitidos pela corte de justiça de Mehmed, o Conquistador, nos quais o próprio sultão é chamado de *O Megas Authentes*, o grande senhor[17]. O título italiano, *il Gran Signor* e a palavra turca *efêndi* provavelmente derivam dessa expressão. Várias formas de italiano, inclusive a *língua franca* corrompida, eram de uso comum no Mediterrâneo central e oriental e é provável que os marinheiros turcos, muitos deles de origem local ou cristã, tivessem um conhecimento pelo menos operacional dele[18].

No século XVI, o linguajar marítimo turco já havia tomado de empréstimo ao italiano um número considerável de palavras, algumas diretamente e outras através do grego. Entre elas estão palavras como *kapudan*, para capitão da marinha e, daí, na forma *Kapudan Paxá*, o almirante-mor da frota otomana; *lostromo* ou *nostromo*, uma palavra comum no Mediterrâneo para contramestre de navio, provavelmente

---

17 A. Bombaci, Nuovi firmani greci di Maometto II, *Byzantinische Zeitschrift*, 47: 238-319, 1954; idem, Il "Liber Graecus", un cartolario veneziano comprendente inediti documenti Ottomani in Greco (1481-1504), em F. Meier (org.), *Westöstiliche Abhandlungen*, Wiesbaden, 1954, p. 288-303. Cf. também Christos G. Patrinelis, Mehmed II the Conqueror and his Presumed Knowledge of Greek and Latin, *Viator*, 2: 349-354, 1971.
18 Cf. H. e R. Kahane; A. Tietze, *The Lingua Franca in the Levant*, Urbana, 1958.

originada de alguma gíria dos escravos das galés espanholas ou portuguesas e significando "nosso patrão"; *fortuna*, que em turco veio a significar tempestade; *mangia*, um termo do linguajar de marinheiros turcos, de origem manifestamente italiana, usado para designar comida (como "grub"* no inglês britânico, ou "chow" no inglês norte-americano). A maioria dessas palavras marítimas era tomada de empréstimo ao italiano, em especial do italiano de Veneza, mas algumas provinham do espanhol, do catalão ou mesmo do português. O grande número dessas palavras de empréstimo presentes no turco coloquial e, em particular, em tudo que estava vinculado ao mar – a linguagem da construção naval, da navegação e da pesca – comprova uma certa influência ocidental. É significativo que não haja empréstimos de palavras ocidentais que se equipare a esses em outras esferas da língua turca e praticamente nenhum empréstimo no árabe ou no persa até um período relativamente recente.

O italiano parece ter se mantido como a língua europeia mais bem conhecida entre os turcos durante um bom tempo e, ainda no século XIX, as palavras de empréstimo europeias na língua turca eram quase que invariavelmente italianas em sua forma. Entre elas estavam termos políticos, mecânicos e de alfaiataria, necessários para designar artigos de vestuário, equipamentos e instituições, tomados de empréstimo à Europa[19]. Os documentos que envolviam interesses turcos e europeus eram redigidos em latim, uma vez que essa era a língua formal, legal e diplomática da Europa. Assim, os tratados de Carlowitz, de 1699, e de Passarowitz, de 1718, estão em latim e, naturalmente, em turco. O italiano, contudo, ganhava terreno e os tratados posteriores, no final do século XVIII, como o tratado de Küçük Kaynarca, de 1774, estão nessa língua.

No século XVIII, temos pela primeira vez notícias de um diplomata turco que falava o francês. A personagem em questão, Said Efêndi, acompanhara seu pai em visita a Paris como embaixador em 1721 e, mais tarde, ele próprio retornaria várias vezes em missão diplomática. Um cronista otomano da época

---

* Em português "boia", "rango", "gororoba" (N. da T.).
19 L. Bonelli, Elementi italiani nel turco ed elementi turchi nell italiano, *L'Oriente*, 1: 178-196, 1894.

afirma que Said "estudou e conhece o latim". É extremamente improvável que um funcionário otomano do século XVIII despendesse tempo aprendendo uma língua morta dos infiéis. Um observador francês da época observa que o diplomata em questão falava um "francês excelente, como se fosse sua primeira língua" e provavelmente é a isso que o cronista está se referindo[20]. Mesmo a essa altura, as ideias dos otomanos sobre o mapa linguístico da Europa eram ainda surpreendentemente vagas.

A ascensão do francês parece ter se iniciado com o emprego de funcionários que falavam francês nas escolas de treinamento militar, no século XVIII; sua posição seria reforçada pelo envolvimento cada vez maior da França nos assuntos internos do império no final do século XVIII e início do XIX. O aumento da influência austríaca e russa funcionou em benefício da língua francesa, uma vez que a correspondência diplomática dos russos e, no século XIX, dos ministérios do exterior austríacos, com suas embaixadas em Constantinopla, era em grande parte escrita nessa língua. Do século XIX em diante, as palavras turcas tomadas de empréstimo e de origem europeia começam a assumir a forma do francês e não mais a do italiano. Palavras como *senato* e *parlamento* são claros empréstimos de um período anterior e sobrevivem no turco moderno nessa forma italianizada. Foi relativamente cedo que os turcos começaram a ouvir falar de senados e parlamentos na distante Europa. Eles não se encontrariam com senadores senão algum tempo mais tarde e estes últimos são, em consequência, conhecidos em turco como *senatör*. Às vezes uma forma italiana é substituída por um equivalente em francês. Assim, a heroína da ficção romântica turca inicialmente usava uma *roba di camera*; mais tarde, ela a trocaria pela *robe de chambre*. O inglês viria muito mais tarde. Em 1809, o embaixador britânico em Constantinopla explicava a Canning por que tivera de redigir em francês um tratado com os turcos:

---

20 Şem´danizade, *Şem´dani-zade Findiklili Süleyman Efendi tarihi mür´ittevarih*, M. M. Aktepe (org.), Istambul: 1978, p. 107. Cf. o prefácio a Relation de l'ambassade de Méhmet Effendi à la cour de France en 1721 écrite par lui même et traduite du turc par Julién Galland, Constantinopla/Paris: 1757.

mesmo que as negociações tivessem se realizado em Constantinopla, eu não teria encontrado um dragomano empregado pela Sublime Porta que dominasse a língua inglesa o suficiente para me responsabilizar por afixar a assinatura do plenipotenciário turco a um instrumento de tamanha importância[21].

Seria somente na era dos esportes, da tecnologia e das viagens aéreas que o inglês teria algum impacto.

Um processo paralelo pode ser observado nos países do norte da África, onde o italiano e também o espanhol foram inicialmente as línguas europeias mais amplamente conhecidas e utilizadas, sendo, no devido tempo, também substituídas pelo francês. No Irã e na Índia, o italiano teve pouco impacto. O português parece ter sido de pouca influência e, para a maioria dos muçulmanos da Pérsia e da Índia, o Ocidente se apresentava predominantemente numa forma inglesa ou francesa. A predominância da influência francesa pode ser observada no nome persa para os Estados Unidos – *Etāz Ūnī*.

As escolas militares de estilo ocidental criadas pelos sultões e paxás reformadores e o simultâneo treinamento de jovens civis para o moderno serviço diplomático deram origem a um novo elemento na sociedade muçulmana – uma classe de jovens oficiais e funcionários familiarizados com alguma língua ocidental, em geral o francês, profissionalmente interessados no estudo de alguns aspectos da civilização ocidental e treinados para procurar por especialistas cristãos ocidentais como seus professores e guias nos usos e procedimentos apropriados. Um texto publicado em Üsküdar (Scutari), em 1803, provavelmente a obra de um dragomano grego da Sublime Porta, coloca as seguintes palavras na boca de um jovem oficial de engenharia otomano:

Ao ficar sabendo das maravilhas da ciência europeia, tive a ideia de conhecê-la mais de perto. Sem perda de tempo, dediquei-me ao estudo da língua francesa como a mais universal e capaz de me levar ao conhecimento dos autores nas ciências [...]. Fiquei embriagado de alegria, ao ver minha terra nativa na condição que

---

21 Citado em C. Issawi, The Struggle for Linguistic Hegemony, *The American Scholar* (verão de 1981), p. 382-387.

eu tão ardentemente desejava, dia a dia iluminada com maior brilho pela chama das ciências e das artes[22].

A transição da antiga atitude de desprezo pelos dialetos bárbaros dos infiéis para um novo respeito aos meios de acesso a técnicas e conhecimentos superiores não foi fácil em absoluto. Nos primeiros anos do século XIX, os otomanos ainda dependiam enormemente de funcionários gregos para seu conhecimento das línguas ocidentais e, dessa forma, também, em grande parte, para informações sobre acontecimentos e assuntos atualizados relativos à Europa. Os perigos dessa situação para a Sublime Porta foram dramaticamente revelados em 1821, quando a insurreição na Grécia* colocou gregos e turcos em estado de guerra. Acreditando – é provável que erroneamente – que não se podia confiar nele, o governo do sultão decidiu fazer enforcar o último dos grãos dragomanos gregos, Stavraki Aristarchi, e nomear um muçulmano em seu lugar.

Isso era mais fácil falar que fazer. As reformas do final do século XVIII e início do XIX tinham produzido alguns poucos turcos com bom conhecimento de línguas ocidentais, mas a essa altura a maioria deles já havia morrido e os poucos que restavam estavam escondidos ou tinham esquecido suas habilidades. Um historiador turco da época relata que, durante duas ou três semanas, documentos em grego ou "franco" se acumularam no escritório do dragomano-chefe na Sublime Porta. Para lidar com essa emergência, o sultão voltou-se para o único outro lugar onde as línguas estrangeiras eram necessárias e utilizadas – a escola militar. Foi emitida uma ordem, transferindo Yahya Efêndi, nessa época professor na escola militar de engenharia, para o cargo de dragomano. O historiador Şanizade, da mesma época, atribui certa importância a

---

22 Seid Mustafa, *Diatribe de l'ingénieur sur l'état actuel de l'art militaire, du génie et des sciences à Constantinople*, Scutari: 1803; reimpresso por L. Langlès, Paris, 1810, p. 16-17. De acordo com Langlès, Seid Mustafa graduou-se em engenharia e depois se tornou professor de engenharia. Hammer-Purgstall, no entanto, afirma que Seid Mustafa era uma figura fictícia e que o tratado foi escrito por solicitação do Reis Efêndi pelo dragomano grego Yakovaki Argyropoulo. Sobre Y. Argyropoulo, uma figura-chave no início do movimento das traduções, cf. "Jacques Argyropoulos", *Magasin Pittoresque*, p. 127-128, 1865.

* Trata-se da declaração de independência grega em 25 de março de 1821 (N. da T.).

essa transferência, que pela primeira vez colocava a atividade de tradução e, com ela, a conduta das relações exteriores em mãos muçulmanas e, assim, tornava o conhecimento e uso das línguas estrangeiras uma profissão muçulmana respeitável[23]. Mesmo Yahya era um convertido ao Islã e era descrito ora como búlgaro, ora como grego, ora como de origem judaica. Yahya Efêndi, fundador de uma dinastia de dragomanos e embaixadores que desempenhou importante papel na Turquia do século XIX, foi seguido, após sua morte, em 1823 ou 1824, por outro professor transferido da Escola de Engenharia, Hoja Ishak, um judeu convertido ao Islã que se manteve no cargo até 1830, quando retornou a suas atividades de ensino[24].

A dependência de muçulmanos convertidos mostra que ainda havia muitas dificuldades e resistência considerável. Em 1838, o sultão reformador, Mahmud II, num discurso aos estudantes durante a inauguração de sua nova escola de medicina, ainda tinha que justificar a inclusão do francês no currículo:

> Vocês estudarão medicina científica em francês [...] meu objetivo em fazê-los estudar o francês não é educá-los na língua francesa: é fazer com que vocês aprendam a medicina científica e, aos poucos, trazê-la para nossa língua [...] por isso, trabalhem com afinco para adquirir conhecimento de medicina com seus professores e se esforcem para gradativamente introduzi-lo em nossa língua e torná-lo correntemente aceito em turco[25].

Com essas observações, o sultão tocava num dos problemas centrais de todo o processo de ocidentalização. Mesmo em 1838, ano em que esse discurso foi emitido, o número de turcos dotados de um bom conhecimento de alguma língua ocidental era ainda infinitesimalmente pequeno. Grande parte do processo de ensino nas escolas, e mesmo das instruções de comando dos consultores técnicos nas forças armadas, tinha que passar pelo prisma da tradução. Os tradutores eram ainda em grande parte cristãos nativos e sua presença servia

---

23 Şanizade, *Tarih*, Istambul, 1290-1291 A.H. 4: 33-35; cf. Vasif, *Cevdet*, 11: 43 e [J. E. de Kay] *Sketches of Turkey in 1831 and 1832*, New York, 1833.
24 B. Lewis, *The Emergence of Modern Turkey*, p. 88-89.
25 S. Ünver, *Tanzimat*, 1, Ministério Turco da Educação, Istambul, 1940, p. 940-941.

para fortalecer – em vez de enfraquecer – as barreiras. Já era bastante ruim ter que aprender ou receber ordens de um franco. Pior ainda era quando suas instruções ou ordens vinham mediadas por algum intérprete grego ou armênio, cuja aparência e sotaque não inspirariam respeito em meio a ouvintes turcos.

Por muitas razões, era necessário que os estudantes muçulmanos aprendessem línguas estrangeiras. O objetivo para eles era adquirir conhecimentos úteis – conhecimento médico, técnico, científico e militar – e nada mais.

Mas linhas desse tipo são difíceis de traçar. Os cadetes e, mais tarde, os estudantes aprenderam o francês e foram ensinados a admirar os franceses e outros europeus como seus professores. Na metade do século XIX, o conhecimento de uma língua europeia tinha se tornado uma ferramenta essencial para os jovens muçulmanos ambiciosos que aspirassem a uma carreira no serviço público e a agência de tradução se juntava ao exército e ao palácio como uma das vias para a promoção e o poder.

# 4. Meios e Intermediários

Os muçulmanos eram vizinhos próximos dos europeus, com os quais eles compartilharam – ou dividiram – a bacia do Mediterrâneo e muito mais. A maior parte desses territórios islâmicos mais antigos por muito tempo fizera parte do Império Romano e, assim como a Europa, conhecera a herança do passado greco-romano e judaico-cristão, bem como a de uma antiguidade ainda mais remota[1]. Em termos culturais, raciais e mesmo religiosos, eles tinham muito mais em comum com a cristandade europeia que com as civilizações mais distantes da Ásia e da África e seria de se esperar que conhecessem mais sobre ela. Na verdade, contudo, a cortina de ferro medieval entre o Islã e a cristandade, ao que parece, manteve os intercâmbios culturais num patamar mínimo e parece ter restringido em muito as relações comerciais e mesmo diplomáticas. O mundo muçulmano tinha suas próprias linhas internas de comunicação por terra e por mar e era, dessa forma, indepen-

---

1 Para uma posição diferente sobre o significado do elemento helenista na civilização islâmica e as resultantes afinidades com a cristandade, cf. Carl Heinrich Becker, *Islamstudien*, v. 1, Leipzig, 1924, em especial os capítulos 1, 2, 3 e 14; cf. também Jörg Kraemer, *Das Problem der Islamischen Kulturgeschichte*, Tübingen, 1959.

dente das rotas e serviços ocidentais. A civilização muçulmana, orgulhosa e confiante em sua superioridade, podia se dar ao luxo de desprezar o bárbaro infiel das terras frias e miseráveis do norte e, para o muçulmano medieval em terras do Mediterrâneo, o europeu, pelo menos ao norte e oeste, era uma personagem mais remota e misteriosa que o indiano, o chinês ou mesmo o habitante da África tropical.

Em princípio, a viagem de muçulmanos até as terras dos infiéis era desaprovada, mas alguns intercâmbios não podiam ser evitados. Em sua descrição de Roma, um geógrafo muçulmano do século X fornece uma série de relatos de viajantes cujos nomes o autor não revela e que são citados simplesmente como um judeu, um monge cristão e um comerciante – provavelmente as três classes com maior probabilidade de viajar entre os mundos cristão e muçulmano[2]. Havia peregrinos cristãos e judeus em visita a Jerusalém e religiosos cristãos em seu caminho do Oriente para Roma. Estes últimos se tornaram mais numerosos com o estabelecimento de vínculos mais estreitos entre a cúria romana e diversas igrejas uniatas do Oriente. Havia até mesmo alguns muçulmanos intrépidos que ousavam se aventurar pela misteriosa Europa. Às vezes essa viagem era involuntária. Um dos primeiros e mais interessantes relatos é o de um prisioneiro de guerra árabe do século IX, chamado Hārūn ibn Yaḥyā, que foi capturado no Oriente e levado para Constantinopla, sendo aí mantido durante algum tempo e depois enviado por terra para Roma[3].

Prisioneiros muçulmanos em mãos cristãs como esse se tornaram mais numerosos, ou pelo menos mais bem documentados, na época dos otomanos. Durante séculos, as guerras entre os otomanos e seus rivais na Europa central e sudeste, bem como a constante guerra naval no Mediterrâneo entre os corsários da Barbária e seus adversários cristãos, deixaram muçulmanos, assim como cristãos, prisioneiros em mãos inimigas. Há notícias ocasionais de missões diplomáticas muçulmanas

---

2 Ibn al-Faqīh, citado em Yāqūt, *Muʿjam al-buldān*, cf. o verbete "Rūmiya".
3 Parte desse relato encontra-se preservada e citada em Ibn Rusteh, *Kitāb al-Aʿlāq al-nafīsa*, M. J. de Goeje (org.), Leiden, 1892, p. 119-130. Cf. também, *Encyclopedia of Islam*, 2. ed., verbete elaborado por M. Izzedin, "Hārūn b. Yaḥyā". A *Encyclopedia of Islam* será doravante citada como *EI1* ou *EI2*.

na Espanha e em outras localidades, com o objetivo de organizar a libertação desses prisioneiros. No entanto, enquanto os cristãos que voltavam da Turquia ou do norte da África davam origem a uma vasta literatura, descrevendo suas experiências e os povos entre os quais eles tinham vivido, os ex-prisioneiros muçulmanos que voltavam da Europa não deixaram praticamente registro algum. Até o presente, somente duas exceções de alguma importância, do período anterior ao final do século XVIII, vieram à luz. Um deles era um cádi turco que foi capturado em abril de 1597 pelos Cavaleiros de São João\*, quando estava a caminho de Chipre para assumir sua nomeação, e foi mantido prisioneiro em Malta durante mais de dois anos. Seu curto relato sobre seu cativeiro foi publicado a partir de um único manuscrito[4]. O outro era um certo Osman Ağa, um prisioneiro de guerra turco que se tornou intérprete para o serviço oficial otomano. Osman Ağa é autor de duas obras autobiográficas que abordam seu cativeiro e sua carreira subsequente, escritas em 1724 e 1725. Embora obras interessantes e informativas, elas parecem ter despertado pouco interesse junto a seus compatriotas e jamais são citadas por autores otomanos ou sequer mencionadas por bibliógrafos otomanos. Ambas estão preservadas em manuscritos únicos, escritos pelo próprio autor, o primeiro em Londres, o outro em Viena, tendo permanecido praticamente desconhecidas até ser descobertas por pesquisadores modernos[5]. Assim, parece pouco provável que os relatos de prisioneiros que retornavam fossem uma fonte importante de novas informações.

Provavelmente os dois grupos de viajantes mais importantes eram os comerciantes e os diplomatas. Ambas as categorias merecem uma abordagem mais detalhada. Durante os primeiros séculos, os muçulmanos manifestaram uma extraordinária relutância, fundada tanto na lei quanto na tradição, em viajar pela Europa cristã. Isso está em notável contraste

---

\* Trata-se da Ordem Soberana e Militar de Malta, também denominada Ordem dos Hospitalários ou Ordem de São João de Jerusalém (N. da T.).

4 As memórias do cádi foram publicadas por I. Parmaksizoğlu, Bir Türk kadisinin esaret hatiralari, *Tarih Dergisi*, 5: 77-84, 1953.

5 Sobre Osman Ağa, cf. supra, n.7, p. 79. Sobre outros prisioneiros, cf. O. Spies, Schicksale Türkischer Kriegsgefangener in Deutschland nach den Türkenkrieg, em E. Graf (org.), *Festschrift Werner Caskel*, Leiden, 1968, p. 316-335.

com sua atitude com relação aos países não muçulmanos da Ásia e da África, tecnicamente também pertencentes à Casa da Guerra e, dessa forma, sujeitos à mesma proibição. No entanto, os muçulmanos viajavam bastante por esses países e às vezes chegavam a formar comunidades residentes. As razões disso não são difíceis de determinar. Uma diferença óbvia é que a Europa ocidental, ao contrário da Ásia e da África, tinha poucos atrativos e pouco a oferecer. Da Índia, Sudeste asiático e China, o mundo muçulmano importava uma grande variedade de importantes mercadorias, entre as quais estavam as sedas e outros tecidos, especiarias e produtos aromáticos, madeiras, metais e cerâmicas. Duas importantes mercadorias provinham da África subsaariana – o ouro e os escravos – que, no conjunto, davam origem a uma vasta rede comercial. Com o Império Bizantino, que tinha uma economia equiparável, o comércio era limitado, mas, durante algum tempo, houve importação significativa de peles, âmbar e produtos derivados de peixes, provenientes do norte e do leste da Europa. Também os escravos estavam entre as importações que chegavam da Europa, mas eles provinham em sua maioria da Europa central e oriental e numa escala muito menor que da África ou da Ásia central. No todo, a Europa ocidental não tinha muita coisa para vender, além de sua própria gente. Alguns poucos itens menores recebem menção ocasional em fontes muçulmanas medievais. A única mercadoria da Europa ocidental com alguma importância, além das armas e dos escravos, era a lã inglesa. De resto, seria somente com o final da Idade Média e o início da modernidade que o desenvolvimento das manufaturas e a colonização do Novo Mundo dariam à Europa, pela primeira vez, uma variedade de mercadorias que poderiam ser exportadas para as terras do Islã.

Outro fator que certamente teria dissuadido os muçulmanos de viajar pela Europa ocidental era a feroz intolerância de seus soberanos e populações. Em todas as regiões conquistadas aos pagãos ou reconquistadas ao Islã, o cristianismo era imposto à força e os muçulmanos eram forçados, mais cedo ou mais tarde, a optar entre a conversão, o exílio ou a morte. O destino dos judeus na Europa medieval não teria estimulado os seguidores de outras religiões não cristãs a se instalar, ou mesmo viajar, para essas terras. Assim não havia comunidades muçulmanas residentes na Europa cristã. Isso, por sua vez, tornava extremamente difícil a vida para o visitante muçulmano, cujas necessidades especiais, como mesquitas, casas de banho, alimentos abatidos e preparados de acordo com os costumes muçulmanos e outros aspectos básicos do modo de vida muçulmano, não podiam ser atendidas.

A aversão muçulmana a se aventurar entre os infiéis é claramente expressa por Usāma ibn Munqidh, um muçulmano sírio do século XII, que deixou um volume de memórias. Um de seus vizinhos na Síria era um cavaleiro franco com o qual ele estabeleceu "vínculos de amizade e cordialidade". Quando estava para deixar a Síria e voltar para a Europa, o cavaleiro sugeriu – ao que parece, com a melhor das intenções – que o filho de Usāma, com catorze anos de idade, o acompanhasse até seu próprio país, "para viver entre os cavaleiros, adquirir sabedoria e aprender os princípios da cavalaria". Para o cavaleiro franco, a sugestão devia soar, no mínimo, como um gesto de amizade e boa-vontade. Para Usāma, era algo monstruosamente absurdo: "atingiram meus ouvidos palavras que nunca deveriam sair da mente de um homem de sabedoria. Se meu filho fosse feito prisioneiro, sua captura não faria recair sobre ele infortúnio maior que ser levado para a terra dos francos". Usāma encontrou uma forma cortês de afastar essa sugestão: "Eu disse a ele: por sua vida, era justamente isso que eu estava pensando. Mas o que me impede de aceitar é a avó, que o adora e não o deixaria sair comigo sem me fazer prometer que eu o traria de volta para ela". Ele me perguntou: "sua mãe ainda vive?" Respondi: "sim" e ele disse: "então não a desobedeça"[6].

Nessas circunstâncias, não é de surpreender que, quando era necessária uma viagem à Europa com objetivos comerciais ou diplomáticos, os soberanos muçulmanos preferissem enviar um de seus súditos cristãos ou judeus, pois ele teria condições de estabelecer contatos com comunidades de membros de sua própria religião além da fronteira e, assim, facilitar sua jornada e a execução de sua tarefa. Essa mesma circunstância

---

6 Usāma ibn Munqidh, *Kitāb al-I'tijbār*, P. K. Hitti (org.), Princeton, 1930, p. 132; cf. trad. para o inglês, P. K. Hitti, *An Arab-Syrian Gentleman and Warrior in the Period of the Crusades*, New York, 1929, p. 161.

tornava relativamente mais fácil para os cristãos ou judeus da Europa viajar em terras muçulmanas.

As crônicas dos francos relatam a célebre história de um intercâmbio de missões diplomáticas realizado por Carlos Magno e Hārūn al-Rashīd, entre 797 e 807. Segundo essas crônicas, duas missões foram enviadas por Carlos Magno a Hārūn al-Rashīd, em 797 e 802, e duas de Hārūn al-Rashīd a Carlos Magno, em 801 e 807. Além disso, existem relatos de que o rei franco teria enviado uma missão, ou possivelmente duas, para o Patriarca cristão de Jerusalém, em 799 e possivelmente também em 802, e, reciprocamente, teria recebido quatro missões enviadas pelo Patriarca, entre 799 e 807[7].

Existem dúvidas consideráveis quanto a se esses intercâmbios efetivamente se realizaram. Se eles de fato ocorreram, sua importância não foi suficiente para atrair a atenção dos cronistas árabes, uma vez que estes não fazem qualquer menção a eles. Contudo esses cronistas nos contam algo sobre uma missão diplomática do Ocidente, num período posterior, enviada por uma rainha franca chamada Berta para o califa Al--Muktafī, em Bagdá, no ano de 906. Eis como o cronista árabe descreve a chegada da missão diplomática:

Berta, filha de Lotário, rainha de Franja e de seus vassalos, enviou um presente a Al-Muktafī Billah por meio de 'Alī, o Eunuco, um dos eunucos de Ziyādatallāh ibn Aghlab, no ano de 293 [= 906], que consistia em cinquenta espadas, cinquenta escudos e cinquenta lanças francas; vinte trajes tecidos com ouro; vinte eunucos eslavos e vinte escravas eslavas, belas e graciosas; dez cães tão grandes que nem animais selvagens ou qualquer outro podiam vencê-los; sete gaviões e sete falcões; uma tenda de seda com todos os seus acessórios; vinte trajes feitos de uma lã proveniente de uma concha criada em solo marinho nessas regiões e que muda para todas as cores como um arco-íris, uma cor diferente a cada hora do dia; três pássaros que são encontrados na terra dos francos e que, ao olhar para comida envenenada, emitem um grasnado estranho e batem suas asas até que isso seja percebido; e contas que, de forma indolor,

---

7   Sobre essa história, cf. V. V. Barthold, Karl Veliki i Harun ar-Rashid, *Sočineniya*, 6 Moscou, 1966, p. 342-364; tradução para o árabe em V. V. Barthold, *Dirāsāt fī ta'rīkh Filasṭīn fī 'l-'uṣūr al-wusṭā*, trad.: A. Haddād, Bagdá, 1973, p. 53-103. Cf. também S. Runciman, Charlemagne and Palestine, *English Historical Review*, 50, p. 606-619, 1935.

extraem pontas de flecha e de lança, mesmo depois que a carne se regenerou por cima delas.

'Alī, o Eunuco, trouxe o presente e a carta da rainha de Franja para Al-Muktafī Billah e também uma outra mensagem não incluída na carta, para que ninguém a não ser o califa tivesse conhecimento dela. [...] A mensagem era um pedido para Al-Muktafī de matrimônio e de sua amizade[8].

Ao que parece essa missão diplomática não resultou em muita coisa, quer em termos de amizade quer de matrimônio.

O mais antigo relato de uma missão diplomática enviada pelos muçulmanos de que temos conhecimento é o de uma missão enviada da Espanha para o extremo norte. Foi no início do século IX, quando incursões dos vikings na Andaluzia, assim como em toda parte na Europa ocidental, provocavam enorme caos e devastação. Assim, numa certa etapa, foi elaborado um armistício, emissários dos vikings foram enviados até o emir muçulmano 'Abd al-Raḥmān II, de Córdova, e em resposta foi enviada uma missão muçulmana. O embaixador era um certo Yaḥyā ibn al-Ḥakam al-Bakrī, de Jaén, conhecido como Al-Ghazāl, a gazela, por sua beleza. Ele contou sua história a um amigo chamado Tammām ibn 'Alqama, cujo relato seria mais tarde citado pelo cronista do início do século XIII, Ibn Dihya. A missão diplomática pode ter se realizado por volta do ano de 845 numa das cortes vikings na Irlanda ou na Dinamarca. Os estudiosos de hoje estão divididos quanto à questão de o relato ser autêntico ou uma criação literária.

O relato de Al-Ghazāl sobre sua missão diplomática conta-nos muito pouco sobre o povo que ele visitou. Ele, no entanto, conta algo sobre sua chegada à corte viking e se esforça em mostrar como conseguiu preservar sua honra e a do Islã, apesar do empenho de seus anfitriões em humilhá-lo:

Após dois dias, o rei os chamou a sua presença e Al-Ghazāl declarou que não o obrigariam a se ajoelhar diante do rei e que ele e seus companheiros não seriam obrigados a fazer nada que fosse contrário a seus costumes. O rei concordou com isso. Mas, quando foram até o rei, este se sentou diante deles em toda sua magnificência e ordenou que a

8 Cf. supra, n. 5, p. 76.

entrada pela qual eles deveriam se aproximar ficasse tão baixa que eles somente poderiam entrar ajoelhados. Quando chegou à entrada, Al-Ghazāl se sentou no chão, esticou para frente as duas pernas e atravessou, arrastando-se sobre o traseiro. E, após passar pela entrada, ele se levantou. O rei tinha se preparado para ele, com muitas armas e grande pompa. Mas Al-Ghazāl não se deixou intimidar. Manteve-se ereto diante do rei e disse: "A paz esteja consigo, ó rei, e com os que se encontram em seu salão de reuniões. Que você não deixe de desfrutar do poder, vida longa e nobreza que o conduzem à grandeza neste mundo e no próximo". O intérprete explicou o que Al-Ghazāl dissera e o rei admirou suas palavras e disse: "Este é um dos homens sábios e inteligentes de seu povo". Ele estava impressionado com Al-Ghazāl se sentando no chão e entrando com os pés para frente e disse: "Procuramos humilhá-lo e ele nos cumprimentou com a sola de seus sapatos [mostrá-la é insultante]. Se ele não fosse embaixador, teríamos nos ofendido"[9].

Essa passagem faz lembrar, de forma notável, de relatos análogos feitos pelos primeiros emissários europeus nas terras bárbaras do Oriente. O historiador que relata a missão de Al-Ghazāl prossegue, observando que o embaixador "teve com eles reuniões notáveis e encontros célebres, quando discutiu com seus estudiosos e os silenciou e enfrentou seus campeões e os superou".

Após um relato um tanto superficial e bastante improvável das atividades de Al-Ghazāl entre os vikings, segue-se o que obviamente era, para Al-Ghazāl ou para seu narrador, o principal tema da missão diplomática – um flerte com a rainha viking.

A missão de Al-Ghazāl, se é que ela ocorreu, foi uma de uma série de intercâmbios diplomáticos entre os Estados muçulmanos e cristãos na Espanha e no norte, que não deixaram

---

9 Texto em árabe, R. Dozy, (org.), *Recherches sur l'histoire et la littérature de l'Espagne pendant le moyen âge*, 3 ed., Paris/Leiden, 1881, 2: 81-88; reimpresso por A. Seippel, *Rerum Normannicarum Fontes Arabici*, Oslo, 1946, p. 13-20. Cf. trad. para o alemão, G. Jacob, *Arabische Berichte von Gesandten an germanische Fürstenhöfe aus dem 9. und 10. Jahrhundert*, Berlim/Leipzig, 1927, p. 38-39; trad. para o francês em R. Dozy, *Recherches*, 3 ed., 2: 269-278. Para discussões a respeito, cf. W. E. D. Allen, *The Poet and the Spae-Wife*, Dublin, 1960, e E. Lévi-Provençal, Un Échange d'ambassades entre Cordoue et Byzance au IXe siècle, *Byzantion*, 12: 1-24, 1937, que rejeita a História como ficção literária baseada numa missão diplomática genuína em Constantinopla. Cf. também, *EI2.*, verbete elaborado por A. Huici Miranda, "Ghazāl". Cf. também A. A. el-Hajji, The Andalusian Diplomatic Relations with the Vikings During the Umayyad Period, *Hesperis Tamuda*, 8: 67-110, 1967.

qualquer registro a não ser uma ocasional menção nas crônicas da época. A única missão diplomática muçulmana na Idade Média que deixou documentação relativamente ampla foi a enviada pelo califa de Córdova ao imperador do Sacro Império Romano-Germânico na metade do século x. Um grupo de piratas muçulmanos tinha se fixado nos desfiladeiros alpinos e provocava enormes distúrbios, assaltando os transeuntes de passagem para a Itália ou provindos da Itália. Em 953, o Imperador Oto I enviou uma missão a Córdova, solicitando ao califa que os contivesse. Discussões de um ou outro tipo parecem ter se seguido durante vários anos e, então, em circunstâncias que estão pouco claras, o califa enviou, em resposta, uma missão para a Alemanha.

Um dos membros dessa missão era um certo Ibrāhīm ibn Yaʻqūb al-Isrā'īlī al-ṭurṭūshī – Abraão, filho de Jacó, o Judeu de Tortosa, uma pequena cidade na costa da Catalunha, próximo a Barcelona[10]. Não se sabe ao certo se ele era o embaixador ou meramente um membro da missão diplomática; nem qual a sua profissão, embora haja indicações sugerindo que era médico. Ele viajou pela França, Holanda e norte da Alemanha, visitou a Boêmia e a Polônia e provavelmente retornou atravessando o norte da Itália. Ao que parece, ele escreveu uma narrativa de suas viagens pela Europa, que infelizmente se

10 Os fragmentos dos relatos das viagens de Ibrāhīm ibn Yaʻqūb, que chegaram até nós, são o objeto de uma vasta bibliografia. Ambos os textos, a versão de ʻUdhrī tal como preservada por Qazvīnī e as passagens de Bakrī estão disponíveis em forma impressa: Qazvīnī, na *editio princeps* organizada por F. Wüstenfeld, *Zakarija ben Muhammed ben Mahmud al-Cazwini's Kosmographie*, II, *Kitāb Athār al-bilād. Die Denkmäler der Länder*, Göttingen, 1848; a passagem de Bakrī foi publicada pela primeira vez por A. Kunik e V. Rosen, *Izvestiya al--Bekri i drugikh' autorov' o Rusi i Slavyanakh*, São Petersburgo, 1878-1903, numa reimpressão acompanhada por um comentário crítico de T. Kowalski, *Relatio Ibrāhīm Ibn Jaʻḳūb de itinere slavico*, em *Monumenta Poloniae Historica*, Cracóvia, 1: 139 e s., 1946, e agora se encontra acessível numa edição do livro de Bakrī em A. A. el-Hajjī (org.), *Jughrāfiya al-Andalus wa-Urūba*, Beirute, 1968. Entre as traduções estão a de G. Jacob, *Arabische Berichte...*, p. 11-33; e, mais recentemente, A. Miquel, L'Europe occidentale dans la relation arabe de Ibrāhīm b. Yaʻqūb, *Annales ESC*, 21: 1048-1064, 1966. Outros estudos incluem B. Spuler, Ibrāhīm ibn Jaʻqūb Orientalistische Bemerkungen, *Jahrbücher für Geschichte Osteuropas*, 3: 1-10, 1938; E. Ashtor, *The Jews of Moslem Spain*, v. 1, Philadelphia, 1973, p. 344-349; A. A. el-Hajjī, Ibrāhīm ibn Yaʻqūb at-Tartūshī and his diplomatic activity, *The Islamic Quarterly*, 14: 22-40, 1970. Cf. também *EI2*, verbete elaborado por A. Miquel, "Ibrāhīm b. Yaʻqūb".

encontra perdida. No entanto, longas passagens dela foram citadas por dois geógrafos árabes espanhóis do século XI, Bakrī e 'Udhrī. Bakrī preserva o relato sobre os povos eslavos habitantes do que é hoje a Polônia, a Tchecoslováquia e a Alemanha oriental; o relato é uma importante fonte de informações sobre a história primitiva desses países. A obra de 'Udhrī não chegou até nós, mas passagens dela, fragmentos de descrições da Alemanha e da Europa ocidental, são citadas por um autor de um período posterior, o geógrafo persa do século XIII, Qazvīnī, que estava interessado sobretudo em curiosidades e prodígios. Bakrī cita sua fonte como sendo Ibrāhīm ibn Ya'qūb al-Isrā'īlī; Qazvīnī cita a sua simplesmente como Al-ṭurṭūshī e, durante longo tempo, se acreditou que se tratava de dois autores diferentes, um deles judeu, o outro muçulmano. Georg Jacob, um estudioso alemão que trabalhou nesses textos, chegou mesmo a discernir diferenças profissionais e étnicas entre eles. Uma vez que um relato é mais longo que o outro e designa o imperador como sua fonte, isso, observa ele, ilustra uma diferença característica entre a atitude reservada do diplomata árabe e a ostentação do comerciante judeu[11]. O falecido Tadeus Kowalski, contudo, estabeleceu definitivamente que os dois são uma e a mesma pessoa e que as passagens em Bakrī e Qazvīnī derivam de uma mesma fonte.

Há alguma incerteza quanto a se Ibrāhīm ibn Ya'qūb era um judeu professo ou um muçulmano de origem judaica. A forma de seu nome admitiria ambas as possibilidades. Existe também alguma incerteza sobre a data exata e os objetivos de sua visita ao imperador Oto. A data mais provável é por volta de 965 d.C. e, ao que parece, é provável que tenha viajado como membro de uma missão diplomática enviada pelo califa de Córdova a Oto I, talvez de alguma forma vinculada à missão enviada pelo imperador à Espanha, em 953[12].

---

11 G. Jacob, *Arabische Berichte*, n. 1, p. 31: "Es ist charakteristisch, dass der arabische Diplomat den Kaiser als Gewährsmann nicht nennt, wahrend der jüdische Handelsmann sich mit dieser Beziehung brüstet" ("É típico o fato de que o diplomata árabe não mencione o imperador como fonte da informação, enquanto o comerciante judeu se gaba a respeito disso").
12 Isso é mencionado na biografia de João de Lorena, cf. R. W. Southern, *The Making of the Middle Ages*, London, 1953, p. 36 e s.

O relato de Ibrāhīm sobre a Europa ocidental, sejam quais forem suas limitações, é manifestamente muito superior aos de seus predecessores e seria provavelmente ainda melhor, caso não tivesse chegado até nós apenas na forma de passagens reunidas por um colecionador profissional de histórias fantásticas.

Mas se os maometanos não iam à Europa, a Europa se preparava para ir até os maometanos. Durante a era da Reconquista e das cruzadas, os exércitos cristãos conquistaram e governaram os territórios muçulmanos da Espanha até a Palestina e os muçulmanos tiveram a oportunidade de observar a cultura e os costumes francos sem sair de seus lares. Os resultados são surpreendentemente parcos, embora as crônicas árabes contenham relatos sobre missões diplomáticas enviadas a reis e príncipes cruzados e até mesmo sobre missões para cortes cristãs distantes como a Sicília e o sul da Itália. Uma delas foi uma missão enviada pelo sultão egípcio Baibars ao soberano siciliano Manfredo, em 1261, conduzida pelo célebre historiador sírio Jamāl al-Dīn ibn Wāṣil (1207-1298) e por ele descrita em sua crônica.

Ibn Wāṣil visitou Manfredo em Barletta, uma cidade na região continental da Itália que não muito antes havia sido reconquistada ao Islã. Ele descreve Manfredo como "um homem distinto, amante das ciências especulativas, que sabia de cor dez proposições do livro de geometria de Euclides". Ele fala com aprovação de sua atitude amistosa com relação aos muçulmanos sob seu domínio e observa que isso o colocara em dificuldades com o Papa[13].

Um dos motivos por que esse curto relato foi preservado é sem dúvida o fato de que o próprio embaixador era também um eminente historiador e, por essa razão, tinha tanto interesse pessoal quanto informações em primeira mão. Mas esse motivo em si mesmo não é suficiente, uma vez que havia outros historiadores que acompanhavam as missões. Ninguém menos que o grande historiador Ibn Khaldūn acompanhou uma missão até Pedro I, de Castela, em 1363-1364. Numa de suas memórias, ele dedica a essa missão pouco mais que uma

---

13 Ibn Wāṣil, *Mufarrij al-kurūb fī akhbār banī Ayyūb*, H. M. Rabie (org.), Cairo, 1979, 4: 248.

rápida menção[14]. A razão mais provável para Ibn Wāṣil registrar sua missão era a informação a que ela dava origem, da sobrevivência e prática da religião islâmica nos territórios perdidos na Itália.

Existem algumas outras exceções a essa falta de interesse generalizada. Entre as mais notáveis estão as memórias de Usāma ibn Munqidh (1095-1188), acima citado, um dos pouquíssimos documentos de caráter pessoal ilustrando o impacto dos cruzados sobre o Islã no Oriente Médio. Descrevendo uma vida longa e variada, Usāma tem muito a dizer sobre seus vizinhos francos. Embora cheio de desprezo pelo barbarismo dos francos, ele não os considera além de toda redenção e diversas vezes admite que, com uma longa permanência no Oriente e assimilação dos costumes muçulmanos, eles poderiam adquirir um certo verniz de civilização. As aventuras de um de seus agentes, enviado por ele a negócios à cidade de Antioquia, sob ocupação cristã, ilustram esse ponto:

Entre os francos, há alguns que se fixaram nesse país e se associaram com os muçulmanos. Eles são melhores que os recém-chegados, mas são exceção à regra e nenhuma inferência pode ser feita com base neles.

Eis aqui um exemplo. Uma vez enviei um homem até Antioquia, a negócios. Nessa época, estava lá o chefe Theodoros Sophianos [um cristão da Igreja oriental] e ele e eu éramos amigos. Ele era então todo-poderoso na Antioquia. Um dia, ele disse ao homem que eu enviara: "Um de meus amigos francos me convidou. Venha comigo, para ver como eles vivem". O homem que eu enviara me disse: "Assim, fui com ele e chegamos à casa de um dos velhos cavaleiros que tinham vindo com a primeira expedição dos francos. Ele já tinha se afastado do serviço militar e do governo e era dono de uma propriedade na Antioquia, de cuja renda ele vivia. Ele ofereceu uma mesa perfeita, com comida saborosa e servida com esmero. Ele percebeu que eu estava relutante em comer e disse: 'coma à vontade, pois eu não como comida franca. Tenho cozinheiras egípcias e só como o que elas preparam, também carne

---

14 Ibn Khaldūn, *Al-Ta'rīf bi-ibn Khaldūn wa-riḥlatuh gharban wa-sharqan*, Muḥammad ibn Ta'wīt al-Tanjī (org.), Cairo, 1951, p. 84-85; cf. trad. para o francês de A. Cheddadi, *Le Voyage d'Occident en Orient*, Paris, 1980, p. 91-92.

de porco jamais entra em minha casa'. Assim comi, mas com um pouco de cautela, e então partimos.

"Mais tarde, eu andava pelo mercado, quando de repente uma mulher franca me deteve e começou a tagarelar em sua língua e eu não conseguia entender o que ela dizia. Um bando de francos se juntou contra mim e eu tinha certeza de que meu fim havia chegado. Então, de repente, o mesmo cavaleiro apareceu e me viu, foi até a mulher e perguntou: 'o que você quer com esse muçulmano?'. Ela respondeu: 'ele matou meu irmão Hurso'. Esse Hurso era um cavaleiro de Afamiya* que havia sido morto por alguém do exército de Hama. Então o cavaleiro gritou para ela e disse: 'esse homem é um *burjāsī* [burguês], isto é, um comerciante. Ele não luta nem vai à guerra'. E ele gritou para a multidão, que se dispersou; então ele me deu a mão e se foi. Assim, o efeito da refeição que fiz foi salvar-me da morte"[15].

As memórias de Usāma representam uma forma de literatura que é, infelizmente, muito pouco comum no mundo islâmico. Existem, no entanto, alguns outros escritos que registram alguma forma de impressão pessoal dos contatos com os cristãos europeus. Um deles é de autoria de um quase-contemporâneo de Usāma, mas do outro lado do mundo islâmico. Abū Ḥāmid (1081-1170) era um estudioso e geógrafo nativo da cidade muçulmana de Granada, na Espanha. Ele fez uma longa viagem pelo norte da África até o Oriente Médio e daí seguiu rumo norte até a Rússia. Da Rússia, ele seguiu rumo oeste, penetrando a Europa, até o país hoje chamado Hungria, aí permanecendo por três anos[16].

A maior parte do que Abū Ḥāmid tem a dizer é relativo à Europa oriental. Sua descrição de Roma, embora extensa, não é de grande interesse e parece se basear em fontes literárias mais antigas. Embora originário da Andaluzia, ele entrou na Europa central pelo leste e, ao que parece, não avançou rumo oeste muito além da planície húngara. Mesmo com todas as suas limitações, ele permanece um marco na história do conhecimento muçulmano sobre a Europa, uma vez que é o único viajante islâmico em terras europeias cujo nome é

---

* Refere-se à cidade de Apamea ou Afamia, na Síria (N. da T).
15 Usāma, op. cit., p. 140-141; cf. Hitti, op. cit., p. 169-176.
16 C. E. Dubler (org. e trad.), *Abū Ḥāmid al Granadino y su Relación de Viaje por Tierras Eurasiáticas*, Madrid, 1953. Cf. também, I. Hrbek, Ein arabischer Bericht über Ungarn, *Acta Orientalia*, 5: 205-230, 1955.

conhecido e cujos escritos chegaram até nós, no período entre o diplomata do século x, Ibrāhīm ibn Yaʻqūb, e os primeiros relatos otomanos do final do século xv.

Uma outra impressão dos cruzados provém de um viajante do mundo muçulmano do Ocidente. Ibn Jubayr, nascido em Valência na Espanha, visitou a Síria em 1184 e viajou tanto por domínios francos quanto muçulmanos. Entre outros locais, ele passou por Acre, o principal porto dos cruzados:

> A cidade de Acre, que Deus a destrua e a faça retornar ao Islã. Ela é a principal cidade dos francos na Síria [...] o ponto de reunião de navios e caravanas, o local de encontro de comerciantes muçulmanos e cristãos de todas as partes. Suas ruas e estradas são tão apinhadas de gente que mal se pode andar nelas. Mas é uma terra de descrença e impiedade, infestada de porcos e cruzes, cheias de lixo e sujeira, tudo isso abarrotado de imundície e excremento[17].

Ibn Jubayr provavelmente se refere aos jarros de vinho, porcos, instrumentos musicais, igrejas e outras coisas ofensivas aos olhos muçulmanos, mais que à sujeira no sentido literal, embora devamos observar que os padrões muçulmanos nessa época eram muito mais elevados que os dos cristãos europeus, sendo que os muçulmanos que visitavam a Europa até o século xix comentavam negativamente a falta de higiene pessoal dos europeus.

Nem tudo que Ibn Jubayr viu nas cidades francas o desagradou. Ficou encantado com o espetáculo de um casamento cristão em Tiro, em especial com a beleza da noiva: "Ela andava com graça e dignidade, balançando suas joias e adornos, movendo-se como uma rola ou uma nuvem passando – e Deus me livre dos maus pensamentos provocados por visões como essa"[18]. Ibn Jubayr encontrou coisas mais sérias para o inquietar que uma bela noiva franca. Ele observa, desconcertado, que os francos tratavam seus aldeães muçulmanos com humanidade e justiça e que esses aldeães estavam em melhor situação que seus vizinhos que ainda estavam sob o domínio muçulmano:

17 Ibn Jubayr, *Riḥla (The Travels of Ibn Jubayr)*, W. Wright (org.), Leiden, 1907, p. 303; cf. trad. para o inglês, R. C. J. Broadhurst, *The Travels of Ibn Jubayr*, Londres, 1953, p. 318.
18 Ibn Jubayr, op. cit., p. 305-306; cf. Broadhurst, op. cit., p. 321.

Pensamentos sediciosos faziam com que o coração da maioria dos muçulmanos vacilasse, ao ver o estado de seus irmãos em território muçulmano e sob domínio muçulmano e observar que o modo como eles eram tratados era o inverso da bondade e indulgência de seus senhores francos. É um dos infortúnios que ocorrem com os muçulmanos, o povo muçulmano comum se queixar da opressão de seus próprios soberanos e elogiar a conduta de seus adversários e inimigos, os francos, que os conquistaram e que os domesticaram com sua justiça. É a Deus que eles devem se queixar dessas coisas. Podemos encontrar suficiente consolo nas palavras do *Alcorão*: "Essa nada mais é que Tua prova; por meio dela conduzirás ao erro a quem Te aprouver e guiarás a quem Te aprouver ao caminho certo"[19].

As observações de Ibn Jubayr, assim como as de Usāma e Abū Ḥāmid, constituem fenômenos isolados e, ao que parece, tiveram pouco impacto sobre o desenvolvimento do conhecimento muçulmano acerca do Ocidente.

De maior importância e impacto foi o aumento das relações diplomáticas entre as potências europeias, em especial as do Ocidente europeu, e os países do Oriente Médio e do norte da África. Dois fatores importantes contribuíram para o desenvolvimento dessas relações. O primeiro deles foi o crescimento do comércio europeu. Os comerciantes europeus, a princípio, sobretudo dos Estados italianos, mais tarde também da Espanha, França, dos Países Baixos e da Inglaterra, atuavam cada vez mais nos portos muçulmanos e estendiam o alcance de suas atividades até mesmo a algumas cidades do interior. O comerciante franco, às vezes um residente de longa data, se tornou uma figura familiar. O aumento das atividades comerciais europeias também exigia o aumento das relações diplomáticas. Muito cedo, as comunidades de comerciantes adquiriram o direito de manter cônsules em cidades muçulmanas. Do ponto de vista dos Estados ocidentais, eles desempenhavam funções quase diplomáticas e os representavam em negociações com o governo e outras autoridades do país anfitrião. Do lado muçulmano, eles eram vistos como líderes de suas comunidades e responsáveis por elas perante as autoridades muçulmanas. Um autor árabe do século xv deixa claro esse ponto: "Os cônsules são os

---

19 Idem, p. 301; cf. Broadhurst, op. cit., p. 316-317. A citação final é do *Alcorão*, 7.155.

chefes dos francos e são reféns que servem de garantia para suas comunidades. Se alguma comunidade fizer algo que desonre o Islã, o cônsul é o responsável"[20].

As necessidades do comércio davam origem a frequentes discussões diplomáticas entre os Estados europeus e os muçulmanos, à concessão de privilégios de várias espécies e à negociação e assinatura de tratados comerciais. Essas negociações, ao que parece, eram realizadas quase inteiramente pelos cônsules e emissários europeus em terras muçulmanas. Os viajantes do Islã que visitavam a cristandade permaneceram extremamente raros.

O segundo incentivo a relações diplomáticas mais estreitas tinha uma origem bastante diferente. Desde o surgimento do Egito como um centro de poder independente no âmbito do mundo islâmico, sempre houve rivalidade recorrente entre as metades oriental e ocidental do Oriente Médio – entre os sucessivos regimes que governavam no Vale de Nilo, que muitas vezes também dominavam a Síria e a Palestina, e os que obtinham seu principal suporte do Iraque e do Irã. A chegada dos mongóis no século XIII exacerbou ainda mais essa rivalidade. O estabelecimento de uma potência rival a leste do tradicional adversário islâmico, a cristandade, aumentou na Europa as esperanças de uma aliança e uma segunda frente, que não foram imediatamente dissipadas pela conversão dos cãs da Pérsia ao Islã. O resultado foi uma grande movimentação na atividade diplomática[21], que deu origem a algumas referências ocasionais na bibliografia Islâmica.

As negociações entre a Europa e os soberanos mongóis da Pérsia parecem não ter produzido grandes resultados. Mas elas podem ter incentivado os soberanos mamelucos do Egito a

20 Ibn Shāhīn al-ẓāhirī, *Zubdat kashf al-mamālik*, P. Ravaisse (org.), Paris, 1894, p. 41; cf. trad. para o francês, J. Gaulmier, *La zubda kachf al-mamālik*, Beirute, 1950, p. 60. Cf. M. A. Alarcón e R. Garcia, *Los Documentos Árabes Diplomáticos del Archivo de la Corona de Aragón*, Madri/Granada, 1940.

21 Cf. P. Pelliot, Les Mongols et la Papauté, *Revue de l'Orient Chrétien*, 3ª série, 23 (1922-1923): 3-30, 24 (1924): 225-335, e 28 (1931); V. Minorsky, The Middle East in Western Politics in the Thirteenth, Fifteenth, and Seventeenth Centuries", *Royal Central Asian Society Journal*, 4: 427-61, 1940; L. A. Boyle, The Il-Khans of Persia and the Princes of Europe, *Central Asian Journal*, 20: 28-40, 1976; D. Sinor, Les Relations entre les Mongols et l'Europe jusqu'à la Mort d'Arghoun et de Bela IV", *Cahiers d'histoire Mondiale*, 3: 37-92, 1956.

prestar um pouco mais de atenção na Europa e suas relações diplomáticas com diversos soberanos da cristandade. Por volta de 1340, Shihāb al-'Dīn al-'Umarī, um oficial egípcio, redigiu um manual de correspondência diplomática para uso dos copistas nas chancelarias egípcias[22]. Nele estavam incluídas listas de monarcas com os quais o sultão do Egito mantinha correspondência, com os títulos reconhecidos e as formas de tratamento para cada um. Os monarcas citados são em sua maioria muçulmanos, mas há uma seção sobre "os reis dos infiéis" que inclui pontentados como o imperador bizantino, os reis da Geórgia e da Armênia Inferior, da Sérvia, Sínope e Rodes. Dos soberanos do Ocidente somente dois são mencionados: Afonso, rei de Andaluz, e o Rīd Frans. Esta última designação claramente se refere ao rei da França numa língua românica falada localmente, embora não haja indicação alguma de que sentido o autor do manual dava a esse termo. Uma versão posterior e revisada do livro de 'Umarī, conhecida como o *Tathqīf*, inclui mais alguns nomes; pouco mais de meio século mais tarde, outro copista da chancelaria, Qalqashandī, numa obra de abrangência análoga, mas de impacto muito maior, oferece uma lista um pouco mais longa, que inclui o papa, os governantes de Gênova, Veneza e Nápoles e alguns Estados menores da Espanha cristã.

Seção II. Sobre as formas de tratamento que, conforme o uso protocolar estabelecido, devem ser empregadas na correspondência dos reis dos territórios egípcios para os reis dos infiéis.

Saibam que os reis infiéis aos quais este reino envia cartas são todos cristãos, como os gregos, os francos, os georgianos, os etíopes e outros[23].

Qalqashandī passa então a discutir os reis cristãos do Oriente, dos Bálcãs e da Espanha e, depois, passa para a:

---

22 'Umarī, *Al-Tā'rīf bil-muṣṭalaḥt al-sharīf*, Cairo, 1312 (A.H.)
23 Qalqashandī, *Ṣubḥ al-a'shā fī ṣinā'At al-inshā'*, Cairo, 1913 e s., 8: 25 e s., cf. M. Amari, Dei titoli che usava la cancelleria di Egitto, *Mem. del. R. Acc. Linc.* (1883-1884): 507-534; H. Lammens, Correspondence diplomatique entre les sultans mamlouks d'Egypte et les puissances chrétiennes, *Revue de l'Orient Chrétien*, 9: 151-187, 1904 e 10: 359-392, 1905.

Seção IV. Sobre a correspondência para os reis dos infiéis do lado norte de Roma e Franja, de acordo com suas várias espécies. A religião de todos eles é a dos cristãos melquitas.
1. A forma de tratamento para o Papa.
2. A forma de tratamento para o rei dos romanos, o soberano de Constantinopla [...].
3. A forma de tratamento para os governantes de Gênova [...].
4. A forma de tratamento para o governante de Veneza [...].
11. A forma de tratamento para a mulher que governa Nápoles [...][24].

Com base nessas explicações de Qalqashandī e algumas referências encontradas nas crônicas, temos boas razões para inferir que a correspondência com os monarcas europeus era algo um tanto raro. Quanto às missões diplomáticas para a Europa, os muçulmanos provavelmente compartilhavam em certo grau das concepções dos mongóis que, segundo se afirma, costumavam punir os criminosos considerados merecedores de morte enviando-os como embaixadores para regiões no estrangeiro em que o clima era insalubre e seu retorno seguro era problemático[25].

A era do Renascimento e das grandes descobertas trouxe consigo um rápido e amplo crescimento do interesse europeu pelo mundo islâmico. Se o Islã não era mais percebido como sério rival da religião cristã, o Império Otomano ainda era um inimigo a se temer e seu avanço no coração da Europa às vezes parecia ameaçar a própria sobrevivência da cristandade. O surgimento, no início do século XVI, de uma nova e hostil potência islâmica no Irã, sob os xás xiitas da dinastia safávida, mais uma vez parecia oferecer a possibilidade de criação de uma segunda frente ou, pelo menos, uma outra fonte de preocupações do lado mais distante do Império Otomano. Por essas razões, informações confiáveis e exatas relativas tanto aos Estados otomanos quanto aos persas eram de grande importância para as potências europeias e um grande número de visitantes, com os mais diferentes objetivos, viajaria até o Oriente, para obtê-las.

24  Qalqashandī, op. cit., 7: 42 e s.
25  Juvaynī, *Ta'rīkh-i jihān gushā*, M. M. Qazvīnī (org.), v. 1, London, 1912, p. 38-39. Cf. trad. para o inglês, J. A. Boyle, *The History of the World Conqueror*, Manchester, 1958, 1: 53.

Mas isso não era tudo. Havia outros motivos impelindo um número cada vez maior de europeus a viajar para o Oriente e até mesmo fixar residência durante longos períodos. A era das grandes descobertas, que levou a exploração europeia até as partes mais remotas da Ásia, África e das Américas, também os levou às rotas de acesso asiática e africana, assim como europeia, para o mundo do Islã e ofereceu-lhes novas oportunidades assim como novos incentivos para explorá-lo. A curiosidade intelectual do Renascimento logo se estendia até o grande vizinho da cristandade europeia. A expansão das indústrias europeias e a crescente oferta de produtos das colônias europeias para exportação para o Novo Mundo incentivavam os comerciantes europeus a ver no Oriente islâmico um mercado para suas mercadorias. As rivalidades comerciais e políticas entre as várias potências europeias, que disso resultavam, levavam a um envolvimento europeu mais direto e mais intenso nos países do Oriente Médio.

Um desenvolvimento não menos importante foi a ampliação até Istambul, a capital do Império Otomano, da prática – que já se desenvolvia na Europa – da diplomacia contínua, pelo estabelecimento de embaixadas residentes. Até ao final do século XVI, a maioria dos Estados, tanto da Europa oriental quanto ocidental, enviava emissários para Istambul com frequência e em bases regulares e vários deles, inclusive Veneza, França, Inglaterra e o Império\*, já haviam estabelecido missões residentes permanentes. Durante os séculos XVII e XVIII, a maioria dos outros Estados europeus seguia o exemplo. O resultado foi a criação de uma comunidade residente relativamente grande de europeus de classe alta e média, na capital do Império Otomano, com um número relativamente maior de dependentes e assessores locais, recrutados principalmente em meio aos residentes não muçulmanos da cidade. Surgia assim uma nova comunidade, além das três comunidades locais de gregos, armênios e judeus já existentes. Ela era, em sua maior parte, constituída por católicos, provindos de várias comunidades e nacionalidades, falando diferentes línguas, mas mais comumente o italiano e o grego, e desfrutando, ou afirmando

---

\* Provável referência ao Sacro Império Romano-Germânico (N. da T.).

desfrutar, da cidadania de um ou outro dos Estados europeus com os quais suas conexões eram, com frequência, bastante tênues. Os membros dessa comunidade viriam a ser conhecidos na Europa como levantinos, na Turquia, como *tatlı su Frengi*, ou francos da água doce, para distingui-los dos francos da água salgada, que eram realmente provenientes da Europa.

O desenvolvimento das relações diplomáticas com o Irã e o Marrocos se revelou um pouco mais difícil. Emissários em visita a esses países eram bastante frequentes, mas o estabelecimento de missões residentes foi adiado até uma data bastante tardia.

O aumento do interesse e atividade europeus em terras islâmicas dificilmente poderia ter passado despercebido. O comércio e a diplomacia europeia levaram a um crescimento contínuo no número de europeus residentes em cidades islâmicas e no número de residentes locais que de alguma forma entravam em contato com eles. Se eram, em sua maior parte, não muçulmanos, esses europeus, por outro lado, permaneciam em certa medida ligados às sociedades mais amplas do Oriente Médio, das quais, embora segregados e isolados, eles ainda faziam parte. Também o desenvolvimento na Europa dos estudos sobre o Oriente deve ter tido certo efeito. A partir do século XVI, as tipografias europeias produziam edições de livros árabes que, em termos de preço e facilidade de manuseio, tinham vantagens com relação aos manuscritos dos quais os leitores em terras muçulmanas ainda eram obrigados a depender. De fato, encontramos em fontes muçulmanas queixas ocasionais sobre a importação dessas edições europeias de textos árabes.

Mas, no geral, a resposta a todas essas atividades permaneceu modesta. As comunidades de residentes, comerciantes, diplomatas e outros europeus se mantinham isoladas. O grupo local de residentes nativos com os quais elas mantinham conexões servia mais para isolá-las que para conectá-las à população muçulmana que, na verdade, ao que parece, via sua posição dessa perspectiva. Lidar com estrangeiros infiéis era um negócio sujo e perigoso, que era melhor deixar para outros infiéis.

Dadas essas atitudes, não é de surpreender que a antiga relutância em visitar a Casa da Guerra persistisse. Para as negociações com o mundo dos infiéis que eram vistas como

Fig.4: *Os venezianos bombardeiam Tênedos.*

Fig. 5: *Procissão do bailio de Veneza em Istambul até sua audiência.*

Fig. 6: *O bailio é perfumado durante sua audiência com o grão-vizir.*

Fig. 7: *Audiência do bailio com o grão-vizir.*

necessárias, a maioria dos soberanos muçulmanos ficava satisfeita em confiar nos infiéis que os procuravam – um tributo natural da ordem inferior com relação à superior – e em fazer uso, até mesmo em casa, de intermediários que servissem de proteção contra um contato mais estreito.

Durante longo tempo, as relações dos otomanos com a Europa foram realizadas quase que inteiramente por meio desses intermediários. Em primeiro lugar, a tarefa exigia habilidades que os muçulmanos ou não possuíam ou não se preocupavam em adquirir. Também envolvia deveres que os muçulmanos achavam pouco atrativos. Como costuma acontecer na maioria das sociedades humanas, o grupo dominante deixava para outros as tarefas desagradáveis. Assim, encontramos não muçulmanos bem representados, em particular nos séculos mais recentes, no que se poderia denominar "ocupações sujas". Entre elas estava o que era, para um muçulmano rígido, a ocupação mais suja de todas, a de negociar com os infiéis. Isso resultava, às vezes, em números relativamente grandes de judeus e cristãos em ocupações como a diplomacia, os serviços bancários e a espionagem. Em geral, as negociações com representantes estrangeiros em Istambul eram realizadas por funcionários não muçulmanos da Sublime Porta; viagens ao exterior, quer para diplomacia quer para negócios, também eram em geral deixadas para não muçulmanos. Apenas ocasionalmente um dignitário otomano seguia em missão, em geral, acompanhado por um intérprete não muçulmano.

O século XVI trouxe uma importante mudança nas atitudes dos turcos. Sob os antigos sultões, os europeus do sudeste – gregos, eslavos e albaneses – tinham presença destacada na administração governamental otomana, não só como convertidos ao Islã mas até mesmo como cristãos professos. Alguns príncipes otomanos contraíam matrimônios dinásticos com princesas cristãs e muitas das mais antigas e ilustres famílias da aristocracia otomana eram de origem bizantina. As listas de proprietários de feudos preservadas nos arquivos otomanos incluem muitos nomes cristãos e mostram que a baixa nobreza cristã estava alojada na classe dirigente militar otomana. A evolução do Estado otomano de principado de fronteira a império islâmico inevitavelmente transformou tanto o governo quanto a sociedade. O processo se acelerou com a conquista dos centros vitais árabes, em especial os locais sagrados para os muçulmanos na Península Árabe, com o resultante deslocamento para leste do centro de gravidade em termos de território, população e tradição. Convertidos de origem balcânica e de outras origens continuaram ainda por um século ou mais a desempenhar um papel fundamental, mas eles foram sendo cada vez mais eclipsados por homens das antigas famílias muçulmanas, enquanto os cristãos não convertidos eram gradualmente afastados do aparato de poder e restringidos a sua posição legalmente correta como *dhimmis*.

Os intercâmbios com o mundo cristão não conquistado, no entanto, continuavam e, neles, os turcos estavam à frente. Do século XVI ao início do XIX, os árabes dos territórios mais a leste dependiam quase inteiramente dos otomanos para seus contatos políticos com a Europa e, no Irã, mais ainda a leste, as informações que chegavam até eles muitas vezes eram filtradas pelos canais otomanos.

Podemos discernir dois estágios no desenvolvimento tanto das relações otomanas com a Europa quanto do papel dos intermediários que, de fato, as conduziam. No primeiro, os intermediários eram, em sua maioria, pessoas que provinham da Europa; no segundo, eram pessoas nativas da região, que estavam se deslocando em direção à Europa. Na primeira fase, esses intermediários eram constituídos, em grande parte, por renegados e refugiados, a maioria deles de origem europeia. Com exceção dos mouros espanhóis, que eram rapidamente absorvidos nas comunidades muçulmanas, os refugiados eram, sobretudo, embora não exclusivamente, judeus. A perseguição dos judeus na Espanha, em Portugal e nos territórios sob influência espanhola forneceu aos otomanos um suprimento inesperado desses recursos humanos. A partir do final do século XV e durante o século XVI, um grande número de judeus provenientes da Europa afluiu para os domínios otomanos, dotados de habilidades úteis, do conhecimento das línguas e das condições europeias e, além disso, de algumas técnicas artísticas e artesanais. O viajante ocidental Nicholas de Nicolay, que visitou a Turquia em 1551, tem algumas interessantes observações sobre o papel dos marranos portugueses e espanhóis forçados à conversão ao cristianismo, que fugiam para a Turquia, para poder praticar o judaísmo:

> Entre eles [os turcos] também há excelentes praticantes de todas as artes, bem como manufaturas, em especial marranos banidos e expulsos da Espanha e Portugal há não muito, que, para grande prejuízo e afronta à cristandade, ensinaram aos turcos sobre várias invenções, estratagemas e máquinas de guerra, como por exemplo o modo de produzir munição, arcabuzes, pólvora, balas de canhão e outros armamentos. Da mesma forma, eles fundaram uma tipografia, algo nunca antes visto nessas regiões, mas não têm permissão para imprimir em turco ou em árabe[26].

Do ponto de vista muçulmano, os judeus tinham uma importante vantagem com relação aos cristãos. Eles não eram suspeitos de cumplicidade com os grandes adversários europeus do Islã. Isso significava que os turcos muitas vezes preferiam os judeus aos cristãos, para tarefas política ou economicamente delicadas. Assim, encontramos, nos arquivos otomanos, ordens para o envio de famílias judaicas para a ilha de Chipre, emitidas imediatamente após a conquista turca da ilha, que era habitada principalmente por cristãos ortodoxos gregos, com uma pequena minoria de católicos italianos. Uma das ordens menciona quinhentas famílias, uma outra, mil "famílias judaicas prósperas", a ser enviadas para Chipre "no interesse da ilha acima mencionada"[27]. Isso significava que os otomanos queriam ter um componente industrial e comercial produtivo na ilha que não fosse grego, italiano ou cristão e que não estivesse propenso a ter simpatia pela Europa cristã. Podiam confiar nos judeus em suas negociações com o Ocidente. Mas não podiam confiar nos gregos ou nos armênios. Uma avaliação desse mesmo tipo levou ao início do que mais tarde viria a se desdobrar na colonização judaica em massa da Salônica, após sua conquista pelos otomanos. Essa colonização foi em parte resultado de uma política otomana deliberada, voltada para a criação de uma população economicamente útil e politicamente confiável nesse estratégico porto marítimo.

26 Nicholas de Nicolay, *Les Navigations...*, Antuérpia: 1576, p. 246.
27 B. Lewis, *Notes and Documents from the Turkish Archives*, Jerusalém, 1952, p. 32 e 34.

No século XVI, os judeus europeus aparecem no serviço oficial otomano em uma série de funções. Nós os encontramos nos serviços alfandegários – onde os judeus já eram numerosos no Egito sob os mamelucos e onde seu conhecimento das línguas e condições europeias se revelariam úteis a seus patrões. Nós os encontramos envolvidos em atividades diplomáticas de várias espécies, às vezes em posições elevadas. Nós os encontramos como comerciantes, viajando e trabalhando sob proteção otomana. Por fim, há indicações descobertas em arquivos espanhóis de que a espionagem otomana na Europa cristã dependia em certa medida de agentes judeus[28].

Os gregos, embora não muito simpáticos ao Ocidente, podiam ainda nutrir esperanças de restauração do Império Bizantino. Os armênios, localizados principalmente em territórios do sul e do leste da Ásia Menor, estavam quase tão isolados do Ocidente quanto os próprios turcos. Os judeus estavam mais bem situados para prestar esses serviços e os turcos davam preferência a eles.

Além dos judeus, havia outros refugiados, abrangendo de grupos cristãos perseguidos, como os unitários, a um grande número de renegados ou, como são chamados na história muçulmana, *muhtadī*, os que encontraram o caminho certo.

No século XVII, a chegada tanto de renegados quanto de refugiados tinha se reduzido bastante. De um lado, as condições na Europa estavam melhorando. Após as guerras religiosas, a Europa havia finalmente aprendido a usar a tolerância para lidar com questões religiosas e os cristãos hereges e mesmo os judeus tinham menos motivos para abandonar seus lares e se mudar para países remotos. Para os espíritos aventureiros que anteriormente teriam buscado fama e fortuna no Império Otomano, as grandes descobertas europeias e a colonização do Novo Mundo ofereciam melhores oportunidades e muitos dos que anteriormente teriam desenvolvido carreira na administração otomana ou em outros serviços muçulmanos agora seguiam para as Américas e para os territórios coloniais que acabavam de ser conquistados.

---

28 A. Arce, Espionaje y Última Aventura de Jose Nasi (1569-1574), *Sefarad*, 13: 257-286, 1953.

Enquanto a Europa e suas possessões de ultramar se tornavam mais interessantes, o Oriente Médio e o mundo Islâmico, em geral, se tornavam menos atrativos e, entrando num período de declínio econômico e político, ofereciam cada vez menos tentações. Mas a chegada de renegados ainda continuava. O último grupo importante foi o dos piratas que, no início do século XVII, se deslocaram da Europa ocidental para o norte da África e colocaram seus conhecimentos e técnicas predatórias e de navegação à disposição dos Corsários da Barbária.

Os judeus, outrora tão importantes, deixaram de chegar da Europa. Os que já estavam na Turquia foram gradualmente perdendo seus conhecimentos técnicos e seus contatos. Um pequeno número de refugiados e aventureiros continuou a buscar segurança ou fortuna na Turquia, mas dentre eles somente um grupo fez uma contribuição de certa importância. Tratava-se dos húngaros, entre eles alguns poloneses, que fugiram da Hungria após a malsucedida insurreição de 1848 e encontraram abrigo e uma carreira no Império Otomano. Os refugiados de 1848, alguns dos quais se converteram ao Islã e alcançaram posições elevadas na administração otomana, desempenharam um papel bastante importante na modernização do aparato administrativo e militar turco na metade do século XIX.

À medida que os renegados e refugiados deixaram de chegar e os que já estavam no império foram perdendo as qualificações que os tornavam valiosos, eles foram sendo substituídos por outros. Se eram poucos os que agora chegavam da Europa, em contrapartida havia outros que seguiam para a Europa, sobretudo os gregos. Na metade do século XVII, eles tinham perdido as esperanças de restaurar o Império Bizantino e haviam superado sua antiga hostilidade com relação aos cristãos do Ocidente. Os cristãos gregos dos territórios otomanos começaram a enviar seus filhos para estudar na Europa, em geral para a Itália, e os estudantes gregos formados em universidades italianas, em especial nas faculdades de medicina, desempenhavam um papel de importância cada vez maior. Aos gregos, se seguiram outros cristãos do Império Otomano, em especial os das igrejas orientais em comunhão com Roma. A partir do final do século XVI, o Vaticano estava cada vez mais atuante em meio aos cristãos do Oriente Médio. As ordens monásticas enviavam missões ao Líbano e outras regiões e foram fundadas em Roma faculdades para as comunidades orientais. Em número cada vez maior, cristãos católicos e uniatas, dos ritos grego, armênio, copta, maronita, caldeu e sírio, sofriam a influência dessas conexões com a Europa e essa influência às vezes também alcançava seus vizinhos ortodoxos e até mesmo os muçulmanos. A escola e a ordem fundadas em Veneza pelo abade armênio Mequitar, se tornaram por algum tempo o centro da vida intelectual armênia em todo o Oriente; com o tempo, a ocidentalização dos maronitas de língua árabe do Monte Líbano afetaria, em maior ou menor grau, toda a Síria e ainda além. Ao contrário dos judeus, os gregos conseguiram manter e ampliar seus contatos com a Europa, assim como institucionalizar e dar forma permanente às posições de poder e influência que esse novo conhecimento tornava possível conquistar no Estado otomano. Os médicos judeus provenientes do Ocidente, que haviam outrora servido aos sultões e grão-vizires, foram substituídos por gregos otomanos com diplomas italianos. Eles estavam, em todos os aspectos, mais bem situados que os judeus. Tendo nascido na região, eles tinham uma compreensão melhor dos turcos e de sua língua. Sendo cristãos, eles tinham melhores contatos com a Europa e desfrutavam da proteção dos governos cristãos e das companhias de comércio na Europa, que naturalmente tendiam a favorecer os cristãos locais em detrimento dos judeus. Isso se tornava ainda mais importante num período em que eram as preferências dos europeus cristãos e não as dos turcos muçulmanos que importavam.

Embora as relações diplomáticas entre estados cristãos e muçulmanos fossem realizadas quase que inteiramente por emissários cristãos enviados às cortes muçulmanas, não era possível evitar inteiramente viagens ocasionais aos territórios dos infiéis e, a partir do século XVI, os três países muçulmanos com maior intercâmbio com a Europa – a Turquia, o Irã e o Marrocos – passavam, com frequência cada vez maior, a enviar emissários ou comerciantes a diversos países europeus.

De início, também esses emissários eram em grande parte recrutados nas comunidades não muçulmanas locais, ou mesmo entre os renegados e aventureiros que chegavam da

Europa. Quando muçulmanos eram enviados, tratava-se, na maioria das vezes, de novos convertidos ao Islã e, assim, homens que ainda possuíam o útil conhecimento relativo à Europa, seus povos, governos e línguas. Os procedimentos diplomáticos europeus eram tão novos ao mundo muçulmano que os soberanos muçulmanos às vezes chegavam até mesmo a enviar estrangeiros que acabavam de chegar de volta a seus próprios países, como emissários para o envio de mensagens. Esse era o caso, por exemplo, dos irmãos Antony e Robert Sherley, que viajaram da Inglaterra para o Irã, em 1598. Antony Sherley fora enviado pelo conde de Essex, para negociar o apoio persa numa aliança contra os otomanos, e permaneceu para ensinar aos soldados persas a arte europeia da guerra. Em 1599, o xá enviou Antony Sherley como seu próprio emissário numa missão à Europa que, no entanto, não produziu resultados. Seu irmão, Robert Sherley, permaneceu no Irã onde, em 1607, o xá deu-lhe como esposa a filha de um chefe circassiano e, em 1608, o enviou à Europa em outra missão diplomática, cujo resultado foi o estabelecimento de relações diplomáticas e comerciais entre a Inglaterra e o Irã. Que missões como essas fossem confiadas a estrangeiros e infiéis revela a pouca importância a elas atribuída.

Ocasionalmente oficiais muçulmanos eram enviados em missão à Europa. O sultão turco Bajazeto II enviou um emissário chamado Ismael, com cartas e presentes, a várias cortes europeias, inclusive Florença, Milão e Savoia. Temos notícias de um embaixador marroquino enviado a Londres na época de Shakespeare – que talvez tenha inspirado a personagem de Otelo – e de missões turcas enviadas a Viena, Paris e outras capitais, no final do século XVI e início do XVII. Em 1581, nada menos que dois emissários turcos chegaram a Paris. O primeiro tinha a incumbência de levar ao rei francês Henrique III um convite, do sultão turco Murad III, para a circuncisão de seu jovem filho Mehmed. A missão era composta por quatro *çaşnigirs* – literalmente, provadores, título de um alto oficial nas cortes muçulmanas. A segunda missão foi desempenhada por um certo Ali Çelebi, que levava uma cópia das capitulações, que acabavam de ser renovadas, juntamente com uma carta para Henrique III. O episódio sugere uma certa relutância da parte dos franceses em receber essa missão. Os emissários turcos foram mantidos à espera durante três meses em Veneza, antes de receber permissão para seguir para a França. Nem mesmo o embaixador francês em Veneza, assim escrevia Çelebi ao rei, estava disposto a receber os turcos, "dado que o objetivo dessa missão é totalmente contrário à religião cristã". Enviar missões diplomáticas cristãs aos monarcas do Islã era aceitável; receber emissários muçulmanos nas capitais da cristandade, não. Mais tarde, contudo, o embaixador francês mudava de ideia e o rei era persuadido a autorizar os turcos a seguir para Paris, onde, ao que parece, eles teriam sido recebidos com calorosas boas-vindas. Em 1607 é registrada uma outra missão turca na França, quando um *çauş* – um mensageiro otomano – entregou uma carta do sultão ao rei Henrique IV, numa missão, ao que parece, puramente protocolar[29].

Um *çauş* era pouco mais que um mensageiro – *çauşes* eram rotineiramente enviados com ordens a governadores provinciais – e a escolha é sintomática do baixo apreço dos otomanos por esses intercâmbios "diplomáticos". Seria somente algum tempo mais tarde que os sultões começariam a enviar emissários com o título de embaixador – *elçi* – primeiro para Viena e depois para outras capitais europeias.

Em geral, os europeus, assim como os turcos, ao que parece, prefeririam realizar seus negócios em Istambul, e não nas capitais europeias. As discussões em Istambul podiam ser mantidas em segredo e a presença de emissários europeus podia passar por negociações vinculadas ao comércio. A visita de emissários turcos à Europa despertava suspeitas relativas a possíveis tentativas, por parte das potências cristãs, de fazer aliança com os turcos contra seus rivais cristãos e, embora a maioria estivesse disposta a tentar isso, poucos estavam dispostos a ser vistos tentando. Em resultado dessa relutância de ambos os lados, as missões para a Europa continuavam sendo poucas. Há notícias da chegada de um emissário em Paris, em 1640, e de um outro, em 1669; há também relatos de que sua aparência teria inspirado a cena da cerimônia turca na peça, de Molière, *Le Bourgeois gentilhomme* (O Burguês Fidalgo).

---

29 C. D. Rouillard, *The Turk in French History, Thought, and Literature 1520-1660*, Paris, 1938, 1ª parte, cap. 2.

As missões provenientes de outros países muçulmanos eram ainda menos frequentes. Um enviado persa em Paris durante o reinado de Luís XIV atraiu considerável atenção[30]. Missões marroquinas também chegaram à Europa em várias ocasiões. Algumas dessas missões aparentemente estavam vinculadas a negociações de resgate de prisioneiros capturados em mar, no Mediterrâneo. Uma delas foi a primeira missão otomana em Haia, em 1614. O emissário era um certo Ömer Ağa, que ocupava tanto a posição de *çauş* quanto a de *müteferrika*; ele estava acompanhado por dois dragomanos: um católico romano de Naxos, cujo nome era Gian Giacomo Belegro, o outro, presumivelmente um judeu espanhol, cujo nome, Abraão Abensanchio, refletia a cultura mista da península ibérica. Sem dúvida, os dois dragomanos, um cristão e o outro judeu, serviam como controle recíproco[31].

É notável que todas essas primeiras missões diplomáticas indo de terras islâmicas para a Europa nos sejam conhecidas apenas por meio de fontes ocidentais. O envio e os objetivos dessas missões não atingiam o nível de acontecimentos que chamassem a atenção dos cronistas muçulmanos. À primeira missão muçulmana sobre a qual existem relatos que chegaram até nós é a do embaixador turco Kara Mehmed Paxá, que foi para Viena em 1665[32]. A ocasião foi a assinatura do tratado (ou trégua) de Vasvar entre o soberano otomano e o austríaco; o objetivo, segundo se alegava, era estabelecer relações amistosas entre os dois. Essa parece ter sido a primeira missão diplomática otomana de grande porte. O embaixador

---

30 M. Herbette, *Une ambassade persane sous Louis XIV*, Paris, 1907.
31 A. A. de Groot, *The Ottoman Empire and the Dutch Republic: A History of the Earliest Diplomatic Relations 1610-1670*, Leiden, 1978, p. 125-129.
32 Sobre as relações das embaixadas otomanas com a Europa e outras regiões, cf. F. Babinger, *Die Geschichtsschreiber der Osmanen und ihre Werke*, Leipzig, 1927, p. 322-337, doravante citadas como GOW; para um relato muito mais completo, F. R. Unat, *Osmanli Sefirleri ve Sefaretnameleri*, Ankara, 1968. Alguns desses textos foram traduzidos (cf. Babinger, op. cit.); as melhores e mais recentes versões são as feitas para o alemão, acompanhadas de anotações, organizadas por R. F. Kreutel em sua série *Osmanische Geschichtsschreiber*, Graz, 1955 e s. Sobre a diplomacia europeia em Istambul, cf. B. Spuler, Die europäische Diplomatie in Konstantinopel bis zum Frieden von Belgrad (1739), *Jahrbücher für Kultur und Geschichte der Slaven*, 11: 53-115, 171-222, 313-366, 1935; idem, Europäische Diplomaten in Konstantinopel bis zum Frieden von Belgrad (1739), *Jahrbücher für Geschichte Osteuropas*, 1: 229-262, 383-440, 1936.

estava acompanhado por um grupo de 150 pessoas, das quais nada menos que um terço é mencionado como ocupando cargos específicos. O intérprete era um estudioso europeu bastante conhecido, François de Mesgnien Meninski, na época intérprete-chefe junto ao imperador austríaco. Um extenso relatório de autoria de Meninski, em italiano, denominado *Relazione di Cio, che e passato circa de l'ambasciata solenne Turchesca nell'anno 1665 e 1666*, foi preservado nos arquivos em Viena e parece ter servido de guia para as cerimônias e procedimentos seguidos na recepção das missões otomanas subsequentemente realizadas nessa cidade. Dois relatos turcos sobre a missão chegaram até nós, um deles sendo o relatório oficial do próprio embaixador[33].

Embora a missão permanecesse em Viena durante nove meses, o relatório de Kara Mehmed Paxá é curto e seco, limitando-se a um relato sobre suas próprias ações oficiais e pouco ou nada dizendo sobre o país visitado. Mas sua visita sem dúvida ofereceu a outro viajante e escritor turco, muito mais famoso, a oportunidade de descrever a capital austríaca. Evliya Çelebi era de fato um grande viajante, mas infelizmente também um grande romancista. Ele não ocultava a seus leitores que seu objetivo era entreter, e não instruir, e se uma história era divertida, ele não se importava muito se também era verdadeira. Nos dez volumes de seu *Seyahatname* – livro de viagens – Çelebi descreve os muitos países por ele visitados, além de muitos outros nos quais ele nunca pôs os pés. Além do que ele próprio viu, Çelebi relata coisas que teria ouvido de autoridades, tanto consistentes quanto inconsistentes, e não faz nenhum esforço em distinguir entre elas. No sexto volume de suas viagens, ele descreve uma expedição obviamente mítica, da qual ele teria participado, cavalgando junto com 40 mil cavaleiros tártaros pela Áustria, Alemanha e Holanda, até o Mar do Norte. No sétimo volume, ele descreve Viena e a Áustria, que ele visitou, assim nos conta ele, como membro da missão diplomática de Kara Mehmed Paxá. A atitude bastante sofisticada de Evliya Çelebi com relação à verdade torna difícil avaliar a credibilidade de suas afirmações. Sugeriu-se no

---

33 Cf. Babinger, *Die Geschichtsschreiber der Osmanen und ihre Werke*, p. 325.

passado que ele jamais esteve em Viena, mas teria montado sua narrativa a partir de informações coletadas com membros da missão em seu retorno, reajustando e ampliando depois o material, para servir a seus próprios objetivos. Essa acusação foi comprovada como falsa por um documento da época que confirma a presença de Evliya em Viena[34]. A maior parte do que ele diz indica que se trata de observações de primeira mão, embora seu estilo e apresentação nem sempre sejam completamente sérios.

Sua descrição do imperador austríaco pode servir como exemplo de seu estilo literário:

> Pode-se duvidar de que o Todo-poderoso realmente pretendia, nele, criar um homem. [...] Ele é jovem, de altura mediana, sem barba, de quadris estreitos, não realmente gordo e corpulento, mas não exatamente descarnado.
> Por decisão divina, ele tem a cabeça em forma de garrafa, pontuda no topo, como o gorro de um dervixe dançante ou uma abóbora-pêra. Sua testa é chata como uma tábua e ele tem sobrancelhas negras e cerradas, bem separadas, sob as quais seus olhos castanho-claros, redondos como círculos e contornados por cílios negros, cintilam como os orbes de uma coruja. Seu rosto é comprido e pontudo como o de uma raposa, com orelhas tão grandes quanto chinelos de criança e um nariz vermelho que brilha como uma uva verde e é tão grande quanto uma berinjela da Moreia. De suas largas narinas, nas quais ele poderia enfiar três dedos de uma só vez, pendem fios, longos como os grossos bigodes de um valentão em seus trinta anos, que crescem em emaranhados e se confundem com os fios do lábio superior e com as costeletas negras que chegam até suas orelhas. Seus lábios são tão inchados que lembram os de um camelo e sua boca poderia segurar um filão de pão inteiro de uma só vez. Suas orelhas também são tão grandes e largas quanto as de um camelo. Sempre que fala, sua saliva espirra e borrifa por cima dele, de sua boca e lábios de camelo, como se ele tivesse vomitado. Então os deslumbrantemente belos e jovens pagens, que ficam junto a ele, limpam a saliva, com enormes lenços vermelhos. Ele próprio está sempre penteando seus cachos e caracóis. Seus dedos parecem com pepinos de Langa.
> Por vontade de Deus Todo-poderoso, todos os imperadores dessa Casa são de aparência igualmente repulsiva. E em todas as igrejas e casas, bem como em suas moedas, o imperador é retratado com esse

---

34 Cf. K. Teply, Evliyā Çelebī in Wien, *Der Islam*, 52: 125-131, 1975.

rosto feio; na verdade, se algum artista o retrata com rosto bonito, ele faz com que o executem, pois acha que ele o desfigurou. Pois esses imperadores são vaidosos e orgulhosos de sua feiura[35].

Apesar dessas caricaturas óbvias, Evliya Çelebi foi o primeiro a se afastar do padrão tradicional de desprezo desinformado. Sua descrição da Áustria apresenta vislumbres de uma sociedade não só diferente da dos otomanos, mas até melhor sob diversos aspectos. Com uma ou duas exceções, como quando ele contrasta os relógios europeus com os usados entre os otomanos, ou quando fala da grande e bem mantida biblioteca da catedral de Santo Estéfano, em Viena, Evliya tem o cuidado de evitar comparações explícitas entre o que ele vira na Áustria e o que ele e seus leitores sabiam existir em seu país. Mas, nas histórias fabulosas com as quais ele regalava seu público, podem-se observar aspectos importantes – um exército bem disciplinado, um sistema judiciário bem organizado, uma agricultura desenvolvida, uma população próspera e uma capital bem projetada, bem organizada e em pleno florescimento.

Uma preocupação análoga em sugerir, em vez de afirmar, as diferenças, em especial aquelas em que as práticas dos infiéis poderiam parecer superiores, é o que inspira alguns dos visitantes posteriores. Dessa época em diante, tornou-se costume dos embaixadores turcos em viagem à Europa escrever relatórios em seu regresso, descrevendo o que tinham visto e, mais particularmente, o que tinham feito. Diversos desses relatórios, conhecidos em turco como *sefaretname*, livro de embaixada, ou carta de embaixada, do final do século XVII e do século XVIII, chegaram até nós. O mais interessante, por larga margem, é o relatório de Mehmed Efêndi, conhecido como Yirmisekiz Çelebi, senhor Vinte e Oito (ele tinha servido como oficial na companhia vinte e oito do corpo de janízaros do exército), que esteve em Paris em 1720-1721 como embaixador otomano na corte do jovem rei Luís XV. Mehmed Efêndi era uma figura de certa importância, tendo atuado como plenipotenciário nas negociações que levaram à assinatura do Tratado de Passarowitz, em 1718. Até então ele havia servido como embaixador

---

35 Evliya, *Seyahatname*, 7: 398-99; cf. Kreutel, *Im Reiche des Goldenen Apfels*, p. 160-161.

em Viena e como tesoureiro-mor do império. Sua missão, de acordo com fontes francesas, era informar ao regente que o sultão concordaria em autorizar os reparos necessários à igreja do Santo Sepulcro. Também estava incumbido de discutir as depredações cometidas pelos cavaleiros de Malta, o resgate de seus prisioneiros e algumas outras questões diplomáticas e políticas. Além de sua missão mais imediata, ele tinha instruções para "fazer um estudo completo dos meios de civilização e educação e informar sobre os que tinham viabilidade de aplicação" na Turquia. Essa tarefa adicional se reflete em sua carta de embaixada, de tamanho e interesse excepcionais[36].

Mehmed Efêndi era o primeiro emissário otomano enviado a Paris em muito tempo e era objeto de grande interesse e curiosidade sempre que lá se encontrava. Quando ele viajava até Paris passando pelos canais, multidões se juntavam às margens, para vê-lo. Alguns curiosos caíam na água, alguns chegavam até mesmo a levar tiros dos guardas. Em Bordeaux, presenciou algo realmente notável, que ele nunca antes vira:

> Nesse local, pudemos ver o fluxo e refluxo da maré, sobre o qual tínhamos ouvido falar. Ela sobe e desce no oceano, duas vezes em vinte e quatro horas [...] eu mesmo presenciei, com meus próprios olhos, as águas do rio subindo e descendo em mais de um cúbito [...] quem não viu isso com seus próprios olhos não pode acreditar[37].

Em Paris, ele foi devidamente recebido pelo rei e pela corte e viu-se novamente atormentado pela curiosidade tanto do povo simples quanto dos nobres: "Eles ficavam tremendo sob o frio e a chuva, até três ou quatro da madrugada e não iam embora. Ficávamos assombrados com sua curiosidade"[38].

---

36 Há várias edições do relatório de embaixada de Mehmed Efêndi, com algumas variantes no texto. O livro foi inicialmente publicado em Paris e Istambul com uma tradução para o francês como *Relation de l'embassade de Méhmet Effendi à la cour de France en 1721 écrite par lui même et traduite par Julién Galland*, Constantinopla/Paris, 1757. Utilizei a edição em turco de Ebuzziya (org.), *Paris Sefaretnamesi*, Istambul, 1306. Quando este volume já estava nas provas, foi publicada uma nova edição da versão de Galland – Mehmed Efendi, *Le Paradis des infidèles*, Gilles Veinstein (org.), Paris, 1981.
37 Idem, p. 345; cf. trad. para o francês, p. 34 e s.
38 Idem, p. 43; cf. trad. para o francês, p. 49.

Na devida ocasião, o embaixador apresentou suas credenciais ao regente francês:

> Eu lhe disse que, na alegria de me encontrar com uma personagem tão eminente como ele, esquecemos todo o incômodo de nossa viagem, mas eu disse isso apenas por educação. Na verdade, se eu tivesse de relatar todos os incômodos por que passamos entre Toulon e Paris, nem no céu caberia tudo[39].

Em toda sua longa e interessante descrição do que viu na França, Mehmed Efêndi em momento algum tenta uma comparação direta com a sociedade otomana. Mas ele não era um homem pouco observador e as comparações frequentemente estão implícitas. Suas descrições do observatório, com seus instrumentos científicos, do hospital e sua sala de dissecação, de atividades culturais como o teatro e a ópera, da indústria e das manufaturas francesas, das linhas e projetos arquitetônicos dos palácios e jardins, das estradas e canais, das pontes e barragens pelas quais ele passou, em conjunto, tudo isso resultava no quadro de todo um novo mundo, possivelmente um admirável mundo novo. Como comentou um moderno historiador turco, quando seguiu em sua missão, em 1720, Mehmed Efêndi não podia mais ver Paris como Evliya Çelebi tinha visto Viena, "com o olhar orgulhoso de um guerreiro da fronteira". A visão de Evliya era dominada pelas lembranças gloriosas e ainda recentes da época de Suleiman, o Magnífico. A experiência de Mehmed Efêndi era de derrota e humilhação – o segundo fracasso em Viena, a retirada da Hungria, os tratados de Karlowitz e Passarowitz. Os otomanos não só estavam em retirada da Europa central; eles agora se defrontaram com um novo e terrível perigo, quase não percebido no século anterior – o perigo imposto pelo avanço da Rússia.

O duque de Saint Simon que, ao que parece, teria conhecido o embaixador turco durante sua estada em Paris, comenta que "ele observava com gosto e discernimento tudo que Paris tinha a lhe oferecer [...] ele parecia entender de máquinas e fabricação, em especial as moedas e a prensa tipográfica. Aparentemente ele também tinha um vasto conhecimento e sabia muito

39 Idem, p. 64; cf. trad. para o francês, p. 62-63.

sobre história e bons livros"⁴⁰. Saint Simon também observa que o embaixador turco pretendia, em seu regresso a Istambul, fundar uma tipografia e uma biblioteca e que ele teve êxito nesse objetivo. De fato, esta última tarefa parece ter sido realizada por seu filho, Mehmed Efêndi, que o acompanhou a Paris e que mais tarde teria sua própria carreira de destaque como diplomata e mesmo, por um curto período de tempo, como grão-vizir.

Outros embaixadores otomanos visitaram Londres, Paris, Berlim, Viena, Madri e São Petersburgo e escreveram os devidos relatórios sobre suas atividades. Essas cartas de embaixada tendiam a ser bastante estilizadas e, na verdade, a escrita desses relatórios se tornou uma espécie de gênero literário menor. Seu conteúdo político é decepcionante. Eles nos informam muito pouco sobre as negociações em que os embaixadores se envolviam e não falam muita coisa sobre a situação política em geral da Europa; em vez disso, eles vão se tornando composições estereotipadas, com uma sequência quase padronizada de atividades e tópicos. Uma das razões para essa ausência de comentários políticos pode se dever ao fato de que esses relatórios não eram em absoluto documentos confidenciais. Quando retornou de Paris a Istambul, em 1721, Mehmed Efêndi enviou, por cortesia, uma cópia de seu relatório ao embaixador francês em Istambul, que fez traduzir o documento para o francês por seu dragomano e depois o publicou em ambas as capitais. Manifestamente, o embaixador otomano dificilmente diria algo de relevância política num relatório que podia receber uma divulgação como essa. Podemos presumir que provavelmente os embaixadores otomanos, além de suas cartas de embaixada, apresentavam outros relatórios a seus superiores sobre os resultados obtidos. Mas, a julgar pelo nível de informações disponíveis na chancelaria otomana, mesmo no final do século XVIII e início do XIX, esses relatórios adicionais também não deviam chegar a muita coisa.

Houve, contudo, algumas mudanças e, a partir da metade do século XVIII, observamos uma melhora notável na qualidade

---

40 Duc de St. Simon, citado em N. Berkes, *The Development of Secularism in Turkey*, Montreal, 1964, p. 35. Para uma rápida mas elucidadora apreciação de Mehmed Efêndi e seu papel, cf. A. H. Tanpinar, *XIX Asir Türk edebiyati tarihi*, v. 1, Istambul, 1956, p. 9 e s.

dos relatórios escritos pelos embaixadores turcos, que se tornam mais observadores e bem informados. Eles mostram uma consciência mais aguçada da política europeia e às vezes tentam uma análise dos movimentos diplomáticos e até mesmo, ocasionalmente, de tendências históricas de longo prazo. Pelo menos dois emissários turcos encontram uma ferramenta analítica nos Prolegômenos do grande historiador árabe Ibn Khaldūn, uma obra que durante algum tempo foi bastante conhecida na Turquia e da qual grande parte tinha sido pouco tempo antes traduzida para o turco. Curiosamente, eles oferecem explicações dos acontecimentos na Europa formuladas nos mesmos termos de Khaldūn. Resmi Efêndi, que seguiu para Viena como embaixador, em 1757, e para Berlim, em 1763, discute as mudanças na situação europeia, após a Revolução Diplomática, e observa a ascensão do poderio prussiano e as vitórias da Prússia sobre seus inimigos. "Nas palavras de Ibn Khaldūn, a vitória completa de um Estado recentemente criado sobre um antigo Estado já estabelecido depende da duração e da sequência recorrente dos acontecimentos"[41]. Algumas décadas mais tarde, em 1790, outro embaixador otomano em Berlim, Azmi Efêndi, vinculava ao amor europeu por conforto e tranquilidade a perda de virilidade característica do que Ibn Khaldūn designava como o período do declínio. As notas de ambos, tanto sobre a política quanto sobre a situação alemã, revelam conhecimento e perspicácia, embora Resmi provavelmente estivesse equivocado ao acreditar que os berlinenses estavam a ponto de abraçar o Islã[42].

Um dos mais conhecidos desses diplomatas otomanos do final do século XVIII era Vasif Efêndi, que esteve em Madri de 1787 a 1789[43]. Ele foi um importante homem de letras de sua época e durante alguns anos ocupou o cargo de historiador imperial. Mais tarde ele se tornaria chefe de secretaria (*Reis Efêndi*) do grão-vizir, um cargo que exigia certo envolvimento com assuntos estrangeiros. Durante sua estada na Espanha, Vasif travou conhecimento com o escritor inglês William

---

41 Resmi Efêndi, *Viyana Sefaretnamesi*, Istambul, 1304, p. 33.
42 Azmi Efêndi, *Sefaretname 1205 senesinde Prusya Kīralī Ikinci Fredrik Guillaum'in nezdine memur olan Ahmed Azmi Efendinin'dir*, Istambul, 1303 (A.H.), p. 52; Resmi Efêndi, *Berlin Sefaretnamesi*, Istambul, 1303, p. 47.
43 O relatório de Vasif está impresso em *Cevdet*, 4: 348-358.

Beckford, que o menciona em seu diário. Seu próprio relato de suas aventuras revela uma certa decepção com os espanhóis. Ele começa com as dificuldades habituais encontradas pelos otomanos em visita à Europa, tendo que passar por quarentena – a barreira que a maioria dos governos europeus erigia para proteção contra infecções trazidas por visitantes do Oriente. Ele desembarcou em Barcelona e daí seguiu para Valência, onde uma troca de presentes com o comandante espanhol o deixou bastante aborrecido. Ele dera para "o general" em Barcelona "uma bolsa ricamente guarnecida" e, assim, se sentiu obrigado a oferecer o mesmo presente para o comandante de Valência, a quem ele descreve como "o segundo homem para o primeiro ministro". Vasif não ficou satisfeito com o resultado: "em troca ele me enviou duas garrafas de azeite de oliva. Só isso já é suficiente para avaliar o caráter mesquinho e vil do povo da Espanha"[44].

Outra figura importante era Ebu Bekir Ratib Efêndi, enviado como embaixador a Viena em 1791-1792. Seus relatórios para a embaixada não estão publicados, mas são frequentemente citados ou mencionados por autores de períodos posteriores. Escreveu com certa profusão sobre questões tanto políticas quanto militares, descrevendo em detalhe a estrutura do governo da Áustria, a organização de suas forças armadas, chegando mesmo a acrescentar alguns comentários sobre a sociedade austríaca. Entre os muitos autores otomanos do final século XVIII que abordaram o problema do atraso e fraqueza otomanos, ele foi um dos primeiros a sugerir que o problema podia não estar tanto em que os otomanos teriam ficado para trás quanto em que os cristãos teriam avançado, com a implicação de que as práticas da Europa cristã podiam merecer estudo mais minucioso e talvez até mesmo imitação[45].

O sultão otomano não era o único monarca muçulmano que sentia necessidade de enviar emissários para a Europa. Os sultões do Marrocos enviavam emissários ocasionais à Europa, alguns dos quais escreviam relatórios sobre suas viagens e ativi-

---

44 Vasif, em *Cevdet*, 4: 349-350.
45 Sobre Ratib, cf. Vasif, *Cevdet*, 5: 232 e s.; F. R. Unat, *Osmanlı Sefirleri*, p. 154-162; C. V. Findley, *Bureaucratic Reform in the Ottoman Empire: The Sublime Porte, 1789-1922*, Princeton, 1980, p. 118 e 372; S. J. Shaw, *Between Old and New, The Ottoman Empire Under Sultan Selim III*, Cambridge, 1971, p. 95-98.

dades. Seu objetivo em geral era negociar o resgate de prisioneiros muçulmanos mantidos em terras cristãs, mas é possível que esse fosse um dispositivo legal para justificar suas missões em termos das leis maliquitas[46]. Um dos primeiros a deixar um relatório detalhado foi Wazir al-Ghassānī, um embaixador marroquino enviado ao rei Carlos II da Espanha, que visitou Madri em 1690-1691. O sultão mouro acabava de capturar a possessão espanhola de Larache, no norte da África, e agora fazia a oferta de libertar a guarnição em troca de quinhentos muçulmanos mantidos prisioneiros na Espanha e 5 mil manuscritos árabes da biblioteca do Escorial. Por fim, com o consentimento do sultão, o embaixador concordou em desistir dos manuscritos e aceitar mais quinhentos prisioneiros em seu lugar. Assim, ao que parece, um prisioneiro valia dez manuscritos.

Al-Ghassānī era homem de inteligência e discernimento e sua descrição da Espanha, a primeira escrita por um visitante mouro após a Reconquista de que temos notícia, é de interesse extraordinário. Ele tem alguma coisa, mas não muito, a dizer sobre as glórias perdidas da Espanha moura e a trágica queda de Granada e se detém sobretudo na situação e nas questões mais recentes e contemporâneas, não só na Espanha mas também na Europa em geral[47].

A Al-Ghassānī se seguiram outros embaixadores marroquinos na Europa, em especial na Espanha, o país no qual eles tinham maior interesse. Seus relatórios são muitas vezes interessantes, embora seja no Marrocos, assim como na Turquia, que a escrita dessas cartas de embaixada parece ter se tornado um gênero literário, com uma sequência estabelecida de temas, locais e acontecimentos. No entanto, o leitor dos relatórios de embaixada marroquinos e otomanos dos séculos XVII e XVIII não pode deixar de ficar surpreso com a qualidade superior dos relatos marroquinos sobre a Europa. Os emissários marroquinos revelam um interesse nas questões europeias que vai além da movimentação superficial das personalidades e acontecimentos. Eles buscam e obtêm informações

---

46 Sobre os embaixadores marroquinos e outros muçulmanos que viajaram até a Espanha, cf. H. Pérès, *L'Espagne vue par les Voyageurs Musulmans de 1610 à 1930*, Paris, 1937.
47 Cf. supra, n. 14, p. 85.

muitas vezes excelentes sobre assuntos políticos e religiosos, assim como comerciais e militares, não somente nos países aos quais são enviados, mas também em outros países europeus; não somente dos acontecimentos imediatos e do momento, mas às vezes recuando na história do século anterior. Os visitantes otomanos, ao contrário, parecem em geral desinteressados. Suas observações sobre a política europeia são poucas e as que são feitas são em geral superficiais e muitas vezes inexatas. Seus relatórios são em grande parte limitados aos locais e pessoas que eles encontraram e eles raramente, se é que alguma vez fizeram, fazem algum esforço em observar essas pessoas de uma perspectiva mais ampla, seja de tempo seja de lugar. Somente próximo ao final do século XVIII os emissários otomanos enviados à Europa começam de fato a oferecer discussões sérias sobre os assuntos europeus.

Não é difícil explicar essa diferença. No mundo islâmico, o Marrocos, em árabe denominado al-Maghrib al-Aqṣā, o Distante Oeste, era um posto avançado isolado e remoto e um país relativamente pequeno e, além disso, vulnerável. Por outro lado, os marroquinos não podiam deixar de estar agudamente conscientes do perigo que representava a Europa. Tinham acompanhado a perda da Espanha e de Portugal, durante séculos parte do mundo islâmico, para a Reconquista cristã e haviam recebido muitas de suas vítimas. E o que era ainda mais alarmante, eles presenciavam a continuação do processo de reconquista pelos espanhóis e portugueses, que agora carregavam os estandartes da cristandade através dos estreitos até o continente, no norte da África. Num certo sentido, os marroquinos encontraram no século XVI alguns dos problemas com que os turcos e os egípcios somente se defrontariam no século XIX. Eles estavam conscientes da expansão europeia e do poder econômico e militar que a tornara possível. Assim, era natural que buscassem e obtivessem boas informações sobre os países dos quais provinha essa ameaça percebida.

A situação otomana era muito diferente. Ao contrário do Marrocos, o Império Otomano não era um único país, mas um mundo inteiro. Além disso, não se situava numa remota periferia, mas abrangia terras que eram o próprio centro vital do Islã. Os únicos europeus que os otomanos conheciam bem eram os que eles haviam conquistado e subjugado. Num período mais recente, a eles haviam se acrescentado outros europeus, que iam à corte otomana requerer e suplicar a promoção de seus interesses comerciais e diplomáticos. O mundo otomano era vasto, diversificado e, na maioria dos aspectos, autossuficiente. As terras mais remotas da Europa e, em particular, as da Europa ocidental, não eram vistas como fontes nem de lucro nem de perigo e, dessa forma, também não como merecedoras de um olhar mais atento. Somente próximo ao final do século XVIII, quando uma série de derrotas militares por fim abriu os olhos da elite dirigente otomana para as mudanças ocorridas nas relações de poder, é que eles começaram a buscar informações sobre esse mundo exterior, ainda misterioso, ainda desprezível, mas agora também perigoso.

Os xás do Irã estavam muito menos interessados em enviar missões diplomáticas à Europa que seus colegas na Turquia ou no Marrocos. O primeiro agente diplomático persa a visitar a Inglaterra foi Naqd 'Alī Bei que, ao que parece, acompanhou Sir Robert Sherley até lá, em 1626[48]. O único emissário a atrair certa atenção foi Muḥammad Riżā Beg, enviado pelo xá a Paris, em 1714. Suas atividades resultaram na assinatura de um tratado franco-persa, no ano seguinte. A personalidade e as atividades do embaixador provocaram furor na França, onde deram origem a uma volumosa iconografia e bibliografia e ajudaram a inspirar as *Lettres Persanes*, de Montesquieu[49]. Não existem indicações de que a missão tenha despertado a mínima atenção no Irã.

A atividade diplomática persa na Europa somente se iniciou de fato no século XIX, quando a expansão das guerras napoleônicas, de um lado, e o avanço da Rússia, de outro, forçaram até mesmo os soberanos do Irã, até então preocupados apenas com os próprios interesses, a olhar para fora, em direção ao Ocidente. A primeira figura notável entre esses visitantes iranianos do Ocidente foi Ḥajjī Mīrzā Abu'l-Ḥasan Khān ibn Mīrzā Muḥammad 'Alī Shīrāzī, em geral conhecido como Abu'l-Ḥasan Shīrāzī. Sobrinho e genro do falecido primeiro ministro, ele deixou Teerã e seguiu para Londres no dia 7 de

48 S. C. Chew, *The Crescent and the Rose*, Oxford, 1937, p. 327-333.
49 M. Herbette, *Une Ambassade Persane*, passim.

maio de 1809, acompanhado do famoso James Morier, autor do imortal *Hajji Baba of Isfahan*. O principal objetivo de sua missão era garantir o pagamento do subsídio prometido pela Grã-Bretanha à Pérsia sob o tratado preliminar de março de 1809 e a forma de seu pagamento. Em sua viagem de retorno, ele deixou Londres em 18 de julho de 1810, na companhia de James Morier e de Sir Gore Ouseley, um orientalista. Em 1815, seguiu como enviado especial para São Petersburgo e, em 1818, retornou à Inglaterra, numa missão especial. Mais tarde ele ocuparia o cargo de responsável pelas relações com potências estrangeiras e manteria esse cargo até 1834, ano da morte de Fatḥ 'Alī Xá. Além de uma série de relatos em inglês, existe um diário inacabado e não publicado, escrito pelo próprio Shīrāzī, sobre sua missão na Inglaterra em 1809-1810[50].

Um segundo emissário persa enviado ao Ocidente foi Ḥusayn Khān Muqaddam Ājūdān-Bāshī, um oficial militar que chegou ao posto de ajudante de ordens, do qual deriva seu título. Em 1838, ele foi enviado por Muḥammad Xá em missão à Europa, ao que parece, com o objetivo de garantir a saída do ministro britânico em Teerã, Sir John McNeill. Viajou via Istambul e Viena até Paris e então para Londres, que ele alcançou em abril de 1839. Ḥusayn Khān parece não ter deixado, ele próprio, registros de suas aventuras, mas existe um relato de sua missão, escrito por um membro de sua equipe[51].

Essa passagem revela uma certa consciência da necessidade de um melhor preparo para a condução das relações com o Ocidente:

---

50 Sobre Shīrāzī, cf. C. A. Storey, *Persian Literature*, v. 1, 2ª parte, London, 1953, p. 1067-1068.
51 Partes dessa narrativa foram traduzidas por A. Bausani, Un manoscritto Persiano inedito sulla Ambasceria di Ḥusein Ḫān Moqaddam Āǧūdānbāšī in Europa negli anni 1254-1255 H. (1838-1839 A.D.), *Oriente Moderno*, 33, 1953. O original foi publicado no Irã, mas a partir de um outro manuscrito, *Sharḥ-i ma'mūriyat-i Ājūdān bāshī (Ḥusayn Khān Niẓām ad-Dawla) dar Safārat-i Otrīsh, Farānsa, Inglistān*, Teerã (?), 1347 S. (N. da E.: "S" é a abreviatura do persa *schamsi*, como é denominado o calendário solar persa, também conhecido como Jalali; 1347 S. corresponde, pelo calendário gregoriano, a 1969. Outra forma empregada com relação ao calendário persa é A. P., do latim *Anno Persico ou Anno Persarum*)

Enquanto estávamos em Paris, tentei obter um livro que devia conter uma descrição dos países do mundo habitado e de sua situação verdadeira, para poder citar nestas páginas passagens dele sobre cada país. Quando deixávamos Paris para seguir para o Irã, M. Jouannin, intérprete do governo francês, trouxe-me, como presente, um livro de geografia que descrevia o mundo inteiro.[...] Pedi uma tradução provisória ao sr. Jabrā'īl, um cristão que servia como principal intérprete em nossa missão.[...]

De fato, uma vez que os europeus sempre querem estar informados sobre a situação verdadeira de todos os países no mundo, eles vêm há muito enviando pessoas especializadas a toda parte, para observar e registrar as localizações, tendo reunido essas informações nesse livro de geografia. Caso Sua Majestade o Shahinshah [...] ordene a tradução desse livro para a língua persa, isso teria valor permanente para o reino do Irã e para todos os povos do Islã[52].

Esses diplomatas muçulmanos não eram, naturalmente, os únicos visitantes das terras islâmicas no Ocidente. Como na Idade Média, membros de minorias cristãs e judaicas continuavam viajando à Europa, com objetivos religiosos ou comerciais. Um deles, o sacerdote caldeu Ilyās ibn Ḥannā, de Mossul, viajou em 1668 para a Itália, França e Espanha, de onde tomou o navio para as colônias americanas. Muito provavelmente, ele foi o primeiro viajante do Oriente Médio a visitar e descrever o Novo Mundo, onde ele viajou amplamente pelo Peru, Panamá e México[53].

Os judeus, como de esperar, adotavam as atitudes gerais das sociedades das quais faziam parte. Durante toda a Idade Média até o início da modernidade, os judeus da cristandade eram em número menor, inferiores em cultura e tinham menos importância que seus correligionários nas terras do Islã. No entanto, embora tenhamos um certo número de relatos de viajantes judeus da Europa para o Oriente Médio, quase não temos nenhum de viajantes judeus do Oriente Médio para a Europa. Havia, sem dúvida, o atrativo da Terra Santa, que atraía judeus

---

52 A. Bausani, Un manoscritto Persiano..., p. 488. Esse parágrafo está ausente na edição publicada em Teerã.
53 Ilyās b. Ḥannā, *Le Plus ancien voyage d'un Oriental en Amerique (1668-1683)*, A. Rabbath, S. J. (ed.), Beirute, 1906. Essa edição apareceu pela primeira vez em Beirute na revista *al-Mashriq*, n. 18 (set. 1905) a 23 (dez. 1905) como Premier voyage d'un oriental en Amerique.

cultos e devotos para o Oriente, em peregrinação. Esse tipo de viajante tinha maior probabilidade que os diplomatas e comerciantes de deixar relatos escritos sobre suas viagens. Mesmo assim, é notável a ausência de livros de viagem escritos por judeus levantinos em viagem ao Ocidente. Exceto pelas passagens das viagens de Ibrāhīm ibn Ya'qūb que chegaram até nós – que pode ter sido um convertido ao Islã – a única obra de alguma relevância é a de um rabino de Jerusalém chamado Haim David Azulay*, que viajou amplamente pela Europa ocidental, para reunir fundos para o seminário rabínico em Hebrom. Ao todo, ele fez três viagens, a primeira, entre 1753 e 1758, para a Itália, Alemanha, Holanda, Inglaterra e França; a segunda, em 1764, para os mesmos países; a terceira, em 1781, unicamente para a Itália, onde permaneceu até sua morte em Livorno, em 1806. Escreveu um livro sobre sua primeira viagem, que foi publicado há alguns anos a partir do manuscrito de próprio punho, agora no Seminário Teológico Judaico, em Nova York[54].

Havia também comerciantes, até mesmo comerciantes muçulmanos, que viajavam para a Europa, embora seus números – por boas razões – fossem muito baixos em comparação com a presença europeia nas terras do Islã. Pelo menos em Veneza, eles tinham certa importância e chegaram mesmo a realizar algo que, embora normal para visitantes cristãos em terras muçulmanas, era absolutamente excepcional para os muçulmanos na Europa, isto é, o estabelecimento de residência permanente. Uma palavra arabizada, de origem grega, *funduq*, é empregada para descrever as pousadas, com acomodações para seres humanos e animais, assim como espaço de armazenamento para as mercadorias, que eram comuns no mundo muçulmano. No final da Idade Média, os vários grupos de comerciantes europeus em países muçulmanos recebiam permissão para manter suas próprias *funduqs*, que eram conhecidas por seus vários nomes nacionais ou regionais. Assim, havia nas cidades muçulmanas *funduqs* venezianas, genovesas, francesas e outras.

---

* Também conhecido como Chida, acrônimo de seu nome, foi um estudioso rabínico, bibliófilo e escritor prolífico (N. da E.).
54 Azulay, *Ma'gal ṭōḇ ha-shalem*, ed.: A. Freimann. Jerusalém, 1934; trad. para o inglês em E. Adler, *Jewish Travellers*, p. 345-368.

O único caso análogo na Europa é a Fondaco dei Turchi, em Veneza. Há indicações, em fontes venezianas, da existência de uma pequena colônia de comerciantes otomanos em Veneza, no final do século XVI. Com a irrupção da guerra entre Veneza e Turquia, em 1570, o senado veneziano, ao receber um relato informando que o bailio de Veneza, isto é, o emissário veneziano, Marcantonio Barbaro, juntamente com alguns comerciantes venezianos, tinha sido detido em Istambul, decidiu "fazer o mesmo em Veneza com os súditos turcos e suas mercadorias que se encontravam na cidade, para que suas pessoas e propriedades pudessem tornar mais fácil o resgate de nossos próprios homens e suas posses"[55]. Não há indicações quanto ao número de comerciantes ou o valor e a quantidade de suas mercadorias. Ao que parece, no entanto, seu número era substancial, uma vez que, na primavera de 1571, Mehmed Paxá enviou uma mensagem a Veneza, propondo sua troca pelos venezianos e suas mercadorias, detidos em Istambul. Alguns desses "comerciantes turcos" detidos em Veneza podem ter sido judeus. Em maio de 1571, de acordo com o relato veneziano, os prisioneiros foram libertados e receberam permissão para retomar suas atividades comerciais em Rialto. Tratava-se provavelmente de parte de um acordo que permitia aos venezianos voltar a trabalhar em Istambul.

Outro relato sobre a presença turca em Veneza provém da época da vitória naval do Ocidente sobre os turcos em Lepanto, quando, de acordo com um historiador italiano, a comunidade turca se entregou a "cenas espalhafatosas de desespero, tipicamente orientais em sua teatralidade". Os "comerciantes turcos" fugiram de Rialto e se fecharam em suas casas durante quatro dias, com medo de ser apedrejados pelas crianças[56].

Com a celebração da paz entre Veneza e Turquia, em março de 1573, as atividades comerciais retornaram ao normal.

---

55 P. Preto, *Venezia e i Turchi*, Padova, 1975, p. 128, citando P. Paruta, *Historia della gũerra di Cipro*, Veneza, 1615, p. 35. Sobre a colônia turca em Veneza, cf. também A. Sagrado e F. Berchet, *Il Fondacho dei Turchi in Venezia*, Milão, 1860, p. 23-28; e G. Verecellin, Mercanti Turchi a Venezia alla fine del cinquecento, *Il Veltro: Rivista della Civiltà Italiana*, 23, n. 2-4: 243-275, mar.-ago., 1979. Sobre o papel de Veneza como intermediária entre a Turquia e a Europa, cf. W. H. McNeill, *Venice, the Hinge of Europe 1081-1797*, Chicago, 1974.
56 P. Preto, op. cit., p. 129.

O número de comerciantes otomanos em Veneza aumentou e agora, sem dúvida, pelo menos uma parcela era constituída por muçulmanos. Em 1587, o senado veneziano decidiu aumentar o número de dragomanos turcos a seu serviço, de um para dois. As necessidades práticas de uma colônia de muçulmanos residentes, por fim, levaram as autoridades de Veneza a conceder aos turcos uma *funduq* semelhante às que os comerciantes cristãos podiam manter nos países muçulmanos. Já havia um precedente na famosa *funduq* concedida aos alemães em Veneza, a Fondaco dei Tedeschi. De acordo com uma fonte italiana, já em agosto de 1573, isto é, pouco depois da assinatura do tratado de paz, os turcos solicitaram, "para conveniência do comércio, um lugar de propriedade integralmente sua, como o que os judeus têm em seu gueto". Uma comparação como essa tinha mais probabilidade de ocorrer a um veneziano que a um turco. No ano seguinte, um grego residente em Veneza, afirmando ter conhecimento dos hábitos e costumes turcos, enviou uma carta ao doge, na qual ele assinalava as desvantagens de deixar os turcos dispersos pela cidade. Os comerciantes turcos, dizia ele, não deixarão de "roubar, seduzir meninos, abusar de senhoras cristãs". Por outro lado, eles próprios são com frequência roubados e assassinados. Em consequência, usando como exemplo as instalações mantidas para os comerciantes cristãos no Oriente, ele propõe providenciar para "a nação turca um refúgio e pousada deles próprios".

A proposta foi aceita pelo senado veneziano no dia 16 de agosto de 1575. No dia 4 de agosto de 1579, a Pousada do Anjo, Osteria del Angelo, foi escolhida e, durante alguns anos, funcionou como a Fondaco dei Turchi. Não muito tempo depois, ela era considerada muito pequena para acomodar os numerosos comerciantes, acompanhados de um grande número de servidores e grandes quantidades de mercadorias. Fontes da época observam que esses alojamentos eram suficientes para acomodar apenas turcos da "Bósnia e Albânia", enquanto os turcos "asiáticos", então em número muito pequeno, ainda tinham que buscar acomodações em outros locais, em pousadas ou residências privadas. Os turcos, ao que parece, ainda sofriam agressões em mãos da população, a tal ponto que as autoridades da lei, os *avogadori di comun*, publicaram uma proclamação em agosto de 1594, ameaçando quem os importunasse, fosse por palavras fosse por ações, com o exílio, a prisão ou as galés. Era, diziam eles, o desejo da república que eles pudessem "viver e realizar seus negócios com calma e a contento, como fizeram até agora"[57].

O estabelecimento da Fondaco dei Turchi não deixou de receber oposição. Uma petição anônima, apresentada ao governo de Veneza em abril de 1602, expõe o caso contra ela com certa veemência, empregando tanto argumentos religiosos quanto políticos e econômicos. A presença de um grande número de turcos, juntos em um único lugar, seria perigosa. Ela podia levar à construção de uma mesquita e a adoração de Maomé, um escândalo ainda maior que o que já era oferecido pela presença dos judeus e dos protestantes alemães. O comportamento lascivo dos turcos transformaria a Fondaco num "antro de vícios e fosso de iniquidades". Sua presença também serviria às ambições políticas dos turcos que, possuindo uma grande força naval e liderados por um sultão poderoso, infligiriam danos muito maiores a Veneza que os odiados judeus, que não tinham uma liderança. Não podia haver vantagens comerciais numa tal instituição, uma vez que as mercadorias enviadas de Istambul pelos turcos eram de pouco valor. Apesar dessas e outras objeções, o projeto teve continuidade e a Fondaco dei Turchi recebeu um novo local bem maior, para o qual ela se transferiu em março de 1621. As acomodações mais amplas tornaram possível transferir os "asiáticos" de seus alojamentos na cidade para esse novo centro. Ao que parece, houve certa resistência a essa transferência da parte dos asiáticos e uma cisão parece ter se estabelecido na Fondaco dei Turchi entre as duas comunidades de "turcos asiáticos e de Constantinopla" e de "turcos da Bósnia e da Albânia".

Durante os séculos XVII e XVIII, houve um certo declínio nas atividades da Fondaco. De tempos em tempos, ela era fechada devido à irrupção das hostilidades entre a República Veneziana e o Império Otomano. A reabertura muitas vezes era adiada por longo tempo e o retorno dos comerciantes

---

57 Idem, p. 132.

otomanos era lento e limitado. Existem relatos de queixas aos proprietários do edifício de que ele estava caindo aos pedaços [ou "em ruínas"]. Eles se recusavam a atender os repetidos pedidos de reparos e melhoras, com a justificativa de que o número limitado de visitantes tornava a operação não lucrativa. Somente em 1740 é que alguns reparos seriam realizados. Uma petição assinada por cinquenta hóspedes expunha queixas de aluguéis excessivos e instalações se deteriorando e, após muita discussão e uma inspeção pública, os proprietários do estabelecimento por fim concordaram em realizar alguns reparos mínimos.

Os documentos mostram que, a partir do final do século XVII, a comunidade de comerciantes otomanos em Veneza foi se reduzindo progressivamente, sem dúvida em consequência do declínio econômico que durante os séculos XVII e XVIII atingiu tanto a economia veneziana quanto a otomana. O comércio exportador otomano, agora limitado quase que exclusivamente a matérias-primas, foi em particular afetado. Após a assinatura do Tratado de Carlowitz, em 1699, os comerciantes turcos demoraram a retornar a Veneza e a maior parte deles preferiu passar a enviar suas mercadorias por meio de correspondentes ou agentes, evitando assim a necessidade de permanecer no exterior, nas terras dos infiéis. Quando, mais tarde, no século XVIII, os comerciantes otomanos reapareceram em Veneza, sua composição havia mudado. Os chamados "asiáticos", sempre uma minoria, praticamente desapareciam. A maioria dos visitantes mencionados na metade e final do século XVIII era proveniente dos Bálcãs. Havia também uma mudança nas características dos visitantes. Em 1750 o administrador da Fondaco observava que entre os recém-chegados turcos havia mais servidores que comerciantes[58].

A proteção desses visitantes contra o fanatismo ou a hostilidade dos venezianos era uma preocupação constante. Uma lei de 1612 impunha punições severas a quem ofendesse, por palavras ou por ações, comerciantes estrangeiros que trabalhavam na cidade. As repetidas referências a essa questão indicam que a proteção dos viajantes ou residentes muçulmanos

58  Idem, p. 139.

contra insultos ou agressões não era uma tarefa fácil. Se Veneza, que vivia do comércio com o Levante, tinha dificuldade em tolerar a presença muçulmana em seu meio, não é de surpreender que outros achassem isso impossível. Da Espanha à Suécia, os éditos reais e locais proibiam a entrada e residência de judeus e muçulmanos, estes últimos normalmente designados como mouros ou turcos. No Tratado de Utrecht de 1713, pelo qual o governo da Espanha desistia de suas reivindicações sobre Gibraltar em favor da Inglaterra, o reconhecimento espanhol da soberania britânica estava condicionado a que "Sua Majestade Britânica, a pedido do rei católico, consinta e concorde em que não serão dadas autorizações, sob nenhum pretexto seja qual for, a judeus ou mouros, para residir ou fixar residência na cidade de Gibraltar acima mencionada". Os governadores de Sua Majestade Britânica, seja observado, desconsideraram esse compromisso quase que desde o início[59].

Em outros locais, a resistência dos europeus em receber visitantes muçulmanos se igualava à resistência dos muçulmanos e mesmo de outros habitantes do Oriente Médio em ir para a Europa. Um pequeno número de judeus do Levante se instalou, por razões de negócios, na Itália ou em Viena, mantendo seus contatos com sua pátria otomana. Além dos ocupantes da Fondaco dei Turchi em Veneza e, mais tarde, dos pequenos grupos de turcos em Marselha e Viena, poucos muçulmanos permaneciam por muito tempo em terras cristãs, quer a negócios quer por outras razões. Uma boa indicação da situação relativa dos dois mundos é o movimento dos refugiados. Enquanto um grande número de judeus e cristãos dissidentes fugia das terras cristãs para as do Islã, pouquíssimos estavam dispostos a se mudar na direção contrária. Um pequeno número de cristãos gregos emigrou da Grécia para a Itália, durante o declínio e queda do Império Bizantino; mais tarde, pequenos grupos de cristãos maronitas do Líbano e alguns da Armênia e da Grécia, em sua maior parte uniatas, se fixaram em Roma, Veneza e outras cidades europeias. Em geral, os cristãos da Igreja do Oriente achavam mais fácil ser descrentes na Turquia muçulmana que cismáticos na Europa cristã.

---

[59] Sir Joshua Hassan, *The Treaty of Utrecht and the Jews of Gibraltar*, London, 1970.

Somente um grupo de refugiados do Oriente vivendo no Ocidente era de alguma importância. Tratava-se de uns poucos príncipes otomanos que, derrotados em disputas dinásticas em seus países, buscavam refúgio e às vezes suporte na Europa, sempre sem resultados[60]. O mais famoso deles foi o príncipe Djem, filho de Mehmed, o Conquistador, e irmão de Bajazeto II[61]. Após uma mal sucedida disputa pela sucessão, Djem buscou refúgio na ilha de Rodes, então governada pelos Cavaleiros de São João e, em 1482, seguiu de navio daí para a França. Tentou, sem êxito, obter apoio dos soberanos europeus, que parecem tê-lo considerado mais como refém ou como joguete a ser usado contra o sultão turco. Durante algum tempo, Djem esteve praticamente confinado na França, sob os cuidados dos Cavaleiros de São João. Estava acompanhado por um pequeno grupo de turcos, um dos quais, provavelmente um certo Haydar, deixou um livro de memórias que talvez seja a mais antiga narrativa de um visitante turco à Europa cristã a chegar até nós. Suas sucintas anotações sobre lugares e pessoas na França e na Itália revelam a característica mistura de surpresa, aversão e indiferença.

O príncipe permaneceu em Nice durante quatro meses e, ao que parece, se divertiu bastante. Parte de sua diversão consistia em ir a bailes, onde o autor das memórias, como muitos outros viajantes muçulmanos posteriormente, ficou profundamente chocado com esse estranho costume europeu:

> Traziam as belas donzelas da cidade e espinoteavam ao redor como galos. Em seus costumes, as mulheres não se cobrem decentemente, mas, ao contrário, se orgulham em beijar e abraçar. Quando se cansam de seus jogos e precisam descansar, elas se

---

60 Para um dos exemplos mais antigos, cf. F. Babinger, 'Bajezid Osman' (Calixtus Ottomanus), ein Vorläufer und Gegenspieler Dschem-Sultans, *La Nouvelle Clio*, 3: 349-388, 1951.
61 Existe uma vasta bibliografia sobre Djem e suas aventuras na Europa, sobretudo em L. Thuasne, *Djem-Sultan: Étude sur la question d'Orient à la fin du XV$^e$ siècle*, Paris, 1892; e I. H. Ertaylan, *Sultan Cem*, Istambul, 1951. As memórias turcas foram publicadas sob o título *Vakiat-i Sultan Cem*, Istambul, 1330 A.H. Cf. também, *EI2*, verbete elaborado por H. Inalcik, "Djem". Para uma coletânea de cartas sobre o tema, dirigidas ao sultão, cf. J. Lefort, *Documents grecs dans les Archives de Topkapi Sarayi, Contribution à l'histoire de Cem Sultan*, Ankara, 1981.

sentam sobre os joelhos de homens estranhos. Seus pescoços e orelhas ficam descobertos. Entre elas, o príncipe travou relações com muitas moças bonitas. Enquanto estava em Nice, o príncipe compôs os seguintes versos:

> Que maravilhoso lugar é esta cidade de Nice
> O homem que lá fica pode fazer o que lhe apraz[62].

Mais tarde os cavaleiros e o Papa Inocente VIII acharam aconselhável, "para o bem geral da cristandade", transferir o príncipe Djem para Roma, onde ele chegou no dia 4 de março de 1489. Dez dias mais tarde, ele era recebido pelo Papa com a devida cerimônia, mas depois se tornava objeto, mais que sujeito, de um grande número de manobras e barganhas entre seus guardiães cristãos. Em 1494, o rei francês Carlos VIII foi para Roma e se apossou de Djem, tirando-o da custódia do Papa. Djem acompanhou o rei em sua expedição contra Nápoles, mas ficou doente quando estava a caminho e morreu em Nápoles, no dia 25 de fevereiro de 1495. Correram rumores de que tinha sido envenenado por ordem do Papa ou, de acordo com algumas versões posteriores, do sultão. O príncipe otomano no exílio deixou um testamento, no qual pedia que sua morte fosse de conhecimento público, para que os infiéis não pudessem usar seu nome em seus planos para atacar o Islã. Também pedia que seu irmão levasse seu corpo de volta para as terras otomanas, pagasse suas dívidas e cuidasse de sua mãe, sua filha e outros membros de sua família. Essas instruções foram atendidas.

As aventuras de Djem entre os francos deixaram alguns registros entre os turcos. Ele era, afinal de contas, um príncipe otomano. Era também um poeta de certo renome, cujos poemas foram reunidos em duas coletâneas, uma em persa, a outra em turco. Além das memórias acima mencionadas, há uma série de documentos, inclusive algumas das cartas do próprio Djem, preservados em arquivos na Turquia, e há até mesmo um curto relato de um espião otomano, enviado de Istambul para vigiar as atividades de Djem, no qual ele presta contas de sua missão.

Um outro exilado, menos famoso, foi o príncipe libanês Fakhr al-Dīn Ma'n. Um homem flexível, ele foi descrito de diferentes

---

62 *Vakiat*, p. 10-11.

formas como muçulmano, druso e cristão. Forçado a sair do Líbano, após uma tentativa fracassada de desafiar os otomanos, ele passou os anos de 1613 a 1618 na Itália. Após sua chegada em Livorno, viveu a maior parte do tempo em Florença, mudando-se para a Sicília e por fim para Nápoles, antes de retornar ao Líbano. Uma narrativa de suas viagens e impressões, provavelmente compilada a partir de seus próprios relatos orais, foi conservada por seu biógrafo. O impacto de sua estada na Europa se manifestou de diversas formas. Ele fez construir um palácio em estilo italiano em Beirute, levou especialistas toscanos de diferentes áreas para trabalhar no Líbano e – uma interessante inovação – depositou dinheiro num banco florentino para seus filhos[63].

Mas, além dos relatórios de embaixada, esses são quase que os únicos relatos de viajantes otomanos na Europa, com alguma importância, que chegaram até nós. Podemos acompanhar a comunidade turca em Veneza por meio de documentos e crônicas encontrados em Veneza; mas ela praticamente não é mencionada nas fontes turcas que vieram à luz até o presente. Sem dúvida, nos círculos dos quais provinham os autores das crônicas turcas, os movimentos e atividades de pequenos grupos de comerciantes dos Bálcãs não teriam sido de grande interesse. Somente a ocasional intervenção do poder otomano com o objetivo de proteger os súditos otomanos no exterior recebe alguma menção casual.

Além dos diplomatas, comerciantes e peregrinos, devia haver uma outra categoria de informantes ligados ao Ocidente – os espiões. Como é de se esperar, há poucas informações disponíveis sobre suas atividades. Um serviço secreto que não é secreto não tem utilidade e as atividades das organizações de espionagem não são em geral objeto de documentação pública. Há, no entanto, algumas indicações encontradas nas fontes que sugerem, em primeiro lugar, que os Estados muçulmanos de fato se envolviam em algumas atividades de espionagem no mundo cristão e, em segundo lugar, que essas atividades eram

---

63 Ahmad ibn Muhammad al-Khālidī, *Lubnān fī ʿAhd al-Amīr Fakhr al-Dīn al-Maʿnī al-Thānī*, Asad Rustum e Fuʾād Bustānī (orgs.), Beirute, 1936, reimpresso em 1969, p. 208-241. Arnon Gross, de quem sou devedor pelo estudo não publicado desse texto, demonstrou que o texto não é, como sugerem os organizadores da edição, uma "falsificação", mas sim uma interpolação baseada em narrativa autêntica.

em escala reduzida e ineficaz, quando comparadas com as atividades dos cristãos no mundo islâmico.

Ocasionalmente algum feliz acaso nos oferece um vislumbre dos espiões enviados e do trabalho que eles faziam. Um exemplo já foi mencionado – o relatório de um agente secreto otomano enviado à França em 1486, para observar o príncipe Djem no exílio. A chegada de um príncipe otomano – o irmão do sultão reinante e candidato derrotado ao sultanato – oferecia uma óbvia tentação e oportunidade para os soberanos da cristandade. Durante sua estada de doze anos na Europa, o príncipe Djem foi o foco de toda uma série de tramas e intrigas, cujo objetivo era usá-lo de alguma forma contra o Estado otomano. O sultão, naturalmente, estava ansioso por manter seu rival sob vigilância e existem muitas indicações quanto aos esforços otomanos, tanto por meio de diplomacia quanto de espionagem, primeiro, em encontrar o príncipe exilado e, depois, recapturá-lo ou eliminá-lo. Entre os numerosos documentos encontrados nos arquivos do Palácio Topkapï e que se referem a Djem, há o relatório de um certo Barak, um capitão da marinha turco que foi enviado à Itália e depois para a França, onde encontrou o príncipe, que estava desaparecido. De todos os diferentes ramos do serviço oficial turco, um marinheiro seria o que mais provavelmente teria noções de alguma língua europeia e algum conhecimento da situação europeia. Além disso, podia ser mais fácil para ele viajar pela Europa sem atrair atenção excessiva. O documento soa como um depoimento por escrito e se concentra sobretudo na viagem de Barak até seu destino. É de se supor que ele tenha feito um relatório verbal mais completo sobre os objetivos de sua missão[64].

Outra figura interessante é a do primeiro emissário otomano em visita à Inglaterra de que temos conhecimento. Seu nome aparece de diversas formas, a mais comum sendo Gabriel de Frens. Embora nascido na França, Gabriel tinha vínculos com o Oriente Médio, pelo fato de seu pai ter sido o cônsul francês em Alexandria. Enquanto ainda jovem, foi capturado por salteadores

---

64 Şerafettin Turan, "Barak Reis'in, Şehzade Cem mes'elesiyle ilgili olarak Savoie'ya gönderilmesi", *Belleten*, 26, n. 103: 539-555, 1962; V. L. Ménage, The Mission of an Ottoman Secret Agent in France in 1486, *Journal of the Royal Asiatic Society*: 112-132, 1965.

da Dalmácia e vendido aos turcos como escravo. Adotando o Islã, ele assumiu o nome de Mahmud Abdullah e entrou para o serviço do sultão, onde foi especialmente útil na direção e organização da espionagem no interesse otomano[65].

Sob todos os aspectos, os Estados da cristandade estavam em melhor posição para essa tarefa. Tinham a sua disposição pessoas com conhecimento das línguas do Oriente Médio. Muito cedo, eles tinham comunidades residentes em países dessa região e, talvez mais importante de tudo, havia grandes comunidades de simpatizantes e empregados em potencial nas comunidades cristãs formadas por nativos das terras islâmicas. Os ocasionais fragmentos de informação encontrados nas fontes deixam claro que, desde os imperadores bizantinos até os Estados da cristandade moderna, os adversários europeus dos impérios do Islã estavam envolvidos em ampla atividade de espionagem.

Os muçulmanos, embora sem dúvida tivessem a mesma necessidade, não tinham igual oportunidade. Não havia comunidades muçulmanas na Europa cristã. Os que permaneciam nos territórios reconquistados, como a Espanha, Portugal e o sul da Itália, eram logo eliminados. Há indicações de que, durante o século XVI, os otomanos podiam recorrer aos simpatizantes judeus nos domínios espanhóis – até que ponto, não se sabe. Eles não tinham residentes na Europa e tinham apenas uns poucos visitantes no Ocidente, assim estavam praticamente privados de conhecimentos de primeira mão sobre a situação e as línguas europeias. As informações de que eles dispunham, ao que parece, provinham sobretudo de duas fontes: dos judeus, em particular os judeus que acabavam de chegar da Europa, e de aventureiros ou renegados cristãos que se colocavam a serviço de um ou outro Estado muçulmano.

Uns poucos textos que chegaram até nós oferecem uma indicação do tipo de pessoa envolvida e do tipo de conhecimento que elas podiam oferecer. O autor egípcio do século XIV, 'Umarī, inclui em sua obra uma descrição dos Estados cristãos da Europa, obtida, diz, com um genovês que ele designa como Balban e descreve como um escravo liberto. Balban se identi-

---

65 S. Skilliter, The Sultan's Messenger, Gabriel Defrens: An Ottoman Master-Spy of the Sixteenth Century, *Wiener Zeitschrift für die Kunde des Morgenlandes*, A. Tietze (org.), v. 68, Viena, 1976, p. 47-59.

fica como Domenichino, filho de Taddeo (a interpretação da escrita é incerta), da grande família genovesa dos Doria. A descrição de 'Umarī começa pelo imperador e o rei da França, faz uma avaliação da Provença e dos Estados da Itália com certo detalhamento, comenta a chegada e partida dos francos na Síria e termina se desculpando por incluir temas como esses.

Apresentamos esta resumida exposição da situação dos francos, somente porque ela está dentro dos limites do que já indicamos acerca da divisão dos climas com relação às terras dos francos. De outra forma, teria ficado fora do alcance deste livro, embora não fosse inteiramente sem utilidade[66].

Havia barreiras práticas, assim como ideológicas, às viagens dos muçulmanos para a Europa. Já no século XIV, primeiro, Veneza e Ragusa e mais tarde, Marselha e outros portos cristãos começavam a tomar medidas de proteção contra a peste. Isso se desenvolveu num sistema que viria a ser conhecido como quarentena, um período de espera de quarenta dias imposto pelas autoridades de Veneza, no século XV, para todos os visitantes provenientes de terras otomanas. Com a crescente disparidade de padrões de saúde pública e higiene entre o Ocidente e o Oriente, a quarentena se tornou uma instituição permanente, vista como necessária para proteger a Europa contra contaminações. Ela era aplicada com rigor máximo, sem levar em conta religião ou nacionalidade, condição ou posição social. Embaixadores e grandes comerciantes estavam sujeitos a ela não menos que humildes peregrinos, dignitários de regresso não menos que muçulmanos em visita. A maioria dos embaixadores muçulmanos tinha algo a dizer sobre os postos de quarentena que, compreensivelmente, eles consideravam tanto como insultantes quanto como enervantes. Parte do problema estava em que seu encarceramento em quarentena oferecia uma oportunidade para a população local ir observá-los; Mehmed Efêndi ficou detido durante certo tempo em Sète, um posto de quarentena no sul da França, onde, diz-nos ele, "quando

---

[66] 'Umarī, M. Amari (org.), Al'Umarī, Condizioni degli stati Cristiani dell' Occidente secondo una relazione di Domenichino Doria da Genova, *Atti R. Acad. Linc. Mem.*, 11: texto, p. 15, trad., p. 87, 1883. Doravante citado como 'Umarī (Amari).

saía para meu passeio, multidões de pessoas, em especial as mulheres, vinham me observar [...] as mulheres começavam em grupos de dez e não iam embora antes de cinco horas após o pôr-do-sol, pois todas as damas de sociedade das vizinhanças [...] tinham se reunido em Sète, para dar uma olhada em mim"[67]. Vasif Efêndi descreve como "o lazareto* estando rodeado por uma paliçada, os observadores que vinham das redondezas nos cumprimentavam de longe. Como nunca em suas vidas tinham visto homens ou trajes como os de nosso reino, eles estavam extremamente assombrados"[68]. Às vezes esses embaixadores recebiam pedidos de desculpas formais por essa indignidade. Assim, em 1790, Azmi informava, de Berlim:

O próprio general veio a nossa casa e disse: 'no seu caso, não teria sido necessário esperar em quarentena, mas se não o tivéssemos colocado em quarentena, isso teria provocado muito falatório em meio à população'. Com essas palavras, ele estava tentando se desculpar[69].

Com o tempo, a quarentena se tornou uma das principais barreiras a um intercâmbio e comunicação mais estreitos entre os mundos da cristandade e do Islã. O impacto material e psicológico dessa barreira é bem descrito por um viajante inglês em visita ao Oriente, no início do século XIX:

As duas cidades fronteiriças estão a menos de um tiro de distância, mas ainda assim seu povo não compartilha de nada em comum. Os húngaros, ao norte, e os turcos e os sérvios, do lado sul do rio Sava, estão tão separados quanto se houvesse cinquenta grandes províncias situadas no caminho entre eles. Dos homens que corriam apressados a minha volta nas ruas de Zemun, não havia, talvez, nenhum que tivesse alguma vez ido dar uma olhada na estranha raça que vivia entre os muros do castelo, do outro lado. É a Peste e o medo da Peste o que separa as pessoas umas das outras. Todo ir e vir das pessoas fica proibido pelo terror da bandeira amarela. Se ousar infringir as leis de quarentena, você será julgado com presteza militar;

---

67 Mehmed Efendi, op. cit., p. 25; trad. para o francês, p. 34-35.
\* *Lazaretto* (it.), local em que ficavam sobretudo os leprosos, depois passando a designar também o local de quarentena, principalmente junto aos portos, onde se mantinha de quarentena os recém-chegados, como é o caso aqui (N. da T.).
68 Vasif, em *Cevdet*, 4: 349.
69 Azmi, *Sefaretname 1205 senesinde...*, p. 12.

o júri irá gritar sua sentença de um tribunal a cerca de cinquenta metros de distância; o sacerdote, em vez de suavemente sussurrar para você as doces esperanças da religião, irá consolá-lo de uma distância de duelo e, depois disso, você será cuidadosamente fuzilado e enterrado de qualquer jeito no terreno do lazareto.

Quando tudo estava em ordem para nossa partida, seguimos até os recintos do Estabelecimento de Quarentena e lá nos esperava um oficial "comprometido"* do governo austríaco, cujo dever é supervisionar a passagem pela fronteira e que, por esse motivo, vive num estado de perpétua excomunhão. Os barcos com seus remadores "comprometidos" também ficam de prontidão.

Após entrar em contato com qualquer criatura ou coisa pertencente ao Império Otomano, seria impossível para nós retornar ao território austríaco sem ser detidos durante catorze dias no lazareto. Assim, sentimos que, antes de seguir adiante, era importante verificar se nenhum dos arranjos necessários para a viagem tinha sido esquecido; e em nossa ansiedade em evitar tal adversidade, conseguimos preparar nossa partida de Zemun com quase tanta solenidade quanto se estivéssemos partindo desta vida. Algumas pessoas prestativas, das quais recebemos gentilezas durante nossa curta estada no lugar, foram até nós, dizer seu adeus à margem do rio; agora, enquanto estávamos com elas a uma distância de três ou quatro metros do oficial "comprometido", elas perguntavam se tínhamos plena certeza de que havíamos concluído todos os nossos assuntos pendentes na cristandade e se não tínhamos algum pedido final a fazer. Repetimos a advertência para nossos servidores, preocupados com a possibilidade de, por acaso, nos separar de algum objeto de nosso especial apreço: estavam eles totalmente seguros de que nada tinha sido esquecido – de que não havia nenhuma valise, com suas irresistíveis cartas de crédito, das quais podíamos estar nos separando para sempre? Não, cada um de nossos tesouros estava arrumado no barco, em segurança, e nós – nós estávamos prontos para seguir. Então, demos a mão a nossos amigos de Zemun e eles imediatamente recuaram três ou quatro passos, para nos deixar no centro de um espaço entre eles e o oficial "comprometido". Este último deu então um passo à frente e, perguntando mais uma vez se não tínhamos mais nada a resolver no mundo civilizado, estendeu a mão. Estendi também minha mão e a cristandade ficava para trás pelos muitos dias que viriam[70].

---

\* Uma pessoa "comprometida" é alguém que esteve em contato com pessoas ou coisas que, se presume, capazes de transmitir alguma infecção. Em geral, todo o Império Otomano fica constantemente sob essa terrível proibição. A "bandeira amarela" é a marca do Estabelecimento de Quarentena (N. da T.)

70 A. W. Kinglake, *Eothen*, Londres (não datado), p. 9-11.

As primeiras descrições realmente detalhadas da Europa ocidental feitas por viajantes muçulmanos não são de nenhum dos países do Oriente Médio ou do norte da África, mas de um lugar muito mais distante – da Índia. Enquanto os soberanos da Turquia e do Irã lutavam numa desesperada, mas no todo bem sucedida, ação de retaguarda para proteger os centros vitais muçulmanos do Oriente Médio contra o avanço europeu – a Rússia pelo norte, as potências marítimas pelo sul – as terras mais remotas do Islã tinham perdido a luta e caído sob o domínio estrangeiro. O avanço dos impérios russo e britânico no norte e no sul da Ásia colocava milhões de muçulmanos sob seu controle. Pela primeira vez, os muçulmanos encontravam os europeus não apenas como vizinhos ou visitantes, mas como senhores. Era uma experiência humilhante, mas alguns deles se dispuseram a descobrir os países desses novos e estranhos seres que tinham chegado até eles vindos do Ocidente.

Dois visitantes muçulmanos da Índia na Grã-Bretanha são especialmente interessantes. O primeiro era o xeique I'tişām al-Dīn, um muçulmano de Bengala que viajou para a Inglaterra em 1765 e, segundo se afirma, teria sido o primeiro indiano a visitar Londres. Ele deixou um relato de suas viagens, escrito em persa. O texto inclui uma descrição dos lugares que ele visitou na Inglaterra e na Escócia e algumas observações sobre as instituições e costumes sociais e religiosos, sobre a educação e a lei, sobre assuntos militares, bem como sobre locais de entretenimento. Também inclui um relato sobre o Palácio de St. James e as Casas de Parlamento. O xeique I'tişām al-Dīn viajou pela França e também faz alguns comentários sobre os hábitos e costumes do povo francês[71].

O segundo – e mais interessante – visitante era Mīrzā Abū Ṭālib Khān, nascido em Lakhnau, em 1752, de uma família de origem turco-persa, e empregado como funcionário da alfândega britânica. Entre 1799 e 1803, viajou por toda a Europa e, em seu regresso à Índia, escreveu um livro narrando suas aventuras. Embora escrevesse em persa, o autor aparentemente tinha em vista possíveis leitores ingleses e, como súdito de

---

71 I'tişām al-Dīn, cf. C. A. Storey, *Persian Literature*, v. 1, 2ª parte, p. 1142. Cf. trad. para o inglês, J. E. Alexander, *Mirza Itesa Modeen*, Londres, 1827.

um governo da Europa e funcionário de um serviço oficial europeu, assumia uma visão um tanto diferente da de outros autores muçulmanos. Abū Ṭālib Khān iniciou na Irlanda suas viagens pela Europa e passou a maior parte do tempo em Londres. Em sua viagem de retorno, passou pela França, Itália e Oriente Médio. Ao contrário da maioria dos viajantes provenientes das terras do Islã, ele buscou uma descrição detalhada das nações e países visitados[72].

Uma fase inteiramente nova nas viagens muçulmanas tinha início no final do século XVIII, com o programa de reformas iniciado pelo sultão Selim III. Em 1792, como parte de um programa geral de mudanças destinado a alinhar a Turquia com as práticas europeias comuns, o sultão decidiu criar embaixadas otomanas residentes nas principais capitais europeias. A primeira embaixada otomana foi estabelecida em Londres, em 1793. A ela se seguiram as embaixadas de Viena, Berlim e Paris, onde, em 1796, Seyyid Ali Efêndi chegou como o primeiro embaixador do sultão otomano na República francesa. Além das funções diplomáticas normais, esses embaixadores tinham ordens de estudar as instituições dos países para os quais eram designados e de aprender "as línguas, o conhecimento e as ciências úteis aos servidores do Império"[73].

A maioria desses primeiros diplomatas otomanos residentes na Europa era constituída por funcionários do palácio ou da chancelaria formados e educados nos antigos costumes, sem qualquer conhecimento das línguas ocidentais ou da situação nos países ocidentais e, em grande parte, formados numa perspectiva conservadora. A julgar por seus despachos, eles aprenderam muito pouco dos países para os quais eram enviados e não tinham uma impressão favorável sobre o que haviam efetivamente conhecido.

Mas havia exceções. Um dos mais interessantes desses diplomatas otomanos foi Ali Aziz Efêndi, nascido em Creta e

---

72 H. Khadīv-Jam (org.), *Masīr-i Ṭālibī ya Sefarnāma-i Mīrzā Abū Ṭālib Khān*, Teerã, 1974; cf. trad. para o inglês, C. Stewart, *Travels of Mirza Abu Talib Khan...*, Londres, 1814. Cf. também Storey, *Persian Literature*, 1, 2ª parte, p. 878-879.

73 O relato de Seyyid Ali foi publicado por Ahmed Refik em *Tarih-i Osmani Encümeni Mecmuasi*, 4 (1329/1911): 1246 e s., 1332 e s., 1378 e s., 1458 e s., 1548 e s. Cf. também M. Herbette, *Une Ambassade Turque sous le Directoire*, Paris, 1902.

filho de um alto oficial otomano. Chegou a receber várias nomeações na administração otomana e, no devido tempo, foi nomeado embaixador para a Prússia. Chegou a Berlim em junho de 1797 e lá morreu em outubro do ano seguinte. Ali Aziz Efêndi conhecia o francês e também um pouco do alemão, além disso tinha certa familiaridade com a literatura ocidental. Durante sua estada em Berlim, conheceu o orientalista alemão Friedrich von Diez, com o qual manteve uma correspondência que abordava diversas questões científicas e filosóficas. Embora apenas parte da correspondência tenha chegado até nós, ela é suficiente para mostrar que o embaixador otomano não conhecia praticamente nada sobre as ciências experimentais ou a filosofia racionalista do Iluminismo. Ele estava, no entanto, familiarizado com outra forma de literatura ocidental. Além de alguns escritos místicos, sua obra mais famosa é uma coletânea de contos de fadas, escrita no último ano de sua vida. Ela é em parte a tradução e em parte a livre adaptação da coletânea do orientalista francês Pétis de la Croix, *Les Mille et un jours*, publicada pela primeira vez entre 1710 e 1712. O livro de Pétis de la Croix era uma espécie de imitação das *Mil e Uma Noites* (não muito tempo antes traduzidas para o francês)*, baseada, pelo menos em parte, em fontes originais persas ou outras fontes islâmicas; era portanto uma obra mais acessível ao leitor do Oriente Médio que qualquer outro livro ocidental[74].

Esses embaixadores não viajavam sozinhos. Além dos dragomanos gregos que serviam como seus principais canais de comunicação, eles também levavam consigo jovens secretários turcos, cuja principal tarefa era aprender línguas, sobretudo o francês, e descobrir algo sobre a sociedade ocidental. Essas missões, dessa forma, pela primeira vez ofereciam a diversos jovens turcos da elite culta a oportunidade de passar algum tempo numa capital europeia, aprender uma língua ocidental e adquirir seus primeiros conhecimentos sobre a civilização europeia. Em seu retorno à Turquia, eles se tornavam, em sua

---

\* A primeira edição francesa, por A. Galland, se deu a partir de 1704 (N. da E.).
74 Sobre Ali Aziz, cf. A. Tietze, Azīz Efendis Muhayyelat, *Oriens*, 1: 248-329, 1948; E. Kuran, Osmanli daimi elçisi Ali Aziz Efendi'nin Alman şarkiyatçisi Friedrich von Diez ile Berlin'de ilmi ve felsefi muhaberati (1797), *Belleten*, 27: 45-58, 1963; e *EI2.*, verbete elaborado por A. Tietze, "'Alī 'Azīz".

maioria, funcionários do governo e, juntos, constituíam um novo grupo, significativamente diferente, no interior da hierarquia burocrática otomana, que possuía tanto algum treinamento quanto algum interesse no Ocidente. Eles eram, assim, em muitos aspectos, o equivalente civil dos novos oficiais ocidentalizados que se graduavam nas academias militares e navais reformadas[75].

Um deles era Mahmud Raif, que foi para Londres como secretário-chefe do primeiro embaixador otomano residente, Yusuf Agah Efêndi, e serviu como secretário-chefe (*Reis ül-küttab*) para o grão-vizir, de 1800 a 1805. Mahmud Raif se tornou um especialista na Inglaterra bom o suficiente para se tornar conhecido, após seu retorno à Turquia, como Ingiliz Mahmud. Elaborou uma descrição da Inglaterra e suas instituições que se encontra preservada na forma de manuscrito na Biblioteca de Saray, em Istambul. Muito curiosamente, o texto está em francês. O mesmo acontece com um outro livro que ele escreveu sobre as reformas otomanas propostas e que foi publicado em Üsküdar (Scutari), em 1797. Sua ocidentalização, bastante limitada, de nada lhe serviu e, em 1808, ele foi morto por janízaros rebelados[76].

Tanto os oficiais cadetes quanto os diplomatas aprendizes eram estudantes que se sentavam aos pés de professores europeus. Em pouco tempo, os soberanos muçulmanos estavam preparados para dar mais um passo e enviar estudantes à Europa, para se beneficiar das possibilidades de educação formal lá oferecidas. O primeiro a dar esse passo fundamental foi Muḥammad 'Alī Paxá, governador do Egito, que enviou seu primeiro estudante egípcio à Itália, em 1809. Até 1818, cerca de vinte e oito estudantes tinham ido para a Europa e, em 1826, ele enviou à França o primeiro grande grupo de estudantes egípcios. Em número de quarenta e quatro, eles foram escoltados por um xeique da grande universidade da mesquita de Al-Azhar, cuja tarefa era atuar como seu preceptor religioso.

---

75 Sobre essas missões diplomáticas, cf. T. Naff, Reform and the Conduct of Ottoman Diplomacy in the Reign of Selim III, 1789-1807, *Journal of the American Oriental Society*, 83: 295-315, 1963; E. Kuran, *Avrupa'da Osmanlı Ikamet Elçiliklerinin Kuruluş ve Ilk Elçilerin Siyasi Faaliyetleri 1793-1821*, Ankara, 1968; S. J. Shaw, *Between Old and New*, p. 180 e s.
76 Sobre Mehmed Raif, cf. S. J. Shaw, *Between Old and New*, índice.

Muitos dos estudantes enviados do Egito eram turcos ou súditos otomanos de outras regiões. Mas alguns eram muçulmanos nascidos em países de língua árabe, como seu preceptor, o xeique Rifā'A Rāfi'Al-ṭahṭāwī (1801-1873), que permaneceu em Paris durante cerca de cinco anos, aprendeu o francês e parece ter obtido muito mais resultados que qualquer um de seus tutelados. Por seus livros e ensinamentos, ele se tornou figura-chave na nova abertura intelectual para o Ocidente, que se iniciou no século XIX[77]. O sultão otomano Mahmud II, nisso como em muitos outros aspectos, seguiu o exemplo de seu vassalo egípcio e, em 1827, enviou os primeiros grupos de estudantes turcos, num total de 150 estudantes, a vários países europeus. Seu objetivo era prepará-los para servir como professores nas novas escolas que ele se propunha a criar na Turquia. Pequenos grupos de estudantes também foram enviados do Irã para a Europa, em 1811 e 1815. Um deles, Mīrzā Muḥammad ṣāliḥ Shīrāzī, deixou um relato sobre suas viagens que é de considerável interesse[78].

Desnecessário dizer que essas iniciativas encontraram enorme oposição da parte dos círculos religiosos conservadores. No entanto, o movimento ganhou força e, nas primeiras décadas do século XIX, um número cada vez maior de estudantes provenientes das terras muçulmanas do Oriente Médio começou a aparecer nas academias militares e até mesmo nas universidades europeias. Para muitos deles, esses foram anos de exílio e

77 Sobre os estudantes enviados ao Egito, cf. J. Heyworth-Dunne, *An Introduction to the History of Education in Modern Egypt*, London, 1938, p. 104 s., 221 s. e passim.
 Existe uma vasta bibliografia sobre o xeique Rifā'A em árabe e em línguas ocidentais. Cf. *EI1*., verbete elaborado por Chemoul, "Rifā'a Bey"; cf. também J. Heyworth-Dunne, Rifā'ah Badawī Rāfi' aṭ-ṭahṭāwī: The Egyptian Revivalist, BSOAS, 9 (1937-1939): 961-967, 10 (1940-1942): 399-415. A abordagem mais completa é a de Gilbert Delanoue, *Moralistes et poliliques musulmans dans l'Egypte du XIXème siècle (1798-1882)*, Service de reproduction des thèses, Lille, 1980, 1, cap. 5. As viagens do xeique Rifā'a na França, intituladas *Takhlīṣ al-ibrīz fī talkhīṣ Barīz* (em geral conhecidas como *al-Rihla*) foram publicadas diversas vezes. As referências dadas são da edição do Cairo, 1958.
78 Publicado em I. Ra'īn, *Safarname-i Mīrzā Ṣāliḥ Shīrāzī*, Teerã, 1347S. Cf. também Storey, *Persian Literature*, 1, 2ª parte, p. 1148-1150, e Hafez Farman Farmayan, The Forces of Modernization in Nineteenth Century Iran: A Historical Survey, em W. R. Polk; R. L. Chambers (orgs.), *Beginnings of Modernization in the Middle East*, Chicago, 1968, p. 122 e s.

isolamento, dos quais eles retornaram felizes, para mergulhar novamente em seus costumes tradicionais. Mas não para todos. Como muitas vezes acontece com estudantes, eles aprenderam mais com seus colegas que com seus professores. Algumas das lições que eles aprenderam foram sobre como transformar a história do Oriente Médio.

# 5. Os Estudos Islâmicos sobre o Ocidente

Em 1655, o geógrafo e polímata otomano Kâtib Çelebi viu-se inspirado a escrever um pequeno livro intitulado *Guia dos Perplexos sobre a História dos Gregos e dos Romanos e dos Cristãos*[1]. Em seu prefácio, ele explica as razões que o levaram a escrever essa pequena obra. Os cristãos haviam se tornado muito numerosos e não estavam mais confinados à parte do mundo habitado em que até então viviam. Embora as seitas dos cristãos fossem um *Millet**, elas tinham se espalhado e se tornado tão numerosas que atingiram muitas partes do mundo. Viajando com seus navios através dos mares orientais e ocidentais, os cristãos haviam conquistado o domínio de diversos países. Não tinham conseguido invadir o Império Otomano, mas haviam obtido vitórias no Novo Mundo e conseguiram se impor nos portos da Índia, sobre a qual tinham assumido o controle. Eles estavam então ficando cada vez mais próximos dos reinos otomanos. Diante dessa ameaça crescente, tudo que a historiografia islâmica dizia sobre esse povo não passava de mentiras manifestas e fábulas grotescas.

1 *Irşad*. Cf. supra, n. 15, p. 86.
* Termo que no Império Otomano designava uma pequena comunidade ou grupo religioso (N. da T.).

Sendo assim, era necessário oferecer melhores informações, para que o povo do Islã não ficasse mais na completa ignorância com relação aos assuntos desses cães do inferno, nem desconhecesse ou deixasse de ter informações sobre esses vizinhos hostis, mas, ao contrário, despertassem de seu sono devido à negligência que já havia permitido a essa gente maldita tomar certos países das mãos dos muçulmanos e, assim, transformar as terras muçulmanas na Casa dos Infiéis.

Para obter essas informações, diz Kâtib Çelebi, ele se apoiara no *Atlas Minor* dos francos e em outras obras que ele fizera traduzir.

A primeira parte do livro é introdutória e se compõe de duas seções. A primeira parte, que apresenta um esboço da religião cristã, se baseia em obras escritas em árabe por cristãos medievais convertidos ao Islã e tem um tom abertamente hostil, com o objetivo de provocar polêmica. A segunda parte da introdução dá ao leitor um quadro dos sistemas de governo europeus. Ela é escrita na forma de uma série de definições, com explicações para diversos termos políticos europeus, como imperador (*imperator*), rei (*kıral*) etc., seguidos dos diversos cargos na hierarquia da Igreja e do Estado, entre os quais ele tem o cuidado de distinguir. Entre esses termos estão *papa*, *cardeal* e *patriarca*, bem como *conde* e outros títulos seculares. A seção introdutória se encerra com um curto comentário sobre as línguas usadas "por essa corja de réprobos". Kâtib Çelebi comenta sobre o grande número de línguas faladas na Europa e a incapacidade que seus habitantes tinham em se entender mutuamente.

O restante do livro se compõe de nove capítulos, que abordam o Papado, o Império, a França, a Espanha, a Dinamarca, a Transilvânia, a Hungria, Veneza e a Moldávia, ao que parece, os países da Europa para os quais Kâtib Çelebi achava necessário chamar a atenção. As informações que ele fornece consistem em pouco mais que listas numeradas de papas ou soberanos, entremeadas por informações dispersas, de diferentes origens. O único sistema de governo discutido com algum detalhe é o de Veneza. Para dois países, a França e a Espanha, ele também oferece algumas poucas informações sobre sua história e geografia.

Kâtib Çelebi era bem-intencionado. Seus escritos sobre geografia e cartografia confirmam isso e revelam os esforços que ele dedicara na obtenção, por meio de informantes, dos dados que lhe fossem disponíveis. Ele sem dúvida está correto em sua descrição da bibliografia anterior, com relação à qual seus próprios relatos sobre a Europa de fato representam um avanço substancial. Sem dúvida, nada que a eles se equipare estaria disponível em árabe ou persa até o século XIX. Mesmo assim, sua apresentação da história da Europa e das questões da época, escrita em 1655, parece ingênua e trivial em comparação com a imagem dos otomanos que os europeus já haviam se traçado. Mais de um século antes de Kâtib Çelebi escrever seu tratado, o leitor europeu tinha a sua disposição uma ampla gama de relatos detalhados e bem informados sobre a história e as instituições otomanas, inclusive traduções feitas a partir dos manuscritos de algumas das primeiras crônicas otomanas importantes. Além disso, o interesse europeu não se limitava aos turcos otomanos apenas na medida em que representavam para eles problemas do presente dotados de certa urgência. Durante certo tempo, eles também estiveram interessados na história e cultura mais antigas do Islã e já haviam produzido uma vasta bibliografia, que incluía edições e traduções de textos árabes, bem como cartas e estudos sobre a história e o pensamento muçulmanos. Na época de Kâtib Çelebi, já existiam cadeiras de árabe em diversas universidades da Europa ocidental e estudiosos como Jacob Golius, na Holanda, e Edward Pococke, na Inglaterra, estabeleciam os fundamentos do orientalismo clássico. Quando, próximo ao final do século XVII, o francês Barthélemi d'Herbelot preparou sua *Bibliothèque orientale*, um dicionário da civilização oriental, organizado por ordem alfabética, ele pôde recorrer a uma substancial coletânea de textos acadêmicos publicados tanto em latim quanto em diversas línguas europeias. Parte das informações provinha de prisioneiros que tinham escapado ou haviam sido resgatados, algumas delas vinham de diplomatas e comerciantes que haviam viajado ao Oriente. Mas, cada vez mais, elas provinham de uma nova cepa de estudiosos que aplicavam às línguas e à literatura do Islã os métodos que a Europa havia aperfeiçoado para o resgate e estudo de textos clássicos e religiosos. Não havia nada que remotamente se comparasse a isso tudo em meio aos muçulmanos, para os quais o conhecimento, fosse filológico fosse de outro tipo, estava confinado aos monumentos de sua própria fé, lei e literatura.

Alguma coisa, no entanto, era conhecida sobre o Ocidente e pode ser útil para o exame das fontes e do conteúdo das "mentiras e fábulas" que Kâtib Çelebi tão galante e justificadamente condena.

Os primeiros relatos sérios em árabe sobre a Europa ocidental que chegaram até nós surgiram no século IX. Eles têm origem sobretudo em fontes gregas, em especial a geografia de Ptolomeu. Ao que parece, a obra de Ptolomeu foi traduzida várias vezes para o árabe. O texto que chegou até nós é uma adaptação feita no início do século IX, elaborada pelo famoso matemático e filósofo da Ásia central, Muḥammad ibn Mūsā al-Khuwarizmī[2]. É dele que deriva o nome "algoritmo", um termo europeu medieval para o sistema de numeração decimal. Al-Khuwarizmī não se contentou em apenas traduzir Ptolomeu, mas incorporou em sua versão uma série de correções e acréscimos derivados das informações geográficas disponíveis aos persas e árabes. Isso é verdade até mesmo para o curto relato sobre a Europa ocidental, embora muito menos que para os relativos a outras partes do mundo. Infelizmente, os nomes dos lugares europeus estão muito distorcidos no único manuscrito que chegou até nós, a ponto de alguns deles não ser reconhecíveis.

A partir dele e, talvez, de algumas outras obras traduzidas, inclusive alguns escritos em siríaco assim como em grego, os estudiosos muçulmanos conseguiram formar uma ideia da configuração geográfica da Europa ocidental e mesmo dos nomes de alguns lugares. Logo eles começavam a produzir obras de geografia de sua própria autoria que, embora em geral dedicando pouco espaço a regiões remotas e de pouca importância

---

2 Cf. C. A. Nallino, Al-Khuwarizmi e il suo rifacimento della Geografia di Tolomeo, *Raccolta di Scritti*, v. 5, Roma, 1944, p. 458-532; D. M. Dunlop, Muḥammad b. Mūsā al-Khwārizmī, *Journal of the Royal Asiatic Society*: 248-250, 1943; e R. Wieber, *Nordwesteuropa nach der arabischen Bearbeitung der Ptolemäischen Geographie von Muḥammad b. Mūsā al-Ḫwārizmī*, Walldorf-Hessen, 1974.

como a Europa ocidental, mesmo assim ilustram o avanço gradual de seu conhecimento sobre ela[3].

O primeiro geógrafo muçulmano cuja obra chegou até nós foi um certo Ibn Khurradādhbeh, um persa que escreveu em árabe por volta da metade do século IX. Ele ocupava um alto posto no serviço postal do Estado, era responsável pelos correios e pelos serviços de comunicações e informações e seu livro, como boa parte dos textos de geografia do Islã medieval, era pelo menos em parte inspirado nas necessidades desse serviço, com informações obtidas em seus arquivos. Ibn Khurradādhbeh aborda sobretudo os territórios sob domínio islâmico. Mas também dedica alguma atenção ao Império Bizantino, que tinha um serviço postal vinculado ao do Califado, e chega mesmo a fornecer um curto relato sobre as regiões mais distantes da Europa.

O "mundo habitado", diz Ibn Khurradādhbeh, "se divide em quatro partes, Europa, Líbia, Etiópia e Cítia". Essa classificação ocorre em alguns dos primeiros textos árabes, que citam fontes gregas, e logo desaparece por completo dos textos islâmicos de geografia. A Europa de Ibn Khurradādhbeh, grafada "Urūfa", consiste, de forma um tanto inesperada, em "Andalus [isto é, a Espanha muçulmana], nas terras dos eslavos, romanos e francos e no país de Tânger, na fronteira do Egito"[4].

---

3   A bibliografia muçulmana sobre geografia na Idade Média é examinada em duas importantes obras: uma de A. Miquel, *La Géographie humaine du monde musulman jusqu'au milieu du 11ᵉ siècle*, 3 v., Paris, 1967-1980, em especial o volume 2, *Géographie arabe et représentation du monde: la terre et l'étranger*, caps. 6 e 7, sobre a Europa oriental e ocidental; a outra, de I. J. Kračkovsky, *Istoriya Arabskoy Geografičeskoy Literatury, Izbranniye Sočineniya*, v. 5, Moscou-Leningrado, 1957, trad. para o árabe de S. U. Hāshim, *Ta'rīkh al--sdab al-djughrāfī al-'arabī*, Cairo, 1963. Para uma abordagem mais sucinta, cf. *EI2.*, verbete "Djughrāfiya", elaborado por S. Maqbul Aḥmad. Sobre o conhecimento da Europa pelos geógrafos muçulmanos na Idade Média, cf. I. Guidi, *L'Europa occidentale negli antichi geografi arabi*, *Florilegium M. de Vogüe*, 1909: 263-269; E. Ashtor, *Che cosa sapevano i geografi Arabi dell'Europa occidentale?*, *Rivista Storica Italiana*, 81: 453-479, 1969; K. Jahn, *Das Christliche Abendland in der islamischen Geschwhtsschreibung des Mittelalters*, *Anzeiger der phil.-hist. Klasse der Österreichschen Akademie der Wissenschaften*, 113: 1-19, 1976; Y. Q. al-Khūrī, *Al-Jughrāfiyūn al-'Arab wa--Urūba*, *Al-Abḥāth*, 20: 357-392, 1967.
4   Ibn Khurradādhbeh, *Kitāb al-masālik wa'l-mamālik*, M. J. de Goeje (org.), Leiden, 1889, p. 155.

Sobre a Espanha muçulmana, que faz parte da Casa do Islã, Ibn Khurradādhbeh está bastante bem informado. Sobre os países situados além das fronteiras muçulmanas, ele tem o seguinte a dizer:

Ao norte de Andalus estão Roma, Burjān [Borgonha] e as terras dos eslavos e dos ávaros.

As coisas que vêm do mar ocidental são os escravos eslavos, gregos, francos e lombardos, as escravas gregas e andaluzas, as peles de castor e outras peles, os perfumes, o estoraque, os remédios e o lentisco. No fundo desse mar, próximo às regiões costeiras do país dos francos, eles criam o *bussadh*, que as pessoas comuns chamam de coral [*marjān*]. No mar que está além do país dos eslavos, se situa a cidade de Tūliya [Tule]. Nenhum navio ou embarcação vai para lá e nada vem de lá[5].

Há comerciantes judeus [...] que falam o árabe, o persa, o grego, o franco, o andaluz e o eslavo. Eles viajam do Ocidente para o Oriente e do Oriente para o Ocidente, por terra e por mar. Do Ocidente eles trazem eunucos, escravas e escravos, brocados, peles de castor, cola, zibelinas e espadas[6].

Os comerciantes judeus de que fala Ibn Khurradādhbeh deram origem a uma considerável bibliografia acadêmica e muitas tentativas foram feitas no sentido de identificar e localizá-los, bem como avaliar sua importância. É bastante provável que fossem do Oriente Médio, e não de origem ocidental.

Podemos encontrar passagens paralelas nos escritos de dois outros geógrafos muçulmanos da época. Um deles, Ibn al-Faqīh (-903) segue seu predecessor, mas tem o seguinte a acrescentar: "No sexto clima, estão a França e outros povos. Lá existem mulheres que adotam o costume de cortar os seios e cauterizá-los enquanto ainda pequenos, para impedi-los de se tornar grandes"[7].

O outro, Ibn Rusteh (-910) também conta uma história bastante parecida, mas acrescenta um novo e intrigante detalhe: "Na parte norte do oceano, existem doze ilhas chamadas

---

5 Idem, p. 92-93.
6 Idem, p. 153. Para um importante estudo recente, cf. M. Gil, The Rādhānite Merchants and the Land of Rādhān, *JESHO*, 18: 299-328, 1974.
7 Ibn al-Faqīh, *Mukhtaṣar Kitāb al-Buldān*, M. J. de Goeje (org.), Leiden, 1885; cf. trad. para o francês, H. Massé, *Abrégé du Livre des Pays*, Damasco, 1973, p. 8.

de Ilhas de Baraṭīniya. Depois delas, nos afastamos das terras habitadas e ninguém sabe como é"[8].

Todos os três mencionam o nome de Roma, sobre a qual eles têm algumas histórias bastante estranhas para contar. No século X, informações bem mais completas estavam disponíveis aos leitores muçulmanos. Por larga margem, o maior geógrafo escrevendo nessa época foi Al Masūdī (-956). Suas observações sobre os povos da Europa contêm alguns ecos das noções de geografia gregas, mas com acréscimos interessantes:

> Com relação aos povos do quadrante norte, eles são os povos para os quais o sol fica distante do zênite à medida que eles se situam mais para o norte, como os eslavos, os francos e as nações que são suas vizinhas. O poder do sol se enfraquece entre eles, devido a sua distância com relação a eles; o frio e a umidade predominam nessas regiões e neve e gelo se seguem um ao outro, em sucessão infinita. O humor quente não existe em meio a eles; seus corpos são grandes, suas naturezas, rudes, seus modos, grosseiros, sua inteligência, embotada e suas línguas, pesadas. Sua cor é tão excessivamente branca que eles parecem azuis; sua pele é fina e sua carne, gorda. Seus olhos, também, são azuis, combinando com sua cor; seu cabelo é escorrido e avermelhado, por causa das névoas úmidas. Suas crenças religiosas não têm solidez e isso acontece devido à natureza do frio e à falta de calor. Quanto mais ao norte eles se situam, mais estúpidos, rudes e abrutalhados eles são. Essas qualidades se intensificam neles, à medida que vão mais para o norte [...]. Os que vivem a cento e tantos quilômetros acima dessa latitude são Gog e Magog. Eles estão no sexto clima e se incluem entre os animais[9].

O mesmo autor observa, numa outra obra:

> Os francos, eslavos, lombardos, espanhóis, Gog, Magog, turcos, cazares, búlgaros, alanos, galegos e outros povos que mencionamos como ocupando a área de Capricórnio, isto é, o norte, são, segundo a opinião unânime dos homens de autoridade e compreensão entre os doutores da lei divina, todos descendentes de Jafé, filho de Noé [...]. Os francos são os mais corajosos de todos esses povos, os

---

8  Ibn Rusteh, *Kitāb al-aʻlāq al-nafīsa*, M. J. de Goeje (org.), Leiden, 1892, p. 85; cf. trad. para o francês G. Wiet, *Les Atours Precieux*, Cairo, 1958, p. 94.

9  Al Masūdī, *Kitāb al-tanbīh waʼl-ishrāf*, Beirute, 1965, p. 23-24; cf. trad. para o francês, Carra de Vaux, *Macoudi, le livre de l'avertissement et de la revision*, Paris, 1897, p. 38-39.

mais bem defendidos, os mais completamente equipados, com as terras mais vastas e as cidades mais numerosas, os mais bem organizados e os mais submissos e obedientes a seus reis – exceto que os galegos são ainda mais valentes e mortíferos que os francos, pois um homem dos galegos pode enfrentar diversos francos.

Os francos são todos súditos de um só rei e, nessa questão, não há disputas nem facções entre eles. O nome de sua capital no momento é Bārīza, que é uma grande cidade. Eles têm cerca de 150 cidades, além de aldeias e vilarejos rurais[10].

A partir desse e de outros escritos árabes e persas da época é possível reconstruir um quadro geral do cenário europeu tal como ele aparecia aos olhos muçulmanos. Ao norte das terras civilizadas da Andaluzia muçulmana, nas montanhas do norte da Espanha e nos sopés dos Pireneus, habitavam os povos cristãos selvagens e primitivos chamados galegos e bascos. Na Itália, ao norte das áreas sob controle muçulmano, estava o território de Roma, governado por um rei-sacerdote denominado papa. No país situado além dele, estava o reino de um povo selvagem chamado de lombardos. Na extremidade oriental do Mediterrâneo, ao norte das fronteiras muçulmanas, estava o reino de Rūm, o Império greco-cristão, e, além dele, os vastos territórios dos eslavos, uma grande raça subdividida em muitos povos, alguns dos quais bastante conhecidos dos comerciantes e viajantes muçulmanos. A oeste dos eslavos, estendendo-se até a região norte próxima dos Alpes e dos Pireneus, estava o reino de Franja, o país dos francos. Entre eles, algumas autoridades, embora não todas, distinguem um outro povo chamado de Burjān, ou borgonheses. Mais ao norte ainda, além dos francos, estavam os Majūs ou Magos, ou adoradores do fogo, uma designação e descrição que os árabes tinham transferido, de forma bastante arbitrária, dos antigos persas para os noruegueses[11].

10 Al Masūdī, *Murūj al-dhahab*, org. e trad. de F. Barbier de Meynard e Pavet du Courteille, Paris, 1861-77, 3: 66-67; idem, 2 ed., C. Pellat, Beirute, 1966-1970, 2: 145-46; cf. trad. revisada para o francês, C. Pellat, Paris, 1962-1671, 2: 342.
11 Sobre relatos árabes sobre os vikings, cf. A. Melvinger, *Les Premières incursions des Vikings en Occident d'après les sources arabes*, Uppsala, 1955; A. A. el-Hajji, The Andalusian Diplomatic Relations with the Vikings...; as fontes foram reunidas por A. Seippel, *Rerum Normannicarum*, e traduzidas para o norueguês por H. Birkeland, *Nordens Historie i Middelalderen etter Arabiske Kilder*, Oslo, 1954.

Alguns dos nomes dessas terras mais remotas do norte aparecem em textos islâmicos – a Grã-Bretanha, às vezes a Irlanda e mesmo a Escandinávia.

Ocasionalmente, os autores muçulmanos empregavam o termo Rūm até mesmo com referência à Europa central e ocidental, fazendo dele um equivalente aproximado de cristandade. Mais comumente, no entanto, os habitantes da Europa ocidental são conhecidos por um outro conjunto de termos. O mais comum deles é *Ifranj*, ou *Firanj*, a forma árabe do nome "francos". Esse nome provavelmente chegou até os muçulmanos via Bizâncio e eles de início o aplicavam aos habitantes do império ocidental de Carlos Magno. Mais tarde ele passou a abranger os europeus em geral. No uso medieval, o termo não era normalmente aplicado aos cristãos espanhóis, aos eslavos ou aos povos escandinavos, mas era de resto empregado num sentido frouxo e genérico para se referir à Europa continental e às Ilhas Britânicas. A terra dos francos era conhecida em árabe como Franja ou Ifranja, em persa e mais tarde em turco, como Frangistão.

Um termo às vezes empregado em textos medievais para referência aos povos da Europa é *banu 'l-aṣfar*, que poderia significar "filhos do [daquele que é] amarelo". Inicialmente aplicado pelos antigos árabes aos gregos e romanos, o termo foi mais tarde ampliado para abranger os nativos da Espanha e, depois, os europeus em geral. Os genealogistas muçulmanos em geral derivam esse termo de um nome pessoal – Aṣfar, o neto de Esaú e pai de Rūmīl, ancestral dos gregos e romanos (Rūm). Alguns estudiosos explicavam os termos como se referindo à cor mais clara da pele dos europeus, vistos como amarelos, isto é, loiros, em contraste com o castanho e negro da Ásia e da África. Isso parece improvável. Os autores árabes e persas em geral mencionam brancos, branco, mas não amarelo. Além disso, eles raramente falam dos europeus em termos de raça ou de cor. Embora conscientes, às vezes agudamente, do contraste entre eles próprios e seus vizinhos de pele mais escura ao sul e a leste, eles dão muito menos importância à cor da pele um pouco mais clara de seus vizinhos ao norte. Incluídos entre as referências ocasionais, em geral depreciativas, à cor esbranquiçada, ou leprosa, das raças do norte, estavam os eslavos, turcos e outros povos das estepes, bem como – na verdade, mais frequentemente que – os francos. Na época dos otomanos, o termo, *banu 'l-aṣfar* era às vezes empregado com referência aos povos eslavos da Europa oriental e central, mas, mais especialmente, aos russos, cujo tsar era às vezes chamado de *al-malik al-aṣfar*, o rei amarelo[12].

Quais eram as fontes das informações muçulmanas sobre a Europa? As fontes bibliográficas que eles utilizavam eram sobretudo gregas, com alguns parcos acréscimos de fontes siríacas e persas. Sem dúvida, eles não aprenderam muita coisa nos livros ocidentais. Até onde sabemos, somente uma obra ocidental foi de fato traduzida para o árabe durante a Idade Média.

Uma ou duas outras obras podem ter se tornado conhecidas por meios indiretos. Assim, Al Masūdī, num curto relato sobre os reis dos francos, de Clóvis a Luís IV, recorre, diz ele, a um livro escrito por um bispo franco, em 939, para informações sobre Al-Ḥakam, o emir de Córdova:

> Em Fusṭāṭ, no Egito, no ano de 336 [947], encontrei um livro dedicado, no ano de 328, por Godmar, bispo da cidade de Gerunda, uma das cidades dos francos, a Al-Ḥakam ibn 'Abd al-Raḥmān ibn Muḥammad, herdeiro inequívoco de seu pai, 'Abd al-Raḥmān, soberano de Andalus nessa época [...]. Segundo esse livro, o primeiro dos reis dos francos foi Kludieh. Era um rei pagão e sua esposa, cujo nome era Ghartala, o converteu ao cristianismo. Depois dele veio seu filho Ludric, então seu filho Dakoshirt, então seu filho Ludric, então seu irmão Kartan, então seu filho Karla, então seu filho Tebin e seu filho Karla. Ele governou durante vinte e seis anos e era, na época de Al-Ḥakam, o soberano de Andalus. Depois dele, seus filhos lutaram entre si e a dissensão que surgiu entre eles foi tal que os francos estavam se destruindo por sua causa. Então Ludrik, filho de Karla, se tornou seu monarca e governou durante vinte e oito anos e seis meses. Foi ele que avançou sobre Tortosa e impôs cerco à cidade. Depois dele veio Karla e, então, o filho de Ludric e foi ele que enviou presentes a Muḥammad ibn 'Abd al-Raḥmān ibn al-Ḥakam, que era chamado de Al-Imām. Ele governou durante trinta e nove anos e seis meses e, depois dele, seu filho Ludric governou durante seis anos. Então o conde franco Nusa se rebelou contra ele e tomou o reino dos francos e o governou durante oito anos. Foi ele que

---

12 Cf. *EI2.*, cf. verbete elaborado por I. Goldziher, "Asfar"; e idem, *Muslim Studies*, v. 1, trad. de C. R. Barber; S. M. Stern, London, 1967, p. 268-269.

subornou os normandos de seu país durante sete anos, por um valor anual de 700 ratls de ouro e 600 ratls de prata, que lhes seria pago pelo rei dos francos. Depois dele, Karla, filho de Takwira, reinou durante quatro anos; então um outro Karla, que ficou no poder durante trinta e um anos e três meses; então Ludric, filho de Karla, que é o rei dos francos no presente, isto é, no ano de 336. Ele governa os francos faz agora dez anos, segundo as informações que chegaram a nós[13].

Dos dezesseis nomes da lista de Al Masūdī, os dez últimos, de Carlos Martel a Luís IV, podem ser identificados com relativa certeza. Dos seis primeiros nomes, Clóvis, sua esposa Clotilde e seu trineto Dagoberto não apresentam dificuldades; os demais, é impossível identificar em meio à massa de monarcas merovíngios e carolíngios.

O interesse da passagem, no entanto, não se encontra na lista efetiva de nomes, que está cheia de corruptelas, erros e omissões. Sua importância está em sua mera existência. A historiografia clássica do mundo islâmico é volumosa, provavelmente maior que a de todos os Estados da Europa medieval juntos, e de um nível muito mais alto de sofisticação. Isso torna ainda mais surpreendente o fato de que, apesar do longo confronto do Islã com a cristandade em todo o Mediterrâneo, da Espanha, passando pela Sicília, até o Levante, houvesse entre os estudiosos muçulmanos uma tão absoluta falta de interesse e curiosidade sobre o que ocorria na Europa, além das fronteiras muçulmanas. Do primeiro milênio do Islã, chegaram até nós somente três escritos oferecendo ao leitor muçulmano alguma informação sobre a história da Europa ocidental. A lista de Al Masūdī é o primeiro deles.

Se a história da Europa ocidental era quase completamente negligenciada, sua geografia continuava recebendo certa atenção. Os estudiosos muçulmanos davam grande atenção à geografia e produziram uma vasta e ramificada bibliografia sobre o assunto. Começando com adaptações e ampliações de obras gregas, ela foi enriquecida por uma série de livros de viagem e finalmente os estudiosos muçulmanos passaram a produzir textos mais sistemáticos, alguns na forma de tratados

13 Al Masūdī, *Murūj*, org.: Barbier de Meynard, 3: 69-72; ed. C. Pellat (org.), 2: 147-148; cf. a trad. de Pellat, 2: 344-345. Para uma tradução para o inglês, acompanhada de discussão, cf. B. Lewis, Mas'ūdī on the Kings of the "Franks", *Al-Mas'ūdī Millenary Commemoration Volume*, Aligarh, 1960, p. 7-10.

de geografia, outros, na de dicionários de geografia organizados por ordem alfabética. Esses trabalhos muitas vezes incluem alguns nomes europeus.

O poderoso nome de Roma era, sem dúvida, conhecido no mundo islâmico, onde era, no entanto, em geral confundido com Bizâncio, à qual o termo Rūm era mais frequentemente aplicado. Alguns estudiosos, contudo, também sabiam algo sobre Roma, na Itália. Um antigo autor árabe oferece uma longa citação de Hārūn ibn Yaḥyā, um prisioneiro de guerra árabe que, ao que parece, passou um curto período de tempo em Roma, por volta de 886. Hārūn descreve a cidade e as igrejas em termos um tanto fantasiosos e em seguida continua:

Dessa cidade você toma o navio e navega durante três meses, até chegar ao país do rei dos Burjān [Borgonheses?]. Daí você viaja por montanhas e vales durante um mês até alcançar o país de Franja e, daí, prossegue e viaja por outros quatro meses até alcançar a cidade de Baratīniya [Grã-Bretanha]. É uma grande cidade na costa do mar ocidental, governada por sete reis. Na porta da cidade há um ídolo e o estrangeiro que tenta entrar cai adormecido e não consegue entrar até que os habitantes da cidade o capturem e verifiquem seus objetivos e propósitos em entrar na cidade. Eles são o povo cristão e suas terras são as últimas terras de Rūm. Além delas, não existe nenhum lugar habitado[14].

Hārūn evidentemente não se aventurou muito além de Roma. É curioso que ele tivesse ouvido falar da Grã-Bretanha e da heptarquia anglo-saxônica e pudesse até mesmo oferecer o que provavelmente constitui o primeiro relato sobre os procedimentos relativos à imigração entre os anglo-saxões. Suas informações estavam, contudo, um tanto desatualizadas, uma vez que a heptarquia tinha deixado de governar os anglo-saxões cerca de trinta anos antes.

A maior parte das informações de Hārūn sobre Roma sem dúvida provinha de coletâneas de histórias fantásticas sobre Roma, das quais os exemplos são frequentes na bibliografia medieval. Algumas delas foram reunidas por Ibn al-Faqīh e citadas por Yāqūt, um dos maiores geógrafos muçulmanos,

---

14 Ibn Rusteh, op. cit., p. 130; cf. a tradução de G. Wiet, op. cit., p. 146.

que morreu em 1229. Yāqūt tem sérias dúvidas sobre algumas das histórias que ele próprio repete. Em seu dicionário de geografia, o verbete sobre Roma se inicia da seguinte forma:

> Rūmiya. Essa é a pronúncia estabelecida por autoridades fidedignas. Al-Aṣmaʻī [um filólogo famoso] diz: "o nome é do mesmo padrão de Anṭākiya [Antioquia] e Afāmiya e Nīqiya [Niceia] e Salūqiya [Selêucia] e Malaṭiya. Nomes como esses são numerosos na língua e no país de Rūm".
>
> Há duas Romas, uma delas em Rūm e a outra em Madā'in, construída por um rei e assim denominada em homenagem a ele. Quanto à que se situa no país de Rūm, ela é o centro de sua soberania e de sua ciência [...]. O nome em língua Rūmī é Romanus. Esse nome foi então colocado numa forma árabe e os que lá viviam eram chamados de Rūmī.
>
> A cidade se situa a noroeste de Constantinopla, a uma distância de cinquenta dias ou mais. Hoje em dia ela está nas mãos dos francos e seu rei é chamado de rei de Almān. Nela vive o papa.
>
> Roma é uma das maravilhas do mundo, em seus edifícios, tamanho e no número de habitantes. De minha parte, antes de começar a falar sobre ela, isento-me de responsabilidade pelo que vou falar sobre essa cidade a quem quer que venha a ler meu livro, pois ela é de fato uma cidade muito grande, além do comum e sem igual. Mas falei com muitos dos que conquistaram fama transmitindo ensinamentos e foram eles que relataram o que vou contar. Eu os sigo no que eles dizem e sabe Deus qual a verdade[15].

Após essa cuidadosa e, pode-se dizer, erudita isenção de responsabilidade, Yāqūt prossegue, citando amplamente a partir de narrativas medievais – em sua maior parte provavelmente de origem europeia – e relatando sobre os prodígios e maravilhas de Roma, para então concluir:

> Tudo que eu disse aqui, descrevendo essa cidade, foi extraído do livro de Aḥmad ibn Muḥammad al-Hamadānī, conhecido como Ibn al-Faqīh. A parte mais difícil de aceitar na história é que a cidade deve ser de tamanho tão grande que sua zona rural, por uma distância de vários meses de viagem, não produz comida suficiente para alimentar

---

15 Yāqūt, cf. verbete "Rūmiya". Sobre os relatos árabes sobre Roma, cf. I. Guidi, La descrizione di Roma nei geografi arabi, *Archivio della Società Romana di Storia Patria*, 1: 173-218, 1877.

sua população. Muitos, no entanto, contam sobre Bagdá que, em tamanho e extensão e população e número de banhos, costumava ser exatamente assim, mas coisas como essas são difíceis de aceitar para os que apenas leem sobre elas, mas nunca viram nada igual e sabe Deus o que é verdade. Quanto a mim, essa é minha desculpa por não ter copiado tudo que foi dito e resumido em algumas partes[16].

É fácil compartilhar do ponto de vista de Yāqūt.

A maioria das descrições islâmicas da Europa ocidental no período medieval deriva direta ou indiretamente do relato do embaixador Ibrāhīm ibn Yaʿqūb, na metade do século x. Duas amostras das descrições de Ibn Yaʿqūb devem ser suficientes:

> Irlanda: uma ilha a noroeste do sexto clima [...] os vikings não têm base mais firme que essa ilha em todo o mundo. Sua circunferência é de 1.500 quilômetros e seu povo são os vikings, em trajes e roupas. Eles usam albornozes, cujo preço é de 100 dinares cada, e seus nobres usam albornozes incrustados com pérolas. Conta-se que, na região costeira, eles caçam os filhotes da baleia [bālīna], que é um peixe muito grande, do qual caçam os filhotes e os comem como iguaria. Dizem que esses filhotes nascem no mês de setembro e são capturados em outubro, novembro, dezembro e janeiro. Depois disso, sua carne fica dura e imprópria para comer. Quanto à maneira como os caçam, os caçadores se reúnem em barcos, levando consigo um grande gancho de ferro com dentes afiados. No gancho há um anel largo e forte e, no anel, uma corda resistente. Quando encontram um filhote de baleia, eles batem as mãos e gritam. O filhote de baleia é atraído pelas palmas e se aproxima dos barcos de uma forma sociável e amistosa. Um dos marinheiros salta então sobre ele e esfrega sua testa com força. Isso dá prazer ao filhote de baleia. Então o marinheiro coloca o gancho no centro da cabeça do filhote, pega um robusto martelo de ferro e bate com ele três vezes sobre o gancho, com a máxima força. A baleia não sente o primeiro golpe, mas com o segundo e o terceiro fica muito agitada e às vezes atinge alguns dos barcos com seu rabo e os estraçalha. Ela continua lutando, até ser vencida pela exaustão. Então os homens nos barcos ajudam a arrastá-la até alcançar a praia. Às vezes a mãe do filhote percebe sua luta e o segue. Caso isso aconteça, eles têm preparada uma grande quantidade de alho triturado, que eles misturam à água. Quando sente o cheiro do alho, ela o acha

---

16 Idem, ibidem.

repugnante, faz a volta e vai embora. Então eles cortam a carne do filhote e o salgam. Sua carne é branca como a neve e sua pele é negra como a tinta[17].

O relato de Ibn Ya'qūb sobre a caça à baleia em mares irlandeses sem dúvida tem certa base fatual e revela o conhecimento de que as baleias têm mães e são pegas com arpões. Mas é de duvidar que ele tenha posto os pés na Irlanda e seu relato é provavelmente de segunda mão. Sua descrição da Boêmia, por outro lado, manifestamente se baseia em experiência direta.

Boêmia: é o país do rei Boyslav. Sua extensão, da cidade de Praga até a cidade de Cracóvia, é uma viagem de três semanas, avançando-se em paralelo com o território dos turcos. A cidade de Praga é construída em pedra e calcário e é a cidade comercialmente mais rica de todas essas terras. Os russos e os eslavos levam para lá mercadorias da Cracóvia, os muçulmanos, judeus e turcos do território turco também levam mercadorias e cargas; eles também levam de lá escravos, estanho e várias espécies de peles. Seu país é o melhor dentre todos os países dos povos do norte e o mais rico em provisões. Por um tostão, lá se vende farinha suficiente para satisfazer um homem durante um mês e, pela mesma soma, cevada suficiente para alimentar um animal de montaria durante quarenta noites; dez galinhas são vendidas por um tostão.

Na cidade de Praga, eles fazem selas, rédeas e os finos broquéis de couro que são usados na região. E, no país da Boêmia, eles fazem lenços leves e finos como redes, bordados com crescentes, que não têm uso nenhum. Seu preço por lá é sempre dez lenços por um tostão. Eles os usam para o comércio e os negociam entre si e possuem vasos cheios deles. Eles os consideram como dinheiro e compram com eles as coisas mais caras, como trigo, escravos, cavalos, ouro, prata e tudo mais. É notável que o povo da Boêmia tenha a pele escura e os cabelos negros; os loiros são raros entre eles [...][18].

A Reconquista e as cruzadas colocaram muçulmanos e ocidentais em contato mais estreito, tanto na paz quanto na guerra.

---

17 Qazvīnī, p. 388-389; cf. Jacob, p. 26-27; cf. Miquel, p. 1057-1058. Cf. supra, n. 10, p. 103. Para um relato posterior de captura de um "grande peixe", provavelmente uma baleia, cf. *Vakiat-i Sultan Cem*, p. 9-10.

18 A. Kunik e V. Rosen, *Izvestiya al-Bekri*, p. 34-35; T. Kowalski, *Relatio Ibrāhīm ibn Ja'ḵūb*, p. 2-3; Bakri, *Jughrāfiya*, A. A. el-Hajji (org.), p. 160-163; G. Jacob, *Arabische Berichte*, p. 12-13.

A partir de então seria de se esperar, da parte dos muçulmanos, um conhecimento mais detalhado e preciso de seus vizinhos da Europa cristã – informações mais substanciais que os vagos relatos, rumores e criações fantasiosas do passado. Sem dúvida os muçulmanos dos séculos XII, XIII e XIV sabiam mais sobre o Ocidente que seus predecessores do período anterior às cruzadas, mas ainda é surpreendente como era pouco o que eles realmente conheciam e, mais ainda, como eles pouco se interessavam.

Um dos maiores geógrafos da época, o persa Zakariyā ibn Muḥammad al-Qazvīnī (-1283), se apoia em grande parte em Ibn Yaʿqūb para seu relato sobre a Europa e, na verdade, é em parte graças a ele que a narrativa de Ibn Yaʿqūb chegou até nós. Sobre os francos, ele tem somente o seguinte a dizer:

> País dos francos: um país poderoso e uma vasta monarquia nos domínios dos cristãos. Seu frio é muito intenso e seu ar é denso, devido ao frio excessivo. Está cheio de coisas boas, de frutos e colheitas, é rico em rios, abundante em produtos agrícolas, possuindo lavoura e gado, árvores e mel. Há uma grande variedade de caça por lá e as espadas do país dos francos são mais afiadas que as da Índia.
>
> Seu povo são os cristãos e eles têm um rei que possui coragem, um exército numeroso e poder para governar. Ele tem duas ou três cidades em nossa costa marítima no meio das terras do Islã, que ele protege de seu lado da fronteira. Sempre que os muçulmanos enviam forças até elas, ele envia forças de seu lado, para defendê-las, e seus soldados são de grande coragem e, na hora do combate, jamais pensam em fugir, preferindo a morte[19].

Parte desse relato de Al-Qazvīnī sem dúvida provém de algum autor de um período anterior, talvez do próprio Ibn Yaʿqūb, mas a última parte, com sua referência a cidades francas "no meio das terras do Islã" e seu depoimento involuntário quanto às forças dos exércitos francos, parece remontar à época das Cruzadas. As observações de Al-Qazvīnī têm o mérito de refletir impressões recebidas por meio de contato direto – algo muito diferente dos relatos de viajantes, velhas lendas e fragmentos reciclados do conhecimento grego que constitui grande parte dos relatos mais antigos sobre o Ocidente.

19 Qazvīnī, p. 334-335; cf. Jacob, p. 31-32; cf. Miquel, p. 1052-1053. Cf. supra, n. 10, p. 103

Informações um pouco melhores estavam disponíveis no Ocidente islâmico, no norte da África e na Espanha, onde o avanço da Reconquista cristã tinha colocado os muçulmanos em contato mais estreito, mesmo que indesejado, com a Europa. Um geógrafo do século XII, chamado Zuhrī, provavelmente escrevendo na Espanha, fala de Veneza, Amalfi, Pisa e Gênova, com algumas observações sobre seus comerciantes e produtos. Sobre Gênova, ele observa que é "uma das maiores cidades dos romanos e francos e que seu povo são os coraixitas dos romanos". Uma vez que os coraixitas, a tribo de Meca à qual pertencia o Profeta, são os mais nobres dos árabes, esse é um extravagante cumprimento. E isso não é tudo. Afirma-se, continua Zuhrī, que os genoveses descendem da tribo árabe cristianizada dos gassânidas, que vivia nas regiões de fronteira sírio-arábicas antes do advento do Islã. "Em sua aparência, esse povo não se assemelha aos romanos. A maior parte dos romanos tem pele clara, enquanto esse povo é escuro, de cabelos encaracolados e nariz majestoso. É por isso que se diz que eles descendem de árabes"[20].

Nesse meio tempo, outro muçulmano do Ocidente, que vivia sob o domínio cristão na Sicília normanda, escrevia um texto que representa o ponto alto do conhecimento muçulmano medieval sobre a geografia da Europa, bem como do resto do mundo. Abū 'Abdallah Muhammad al-Sharīf al-Idrīsī, descendente de uma casa outrora reinante no Marrocos, nasceu em Ceuta, Marrocos, em 1099. Após estudar em Córdova e viajar bastante pela África e Oriente Médio, Al-Idrīsī aceitou o convite do rei normando da Sicília, Rogério II, e se fixou em Palermo. Nessa cidade, tomando como base suas próprias viagens, bem como informações coletadas em fontes anônimas, ele compilou sua grande obra-prima de geografia, conhecida como *O Livro de Rogério*. Foi concluído em 1154. Essa obra, como de se esperar, contém muitas informações sobre a Itália, bem como descrições detalhadas da maior parte da Europa ocidental. Nesses capítulos, Al-Idrīsī dá atenção apenas limitada aos antigos escritos muçulmanos de geografia e parece se apoiar diretamente em informantes cristãos do Ocidente e talvez também em mapas ocidentais.

---

20 Zuhrī, *Kitāb al-Dju'rāfiya...*, p. 229-230 e 277-278; cf. trad. para o francês, p. 93.

Isso tudo estaria facilmente acessível a ele na Sicília normanda. Eis como Al-Idrīsī inicia sua descrição das Ilhas Britânicas:

> A primeira parte do sétimo clima é constituída inteiramente pelo oceano e suas ilhas são desertas e desabitadas.
> A segunda seção do sétimo clima contém a parte do oceano em que está a ilha de l'Angleterre [Inglaterra]. É uma grande ilha, em forma de cabeça de avestruz; nela estão cidades populosas, montanhas altas, rios caudalosos e planícies. É muito fértil e seu povo é robusto, resoluto e vigoroso. O inverno por lá é permanente. O lugar mais próximo é Wissant, no país de França, e entre essa ilha e o continente há um estreito com vinte quilômetros de largura[21].

Al-Idrīsī prossegue então, descrevendo, rapidamente, Dorchester, Wareham, Dartmouth e "a parte estreita da ilha chamada Cornualha, que se parece com o bico de um pássaro", Salisbury, Southampton, Winchester, Shoreham, Hastings, "uma cidade de tamanho considerável e numerosos habitantes, florescente e esplêndida, com mercados, artesãos e prósperos comerciantes", Dôver, Londres, Lincoln e Durham. Além dessas terras, se encontra a Escócia, sobre a qual Al-Idrīsī observa que: "Ela faz fronteira com a ilha da Inglaterra e é uma longa península ao norte da ilha maior. É desabitada e não possui nem cidades nem aldeias. Seu comprimento é de 240 quilômetros"[22].

Al-Idrīsī ouvira falar de um lugar ainda mais remoto:

> Da extremidade da península vazia da Escócia até a extremidade da ilha da Irlanda, a distância é de dois dias navegando rumo oeste [...] o autor do *Livro das Maravilhas* [uma obra anterior produzida no Oriente] diz que existem lá três cidades e que elas costumavam ser habitadas e que navios costumavam visitar e passar por lá e comprar âmbar e pedras coloridas dos nativos. Então um deles tentou se tornar o rei deles e, com seu povo, travou guerra contra eles e eles resistiram e lutaram contra ele. Então surgiu um inimigo entre eles e eles se exterminaram uns aos outros, sendo que alguns se mudaram para terra firme. Assim, suas cidades ficaram arruinadas e nenhum habitante permaneceu nelas[23].

21 Al-Idrīsī, *Opus Geographicum*, A. Bombaci et. al (org.)., fasc. 8, Nápoles, 1978, p. 944; cf. A. F. L. Beeston, Idrisi's Account of the British Isles, BSOAS, 13: 267, 1950.
22 Al-Idrīsī, *Opus*..., fasc. 8, p. 946.
23 Idem, p. 947-948.

As informações de Al-Idrīsī sobre as Ilhas Britânicas são escassas; por outro lado, ele está muito mais bem informado sobre o continente europeu, até mesmo sobre seus extremos norte e leste. Sua descrição das ilhas – na forma de uma cabeça de avestruz, ou como o bico de um pássaro – claramente indica que ele examinou alguns mapas. Também é provável que tenha sido deles que ele extraiu informações sobre os numerosos nomes de lugares mencionados.

O exemplo de Al-Idrīsī foi seguido – e seu material utilizado – por geógrafos árabes posteriores. Ibn 'Abd al-Mun'im, um autor cuja datação é incerta, originário de algum ponto do Ocidente islâmico, compilou um dicionário de geografia, que incluía partes da Europa; Ibn Sa'īd (1214-1274), nascido em Alcalá la Real, próximo a Granada, escreveu uma *Geografia Mundial* que seria fartamente citada por escritores muçulmanos posteriores, tanto no Ocidente quanto no Oriente.

O relato de Ibn Sa'īd sobre o Ocidente contém uma série de novidades interessantes. Comentando sobre a Inglaterra, ele observa que "o rei dessa ilha é chamado de Al-Inkitār na história de Saladino e das guerras de Acre"[24]. O rei mencionado na história de Saladino é, evidentemente, Ricardo Coração de Leão (Richard Cœur de Lion) que, sob o curioso nome de Al-Inkitār, obviamente derivado de *l'Angleterre**, aparece em todos os relatos muçulmanos sobre a Terceira Cruzada. Os cronistas muçulmanos têm muito a dizer sobre as atividades políticas e militares dos cruzados no Oriente; contudo, manifestam notável pouco interesse pelas questões internas dos Estados envolvidos nas Cruzadas, menor interesse ainda pelas diferenças entre os vários contingentes nacionais e nenhum em absoluto por seus países de origem. A identificação que Ibn Sa'īd faz desses remotos e misteriosos ilhéus com uma figura da história sírio-palestina é, dessa forma, excepcional. Para a maioria dos cronistas muçulmanos, eles eram todos infiéis francos, que vinham dos territórios bárbaros do norte e quanto mais cedo para lá retornassem, melhor. Os soberanos e

---

24 Ibn Sa'īd, *Kitāb Basṭ al-arḍ fī 'l-ṭūl wa 'l-'Arḍ*, J. V. Gines (org.), Tetuan, 1958, p. 134. Cf. Abū 'l-Fidā, *Taqwīm al-buldān*, J. S. Reinaud; M. de Slane (org.), Paris, 1840, p. 187; e Seippel, *Rerum Normannicarum*, p. 23.

* Em francês no original (N. da E.).

líderes francos raramente são mencionados pelo nome, sendo, ao contrário, designados por alguma descrição ou título vago e impreciso, em geral seguido da fórmula "que Deus conduza sua alma ao Inferno", ou algo equivalente.

Os historiadores quase nunca se preocupavam em correlacionar seus conhecimentos sobre os francos na Síria com as escassas informações sobre a Europa disponíveis nos escritos dos cosmógrafos, geógrafos e viajantes. A ideia de que a religião, a filosofia, a ciência ou a literatura dos francos pudessem ter algum interesse parece jamais ter ocorrido a nenhum deles. Somente no final do século XIV, após vários séculos de relações comerciais e diplomáticas, é que pela primeira vez encontraríamos num autor árabe alguma sugestão quanto à possibilidade de que coisas desse tipo talvez existissem na Europa. Ela provém, como de se esperar, de uma das maiores e mais originais mentes que a civilização islâmica já produziu e, mesmo então, é expressa nos termos de uma observação acadêmica. Na seção sobre geografia de seu famoso *Muqaddima*, ou prolegômenos à história, o grande historiador e sociólogo tunisiano Ibn Khaldūn (1332-1406) inclui uma descrição da Europa ocidental que não diz nada mais do que aquilo que se encontra nos escritos de Al-Idrīsī e outros geógrafos muçulmanos. Próximo ao final do *Muqaddima*, no entanto, há um relato sobre a origem e desenvolvimento das ciências racionais que contém uma admissão revolucionária. Após descrever a gênese da ciência entre os gregos e persas e outros povos da antiguidade, Ibn Khaldūn passa a discutir seu desenvolvimento sob o Islã e sua disseminação rumo Ocidente, passando pelo norte da África até a Espanha, e então conclui:

> Ficamos sabendo recentemente que, no território dos francos, isto é, no país de Roma e suas terras na costa norte do Mediterrâneo, as ciências filosóficas estão florescendo, suas obras se revitalizando, seus cursos, aumentando, seus encontros de estudos, se ampliando, seus expoentes, ficando numerosos e seus estudantes, se tornando abundantes. Mas Deus sabe melhor o que se passa por lá. "Deus cria o que Ele deseja e escolhe"[25].

---

25 Ibn Khaldūn, *al-Muqaddima*, Paris: Quatremère, 1858, 3: 93; cf. trad. para o francês, M. de Slane, *Les Prolégomènes*, Paris, 1863-1868, 3: 129; cf. trad. para o inglês, F. Rosenthal, *The Muqaddima*, New York/London, 1958, 3: 117-118.

O sentido da citação do *Alcorão*, na conclusão da passagem, parece ser o de que mesmo algo tão extraordinário quanto o nascimento da cultura entre os francos não está além do alcance da onipotência de Deus.

Ibn Khaldūn também é o autor de uma história universal, para a qual seu mais bem conhecido *Muqaddima* serve de introdução. A obra é, como de se esperar, mais completa em sua abordagem do norte da África e inclui um relato sobre a malfadada cruzada liderada pelo santificado rei Luís IX, da França, contra Túnis. Esse relato é notável sob diversos aspectos. Ibn Khaldūn designa o monarca francês como "Sanluwīs ibn Luwīs" e seu título, como Rīdā Frans, "que em língua franca significa rei da França"[26]. Assim ele tinha conhecimento de que o rei era conhecido como São Luís – embora seja difícil saber o que isso podia significar para ele – e que também seu pai se chamava Luís. Mais importante, embora, como outros historiadores muçulmanos, Ibn Khaldūn não empregue a palavra "cruzadas", ele sem dúvida apresenta a expedição a Túnis como parte de uma luta histórica entre a cristandade e o Islã, que se estendeu por vários séculos e envolveu acontecimentos remotos, mas relacionados entre si, como as antigas guerras árabe-bizantinas e os confrontos, então recentes, ocorridos na Palestina e na Espanha. Mais notável talvez, ele inicia seu relato com uma rápida discussão sobre o país de origem dos invasores que, no entanto, não vai além do limitado sortimento de informações geográficas disponíveis.

Ele tem pouco mais a dizer sobre a Europa. O segundo volume aborda sobretudo os povos pré-islâmicos e não islâmicos, inclusive a antiga Arábia, a Babilônia, o Egito, Israel, a Pérsia, a Grécia, Roma e Bizâncio. Na Europa, somente os visigodos são mencionados – um curto relato sobre eles é necessário como introdução à conquista muçulmana da Espanha e faz parte da tradição historiográfica árabe-espanhola. A história universal de Ibn Khaldūn não abrangia o norte da Espanha nem o leste da Pérsia; isto é, ela estava limitada a sua própria civilização e a seus predecessores diretos e, assim, se parecia com a maior parte das chamadas histórias universais que, até muito recentemente, eram escritas no Ocidente.

---

26  Ibn Khaldūn, *Kitāb al-'Ibar*, 6: 290-291, Cairo, 1867.

Mas, quase um século antes, mais a leste, na longínqua Pérsia, fora feita uma tentativa de elaborar uma história realmente universal, abrangendo todo o mundo habitado tal como conhecido na época – uma tentativa sem precedentes e, por muito tempo, sem paralelos. A ocasião e oportunidade foram oferecidas pelas grandes conquistas dos mongóis que, pela primeira vez na história, tinham unificado a Ásia tanto oriental quanto ocidental num sistema imperial único e tinham colocado as antigas civilizações da China e da Pérsia em estreito e frutífero contato.

Nos primeiros anos do século XIV, Ghāzān Khān, o soberano mongol da Pérsia, convidou seu médico e conselheiro Rashīd al-Dīn, um judeu convertido ao Islã, a preparar uma história universal da humanidade, que incluísse todos os povos e reinos conhecidos. A obra resultante coloca Rashīd al-Dīn entre os maiores historiadores do Islã e, na verdade, da humanidade. Ele parece ter iniciado sua obra de uma forma notavelmente conscienciosa e eficiente. Para a história chinesa, ele consultou dois estudiosos chineses levados até a Pérsia com esse propósito, para a história da Índia, um eremita budista convocado da Caxemira. Para um trabalho historiográfico de tão amplas dimensões, até mesmo os distantes bárbaros da Europa ocidental eram considerados merecedores de uma sucinta descrição, tanto mais que vários deles estavam em negociações diplomáticas com o soberano para quem Rashīd al-Dīn trabalhava. Sua fonte para as questões europeias parece ter sido um italiano, provavelmente um dos emissários da Cúria papal que então frequentavam a corte do soberano mongol. Por meio dele, Rashīd al-Dīn ficou sabendo de uma crônica europeia que recentemente foi identificada como de autoria do cronista do século XIII Martinho de Opava, também conhecido, apesar de sua origem checa, como Martinus Polonus[27].

A seção que Rashīd al-Dīn dedica aos francos está dividida em duas partes. A primeira consiste num levantamento geográfico e político dos países e Estados europeus, a segunda em

27 Cf. a edição parcial de K. Jahn, com trad. para o francês da seção sobre a Europa de Rashīd al-Dīn, em *Histoire universelle de Rašīd al-Dīn* e sua tradução posterior para o alemão, *Die Frankengeschichte*... Cf. também, K. Jahn, Die Erweiterung unseres Geschichtbildes durch Rašīd al-Dīn, *Anzeiger der phil.--hist. Klasse der Österreichischen Akad. der Wiss.*, 1970: 139-149; e J. A. Boyle, Rashīd al-Dīn and the Franks, *Central Asian Journal*, 14: 62-67, 1970.

uma curta crônica sobre os imperadores e papas. Rashīd al--Dīn sem dúvida fez uso de textos árabes e persas mais antigos que tratavam da Europa, mas grande parte de suas informações é nova e de primeira mão. Seu relato sobre as relações entre o papa e o imperador é detalhado e sem dúvida tem como fonte um emissário papal; ele tem excelentes informações sobre as coroações imperiais; ouviu falar da lã e do tecido escarlate produzidos na Inglaterra; das universidades de Paris e de Bolonha; das lagunas de Veneza; das repúblicas italianas e da ausência de cobras na Irlanda. Tudo isso representa um considerável avanço em termos de conhecimento. Mesmo sua curiosa afirmação de que o soberano das duas ilhas [Irlanda e Inglaterra] se chamava Escócia e que elas seriam tributárias do rei da Inglaterra pode ter um fio de verdade[28].

Sua crônica dos imperadores e papas se encerra com o imperador Alberto I e o papa Bento XI, ambos corretamente descritos como vivendo na época. Ela nada mais é que um resumo atualizado da obra de Martinho de Opava. Seu relato sobre a Europa é insubstancial, superficial e às vezes inexato e, em comparação com sua abordagem longa e exaustiva de outras civilizações – por exemplo, as da Índia e da China – bastante medíocre. Mas, depois da curta lista de reis francos fornecida por Al Masūdī, parece ser ele a única tentativa de traçar um quadro histórico da Europa cristã empreendida por um autor islâmico na Idade Média. A terceira tentativa somente seria feita durante o período otomano, no século XVI. Durante todo o período medieval, o Islã permaneceu indiferente, sem qualquer interesse pelos povos infiéis e atrasados que viviam nas terras ao norte do Mediterrâneo. É surpreendente que mesmo um pensador original e excepcional como Ibn Khaldūn – que era nativo da Tunísia, um dos territórios muçulmanos com experiência mais direta do Ocidente – compartilhasse dessa indiferença generalizada. O grande debate sobre as cruzadas, tão importante na história ocidental, praticamente não provocava a mínima curiosidade em terras islâmicas. Mesmo o rápido crescimento das relações comerciais e diplomáticas com a Europa após as Cruzadas parece não ter provocado nenhum desejo de penetrar nos segredos do outro lado.

---

28 Rashīd al-Dīn, *Histoire*, p. 5-18; *Frankengeschichte*..., p. 49.

Enquanto os antigos Estados muçulmanos da Espanha e do Oriente entravam em declínio e caíam sob domínio estrangeiro, na Anatólia surgia um novo e vigoroso principado, que logo se desenvolveria para se tornar o último e maior dos impérios universais muçulmanos. O Estado otomano nascia na fronteira entre o Islã e a cristandade e, desde o início, os otomanos, embora talvez mais sinceramente dedicados ao Islã que alguns de seus predecessores, estavam em contato mais estreito e direto com pelo menos algumas das regiões da Europa cristã. Para os otomanos que avançavam, a Europa dos francos não era mais o ermo remoto e misterioso que ela fora para os árabes e persas do período medieval. Ela era seu vizinho e rival imediato, substituindo o desaparecido Império Bizantino como o emblema da cristandade, o adversário milenar e arquetípico da Casa do Islã.

Era sobretudo com relação às artes da guerra que os turcos estavam dispostos a se voltar para a Europa, em busca de informações e mesmo de conhecimento. Na construção naval, em particular, eles seguiam de perto os modelos ocidentais e não foram poucos os melhoramentos que eles introduziram por conta própria. Juntamente com as técnicas navais europeias, no entanto, os turcos também adquiriram um conhecimento básico da navegação e dos mapas europeus e logo podiam copiar, traduzir e utilizar as cartas náuticas europeias para navegação costeira, assim como fazer suas próprias cartas náuticas. Piri Reis (-c.1550), o primeiro cartógrafo otomano de destaque, conhecia, ao que parece, algumas das línguas ocidentais e pode ter feito uso de fontes ocidentais. Já em 1517, ele apresentava um mapa-múndi ao sultão Selim I, que incluía uma cópia do mapa de Colombo da América, feito em 1498. Uma vez que o original de Colombo se perdeu, esse mapa – provavelmente capturado num dos numerosos embates navais com espanhóis e portugueses – sobrevive apenas na versão turca que ainda pode ser encontrada na Biblioteca do Palácio de Topkapı, em Istambul[29]. A ele se seguiria, em 1580, um relato

---

29 Sobre Piri Reis e seu mapa, cf. P. Kahle, *Die verschollene Columbus-Karte von Amerika vom Jahre 1498 in einer türkischen Weltkarte von 1513*, Berlim/Leipzig, 1932; R. Almagia, Il mappamondo di Piri Reis e la carta di Colombo del 1498, *Societa Geografica Italiana, Bolletino*, 17: 442-449, 1934; E. Braunlich, Zwei türkische

da descoberta do Novo Mundo, ao que parece, compilado de fontes europeias pelo geógrafo otomano Muhammad ibn Hasan Su'udi e presenteado ao sultão Murad III[30].

Um livro turco para navegação no Mediterrâneo, compilado no ano de 1521 e revisado em 1525, contém detalhadas instruções de navegação na região costeira do Mediterrâneo. A versão de 1525 inclui um prefácio e um apêndice, ambos em versos, que dão alguma ideia do conhecimento e dos conceitos geográficos então utilizados pelos turcos. Um *mappemonde* elaborado posteriormente, em 1559, parece ter sido preparado por um certo Ḥājji Aḥmad, de Túnis, que estudou na universidade da mesquita de Fez, no Marrocos, e foi depois feito prisioneiro na Europa, provavelmente em Veneza. Foi aí, em todo o caso, que ele preparou seu planisfério turco, que abrangia a Europa, a Ásia, a África e as partes conhecidas da América. Ḥājji Aḥmad também fornece alguns detalhes sobre si próprio, que sugerem que ele teria elaborado seu mapa enquanto era prisioneiro "de um cavalheiro culto e virtuoso". Descrevendo seu livro, ele diz:

> Fiz uma reprodução em escrita muçulmana, traduzindo as línguas e escritas francas. Eles prometeram me libertar em troca de meu esforço e trabalho, que são tantos que me faltam palavras para descrever [...] escrevi [ou, talvez, "ditei"] em turco, conforme meus recursos e sob as ordens de meu senhor, já que essa língua tem grande autoridade no mundo[31].

A primeira obra otomana importante, tratando de geografia geral, foi o *Jihannüma* (Espelho do Mundo) de Kâtib Çelebi que, em seu prefácio, afirma quase ter abandonado a

---

Weltkarten aus dem Zeitalter der grossen Entdeckungen, *Berichte... Verhandl. Sächs. Ak. Wiss. Leipzig, Phil. Hist. Kl.*, 89, 1ª parte, 1939; Afetinan, *Piri Reis in Amerika haritasī 1513-1528*, Ancara, 1954. Sobre a bibliografia otomana abordando a geografia em geral, cf. *EI2.*, verbete "*Djughrāfiyā*", VI, o artigo de F. Taeschner; idem, Die geographische Literatur der Osmanen, *Zeitschrift der Deutschen Morgenländischen Gesellschaft*, 77: 31-80, 1923; A. Adnan-Adivar, *La Science chez les Turcs Ottomans*, Paris, 1939; idem, *Osmanlī Turklerinde Ilim*, Istambul, 1943 – uma versão mais completa de *La Science*.

30  *Tarih al-Hind al-Garbi*.
31  Adnan-Adivar, *Ilim*, p. 73, citando d'Avezac, Mappemonde Turque de 1559, *Acad. Inscr. et Belles Lettres*, Paris, 1865.

esperança de conseguir compilar uma geografia universal, ao perceber que as Ilhas Britânicas e a Islândia não podiam ser descritas sem o recurso a obras europeias, uma vez que todas as que estavam disponíveis em árabe, persa e turco eram incompletas e inexatas. Çelebi diz ter consultado, por meio de intermediários, a geografia de Ortélio e o *Atlas* (*Major* ou *Minor*) de Mercator. Bem quando achava que poderia encontrar uma cópia da obra de Ortélio, ele teve "a boa sorte de achar o *Atlas Minor*, um resumo do *Atlas Major*" e, ao mesmo tempo, travar conhecimento com um certo xeique Muhammad Ihlasi, "um ex-monge francês, que se convertera ao Islã". Com a ajuda do francês, começou a elaborar a tradução do *Atlas Minor*, que foi concluída em 1655[32].

Próximo ao final do século, um outro geógrafo, Abū Bakr ibn Bahrām al-Dimashqī (-1691), um protegido do grão-vizir Fazil Ahmed Paxá, trabalhou em vários esboços do *Jihannüma*, de Kâtib Çelebi, tendo acrescentado a ele algum material complementar. Sua principal obra é a tradução do *Atlas Major*, de Joan Blaeu[33]. Al-Dimashqī, ao que parece, estava interessado sobretudo na geografia de Blaeu e, em menor grau, em sua geometria. Significativamente, sua explicação para as teorias cósmicas de Tycho Brahe e de Copérnico se reduz à curta afirmação de que "há uma outra doutrina, segundo a qual o sol é o centro do universo e a terra gira a seu redor"[34].

A tendência iniciada com as obras de Kâtib Çelebi e Al-Dimashqī continuou pelo século XVIII adentro. Várias outras obras de geografia aparecem sobretudo na forma de apêndices ou complementos ao *Jihannüma*. De algum interesse é o trabalho de um armênio, Bédros Baronian, que serviu como dragomano numa missão diplomática enviada aos Países Baixos e depois numa missão enviada ao reino das Duas Sicílias. Há relatos de que ele teria preparado uma tradução para o turco de um manual francês, elaborado por Jacques Robbs, intitulado *La Méthode pour apprendre facilement la géographie*[35].

---

32 Kâtib Çelebi, *Mīzān al-ḥaqq fī ikhtiyār al-aḥaqq*, Istambul, 1268 (A.H.), p. 136; cf. trad. para o inglês, G. L. Lewis, *The Balance of Truth*, London, 1957, p. 136.
33 Adnan-Adivar, *Science*, p. 121; *Ilim*, p. 134.
34 Idem, p. 122; idem, p. 135.
35 Idem, p. 135; idem, p. 153.

Essa bibliografia, embora de interesse, parece ter tido impacto apenas limitado e é de duvidar que os marinheiros ou geógrafos turcos conhecessem muita coisa além do Mediterrâneo. Em 1770, quando uma frota russa contornou a Europa ocidental e de repente se defrontou com os otomanos no Egeu, o governo otomano apresentou um protesto formal ao representante veneziano, queixando-se de que seu governo havia permitido à frota russa navegar do Báltico para o Adriático. Esse comentário se refere a uma particularidade de alguns mapas medievais que mostram um canal entre esses dois mares, com sua extremidade sul em Veneza. Embora Kâtib Çelebi e seus discípulos sem dúvida estivessem bem informados sobre essa particularidade e o *Jihannüma* já estivesse sendo impresso, os oficiais da Sublime Porta, ao que parece, ainda eram guiados por noções medievais de geografia.

Vasif, um cronista otomano do século XVIII, observa que os ministros otomanos não podiam conceber que houvesse um caminho para a frota moscovita ir de São Petersburgo até o Mediterrâneo[36]. O historiador e intérprete austríaco Joseph Hammer fala de uma expressão de incredulidade do mesmo tipo, "sob meus próprios olhos", no ano de 1800, quando o grão-vizir, Yusuf Ziya, se recusou a acreditar que reforços britânicos podiam ser transportados da Índia através do Mar Vermelho. Hammer observa: "Sir Sidney Smith, a quem servi como intérprete durante esse encontro, se deu ao trabalho de demonstrar, recorrendo ao exame dos mapas, que havia uma passagem conectando o Oceano Índico ao Mar Vermelho"[37]. A história moderna da Europa e da América do Norte oferece exemplos igualmente dramáticos da ignorância geográfica, por parte de políticos e até mesmo de homens de Estado. Essa ignorância, contudo, embora às vezes encontrada em meio a governantes, não era característica da elite política e em geral era corrigida por um serviço civil bem treinado e bem informado.

Sobre a geografia humana da Europa – os diferentes povos que habitavam os países que ameaçavam ao longe o horizonte

---

36 Vasif, *Tarih*, 2: 70; citado em J. von Hammer, *Geschichte des Osmanischen Reiches*, 2 ed., Pest, 1834-1836, 4: 602; e idem, trad. para o francês de J. J. Hellert, *Histoire de l'Empire Ottoman*, Paris, 1835 e seguintes, 16: 248-249.

37 J. Hammer, *Histoire*, 16: 249, nota.

otomano – existem poucas informações na bibliografia otomana. Uma exceção interessante é um certo Mustafa Âli, de Galípoli (1541-1600), um historiador, poeta e polímata, famoso em sua época. Em pelo menos duas passagens, Âli tenta uma espécie de etnologia da Europa. No quinto volume de uma obra sobre história universal, que não inclui a Europa, ele oferece uma digressão bastante longa sobre as várias raças encontradas pelos otomanos dentro e fora de suas fronteiras. Uma passagem análoga aparece numa outra obra de Âli, na qual ele discute os diferentes tipos de escravos e servidores e as qualidades e aptidões raciais dos povos em meio aos quais eles eram recrutados. Âli sem dúvida está mais bem informado sobre as raças encontradas no âmbito do império e reflete amplamente os preconceitos habituais do proprietário de escravos. Esperar boas maneiras e dignidade dos albaneses ou lealdade dos curdos é como pedir a uma galinha choca que pare de cacarejar. Da mesma forma, é impossível para uma escrava russa não ser uma prostituta, ou para um cossaco, não ser um beberrão. Âli tem uma opinião um pouco melhor sobre os escravos dos Bálcãs. Os bosníacos, em especial os croatas, são gente decente. Dos outros povos europeus, ele menciona apenas os húngaros, os francos e os alemães (Alman). Os francos e os húngaros se parecem um pouco uns com os outros. São limpos em seus hábitos relativos a comida, bebida, roupas e acessórios domésticos. Também são de compreensão rápida, ágeis e de mente aguçada. Tendem, contudo, a ser ardilosos e astutos, sendo muito hábeis na aquisição de dinheiro. Quanto à boa capacidade de procriação e dignidade – qualidades às quais Âli atribui importância – eles são passáveis. São, contudo, capazes de conversa inteligível e articulada. Embora muitas vezes notados por sua beleza e elegância na aparência, poucos deles desfrutam de boa saúde e muitos estão sujeitos a várias doenças. Sua fisionomia é franca e fácil de interpretar. São extremamente hábeis no comércio e, quando se reúnem para beber e se divertir, aproveitam do prazer com moderação. No todo, diz Âli, eles são um povo esperto e habilidoso. Os alemães, por outro lado, são obstinados e de má índole, hábeis nas atividades artesanais e coisas parecidas, mas de resto, bastante atrasados. Eles têm a fala pesada e são lentos de movimento. Poucos deles se convertem ao Islã e eles preferem persistir em seu erro e falta de fé. São, no entanto, excelentes combatentes, tanto na cavalaria quanto na infantaria[38].

Âli sem dúvida escrevia apoiado em rumores que ouvia. Meio século mais tarde, Evliya Çelebi tentava uma comparação entre os húngaros e os austríacos, com base em observação direta. Evliya observa que os húngaros tinham se enfraquecido com as conquistas otomanas do século anterior e os que não tinham sido conquistados pelos turcos haviam caído sob o domínio austríaco. Apesar disso, ele os considerava como superiores aos austríacos que, em sua visão, eram demasiado antibelicistas. "Eles são exatamente como os judeus. Não têm estômago para a luta". Os húngaros são um povo mais refinado:

> Embora tenham perdido seu poder, eles ainda têm boas mesas, são hospitaleiros com os hóspedes e são hábeis cultivadores de suas terras férteis. Como os tártaros, eles cavalgam com uma parelha de cavalos onde quer que vão, levando de cinco a dez pistolas e com espadas no cinto. Na verdade, eles se parecem com nossos soldados de fronteira, usando os mesmos trajes que eles e montados nos mesmos cavalos puros-sangues. São limpos em seus hábitos e alimentação e recebem bem os seus hóspedes. Não torturam seus presos como fazem os austríacos. Praticam esgrima como os otomanos. Em resumo, embora ambos os povos sejam infiéis sem religião, os húngaros são infiéis mais limpos e honrados. Eles não lavam seus rostos com urina toda manhã, como fazem os austríacos, mas lavam seus rostos com água toda manhã, como fazem os otomanos[39].

Se o presente dos infiéis tinha pouca coisa de valor, seu passado tinha ainda menos e os historiadores otomanos em geral não se interessavam pela história da Europa.

Havia, no entanto, uma ocasional centelha de interesse. A acreditar numa antiga crônica otomana, a captura da grande e histórica cidade de Constantinopla, em 1453, despertou uma certa curiosidade quanto ao passado da cidade. Ela foi rapidamente satisfeita.

---

38 Âli, *Künh al-ahbar*, Istambul, 1869, 5: 9-14; idem, *Meva'iddü'n-Nefa'is fi kava'idi'l-mecalis*, Istambul, 1956, fasc. 152-153.
39 Evliya, *Seyahatname*, 7: 224-225; cf. Kreutel, *Im Reiche des Goldenen Apfels*, p. 39.

Após conquistar Constantinopla, o sultão Mehmed viu Aya Sofya* e ficou assombrado. Interrogou o povo de Rūm e do Frangistão, os monges e os patriarcas, assim como aqueles dentre os romanos e francos que conheciam suas histórias, e quis saber quem tinha construído Constantinopla e quem tinha reinado na cidade e quem tinham sido os reis (*padişah*) [...]. Ele reuniu os monges e outras pessoas de Rūm e os francos que conheciam história e os interrogou: "quem construiu esta cidade de Constantinopla, quem foram seus reis?". Eles, por seu lado, informaram ao sultão Mehmed tudo que sabiam com base em seus livros e crônicas e em informações que haviam recebido[40].

Não está claro quem poderiam ter sido esses monges e cronistas, esses francos e gregos que o sultão consultou. A história pré-otomana da cidade, na qual o cronista otomano se baseia para o relato dessa passagem, é inteiramente fantástica e não tem relação alguma com a história grega, romana ou bizantina da cidade. O interesse do sultão Mehmed na história anterior recebe confirmação independente tanto de autores gregos quanto de italianos, alguns dos quais estiveram numa ocasião ou outra a seu serviço. Seu interesse, no entanto, seja qual for seu valor, parece ter sido excepcional e, em todo caso, não deixou traços na historiografia otomana.

A primeira obra turca sobre a história da Europa ocidental foi escrita no final do século XVI. Trata-se de uma história da França abrangendo do lendário rei fundador Faramundo até o ano de 1560. De acordo com o colofão, a obra foi traduzida para o turco por dois homens, o tradutor Hasan ibn Hamza e o copista, Ali ibn Sinan, por ordem de Feridun Bei, que ocupou o posto de secretário-chefe junto ao grão-vizir, de 1570 a 1573. A tradução foi concluída em 1572. Uma vez que ela ainda existe na forma de um único manuscrito que se encontra na Alemanha, é evidente que a obra não despertou grande interesse em meio aos leitores turcos.

---

\* Construída entre 532-537, em Constantinopla (atual Istambul) e dedicada à sabedoria divina, a Hagia Sofia ("sagrada sabedoria" em grego), ou ainda catedral de Santa Sofia, foi convertida em mesquita após a conquista muçulmana e hoje é um museu. Mehmed II, o Conquistador, também é conhecido em português como Maomé II (N. da T.).

40 Oruç, *Die frühosmanischer Jahrbücher des Urudsch*: Babinger (org.), p. 67. Sobre o interesse pela cultura ocidental atribuído a Mehmed, cf. F. Babinger, *Mehmed the Conqueror and His Time*, trad. de R. Mannheim, Princeton, 1978, p. 494 e s.

Durante o século XVII, surgem sinais de mudança e alguns historiadores e outros estudiosos turcos passam a demonstrar interesse pela Europa e mesmo certa familiaridade com as fontes europeias. Há relatos de que um certo Ibrahim Mülhemi (-1650) teria escrito uma história dos reis dos romanos e dos francos, da qual nenhuma cópia parece ter sobrevivido. Seu mais bem conhecido contemporâneo, Kâtib Çelebi, que dedicou certa atenção à Europa em suas obras de geografia, também escreveu sobre história e menciona, em uma de suas obras, a tradução de "uma história franca dos reis infiéis". Pelo menos uma cópia dessa tradução ainda existe em posse de particulares na Turquia e partes dela foram publicadas em série num jornal turco, em 1862-1863. Em sua introdução, Kâtib Çelebi menciona sua fonte – a crônica latina de Johann Carion (1499-1537), que ele teria utilizado na edição publicada em Paris em 1548. A escolha de uma obra luterana, muito utilizada na propaganda protestante, pode talvez indicar que o colaborador francês de Kâtib Çelebi, embora por ele descrito como um ex-monge, tinha formação protestante, e não católica[41].

Além dessa tradução, Kâtib Çelebi escreveu um texto "original" sobre a Europa, que chegou até nós apenas na forma de manuscrito e que citamos no início deste capítulo. Seu objetivo, explicava ele, era dar aos muçulmanos as muito necessárias informações precisas sobre os povos da Europa. Apesar desse objetivo, seu tratado serve, nas palavras do professor Victor Ménage, "por sua própria trivialidade, como índice da ignorância sobre a Europa que prevalecia em meio aos homens de ciência otomanos em sua época"[42].

No entanto, havia um pequeno interesse pela história ocidental, embora de forma bastante contida. Ao que parece, esse interesse aumentou um pouco na segunda metade do século XVII, quando uma nova forma de sociedade começou a emergir na elegante periferia rural em torno de Istambul. Os estudiosos turcos podiam agora se encontrar com cristãos otomanos ocidentalizados, mas que falavam o turco, e ocasionalmente até mesmo um europeu e também tinham a oportunidade de

---

41 Sobre essas obras, cf. B. Lewis, The Use by Muslim Historians of Non-Muslim Sources, *Islam in History*, London, 1973, p. 101-114.
42 V. L. Ménage, Three Ottoman Treatises..., p. 423.

conhecer algo sobre a ciência e a cultura ocidentais. Uma figura central nesse contexto foi o príncipe romeno Demetrius Cantemir\*, que frequentava tanto a sociedade otomana quanto a europeia e era ele próprio autor de uma história do Império Otomano. Esses encontros, no entanto, eram de alcance limitado e, ao que parece, tiveram pouco efeito sobre a percepção otomana em geral do mundo exterior. Uma das exceções foi um historiador pouco conhecido, do final do século XVII, chamado Hüseyn Hezarfen (-1691), cujas obras, em sua maior parte, não foram até hoje publicadas. Como Kâtib Çelebi, que ele cita com admiração, Hüseyn Hezarfen era um homem dotado de curiosidade ampla e variada, interessado na geografia e história de países distantes, bem como na história mais antiga de seu próprio país. Sabe-se que ele conheceu pessoalmente figuras como o conde Ferdinando Marsigli e Antoine Galland e provavelmente também conheceu Cantemir e o grande orientalista francês, Pétis de la Croix. Foi talvez em parte graças aos bons serviços dessas e outras amizades de Hüseyn Hezarfen na Europa que ele pôde obter acesso ao conteúdo de livros europeus e conseguiu incorporar alguns deles a suas próprias obras.

Uma dessas obras é o *Tenkih al-Tevarih*, concluído em 1673. Trata-se de uma obra de história dividida em nove partes, das quais a sexta, sétima, oitava e nona tratam da história fora da comunidade islâmica e seus predecessores reconhecidos. Essa proporção é excepcionalmente alta. A parte seis trata da história grega e romana, a parte sete, da história de Constantinopla desde sua fundação, a parte oito, da Ásia, China, Filipinas, Índias orientais, Índia e Ceilão, a parte nove, da descoberta da América. Muito estranhamente, Hüseyn Hezarfen, ao que parece, não inclui a Europa em sua pesquisa, embora suas descrições tanto da Ásia quanto da América sejam baseadas quase que exclusivamente em fontes europeias, a maior parte delas proveniente do *Jihannüma*, de Kâtib Çelebi. Seus relatos sobre a história grega, romana e bizantina também são extraídos das fontes europeias que serviam para aumentar o

---

\* Em latim, mas ele é mais conhecido como Dimitrie Cantemir, seu nome em romeno (N. da T.).

parco estoque de conhecimento islâmico sobre a antiguidade clássica[43].

Com a obra de Ahmed ibn Lutfullah, conhecido como Münejjimbaşï, ou Astrólogo-Chefe (-1702), retornamos à história universal em grande estilo. Sua principal obra é uma história universal da humanidade, de Adão ao ano de 1672, baseada, assim ele nos diz, em cerca de setenta fontes. Münejjimbaşï optou por escrever seu livro em árabe e, exceto por algumas passagens, o texto original permanece não publicado. Uma tradução para o turco, no entanto, preparada sob a direção do grande poeta turco no início do século XVIII, Nedim, foi impressa em três volumes em Istambul, em 1868. A maior parte do livro, como de se esperar, é dedicada à história islâmica. Uma parte substancial do primeiro volume, no entanto, trata da história de Estados pré-islâmicos e não islâmicos. Entre os primeiros, como de hábito, estão os persas e árabes da antiguidade, de um lado, e os israelitas e antigos egípcios, de outro, examinados em linhas mais ou menos tradicionais.

A história antiga de Münejjimbaşï vai além do repertório islâmico habitual. Seus relatos sobre os romanos e os judeus manifestamente derivam de fontes romanas e judaicas. Essas fontes já estavam, em parte, disponíveis na adaptação para o árabe de Ibn Khaldūn. Suas informações, contudo, são muito mais completas que as do grande historiador do norte da África e incluem entidades como os assírios e babilônios, os selêucidas e os ptolomeus, antes quase desconhecidos na historiografia islâmica.

Sem dúvida, ele deve ter utilizado fontes europeias para obtê-las. Isso fica evidente no capítulo de Münejjimbaşï sobre a Europa, que inclui seções sobre as divisões dos povos "francos" e sobre os reis da França, Alemanha, Espanha e Inglaterra. Sua fonte parece ter sido a tradução para o turco das crônicas de Johann Carion, embora, como Münejjimbaşï avança sua narrativa até os reinados de Luís XIII da França, do

---

43 Sobre Huseyn Hezārfenn, cf. H. Wurm, *Der osmanische Historiker Ḥūseyn b. Ǧaʿfer, genannt Hezārfenn...*, Friburgo, 1971, em especial p. 122-149. Os manuscritos do *Tenkih* estão listados em Babinger, *Die Geschichtsschreiber der Osmanen und ihre Werke*, p. 229-230. O manuscrito aqui utilizado é o do Hunterian Museum, Glasgow, cf. *JRAS*, 1906, p. 602 e s.

imperador Leopoldo da Alemanha e de Carlos I da Inglaterra, é de presumir que ele teve a sua disposição material complementar de um período posterior. Ele descreve a Guerra Civil inglesa e a execução do rei Carlos I e conclui: "Depois dele, o povo da Inglaterra não nomeou nenhum outro rei; não temos nenhuma outra informação sobre eles"[44].

As obras de Kâtib Çelebi, Hüseyn Hezarfen e Münejjimbaşï constituem praticamente toda a historiografia otomana sobre a Europa ocidental nos séculos XVI e XVII. Suas informações são escassas e derivam em grande parte do mesmo conjunto de fontes. E mesmo esse grau limitado de interesse está ausente em outros autores otomanos. Para a maioria dos muçulmanos otomanos, as únicas realizações da Europa merecedoras de alguma atenção estavam nas artes da guerra e elas podiam ser estudadas nas armas e navios capturados e com a ajuda de prisioneiros e renegados. Que as línguas, literaturas, artes e filosofias da Europa pudessem ter algum interesse ou relevância para eles, não passava por suas cabeças, e movimentos de ideias europeus como o Renascimento e a Reforma não despertavam nenhum eco ou encontravam qualquer resposta em meio aos povos muçulmanos – da mesma forma que os movimentos de ideias muçulmanos na Europa da época.

Esses escritos, dedicados especificamente à Europa, sua gente e seus assuntos, são de importância menor. Eles chegaram até nós em algumas poucas cópias, às vezes somente em uma única cópia, e nunca foram, em sua maior parte, impressos. Seu impacto sobre a opinião da população otomana deve ter sido muito superficial. Uma ideia muito melhor da percepção otomana da Europa pode ser obtida com os grandes historiadores otomanos, alguns dos quais ocuparam o posto de *Vakanüvis*, ou Historiador Imperial, outros, sem um cargo oficial. Em conjunto, esses historiadores deram origem a uma série de crônicas abrangendo a história do império, desde suas origens até seu fim. A maioria delas foi impressa numa data bastante precoce e, no todo, elas constituem a mais importante influência na formação da percepção que os otomanos tinham de si próprios, de seu lugar no mundo e de sua relação com outros povos.

---

44 Müneccimbaşi, *Saha´if al-ahbar*, Istambul, 1285/1868-1869, 2: 652.

Embora os cronistas otomanos, assim como os de praticamente todas as sociedades que a história conhece, estivessem preocupados sobretudo com suas próprias questões, mesmo elas envolviam em parte negociações com a Europa na guerra, no comércio, na diplomacia e em outras atividades. Esses contatos ocasionalmente encontram expressão na bibliografia historiográfica otomana, cujo caráter reflete as mudanças ocorridas durante séculos sucessivos.

No período do grande avanço otomano na Europa, durante o século xv, a historiografia otomana era ainda bastante pobre, consistindo, em grande parte, em simples narrativas em turco, que refletiam a perspectiva e as aspirações dos gázis, os guerreiros de fronteira do Islã. Eles viam os europeus, primeiro, como inimigos e, depois, como súditos que pagavam tributos, manifestando pouco conhecimento ou interesse quanto ao que acontecia do outro lado das linhas de batalha. Estavam, no entanto, conscientes de que se defrontavam com outros adversários além de seus inimigos cristãos locais e a palavra "franco" ocorre com bastante frequência nas listas de inimigos que eles haviam enfrentado e vencido. Nos antigos escritos otomanos, o termo normalmente parece se referir aos italianos e, mais especialmente, aos venezianos, que os turcos haviam encontrado em sua expansão na Grécia e nas ilhas do leste do Mediterrâneo. Os francos eram sempre, é óbvio, devidamente derrotados e representavam para os vencedores uma impressionante fonte de pilhagens. Descrevendo uma vitória obtida no ano de 903 [1497], o historiador otomano Oruç enumera as enormes quantidades tomadas dos francos derrotados em moedas de ouro e prata, arminho e outras peles, sedas, cetins e brocados em ouro e prata – que "eles encontravam e pilhavam, em quantidades tão ilimitadas que ninguém se importava ou preocupava com carroças, cavalos, mulas, camelos ou prisioneiros. Tantos prisioneiros foram capturados que ninguém podia contá-los". As únicas ocasiões, diz Oruç, em que foram encontradas pilhagens magníficas como essas haviam sido as *jihāds* em Varna [1444] e em Kosovo [1389] e a conquista de Constantinopla [1453] – "ou assim se dizia". Os dois povos mais ricos no mundo, continua ele, são os poloneses e os francos, "mais ricos que qualquer outro povo em bens materiais e, assim, oferecendo pilhagens numa quantidade imensa e sem igual para os guerreiros da fé"[45].

Um ponto de vista mais sofisticado da Europa aparece, de forma um tanto inesperada, não numa crônica ou documento, mas num poema épico escrito no início do século XVI, em comemoração à derrota de uma expedição naval europeia contra os turcos. O episódio em si era de menor importância. As forças turcas haviam capturado Modon* e outros postos avançados venezianos na costa grega. Os venezianos conseguiram reunir apoio provindo de diversas partes da Europa e, no decorrer da guerra, uma expedição naval, predominantemente francesa, mas apoiada por alguns aliados e associados, desfechou um ataque contra a ilha de Lesbos, mantida sob domínio turco, no final de outubro de 1501. A expedição foi repelida e a ocasião deu origem a um longo poema narrativo celebrando a vitória turca. O poeta, que modestamente adotava o pseudônimo de Firdevsi da Turquia (em homenagem ao grande poeta épico persa Ferdusi), explica que a conquista turca de Modon havia provocado grande sofrimento em meio aos francos, em especial a seu líder, Rin-Pap, uma designação quase irreconhecível para referência ao papa em Roma. Quando o sultão Bajazeto conquistou Modon, diz o poeta, "os francos ficaram tão aterrorizados por sua espada que as ilhas Nine [Jônicas] mergulharam no mar como um crocodilo". Quando ouviu isso, "o grande chefe da irreligião, Rin-Pap", se pôs a trabalhar para formar uma aliança para resgatar Modon e enviou mensagens a todos os soberanos dos infiéis francos. Ele introduz então um curioso tipo de líderes francos que, de tempos em tempos, reaparece na narrativa que se segue. Entre eles, estão os reis da França e da Hungria, da Boêmia e da Polônia, os dois últimos designados, ecoando o mito eslavo, como Czech e Lech**. Outras personagens europeias são

---

[45] Oruç, MS., p. 95, trad. Kreutel (o original em turco dessa seção do livro de Oruç permanece sem publicar).

* Modon, era como os venezianos chamavam a cidade grega, hoje denominada Methoni ou Mothoni, ou, em espanhol, Modona. A batalha mencionada acima é conhecida na historiografia latina como Segunda Batalha de Lepanto (N. da T.).

** Referência à lenda eslava de acordo com a qual três irmãos que perseguiam caças diferentes terminaram seguindo diferentes direções: *Rus* seguiu para leste, dando origem à Rússia, *Čech*, para oeste, dando origem à Boêmia e *Lech*, para o norte, dando origem à Polônia (N. da T.).

Kız-khan, a cã-moça – isto é, Isabel de Castela – que envia seu "ban" (um termo húngaro para chefe, muitas vezes empregado pelos autores otomanos), o oficial no comando do contingente espanhol da frota; Doza, o doge de Veneza; os soberanos da Andaluzia e da Catalunha, os Cavaleiros de Rodes e até mesmo o príncipe de Moscóvia, Ivã III[46]. Em verdadeiro estilo épico, os líderes inimigos também têm permissão para fazer discursos e escrever cartas e essas cartas descrevem, sob uma luz um tanto surpreendente, o que o poeta entendia ser as crenças e atitudes dos francos. Estes, naturalmente, veem-se e falam de si mesmos como infiéis. Uma afirmação especialmente notável é atribuída a um príncipe eslavo: "Sou servo de Cristo, sou escravo do ídolo de Marcos [São Marcos de Veneza], sou um infiel idólatra maior que o rei da Hungria"[47].

No século XVI, o Império Otomano estava em seu apogeu e seus historiadores refletem a confiança dos muçulmanos em sua superioridade sem rival e êxito inquebrantável. Somente o deposto grão-vizir Lûtfi Paxá, ponderando sobre as calamidades do império após sua saída, advertia seu ingrato soberano sobre o duplo perigo da corrupção em casa e da ascensão do poderio naval franco. Os outros historiadores, em sua maioria, não se incomodavam com preocupações como essa. Se os francos são alguma vez mencionados, é com desprezo, como inimigos bárbaros, ou com condescendência, como tributários. No final do século XVI e durante o XVII, surgem referências à aparência das frotas e comerciantes francos e, às vezes, à chegada de diplomatas francos em Istambul. O historiador otomano Selaniki Mustafa Efêndi registra a chegada, em 1593, do segundo embaixador inglês em Istambul, Edward Barton, nos seguintes termos:

> Quem reina no país da ilha da Inglaterra, que está a 6 mil quilômetros por mar do Corno de Ouro, em Istambul, é uma mulher que governa seu reino herdado e defende seu Estado e soberania com poder absoluto. Ela é da religião luterana. Ela envia suas cartas de homenagem, seu emissário, suas dádivas e seus presentes. Nesse dia houve

---

46 Firdevsi-i Rumi, *Kutb-Name*, I. Olgun e I. Parmaksizoğlu (orgs.), Ankara, 1980, p. 74.
47 Idem, p. 93.

uma reunião do Conselho e o embaixador foi recebido e homenageado de acordo com a lei. Um navio tão estranho quanto esse nunca tinha entrado no porto de Istambul. Ele cruzou os 6 mil quilômetros de mar, levando 83 canhões, além de outras armas. O exterior das armas de fogo era na forma de um porco. Era uma maravilha da época, digna de ser registrada[48].

A descrição de Selaniki do navio inglês, com seus oitenta e três canhões em forma de porco, parece um pouco fantasiosa. Mas ele pelo menos sabia que havia uma rainha protestante na Inglaterra e ele, ou seu informante, havia notado a artilharia mais pesada encontrada em navios construídos para navegar pelo Atlântico.

Durante os séculos XVII e XVIII, os cronistas otomanos dedicam alguma, embora não muita, atenção às relações com a Europa. As várias nações europeias ainda são invariavelmente mencionadas como "os infiéis ingleses", "os infiéis franceses" etc., embora as maldições e insultos habituais presentes na historiografia anterior se tornem menos frequentes e menos veementes.

Em geral, no entanto, os historiadores otomanos, embora começando a dedicar um pouco mais de atenção aos acontecimentos em suas fronteiras com a Europa, têm pouco a dizer sobre o que acontece na própria Europa. Há uma notável coerência nisso, em parte devido ao fato de que os cronistas otomanos consideravam a narrativa de eventos passados como uma espécie de registro documental inalterável, e não uma exposição individual, e assim se sentiam autorizados a copiar fartamente uns dos outros. Mesmo o estudioso do século XVII, Kâtib Çelebi, que em outros textos sobre história e geografia revela um certo interesse pela Europa, se afasta muito pouco da norma em suas crônicas otomanas, de caráter mais geral. Por exemplo, seu relato sobre a chegada na Turquia de notícias sobre a Guerra dos Trinta Anos é curto e característico, assemelhando-se, quase palavra por palavra, ao de vários outros autores. Esse relato está incluído na crônica dos acontecimentos do ano muçulmano de 1054. No mês de shawwal

---

48 Selaniki, manuscrito de Nuruosmaniye 184, citado por A. Refik, *Türkler ve Kraliçe Elizabet*, Istambul, 1932, p. 9.

desse ano, correspondendo a dezembro de 1644 do calendário cristão, diz-nos ele, foram recebidas em Istambul notícias "dos notáveis da fortaleza situada na fronteira de Buda"\*, com a história que se segue. O imperador romano Fernando queria induzir os sete eleitores, conhecidos na Turquia como os sete reis, a concordar com a nomeação de seu filho como sucessor ao título imperial, durante sua própria vida. Sendo um desses eleitores partidário dos franceses, o imperador, num acordo com o rei da Espanha, o capturou e matou. O rei francês, extremamente irritado, fez um acordo com o eleitor sueco, que invadiu o território alemão e capturou a antiga cidade de Praga. A guerra continuou até o ano de 1057 [1647], quando foi concluída a paz. Pelos termos do acordo de paz, o eleitor austríaco, muito enfraquecido, foi obrigado a ceder a Alsácia à França e a Pomerânia, à Suécia[49].

Esse relato se equivoca tanto na data da entrada sueca em Praga (quando, incidentalmente, eles não conseguiram tomar a antiga cidade) quanto na do Tratado de Vestfália e manifesta notável ignorância quanto às fases anteriores da guerra, sem mencionar suas complexidades religiosas e políticas. Numa outra passagem, sob o título "guerra entre os franceses e suecos contra os infiéis austríacos", Kâtib Çelebi oferece um relato um pouco mais detalhado. A passagem se encontra entre os acontecimentos do ano de 1040 (1630-31). O rei francês Luís (Ludoricus) XIII, diz ele, queria se tornar imperador. O imperador era nomeado por sete reis, denominados eleitores, cada um deles com suas próprias terras. O rei Luís teve êxito em conseguir o apoio de dois deles. O imperador na época era o pai do então imperador Fernando [Fernando III morreu em 1657]. Ele conseguiu fazer com que seu filho fosse nomeado sucessor durante sua própria vida. Alguns dos eleitores desaprovaram essa nomeação, dizendo que isso não ajudaria ninguém e estava contra a lei. O rei francês entrou em guerra em protesto e se aliou ao rei sueco, dizendo que essa nomeação em vida do imperador era contrária às leis dos infiéis. Felipe IV

---

\* Refere-se à parte oeste da capital húngara, Budapeste, na margem direita do Danúbio.
49 Kâtib Çelebi, *Fezleke*, Istambul, 1276 (A.H.), 2: 234, cf. Naima, *Tarih*, Istambul (não datado), 4: 94.

[-1665] "que ainda é rei da Espanha [...] era tio por linhagem materna do rei da França e havia paz entre eles. Mas os reis da Espanha, assim como o Nemçe*, são da casa de Dostoria [presumivelmente do italiano, d'Austria] e ele, dessa forma, tomou o lado do imperador". Um curto relato sobre a Guerra dos Trinta Anos se segue e vai até a conclusão da paz de Vestfália[50].

Kâtib Çelebi oferece vários outros relatos sobre as questões francesas. Sobre o ano de 1018, ele observa que um emissário do rei francês Henrique foi enviado para solicitar a renovação da capitulação[51]. O embaixador francês, cujo nome mencionado é Franciscus Savary, comenta sobre a amizade que existira entre os monarcas franceses e otomanos anteriores e sobre as capitulações concedidas na época do sultão Mehmed, o Conquistador [elas na verdade ocorreram um pouco mais tarde]. François Savary, conde de Brèves (1560-1628), deixou Istambul em 1605. As capitulações foram renovadas em 20 de maio de 1604. Kâtib Çelebi observa que outros, além dos franceses, haviam recebido essas capitulações e cita os comerciantes catalães, os venezianos, os ingleses, os genoveses e os portugueses, a Sicília, Ancona, Espanha e Florença. Muitos dentre eles estavam sob a bandeira francesa e atuavam em nome do rei francês. Outras questões discutidas pelo embaixador, diz ele, incluíam uma possível peregrinação a Jerusalém, as atividades dos corsários da Barbária e a cooperação militar anteriormente existente.

A chegada de um emissário veneziano em janeiro de 1653, enviado para negociar a paz com a ajuda do embaixador inglês, leva o cronista otomano a um raro comentário pessoal. O veneziano, diz ele, era "um infiel de noventa anos, de cabeça e mãos trêmulas, mas um embaixador muito astuto"[52]. O embaixador era Giovanni Cappello (1584-1662), que na verdade tinha 69 anos na época.

---

\* Designação otomana para os germânicos em geral e para a Áustria, em particular, mas muitas vezes parece designar também uma pessoa ou cargo, como aqui (N. da T.).
50 K. Çeleb, op. cit., 2: 134-35; cf. Naima, op. cit., 3: 69-70.
51 Idem, 1: 331-33; cf. idem, 2: 80-82.
52 Idem, 2: 382; cf. idem, 5: 267. Para o relato detalhado e documentado da vida de Cappello, cf. G. Benzoni, *Dizionario Biografico degli Italiani*, XVIII, Roma, 1975, p. 786-789.

Uma figura excepcional entre os historiadores otomanos do século XVII é Ibrahim-i Peçuy, cuja história abrange os anos de 1520-1639. Nasceu em 1574 na cidade húngara de Pécs, de onde deriva seu nome*. Do lado paterno, ele descendia de uma família turca que estava a serviço dos sultões havia gerações. Sua mãe pertencia à família Sokollu, isto é, Sokolovič e, assim, era de origem sérvia islamizada. Exceto pelo período de tempo em que serviu na Anatólia, ele parece ter passado a maior parte de sua vida nas *sanjaks*** húngaras e adjacentes do império. Seu nascimento e formação nas províncias de fronteira com a Europa deram-lhe um grau de conhecimento e também de interesse que é raro em meio aos historiadores otomanos. Peçuy não estava preocupado com a geografia ou a história universal e, menos ainda, com a escrita ou tradução da história dos reis dos infiéis. Seu principal interesse, assim como o da maioria dos otomanos e, na verdade, também da maioria dos historiadores ocidentais, estava na história do império do qual ele era súdito, mais especificamente, em suas guerras contra seus adversários na Europa.

Para o período precedente, ele parece ter seguido a prática comum de recorrer aos escritos de seus predecessores; para o período posterior, ele se apoiou sobretudo em testemunhos de primeira mão – suas próprias experiências e os relatos de soldados mais velhos. Mas, além dessas fontes de informações mais triviais, Peçuy teve a ideia revolucionária de consultar os historiadores do inimigo. Ele estava interessado sobretudo na história militar e se demora afetuosamente nos detalhes das grandes batalhas encetadas nas planícies da Hungria. Mas, às vezes, as crônicas otomanas eram falhas nos detalhes e, assim, Peçuy tinha de recorrer ao outro lado: "em nosso país", diz ele, "há inúmeros húngaros capazes de ler e escrever [ele emprega a palavra húngara *deak*, alguém capaz de ler em latim]"[53]. Havia, sem dúvida, inúmeros húngaros no império, tanto como prisioneiros quanto como convertidos ao Islã, suficientemente instruídos para os objetivos de Peçuy. Seu procedimento, ao que parece, era conseguir que as crônicas húngaras, presumivelmente escritas em

---

\* Peçuy é o nome turco para Pécs (N. da T.).
\*\* Divisão administrativa do Império Otomano (N. da T.).
53 Peçuy, 1: 106.

latim, fossem lidas para ele e traduzidas para o turco. Ele incorporou uma série de passagens em sua própria crônica, entre elas os relatos sobre a grande batalha de Mohács e alguns outros episódios das guerras húngaras. Embora não informe sobre suas fontes, duas delas foram identificadas por estudiosos modernos[54]. Peçuy, ao que parece, foi o primeiro historiador otomano a comparar relatos de batalha dos inimigos com as de seu próprio lado e entrelaçá-los numa única narrativa. Nisso, ele pode ter tido uns poucos predecessores em toda parte, mas, sem dúvida, teve poucos sucessores durante longo tempo.

A crônica de Peçuy inclui várias outras referências a acontecimentos na Europa, em sua maioria os que envolviam algum interesse otomano ou islâmico. Ele fala rapidamente das operações navais conjuntas dos turcos e franceses contra a Espanha, em 1552, e faz um relato da revolta moura na Espanha, em 1568-1570. Ele tem, naturalmente, muito a dizer sobre as guerras na fronteira e também sobre a guerra naval no Mediterrâneo contra Veneza e seus aliados. Às vezes ele até mesmo arrisca se afastar das questões políticas e militares que constituíam o principal interesse da maior parte dos cronistas. Assim, ele descreve a introdução do fumo na Turquia por comerciantes ingleses, bem como suas consequências, e chega mesmo a apresentar curtos relatos sobre a invenção tanto da impressão quanto da pólvora na Europa[55].

Provavelmente a história de maior destaque da grande série de histórias imperiais otomanas seja o *Tarih-i Naima*, abrangendo os anos de 1000 a 1070 da era islâmica, correspondendo aos anos de 1590 a 1660. Naima, que organizou essa obra, além de escrever boa parte dela, foi um dos maiores historiadores otomanos. Ao contrário de muitos de seus colegas, que eram meros cronistas dos acontecimentos, Naima tinha uma concepção filosófica sobre a natureza da história e havia refletido profundamente sobre a questão. Um dos principais temas de sua história era a guerra na Europa, tanto na penín-

---

54 B. Lewis, The Use by Muslim Historians..., p. 107-108, n. 20, p. 314, citando F. V. Kraelitz, Der osmanische Historiker Ibrāhīm Pečewi, *Der Islam*, 7: 252-260, 1918.
55 Peçuy, 1: 184 (sobre a expedição de 1552); idem, 1: 255 (revolta moura em 1568-1570); idem, 1: 343-48 (expedição contra a Espanha); idem, 1: 485 (os mouros); idem, 1: 106-108 (sobre a pólvora e a impressão).

sula balcânica quanto na área do Mar Negro. Seu relato dessas lutas é extremamente detalhado e nele figuram, com destaque, os líderes europeus locais, na Hungria e na Transilvânia, que estavam envolvidos nessas guerras. O imperador Habsburgo permanece, em grande parte, uma figura vaga, indistinta e em geral não designada pelo nome, enquanto os reis e as monarquias do Ocidente praticamente não aparecem de forma alguma. Sobre a Guerra dos Trinta Anos na Alemanha, um acontecimento central no período que ele cobre, e uma grande convulsão que provavelmente teve consequências diretas para os otomanos, Naima não oferece mais que uma transcrição das antigas crônicas, copiadas de forma tão negligente que ele se refere ao rei espanhol Felipe IV como "ainda rei da Espanha neste momento", cem anos depois. Assim, não é de surpreender que ele esteja ainda menos interessado em acontecimentos mais remotos, como as atividades de Luís XIV e Richelieu, na França, ou a guerra civil e a Commonwealth, na Inglaterra.

Num aspecto, no entanto, Naima marca um interessante afastamento das normas da historiografia otomana – em seu interesse pela história de um passado mais distante e em seu desejo de traçar paralelos entre acontecimentos do presente e do passado. Isso não é inteiramente sem precedentes na historiografia otomana. O historiador do século XVI, Kemalpaşazade, descrevendo como sultão Suleiman, o Magnífico, partiu em 1521 para uma batalha contra o imperador, apresentava esse episódio como uma espécie de represália à invasão da Ásia Menor pelos cruzados alemães na Idade Média. Naima, que escrevia no início do século XVIII, quando o Império Otomano estava terrivelmente abalado por suas derrotas contra a Áustria e a Rússia, tentou encontrar conforto na história das antigas vitórias e da derrota final dos cruzados, séculos antes.

Após seis séculos da era islâmica [a cronologia de Naima está um pouco equivocada], como não houvesse acordo ou concordância entre os reis do Islã, o conflito e a discórdia afloraram e, enquanto eles estavam ocupados lutando entre si, os infiéis franceses e outros reis dos infiéis, em especial inúmeros soldados enviados da Áustria [uma tentativa curiosamente desajeitada de vincular as cruzadas às guerras austríacas da época], chegaram com uma grande frota à costa do Mediterrâneo e a ocuparam.

Naima prossegue, descrevendo como os francos vitoriosos conseguiram, de início, se estabelecer ao longo das regiões costeiras da Síria e da Palestina, chegando mesmo a ameaçar Damasco e o Egito. Esse perigo foi afastado por Saladino, que os conteve e confinou até que fossem finalmente expulsos por seus sucessores e "as terras puras que eles tinham ocupado ficassem limpas de sua poluição". Naima parece encontrar nisso um guia para os otomanos de sua própria época. Os sultões medievais do Egito tinham achado necessário fazer concessões e um deles estivera até mesmo disposto a assinar um tratado cedendo Jerusalém aos francos. Naima parece querer sugerir que também os otomanos, tendo sofrido uma série de derrotas esmagadoras, deviam estar preparados para fazer um acordo de paz, mesmo que em termos desvantajosos, a fim de salvar o que podiam da ruína total e se preparar para uma recuperação posterior[56].

Numa outra passagem, Naima é mais explícito: "isso foi escrito [...] com o objetivo de mostrar como é importante fazer armistícios com reis infiéis e, na verdade, fazer acordos de paz com os cristãos de toda a terra, para que as terras [otomanas] possam se recuperar e seus habitantes possam ter uma trégua"[57].

O sucessor de Naima como historiador imperial, Raşid Efêndi, começa onde Naima havia parado, no ano de 1070, correspondendo a 1660, e prossegue até 1720. Sua crônica cobre então uma série de importantes episódios envolvendo a relação dos otomanos com a Europa: o segundo cerco malsucedido de Viena e a retirada que a ele se seguiu, o Tratado de Carlowitz, de 1699, a guerra com Pedro, o Grande, da Rússia, em 1710-1711, e com Veneza e a Áustria, em 1714-1718, e as curiosas e complexas negociações com o rei Carlos XII, da Suécia, inclusive sua estada na Turquia, como um hóspede bastante indesejado do sultão. Não é de surpreender que Raşid Efêndi dedique muito mais atenção que seus predecessores às relações diplomáticas, inclusive as negociações de paz com os adversários mais imediatos dos otomanos, a Rússia, a Áustria e Veneza, e tenha algo a dizer até mesmo sobre alguns estados

56 Naima, op. cit., 1: 40 e s.
57 Idem, 1: 12.

mais distantes da Europa. Raşid é também o primeiro a dar informações, com algum detalhe, sobre os emissários otomanos enviados aos Estados europeus. Seus predecessores informavam, no máximo, sobre suas partidas e retornos. Raşid introduziu uma nova prática, ao incorporar em sua crônica longas passagens extraídas dos relatórios que esses emissários, que agora recebiam o título de embaixadores, apresentavam após seu retorno a Istambul. No entanto, apesar desse aumento do interesse nas relações diplomáticas com a Europa, ele não demonstra quase nenhum interesse pelas questões internas dos Estados europeus e, assim como seus predecessores, ignora os principais acontecimentos da história europeia desse período.

Praticamente o mesmo pode ser dito de quase todos os seus contemporâneos e sucessores que abordaram as décadas intermediárias do século XVIII, embora seja possível observar um pequeno aumento no espaço reservado às relações diplomáticas com a Europa e no grau de detalhamento na abordagem dos soberanos europeus. Há até mesmo um começo de interesse pelas questões europeias. O historiador otomano Sılıhdar oferece uma extensa versão turca do Tratado de Rijswijk\*, de 1697, que fora concluído pouco tempo antes[58]. Vários historiadores otomanos estavam dispostos a dedicar uma ou duas páginas à guerra de sucessão austríaca, mencionando inclusive as partes e os interesses envolvidos. Exceto pelos curtíssimos relatos sobre a Guerra dos Trinta Anos, esse é o primeiro conflito europeu a receber tanta atenção por parte da historiografia otomana. Um outro historiador da época, Şem´danizade Süleyman Efêndi, explica em termos otomanos o sistema eleitoral do Sacro Império Romano-Germânico: "o reino de Nemçe consiste em nove reinos, três dos quais são as sanjaks de Mainz, Colônia e Tréveris, na Eyalet\*\* do Reno. Eles são os três primeiros eleitores e carregam a marca do sacerdócio". O quarto reino e os seguintes são as Eyalets dos checos, da Bavária, da Saxônia e da Prússia, a sanjak do Palatinado e a Eyalet de Hanôver. Além dessas nove províncias, há a sanjak

---

\* Cidade holandesa nas proximidades de Haia (N. da E.).
58 Silihdar, *Nusretname*, fólios 257-258. Devo essa referência ao Dr. C. J. H. Heywood.
\*\* Termo administrativo turco que significa "província" (N. da T.).

de Savoia, agora sob o domínio do rei da Sardenha, a sanjak de Hessen, que é um ducado independente, e a Eyalet de Suábia, que é uma república independente. Şem'danizade tem algumas observações sobre cada uma dessas províncias. O rei da Eyalet da Prússia, observa ele, é um certo Grandebur. Esse nome, explica ele, é uma corruptela de Brandenburgo, que é o nome de um castelo nessa província; seu nome correto é Fredoricus. Sobre a nona Eyalet, a de Hanôver, Şem'danizade observa que é "a propriedade herdada do atual rei da Inglaterra, Jojo"[59]. Este último nome, obviamente uma corruptela de Giorgio, sugere uma fonte italiana. O relato sobre a Áustria e as circunstâncias que levaram à guerra da sucessão austríaca ocupa duas páginas inteiras da edição impressa do livro de Şem'danizade e é, por larga margem, o mais detalhado que até então havia surgido na historiografia otomana. Şem'danizade também oferece curtas notas sobre outros acontecimentos na Europa e, embora interessado sobretudo na Áustria e na Rússia, faz também alusões ocasionais a países mais remotos e misteriosos, como a França, a Inglaterra, a Holanda e a Suécia. Embora consciente das diferenças e até mesmo das rivalidades entre eles, ele tende a presumir que compartilham de uma hostilidade ao Estado muçulmano. Assim, na crise com a Rússia, em 1736, quando os embaixadores ingleses e holandeses, temendo a derrota otomana, aconselharam prudência, eles foram vistos como usando de subterfúgios para apoiar conspirações e planos russos[60].

Outras mudanças podem ser observadas na crônica de Vasif, que abrange os anos de 1166 (1752) a 1188 (1774) e, assim, aborda o período de tensão e perigo para o Império Otomano que culminou com o desastroso Tratado de Kuchuk-Kainarji\*, imposto aos turcos pela Rússia vitoriosa. O próprio Vasif viveu durante o período das revoluções do século XVIII e das guerras napoleônicas, tendo presenciado acontecimentos importantes como a invasão e ocupação francesa do Egito, sobre a qual ele escreveu todo um livro. Em sua crônica, Vasif

---

59 Şem'danizade, *Şem'dani-zade Findiklili Süleyman Efendi*..., 3: 21-22.
60 Idem, 1: 42-43.
\* Há ainda as grafias "Kuchuk-Kainarzhi" e "Küçük Kaynarja (ou Kaynarca)" em inglês (N. da T.).

fala das missões diplomáticas otomanas a Viena e Berlim e cita fartamente seus relatórios sobre a política da Europa central.

No início do século XVIII, quando o Império Otomano já estava bem mais envolvido nas questões europeias, a atenção que os cronistas davam a elas ainda era notavelmente pequena. Exceto pelas guerras que estavam acontecendo e que são descritas com certo detalhamento, os cronistas dedicam menos atenção às relações otomanas com a Rússia, Áustria e o Ocidente que às relações com a Pérsia e menos ainda que às notícias vindas das províncias, relativas às várias ações e disputas dos paxás e personagens ilustres do império. O interesse nas questões estrangeiras é um pouco maior que antes, mas ainda é muito limitado e as informações utilizadas por diferentes cronistas otomanos parecem provir do mesmo pequeno grupo de informantes, estrangeiros, renegados e residentes locais não muçulmanos. Um otomano do século XVIII conhecia tanto sobre os Estados e nações da Europa quanto um europeu do século XIX sobre as tribos e povos da África – e os observava com o mesmo desdém levemente humorado. Somente com o crescente sentimento de ameaça é que uma mudança nessa atitude começa a surgir e, mesmo assim, isso ocorre de forma lenta e gradual.

No final do século XVIII, os relatos otomanos sobre a Europa ainda não chegavam a nada de muito substancial. Eles representam, contudo, um avanço considerável em relação ao que acontecia anteriormente e estão em notável contraste com a ausência total de uma bibliografia desse tipo em persa ou – com exceção de alguns relatórios das embaixadas marroquinas – em árabe.

A nova situação no século XVIII – a experiência da derrota e a consciência do perigo – deu origem a uma mudança na natureza do interesse otomano pela Europa. Ele estava agora voltado sobretudo para a defesa. Mas, uma vez rompidas as barreiras que separavam as duas civilizações, não era mais possível manter controle rigoroso sobre o tráfego que transitava. O interesse na ciência militar, de um lado, e a necessidade de informações políticas e militares, de outro, levaram a um interesse na história europeia mais recente que, embora a princípio irregular e esporádico, foi se tornando mais imperioso, à medida que os turcos aos poucos começavam a perceber que a própria sobrevivência de seu império podia depender de uma compreensão mais exata do que acontecia na Europa.

Entre os livros impressos na primeira tipografia turca, fundada em 1729 e fechada em 1742, estava uma série de obras tratando de história e geografia. Entre elas estão o relato do embaixador Mehmed Efêndi sobre sua missão diplomática na França, o tratado sobre a ciência das táticas empregadas pelos exércitos europeus escrito pelo fundador da tipografia, Ibrahim Müteferrika, e a tradução de uma narrativa europeia das guerras na Pérsia. Ibrahim também imprimiu algumas obras mais antigas, inclusive uma história da descoberta do Novo Mundo, escrita no século XVI, e parte das obras de geografia de Kâtib Çelebi.

Além desses livros impressos na tipografia de Ibrahim Müteferrika, alguns manuscritos, preservados em coleções que se encontram em Istambul, atestam o surgimento de um novo interesse pela história europeia. Um manuscrito datado de 1722 apresenta um esboço da história da Áustria, de 800 a 1662, e foi traduzido do alemão pelo intérprete Osman Ağa, de Temesvar*. Mais diretamente interessados em questões da época são dois manuscritos anônimos, escritos por volta de 1725, dando informações de primeira mão, bastante atualizadas, sobre a Europa da época.

Um deles, um curto texto anônimo fazendo uma avaliação das questões europeias, ainda pode ser encontrado na Turquia, em pelo menos quatro manuscritos, o que indica um certo grau de interesse. O texto começa com definições de cargos tanto seculares quanto eclesiásticos e consiste, em sua maior parte, numa espécie de avaliação estatística dos Estados europeus. A exposição se inicia com uma enumeração e classificação dos territórios do Sacro Império Romano-Germânico, seguida dos Estados italianos (Veneza, Gênova etc.) e então a Suíça, França, Espanha, Portugal, Malta, "os reinos dos ingleses", Holanda, Dinamarca, Suécia, Polônia e Rússia. O autor está mal informado sobre a Inglaterra – ele designa o monarca reinante como Guilherme II (Guilherme III havia morrido

---

\* Hoje a romena Timişoara (N. da T.).

em 1702, sem dúvida antes da escrita desse texto) e, apesar de ser um texto cuidadoso na escrita e transcrição dos nomes de lugares estrangeiros, ele distorce a maior parte dos referentes à Grã-Bretanha. Ele está mais bem informado sobre questões relativas à Europa continental, observando, por exemplo, que o arcebispo de Colônia era filho do duque da Bavária, que Mecklenburgo havia sofrido "recentemente" (na verdade, em 1716) uma ocupação russa, que "o falecido tsar" (Pedro, o Grande morrera em 1725) tinha tomado da Suécia a maior parte das terras bálticas (pelo tratado de 1721) e outras mudanças análogas.

Um texto paralelo, que também chegou até nós na forma de vários manuscritos, trata das forças navais do mundo inteiro. Segundo uma nota incluída nesses manuscritos,

um monge de grande instrução recentemente veio de Toulouse, na França, e se converteu ao Islã na presença do grão-vizir. Uma vez que ele tinha feito inúmeras viagens e estava completamente familiarizado com as questões mundiais, este tratado foi redigido a partir de seu depoimento por escrito[61].

Ambos os tratados foram manifestamente escritos pelo mesmo autor, presumivelmente o organizador que preparou as informações sobre as questões navais obtidas com o renegado francês. A forma como os nomes ocidentais são soletrados e transcritos sugere que o redator em questão podia ser de origem húngara – talvez ninguém menos que Ibrahim Müteferrika[62].

Um outro relato, datado de 1733-1734, trata de "algumas circunstâncias históricas dos Estados europeus" e foi elaborado por Claude-Alexandre de Bonneval, mais tarde Ahmed Paxá, um nobre francês que entrou para o serviço oficial otomano e se converteu ao Islã. Abordando acontecimentos na Áustria, Hungria, Espanha e França, o texto foi traduzido para o turco, presumivelmente a partir do original francês do autor. Um historiador, Abd al-Raḥmān Münif Efêndi (-1742), incluía, num levantamento esquemático das principais dinastias,

---

61 *Icmal-i ahval-i Avrupa*. Biblioteca Süleymaniye, Esat Efendi Kismi, n. 2062. Cf. V. L. Ménage, Three Ottoman Treatises..., p. 425 e s.
62 V. L. Ménage, Three Ottoman Treatises..., p. 428.

não apenas os monarcas do Islã, mas também imperadores pagãos, católicos romanos e bizantinos, os reis da França e os da Áustria. Um manuscrito do final do século XVIII, intitulado "Um Panorama das Questões Europeias", discutia a Prússia sob Frederico Guilherme II e a França sob os governos revolucionários e, em 1799, um cristão de Istambul chamado Cosmo Comidas preparou uma lista dos monarcas europeus reinantes, com as respectivas datas de nascimento e de subida ao trono, as capitais de seus reinos, seus títulos, herdeiros e outras informações úteis[63].

Nos países árabes, quase todos sob domínio ou suserania otomanos, o interesse pelo Ocidente – exceto, até certo ponto, em meio a minorias cristãs – era ainda menor. No Marrocos, alguns relatórios de embaixadores enviados a várias capitais europeias forneciam algumas informações básicas para o círculo político interno, mas, de interesse histórico propriamente, não haveria nada, até o século XIX. No Oriente árabe sob domínio otomano, somente a abrupta entrada dos franceses e ingleses, na virada do século XVIII para o XIX, despertou, por um curto período de tempo, algum interesse por esses povos. Mas os relatos escritos nessa época são pouco numerosos e se concentram quase que exclusivamente nas atividades dos francos no Oriente, e não nos acontecimentos na Europa que os haviam impelido para lá. É somente na década de 1820 que, pela primeira vez, encontramos no Egito traduções de livros ocidentais publicados nas tipografias criadas no Cairo pelo soberano modernizador Muḥammad ʿAlī Paxá. Em outros países árabes – e no Irã – o despertar do interesse muçulmano pelo Ocidente viria muito depois e seria o resultado de uma presença esmagadora do Ocidente.

---

63 Para detalhes, cf. B. Lewis, *Islam in History*, p. 314 nota 26.

# 6. Religião

Para o muçulmano, a religião era o núcleo da identidade, de sua própria e, assim, da de todos os seres humanos. O mundo civilizado era constituído pela Casa do Islã, regida por um governo muçulmano, na qual prevalecia a lei muçulmana e na qual as comunidades não muçulmanas podiam desfrutar da tolerância do Estado e da comunidade muçulmana, desde que aceitassem suas condições. A distinção básica entre eles e o mundo exterior era a aceitação ou rejeição da mensagem do Islã. A nomenclatura convencional da geografia física e mesmo humana era, no melhor dos casos, secundária. Os autores muçulmanos, como vimos, estavam conscientes de que havia povos além da fronteira norte, chamados romanos, francos, eslavos e outros nomes, que falavam uma assombrosa diversidade de línguas. Mas, em si mesmo, isso era trivial. Havia muitas raças e nações no interior da comunidade religiosa islâmica e, embora os muçulmanos preferissem estabelecer um número muito limitado de línguas como seus meios de comunicação no governo, na cultura e no comércio, também eles podiam se equiparar aos europeus, em termos da profusão de dialetos locais e idiomas que era característica do continente europeu.

A verdadeira diferença estava na religião. Os que professavam o Islã eram denominados muçulmanos e faziam parte da comunidade de Deus, não importava em que país ou sob que monarca vivessem. Os que rejeitavam o Islã eram infiéis. A palavra árabe é *kāfir*, derivada de um radical que significa descrer ou negar e, em geral, aplicada exclusivamente aos que não creem na mensagem islâmica e negam sua verdade.

Em termos rigorosos, a palavra *kāfir* se aplica a todos os não muçulmanos. No uso árabe, persa e turco, contudo, ela se tornou praticamente sinônimo de cristão. Da mesma forma, a Casa da Guerra era vista, cada vez mais, como constituída principalmente pela fé e comunidade política rival que se pensava, primeiro, como cristandade e, depois, como Europa. Os muçulmanos, sem dúvida, estavam conscientes da existência de outros infiéis além dos cristãos. Alguns deles, como os hinduístas e budistas da Ásia, estavam demasiado distantes para ter grande impacto sobre as percepções e costumes das comunidades islâmicas do Oriente Médio e Mediterrâneo. Outros, como os não muçulmanos habitantes da África subsaariana, tinham relações muito mais estreitas com eles, mas eram vistos sobretudo como politeístas e idólatras e eram em geral assim designados. Somente duas outras religiões eram conhecidas no Oriente Médio, o zoroastrismo e o judaísmo, e ambas eram demasiado pequenas para ser de alguma relevância. Ambas tinham perdido seu poder político e não eram mais consideradas como em estado de guerra contra o Islã. Os judeus eram vistos apenas como *dhimmīs* e os remanescentes zoroastrianos, em crescente diminuição, eram colocados mais ou menos na mesma posição. Durante o período otomano, o termo *kāfir*, mesmo no uso oficial, não incluía os judeus. Nos inúmeros documentos fiscais e de outros tipos que tratavam de questões envolvendo as comunidades não muçulmanas, a fórmula otomana habitual era "*kāfirs* e judeus", com a óbvia implicação de que o primeiro termo não incluía o segundo. Isso é em parte uma comprovação da proeminência dos cristãos, em parte um reconhecimento do monoteísmo sem máculas dos judeus. No uso turco do período otomano (e moderno) o termo *kāfir* muitas vezes é substituído por *gavur*, aplicado aos infiéis em geral e aos cristãos, em particular.

A palavra é sem dúvida a pronúncia popular corrompida de *kāfir*, possivelmente por influência da palavra persa mais antiga, *gabr*, que originalmente significava zoroastrianos, mas era às vezes aplicada aos cristãos.

A mesma classificação religiosa básica pode ser encontrada até mesmo nos regulamentos alfandegários otomanos, que em geral estabeleciam três tarifas alfandegárias determinadas não por mercadoria, mas por comerciante, mais especificamente, por sua religião. Das três tarifas, a mais baixa é para os muçulmanos, otomanos ou não, a tarifa intermediária é para os *dhimmīs* e a tarifa máxima é para os *ḥarbīs*, os que vêm da Casa da Guerra. Curiosamente, os judeus, qualquer que fosse sua nacionalidade ou lealdade política, pagavam a tarifa para *dhimmīs*, mesmo quando provindos da Europa. O mesmo princípio, aplicado no sentido contrário, pode ser observado na interpretação dada pelos persas aos privilégios extraterritoriais exigidos deles pelos russos, no início do século XIX. Esses privilégios eram concedidos aos cristãos russos, mas recusados aos muçulmanos sunitas do império russo.

O *kāfir* por excelência era, dessa forma, o cristão, e os países que em sua própria autoimagem constituíam a Europa eram percebidos pelos muçulmanos como "terras dos infiéis", o que correspondia à cristandade. A definição religiosa da identidade e diferença é quase universal. Enquanto os visitantes da Europa no mundo muçulmano se viam como ingleses, franceses, italianos, alemães etc., os muçulmanos mouros, turcos ou persas em visita à Europa, ao contrário, quer vindo do Marrocos quer da Turquia quer do Irã, viam-se antes como muçulmanos na cristandade e normalmente não se referiam a si próprios ou a seus anfitriões por títulos nacionais, territoriais ou étnicos. Quase que invariavelmente, eles se referiam a seus próprios países como "as terras do Islã" e a seu soberano como "soberano do Islã" ou expressões sinônimas.

Somente próximo ao final do século XVIII é que os emissários otomanos enviados à Europa começam a se referir a si e a sua nação mais especificamente como otomanos, como distintos de sua identidade islâmica em comum. E assim como os viajantes denominavam a si próprios como muçulmanos e suas comunidades como Islã, eles também quase invariavelmente se referiam a seus anfitriões e interlocutores europeus simplesmente como infiéis. "O embaixador austríaco", diz o visitante turco do século XVIII em viagem à Áustria, "enviou três infiéis para nos encontrar [...]"[1]. Isso significa que o embaixador (designado como austríaco, uma vez que somente os governos podem nomear embaixadores) tinha enviado três homens para se encontrar com eles. O termo infiel não ocorre apenas nos casos em que um europeu empregaria alguma designação nacional ou política; ele também ocorre com grande frequência em substituição a palavras mais básicas como pessoa, homem ou ser humano.

O europeu é diferente, mas não porque pertence a uma outra nação, está sob um outro governo, vive em outro lugar ou fala outra língua. Ele é diferente porque segue uma outra religião. Em consequência dessa diferença, ele é visto como presumidamente hostil e percebido como inferior. Sem dúvida recorrendo a um dispositivo bem conhecido da propaganda e publicidade moderna, os autores que escrevem sobre a cristandade usam a repetição incessante para enfatizar e deixar claros esses pontos. Com raras exceções, nenhuma nação, grupo ou mesmo indivíduos europeus são mencionados sem o termo infiel, aplicado como substantivo ou adjetivo. Às vezes, tanto em negociações oficiais quanto em escritos sobre a história torna-se necessário distinguir entre os diferentes Estados ou nações da cristandade. Nesse caso, eles são mencionados como os infiéis ingleses, os infiéis franceses, os infiéis russos e assim por diante. Muitas vezes, isso é também enfatizado por alguma designação ou imprecação injuriosa, em geral na forma de versos ou refrões. No período otomano, cada nação tem seu próprio pequeno refrão – Ingiliz dinsiz (inglês sem religião), Fransız jansız (francês desalmado), Engurus menhus (húngaro agourento), Rus ma'kus (russo perverso), Alman biaman (alemão impiedoso) etc. Para as nações muçulmanas, existem refrões tanto positivos quanto negativos, para uso de acordo com as circunstâncias. Para os *gavur*, todos são negativos e a boa-vontade se expressa pela omissão deles[2]. Nos escritos medievais,

---

1 F. Kraelitz, Bericht über den Zug..., p. 17.
2 Assim, os tártaros podiam ter elaborado a rima como *şabā-raftâr aduw-shikâr*, "movendo-se como o vento do leste, caçando o inimigo", ou simplesmente como *bad-raftâr*, "de má atitude".

os nomes dos indivíduos europeus são invariavelmente acompanhados por maldições. Essas maldições não são em absoluto mera formalidade, mas são claramente intencionais e, muitas vezes, são reafirmadas com ênfase considerável.

Essa prática de se referir aos europeus como infiéis era notavelmente persistente e abrangente. Ela ocorre, por exemplo, até mesmo em cartas com intenções amistosas e corteses, que os soberanos muçulmanos dirigem a monarcas cristãos europeus. Assim, o sultão Murad III, escrevendo à rainha Elizabeth da Inglaterra, informa-a sobre suas próprias vitórias contra "os infiéis austríacos e húngaros" e sobre o avanço de seu exército "na terra dos vis infiéis", insiste com a rainha em que ela se "volte e avance contra os infiéis espanhóis, contra os quais, com a ajuda de Deus, sua majestade será vitoriosa" e expressa sua boa-vontade, com restrições, com relação aos infiéis poloneses e portugueses, "que são seus amigos". Mesmo Kâtib Çelebi, escrevendo na metade do século XVII, ainda acha necessário fazer acompanhar quase toda referência aos francos por alguma fórmula como "amaldiçoado", "fadado à destruição", "predestinado ao fogo do inferno" e assim por diante. Ainda na metade do século XVIII, um funcionário otomano, informando sobre seu trabalho numa comissão para demarcação de fronteira com os austríacos, inicia seu relatório referindo-se à libertação (isto é, retomada) de Belgrado, "a casa da *jihād*", "das mãos de ladrão dos infiéis austríacos"[3]. Em geral, as políticas e ações dos governos e indivíduos europeus são caracterizadas por palavras como vilania, daninho, intriga, tramas, ardis e outras expressões que indicam traição e má intenção. Embora essa avaliação muitas vezes pudesse ser justificada, nos textos ela era em geral utilizada de forma axiomática. Esses hábitos verbais continuariam mesmo no período em que o Império Otomano já se encontrava diretamente envolvido nas questões europeias, com aliados, bem como adversários, e em que os funcionários e mesmo os historiadores otomanos começavam a prestar uma certa atenção nos aspectos mais sutis das relações internacionais europeias. É somente no final do século XVIII que essas denominações

[3] E. Prokosch, *Molla und Diplomat*, Graz, 1972, p. 19, traduzido a partir de um manuscrito não publicado.

ofensivas são finalmente eliminadas e, mesmo então, em seus relatórios, os diplomatas muçulmanos continuam a aplicar o termo depreciativo infiel a toda pessoa, grupo ou instituição que encontram. No decorrer do século XIX, essa linguagem começou a cair em desuso em documentos e na historiografia, embora permanecendo no uso popular e coloquial até muito mais tarde.

Dada a primazia da religião nas preocupações muçulmanas, até mesmo no âmbito do Estado, seria de se esperar que fosse dedicada alguma atenção à religião no mundo ocidental. Os emissários e historiadores muçulmanos de fato, em sua maioria, fazem referência a questões religiosas, mas não mostram grande interesse pela cristandade europeia e fornecem muito poucas informações sobre ela. Eles sabiam que os europeus eram cristãos e, para a maioria deles, isso era o suficiente. O cristianismo não era afinal novidade para eles – era o predecessor imediato do Islã e ainda era representado por minorias relativamente grandes nas terras muçulmanas. Do ponto de vista muçulmano, a religião cristã estava, por assim dizer, reconhecida, explicada e descartada.

No período medieval, o estudioso muçulmano tinha a sua disposição, em árabe, uma bibliografia relativamente ampla tratando da fé e das práticas cristãs, da qual era possível obter um conhecimento relativamente detalhado da história primitiva do cristianismo e das diferentes escolas e seitas no interior da Igreja cristã. Esse interesse inicial não teve, no entanto, continuidade e as discussões sobre o cristianismo por autores otomanos, ao que parece, dependiam de textos muçulmanos em árabe, de períodos anteriores, e não de novas observações ou informações. Assim, Kâtib Çelebi, em seu tratado sobre a Europa escrito em 1655, começa por um relato sobre a religião cristã, que é quase que exclusivamente medieval. Essa religião, diz ele a seus leitores, se baseia em quatro evangelhos, que ele enumera corretamente e, numa analogia tácita com o Islã, se apoia em cinco princípios básicos, isto é, o batismo, a trindade, a encarnação, a eucaristia e a confissão. Ele dedica uma curta seção a cada um desses tópicos e, no título "trindade", discute as controvérsias cristológicas das primeiras igrejas, sobre as quais existiam informações razoavelmente amplas disponíveis em textos árabes clássicos de proveniência cristã. Ele fornece um texto do Credo niceno numa versão para o árabe (omitindo a cláusula *filioque**) e explica que os cristãos estavam divididos em três principais escolas, ou seitas – a palavra que ele emprega é o termo islâmico *madhhab* (*mezheb*, em turco), normalmente aplicado às quatro escolas sunitas de jurisprudência. As três escolas cristãs são os jacobitas, os melquitas e os nestorianos e Kâtib Çelebi oferece uma explicação de suas doutrinas divergentes sobre as naturezas humana e divina de Cristo. Com o termo jacobitas – rigorosamente falando, os seguidores da igreja síria de Jacó Baradai – ele aparentemente se refere aos monofisitas em geral, como mostra sua observação de que "quase todos os jacobitas são armênios", os melquitas são seguidores da escola que é aprovada como ortodoxa pelo Estado e a hierarquia e formam, desse modo, a escola de Rūm – os gregos e romanos. Os nestorianos, explica ele, são um grupo formado posteriormente, que se separou do credo comumente aceito e formou uma seita separada. Na época do próprio Kâtib Çelebi, as igrejas de Jacó Baradai e Nestório tinham se reduzido à insignificância e até mesmo as igrejas monofisitas armênia e copta estavam seguramente submetidas ao domínio islâmico. Sobre divergências posteriores, como o cisma que dividiu a igreja melquita em ortodoxa grega, no Oriente, e católica romana, no Ocidente, ou sobre a nova divisão no Ocidente católico, ocasionada pela Reforma protestante – questões que se acreditaria ser de muito maior importância para um observador otomano que a polêmica, havia muito esquecida, dos jacobitas e nestorianos – Kâtib Çelebi nada tem a dizer[4].

Mas as diferenças entre católicos e protestantes, no entanto, não escaparam inteiramente à atenção e um dos historiadores otomanos tem até mesmo uma explicação para as guerras religiosas na Europa central. Um dia, diz-nos ele, o imperador austríaco estava profundamente melancólico e seus

---

* Também denominado "Credo Niceno-Constantinopolitano", é aceito pelas principais Igrejas cristãs como a Ortodoxa e a Anglicana; a cláusula em questão é a do credo católico, distinto do nicênico, por afirmar que o espírito santo procede do pai e do filho (N. da T.).

4 *Irşad*. Cf. supra, n. 15, p. 86.

olhos estavam cheios de lágrimas, de modo que sua esposa, que era a filha do rei da Espanha, perguntou o que o afligia. O problema, respondeu ele, era a diferença entre ele e o sultão dos otomanos. Sempre que o sultão enviava ordens convocando os príncipes sob sua suserania a vir com suas forças e servir em seus exércitos, eles vinham imediatamente e se colocavam, sem reservas, a sua disposição. O imperador austríaco, ao contrário, podia enviar mensagens como essas aos príncipes da Hungria, mas não lhes ocorria que eles lhe deviam qualquer serviço ou obediência. A essa queixa, a imperatriz respondeu: "Os guerreiros do Padixá* dos otomanos compartilham de sua própria fé e ritos e, por isso, eles o obedecem. Seus príncipes húngaros recusam obediência, porque têm uma outra fé que não a sua". O imperador, impressionado com esse argumento, imediatamente enviou emissários e sacerdotes até os príncipes húngaros e ordenou que se convertessem "a sua própria fé equivocada". Alguns o fizeram, mas muitos se recusaram e isso deu origem a muita tirania e opressão. "E foi por isso que Deus Todo-poderoso, que não ignora nenhum mortal, mesmo que ele seja um *gavur*, enviou os exércitos do Islã contra ele"[5]. Evliya Çelebi, que tinha viajado pela Hungria e Áustria pouco tempo antes, também observou que os dois países pertenciam a igrejas diferentes: os húngaros, seguindo o rito luterano, enquanto os austríacos "obedeciam ao papa". Por essa razão, observa ele, eles eram adversários encarniçados. No entanto, sendo ambos cristãos, eles se aliavam contra os muçulmanos, uma vez que, conforme uma tradição muçulmana que Evliya cita: "todos os infiéis são uma única religião"[6].

A administração otomana, ao que parece, estava um pouco mais alerta que os estudiosos otomanos para o significado do conflito entre protestantes e católicos e seu potencial valor para a causa islâmica. Em parte isso podia se dever às informações trazidas da Espanha por refugiados muçulmanos, em parte também podia ser resultado dos esforços feitos por

---

* Título real usado pelo soberano otomano, derivado da união dos termos persas *pād*, mestre, e *xah*, rei (N. da E.).
5 R. Kreutel, *Kara Mustafa vor Wien*, Graz, 1955, p. 140-141, traduzido a partir de um manuscrito não publicado.
6 Evliya, *Seyahatname*, 6: 224-225; cf. Kreutel, *Im Reiche des Goldenen Apfels*, p. 39.

alguns emissários das potências protestantes em se apresentar como monoteístas austeros, mais próximos do Islã que os católicos politeístas e adoradores de imagens e, dessa forma, merecedores de consideração favorável no comércio e talvez também em outros aspectos. Os otomanos aparentemente não ficavam muito impressionados com tais argumentos, mas ocasionalmente eles os punham a prova. Quando os mouros se rebelaram na Espanha, em 1568-1570, o sultão enviou um emissário especial, para chamar sua atenção para a contínua luta dos luteranos contra "os que estão submetidos ao papa e a sua escola". Os rebeldes eram aconselhados a estabelecer contatos secretos com esses luteranos e, quando estes últimos travassem guerra contra o papa, infligir perdas às províncias e soldados católicos, em sua própria área[7]. Selim II chegou até mesmo a enviar um agente secreto, para se encontrar com os líderes protestantes nos Países Baixos controlados pelos espanhóis. Uma carta real otomana observava a existência de um interesse em comum entre muçulmanos e luteranos, que também travavam guerra contra os católicos e rejeitavam sua idolatria:

> Uma vez que vocês levantaram suas espadas contra os papistas e uma vez que os mataram regularmente, nossa compaixão imperial e atenção real foram dirigidas, sob todos os aspectos, para sua região. Como vocês, de sua parte, não adoram ídolos, vocês baniram os ídolos e retratos e "sinos" das igrejas e afirmaram sua fé, declarando que Deus Todo-poderoso é Um e o Sagrado Jesus é Seu Profeta e Servo e, agora, com coração e alma, estão buscando e desejando a fé verdadeira; mas o infiel que eles chamam de Papa não reconhece seu Criador como Um, atribuindo divindade ao Sagrado Jesus (paz recaia sobre ele!) e adorando ídolos e imagens que ele fez com suas próprias mãos, assim lançando dúvidas quanto à Unicidade de Deus e instigando sabe-se lá quantos servos de Deus ao caminho do erro[8].

---

7 A. Hess, The Moriscos: An Ottoman Fifth Column in Sixteenth Century Spain, *American Historical Review*, 74: 19, 1968, citando Feridun, *Münşa'at al-salatin*, 2. ed., Istambul, 1275 (A.H.), 2: 542; Feridun, *Münşa'āt*, 1. ed., Istambul, 1265, 2: 458. Sobre os mouros, cf. também supra, p. 180.
8 S. Skilliter, *William Harborne and the Trade with Turkey 1578-1582: A Documentary Study of the First Anglo-Ottoman Relations*, Oxford, 1977, p. 37, citando Feridun, *Münşa'at*, 2. ed., 2: 543; Feridun, *Münşa'āt*, 1. ed., 2: 450.

Mais tarde, a correspondência otomana com a rainha Elizabeth, da Inglaterra, manifestava um interesse análogo pelos protestantes, não – Deus nos livre – como aliados, mas como uma forma útil de desorientar as potências católicas.

A instituição do papado dificilmente poderia escapar à atenção muçulmana e muitos autores muçulmanos comentam sobre o estranho fenômeno do soberano de Roma, uma espécie de rei-sacerdote que eles chamam de al-Bāb, o papa. O Islã não era constituído por um clero nem por um hierarquia eclesiástica e o fenômeno de uma Igreja cristã elaboradamente organizada era de difícil compreensão para os muçulmanos. Somente no período otomano é que uma maior familiaridade com a hierarquia da Igreja oriental tornaria essas instituições inteligíveis. O primeiro a mencionar o papa foi o prisioneiro de guerra árabe, Hārūn ibn Yaḥyā, que visitou Roma por volta do ano de 886. Ele observa simplesmente que: "Roma é uma cidade governada por um rei a quem chamam de al-Bāb, o papa". Ele não fornece nenhuma explicação para esse título e parece presumir que esse era o nome pessoal do monarca. O relato sobre Roma incluído no dicionário geográfico de Yāqūt é um pouco mais completo.

Hoje em dia, Roma está nas mãos dos francos e seu rei é chamado de rei de Almān. Aí vive o papa, que os francos obedecem e que para eles está na posição de um Imã. Se algum deles o desobedece, eles o consideram um rebelde e malfeitor, que merece o exílio, banimento e morte. Ele impõe proibições sobre eles no que concerne a suas mulheres, suas abluções, seu alimento e sua bebida e nenhum deles pode contestá-lo[9].

Algumas informações sobre essa instituição notável parecem ter chegado até mesmo às regiões mais orientais do mundo islâmico. Um poeta persa do século XIII, Khāqānī, numa ode satírica, fala de Batrīq-i Zamāne Bāb-i Buṭrus, o patriarca do tempo, a porta (ou papa) de Pedro[10]. Ele parece confundir a instituição com o patriarcado das igrejas orientais, um erro comum entre os autores muçulmanos de períodos posteriores.

9 Yāqūt, cf. verbete "Rūmiya".
10 N. V. Khanikov lê isso como uma referência ao antipapa, o cardeal Pedro, que havia adotado o estilo de Anacleto II; cf. Khanikov em *Journal Asiatique*, 4: 152, 1864, e o texto, p. 161, do comentário.

Um dos primeiros relatos sobre a autoridade papal vem do historiador sírio Ibn Wāṣil, que visitou a região sul da Itália como emissário diplomático em 1261 e tem o seguinte a dizer sobre o papa: "Ele é para eles o Vigário (*khalīfa*) de Cristo e seu representante, com poderes de proibir e permitir, decidir e anular". Comentários análogos são feitos por vários escritores de períodos posteriores; um deles, o autor turco das aventuras de Djem, observava algo ainda mais extraordinário – a crença cristã de que o papa podia redimir pecados. A posse pelo papa de poderes como esses é algo que jamais deixa de assombrar os visitantes das terras do Islã. Os muçulmanos estão familiarizados com a autoridade religiosa – na verdade, num certo sentido, eles não reconhecem nenhuma outra. O Islã, contudo, nunca reconheceu a autoridade espiritual como distinta da autoridade religiosa em meio à humanidade e, para eles, os poderes atribuídos ao papa na verdade pertenciam a Deus exclusivamente. Ibn Wāṣil continua: "É ele (o papa) que coroa e entroniza reis e nada em sua lei religiosa (*charia*) pode ser realizado, a não ser por meio dele. Ele é um monge e, quando morre, um outro, com o mesmo caráter de monge, o sucede"[11].

Qalqashandī (-1418) inclui uma curta observação sobre o papa, em seu manual sobre os procedimentos na chancelaria:

A forma de tratamento do papa: ele é o patriarca dos melquitas, que ocupa entre eles a posição de um califa. É notável que o autor do *Tathqīf* [uma obra mais antiga sobre os procedimentos da chancelaria] o coloque na posição do grande cã entre os tártaros, quando, na verdade, o cã ocupa a posição do grande rei entre os tártaros, enquanto o papa não é nada disso, mas tem autoridade em assuntos religiosos, inclusive até mesmo o poder de declarar o que é permitido e o que é proibido.

A forma de tratamento para ele [...] é como se segue: "Possa Deus Todo-poderoso redobrar a felicidade de sua suma presença, o venerável, santo, espiritual, humilde, ativo papa de Roma, o sumamente poderoso chefe da nação cristã, exemplo da comunidade de Jesus, entronizador dos reis da cristandade [...] protetor das pontes e canais [...] refúgio dos patriarcas, bispos, sacerdotes e monges, seguidor do evangelho, que anuncia para sua comunidade o que é permitido e o que é proibido, amigo de reis e sultões.

---

11  Ibn Wāṣil, *Mufarrij al-kurūb fī akhbār banī Ayyūb*, 4: 249.

O autor do *Tathqīf*, numa citação de Qalqashandī, observa: "Isso foi o que encontrei nos registros, mas nada foi escrito para ele durante meu período em serviço e não sei sobre que assuntos escreveram para ele anteriormente"[12].

Um relato sobre o papado, que é tanto histórico quanto contemporâneo a sua época e se encontra na *História Universal* de Rashīd al-Dīn, foi escrito no Irã nos primeiros anos do século xiv, baseando-se, como já se observou, no que dizia um emissário papal e numa crônica em apoio ao papa. O príncipe Djem tinha contato pessoal com o papado e o autor das memórias oferece um relato, um tanto sinistro, dos procedimentos seguidos quando um novo papa era empossado e as irrupções de violência popular que acompanhavam esse acontecimento. Em seu curto tratado sobre a Europa, Kâtib Çelebi inclui um capítulo sobre o papado, que consiste sobretudo numa lista de papas com as datas de sua eleição e a duração de seu pontificado, começando por São Pedro e terminando com Paulo III que, observa o autor, se tornou papa em 1535*[13]. Como o relato de Kâtib Çelebi sobre os papas não faz nenhuma menção à morte de Paulo III, que ocorreu em 1549, nem de nenhum de seus sucessores, podemos presumir que fosse qual fosse a fonte de informações que ele estava utilizando, ela devia ter mais de cem anos. Nessa, assim como em muitas outras questões, o autor muçulmano não sentia nenhuma necessidade – ou talvez não tivesse a oportunidade – de obter informações mais atualizadas. Uma vez que a apresentação que Kâtib Çelebi oferece da teologia cristã está defasada em um milênio, não é de surpreender que sua lista de papas fosse obsoleta em pouco mais de um século.

Um relato muito melhor sobre o papado e, na verdade, sobre a cristandade europeia em geral, é fornecido pelo embaixador marroquino, Al-Wazīr al-Ghassānī, que visitou a Espanha no final do século xvii. Ele tem muito a dizer, não só sobre o papa, mas também sobre a organização do papado, sobre o papel dos

---

12 Qalqashandī, *Ṣubḥ al'shā fī ṣinā'At al-inshā'*, 8: 42 e s. O estranho título "protetor de pontes" pode estar refletindo o termo *Pontifex Maximus*.
* Paulo III, o papa da Contra-Reforma, na verdade foi eleito e assumiu em fins de 1534 (N. da E.)
13 *Irşad*, cf. supra, n. 15, p. 86.

cardeais e até mesmo sobre a forma como um novo papa é eleito. A instituição como um todo parece despertar nele uma fúria excepcional e toda menção ao papa é seguida de insultos e maldições. Al-Ghassānī prossegue, discutindo questões como a Inquisição, a perseguição aos judeus, a história da Reforma e os subsequentes conflitos religiosos na cristandade. Ele tem até mesmo algo a dizer sobre a Reforma na Inglaterra, que ele atribui aos problemas conjugais do rei Henrique VIII, um ponto de vista sem dúvida obtido com seus anfitriões espanhóis. Ele discute com certo detalhe o catolicismo da forma como praticado na Espanha, comentando sobre as freiras e monges e sobre a prática católica da confissão e os males aos quais ela pode dar origem[14]. Os emissários marroquinos subsequentemente enviados à Espanha seguem seu exemplo na discussão da Igreja e suas instituições e vários deles discutem detalhadamente o tópico da Inquisição.

Um dos poucos temas que parecem despertar algum interesse real entre esses muçulmanos que visitavam a Europa é algo vinculado ao próprio Islã. Em alguns locais, as populações muçulmanas haviam conseguido resistir e se manter em países que tinham retornado ao domínio cristão e isso naturalmente era objeto de certa atenção. Ibn Wāṣil estava interessado em encontrar uma população muçulmana que ainda vivia no sul da Itália sob domínio normando:

> Perto de onde eu morava, havia uma cidade chamada Lucera, cujos habitantes são todos muçulmanos, de origem siciliana. Aí se observa a oração da sexta-feira e a religião muçulmana é professada abertamente. Isso tem sido assim desde a época do pai de Manfredo, o imperador [Frederico II*]. Manfredo começou a construir aí uma casa de ciência, para o cultivo de todos os ramos das ciências especulativas. Descobri que a maior parte dos que estão próximos a ele e se ocupam de seus assuntos pessoais são muçulmanos e que, em seu acampamento, a chamada à oração e a própria oração são livres e públicas.

---

14 Ghassānī, *Riḥlat al-wazīr fī iftikāk al-asīr*, p. 52 e s., 67 e s.; cf. Sauvaire, *Voyage en Espagne d'un Ambassadeur Marocain*, p. 152 e s., 162 e s. O organizador dos textos em árabe omite alguns dos comentários anticristãos.

* Trata-se aqui de Frederico II de Hohenstaufen (1194-1250), imperador do Sacro Império Romano-Germânico e rei da Sicília, e inimigo dos papas Gregório IX (que o excomungou duas vezes) e Inocêncio IV (N. da E.).

Ibn Wāṣil observa que o papa "tinha excomungado Manfredo, devido a sua compaixão pelos muçulmanos"[15].

Os muçulmanos foram, com o tempo, expulsos da Sicília e da Itália continental. Um decreto do dia 11 de fevereiro de 1502 deu a todos os muçulmanos do reino de Castela a escolha entre a conversão, o exílio ou a morte. Decretos do mesmo tipo se seguiram em todos os outros territórios sob a coroa espanhola. Mas, mesmo depois dessas expulsões, uma espécie de comunidade muçulmana secreta, conhecida como mouriscos, conseguiu sobreviver durante algum tempo e armar várias rebeliões, chegando, numa ocasião, a tomar a cidade de Granada por um curto período de tempo. Tanto antes quanto depois de sua derrota final, os muçulmanos espanhóis se voltaram, em busca de ajuda, para os otomanos, a grande potência muçulmana da época, mas sem grandes resultados. Os otomanos na verdade entraram em negociações com os mouros e tentaram, de várias formas, oferecer orientação e até mesmo ajuda ocasional. Um emissário otomano foi secretamente enviado, para coordenar as comunicações, informações e ação entre a Espanha, o norte da África e Istambul. Mas tratava-se de uma causa perdida e, no devido tempo, os mouros seguiram seus predecessores no exílio.

Uma situação análoga começou a surgir com a saída dos otomanos da Europa central. Em quase todo lugar, a reconquista cristã foi seguida por um êxodo muçulmano e, exceto nas terras tártaras conquistadas pelos russos, não seria senão no século xix que populações muçulmanas em número substancial ficariam sob o domínio cristão. Em outros lugares, tudo que restou para despertar o interesse nostálgico dos visitantes muçulmanos foram os monumentos e memoriais do passado islâmico. Os emissários marroquinos enviados à Espanha e os emissários otomanos enviados ao sudeste europeu e à Europa central muitas vezes tinham de passar através de antigos territórios muçulmanos que haviam sido perdidos para a reconquista cristã. Os dois grupos apresentam semelhanças notáveis. Assim como os visitantes europeus no Oriente procuravam vestígios do passado clássico e cristão, assim também

---

15 Ibn Wāṣil, op. cit., 4: 248-249.

os visitantes muçulmanos na Europa ficavam comovidos com as inscrições muçulmanas, falavam de reminiscências do passado muçulmano e até mesmo tentavam encontrar algumas relíquias, ou antes, vestígios da presença muçulmana. Assim, o embaixador marroquino Al-Ghazzāl observa que os habitantes de um lugar na Espanha chamado Villafranca y Palacios são sobreviventes dos "andaluzes", um termo com o qual ele se refere aos antigos habitantes muçulmanos da Espanha:

> Seu sangue é o sangue dos árabes, seus costumes são diferentes dos costumes dos estrangeiros ('Ajam). Sua disposição com relação aos muçulmanos, seu desejo de estar conosco, sua tristeza na separação mostram conclusivamente que eles são remanescentes dos andaluzes. Mas um longo tempo se passou, durante o qual eles viveram em meio à descrença, Deus nos preserve.

Al-Ghazzāl até mesmo afirma ter encontrado um muçulmano vivendo em segredo, um certo Belasco, que chegou com sua filha, "uma menina de aparência muito árabe", e fez "sinais misteriosos", que o embaixador acreditava, embora sem confirmação, indicar que ele na verdade era secretamente um muçulmano[16]. Os embaixadores otomanos também encontravam expressões de simpatia em meio a seus antigos súditos na Hungria e até mesmo no sul da Polônia. Assim, Azmi Efêndi, passando pela Hungria, em 1790, observa a enorme amizade e boa-vontade manifestada pelos húngaros com relação a ele e sua missão diplomática e, em termos mais gerais, com relação ao Império Otomano[17]. Outros emissários otomanos que passaram pelas províncias perdidas no sudeste europeu e na Europa central afirmam ter percebido sentimentos calorosos em meio a esses povos com relação a seus antigos senhores. Mais surpreendente ainda, sentimentos análogos eram descobertos por embaixadores marroquinos enviados à Espanha em pleno século XVIII. Agudamente conscientes dos muitos remanescentes islâmicos nesse país, agora profanado pelo uso secular ou, pior ainda, pelo uso cristão, alguns dos emissários

---

16 Al-Ghazzāl, p. 24; cf. H. Pérès, *L'Espagne revue par les voyageurs Musulmans de 1610 à 1930*, Paris, 1937, p. 29-30.
17 Azmi, *Sefaretname 1205 senesinde...*, p. 16.

do Marrocos acreditavam que a cristianização da Espanha era apenas superficial e que as antigas lealdades muçulmanas estavam à espera, para reaparecer.

Os visitantes muçulmanos muitas vezes se sentiam incomodados pela desfiguração ou profanação das antigas construções muçulmanas. O marroquino Al-Ghazzāl, em visita a Granada, exigiu que uma pedra com uma inscrição em árabe fosse erguida na posição correta, para que pudesse ser lida mais facilmente e apresentasse uma aparência melhor. Ele também afirma ter insistido, quando em visita à mesquita em Córdova, na retirada de uma pedra com inscrições religiosas em árabe, que era usada como pedra de pavimento. Os minaretes eram uma questão especial; um deles na Espanha, usado como farol, e outro na Sérvia, usado como torre de relógio, afligiam os muçulmanos em visita. Até mesmo as casas de banho não estavam protegidas da profanação e um visitante turco em Belgrado, pouco depois de sua ocupação pelos austríacos, observava, com desagrado, que algumas delas estavam sendo usadas como residências[18]. Essa era uma outra indicação dos hábitos sujos dos infiéis.

Um sentimento que aparece muito fortemente nos escritos de muçulmanos que visitavam as províncias perdidas na Europa tanto oriental quanto ocidental é o de que essas eram terras islâmicas, injustamente tomadas do Islã e destinadas a ser um dia resgatadas. Mesmo um curto período de ocupação era suficiente para estabelecer esse direito. Assim, em 1763, Resmi Efêndi, em visita à fortaleza polonesa de Kameniets, que fora ocupada pelos otomanos de 1672 a 1699, ficava comovido à visão de um minarete inscrito com a data islâmica da construção e uma citação do *Alcorão*: "Quando li essa inscrição, fiz uma prece do fundo do coração, para que aprouvesse ao Criador retornar esses lugares em breve ao Islã, para que a palavra da verdade pudesse ressoar desse minarete"[19]. Ainda em 1779, um embaixador marroquino na Espanha, Muḥammad ibn 'Uthmān al--Miknāsī, fazia acompanhar a primeira menção de cada nome de lugar pela fórmula "queira Deus resgatá-lo para o Islã"[20].

18 F. Kraelitz, Bericht über den Zug..., p. 26 e s.
19 Resmi, *Sefaretname-i Ahmet Resmi Prusya Kiralī Büyük Fredrik nezdine sefaretle giden Giridi Ahmet Resmi Efindi´nin takriridir*, Istambul, 1303 (A.H.), p. 18.
20 Miknāsī, *Al-Iksīr fī fikāk al-asīr*, M. al-Fāsi (org.), Rabat, 1965, passim.

Em geral, os muçulmanos não viam a cristandade como uma ameaça religiosa ao Islã e, mesmo quando os exércitos cristãos reconquistavam província após província na Espanha e, mais tarde, no sudeste europeu, o perigo era visto em termos políticos e militares e não em termos religiosos. A ideia de que os muçulmanos, mesmo na derrota, pudessem escolher adotar uma forma mais primitiva e incompleta da revelação de Deus era absurda demais para ser levada em consideração. E, de fato, conversões voluntárias do Islã ao cristianismo são extremamente raras. Em terras muçulmanas, a apostasia – como essas conversões seriam vistas aos olhos muçulmanos – é uma ofensa capital. Mas mesmo em terras cristãs os muçulmanos eram incentivados, por suas próprias leis, a emigrar e não se submeter ao domínio cristão e, quando ocorriam conversões forçadas, elas eram de sinceridade duvidosa.

A primeira ameaça do Ocidente às crenças muçulmanas veio com a Revolução Francesa, quando pela primeira vez a propaganda dirigida aos muçulmanos vinha em nome, não de uma antiga religião, mas de uma nova e sedutora ideologia. Sinais da percepção otomana desse perigo já aparecem num memorando elaborado pelo secretário-chefe otomano, na primavera de 1798, para orientação do Alto Conselho de Estado. Explicando as origens do que estava ocorrendo na França revolucionária, o secretário-chefe explica:

> Os conhecidos e famosos ateus, Voltaire e Rousseau, e outros materialistas como eles fizeram imprimir e publicar várias obras que, Deus nos proteja, consistem em insultos e vilipêndios contra os puros profetas e grandes reis, na eliminação e abolição de toda religião e em alusões às benesses da igualdade e do republicanismo, tudo expresso em palavras e frases fáceis de se entender, na forma de caçoada, em língua do povo comum[21].

A invasão do Egito pela França deixou a nova ameaça mais próxima de casa e levou o Império Otomano a se aventurar no que hoje seria chamado de guerra psicológica. Nas proclamações dirigidas aos súditos muçulmanos do sultão, tanto em árabe quanto em turco, a baixeza dos revolucionários é descrita em detalhe:

21 Vasif, *Cevdet*, 6: 394 e s.

A nação francesa (que Deus assole os lares de seus habitantes e degrade suas bandeiras, pois são infiéis tirânicos e malfeitores dissidentes) não acredita na unicidade do Senhor do Céu e da Terra nem na missão do intercessor no Dia do Juízo Final, mas abandonou toda religião e nega o outro mundo e suas punições. Ela não acredita no dia da ressurreição e finge que somente a passagem do tempo nos destroi e que não há nada além do ventre que nos expele e da terra que nos engole e que, além disso, não há nenhuma ressurreição e nenhum ajuste de contas, nenhum exame e nenhuma retribuição, nenhuma pergunta e nenhuma resposta [...]. Seus habitantes dizem que os livros que os Profetas trouxeram são um erro manifesto e que o *Alcorão*, a *Torá* e os Evangelhos não passam de mentiras e conversa fiada e que os que se dizem profetas mentiram para o povo ignorante [...] que todos os homens são iguais em humanidade e semelhantes no ser homens, que ninguém tem superioridade de méritos sobre ninguém e que cada um dispõe da própria alma e arranja seu próprio sustento na vida. E, sobre essa crença presunçosa e opinião absurda, eles erigiram novos princípios, criaram leis e estabeleceram o que Satã cochichava para eles, destruíram a base das religiões, tornaram legais para si coisas proibidas e permitiram a si tudo que suas paixões desejavam, atraíram para sua iniquidade as pessoas comuns, que ficaram como loucos delirantes, semearam a sedição entre as religiões e lançaram a falsidade entre reis e Estados.

O autor dessa declaração adverte seus leitores contra as lisonjas dos franceses: "Com livros mentirosos e falsidades vis, eles se dirigem a ambos os lados e dizem: 'pertencemos a vocês, a sua religião e a sua comunidade' e eles fazem promessas vazias e também proferem ameaças horrendas".

Tendo provocado devastação na Europa, os franceses voltaram sua atenção para o Oriente. "Então sua maldade e tramas malignas se voltaram contra a comunidade de Maomé"[22].

Eles de fato o fizeram. Pela primeira vez desde sua fundação, o Islã enfrentava um desafio ideológico e filosófico que ameaçava as próprias bases da doutrina e sociedade muçulmanas. Nunca antes houvera nada desse tipo na experiência muçulmana. Após conquistar e absorver as antigas sociedades

22 O texto em turco encontra-se em E. Z. Karal, *Fransa-Misir ve Osmanli Imparatorlugu (1797-1802)*, Istambul, 1938, p. 108; o texto em árabe, em Shihāb, *Ta´rīkh Aḥmad Bāshā al-Jazzār*, A. Chibli (org.) e J. A. Khalife, Beirute, 1955, p. 125.

do Oriente Médio, o Islã se confrontara com três grandes civilizações, na Índia, na China e na Europa. Somente uma delas, a terceira, era vista como dispondo de uma religião digna do nome e como constituindo uma alternativa política e militar séria ao poderio islâmico. Mas a religião cristã sempre recuara diante do Islã e o poderio cristão fora, no melhor dos casos, apenas capaz de resistir ao avanço dos exércitos muçulmanos. É verdade que, na alta Idade Média, a teologia islâmica tinha se defrontado com o desafio da filosofia e ciência helenistas, mas esse desafio, de alcance limitado e vindo de uma cultura conquistada, tinha permanecido sob controle. Parte da herança helenista fora incorporada ao Islã, o resto fora descartado.

O novo desafio apresentado ao Islã pelo secularismo europeu era algo muito diferente – muito maior em alcance, poder e dimensões e, além disso, vindo, não de um mundo conquistado, mas de um conquistador. Uma filosofia livre de conotações cristãs manifestas e difundida numa sociedade que era rica, forte e estava em rápida expansão, ela parecia, para alguns muçulmanos, personificar o segredo do êxito europeu e oferecer um remédio para a fraqueza, pobreza e retrocesso dos quais eles se tornavam cada vez mais conscientes. No decorrer dos séculos XIX e XX, o secularismo europeu e uma série de doutrinas políticas, sociais e econômicas nele inspiradas exerceriam um contínuo fascínio sobre sucessivas gerações de muçulmanos.

# 7. A Economia: Percepções e Contatos

No século IX, um autor em Bagdá escreveu um curto tratado intitulado "Uma Visão Clara do Comércio", no qual ele discutia as diferentes mercadorias que formavam a base do comércio, seus diferentes tipos e qualidades e seus locais de origem. Uma seção era dedicada a uma lista de mercadorias e produtos importados "de outros países" para o Iraque. Os "outros países" consistiam quase que exclusivamente nas várias províncias do vasto Império Muçulmano na Ásia e na África. Somente quatro dos territórios mencionados ficavam fora dos domínios muçulmanos: as terras dos cazares, um reino turcomano nas estepes eurasianas, a Índia, a China e Bizâncio. Dos cazares vinham "escravos, escravas, armaduras, elmos e capuzes de malha*"; da Índia, "tigres, leopardos, elefantes, peles de leopardo, rubis vermelhos, sândalo branco, ébano e cocos"; da China, "produtos aromáticos, seda, porcelana, papel, tinta, pavões, cavalos fogosos, selas, feltros, canela e ruibarbo puro"; de Bizâncio, "recipientes de prata e de ouro, dinares

---

\* Também chamados de "coifa", cobriam toda a cabeça e eram compostos de anéis metálicos, assim como as demais partes da malha, e tal passou a ser a designação geral para esse tipo de armadura, que se tornou comum no século XII (N. da E.).

imperiais puros, tecidos bordados, brocados, cavalos fogosos, escravas, artigos raros em cobre vermelho, travas de segurança, liras, engenheiros hidráulicos, especialistas em lavoura e cultivo, artesãos especializados no trabalho com mármore e eunucos". Nenhuma referência era feita à Europa, cujas exportações eram demasiado reduzidas e insignificantes para merecer menção, embora talvez algumas delas pudessem estar incluídas na lista de mercadorias provenientes de Bizâncio[1].

Os relatos dos geógrafos muçulmanos medievais sobre as mercadorias que chegavam da Europa ocidental impressionam muito pouco. As importações que chegavam da Escandinávia, via Rússia, parecem ter tido importância um pouco maior. Além das menções por escrito, esse comércio deixou atrás de si registros substanciais, na forma de grandes achados em moedas muçulmanas, a maior parte delas cunhada na Ásia central e encontrada em reservas escandinavas, em especial, nas suecas.

Os autores medievais na verdade fornecem algumas informações sobre as condições econômicas no Ocidente.

Ibn Ya'qūb, comentando sobre Utrecht, observa que:

É uma grande cidade na terra dos francos, com vastos territórios. Seu solo é salino e nem sementes nem plantas podem lá crescer. As pessoas obtêm seu sustento do gado, de seu leite e sua lã. Não há em seu país a lenha de que eles precisam para queimar, mas eles têm uma espécie de barro que usam como combustível. O que acontece é o seguinte: no verão, quando a água seca, eles vão até seus campos e cortam o barro com um machado, na forma de tijolos. Cada homem corta o que precisa e espalha ao sol, para secar. O material fica muito leve e, se trazido para perto de chamas, pega fogo. O fogo pega nele como se fosse madeira e produz uma grande chama, com muito calor, como as chamas dos foles dos sopradores de vidro. Quando um pedaço dele é queimado, ele deixa cinzas, mas nenhum carvão.

Ibn Ya'qūb faz observações análogas sobre outras cidades que ele visitou ou sobre as quais ouviu falar. Bordeaux, diz ele,

1 B. Lewis, *Islam: from the Prophet Muḥammad to the Capture of Constantinople*, New York, 1974, 2: 154, citando Jāḥiẓ (atrib.), *Al-Tabaṣṣur bi'l-tijāra*, H. H. 'Abd al-Wahhāb (org.), Cairo, 1354/1935.

é "rica em água, árvores, frutas e grãos. Na região costeira dessa cidade, é encontrado âmbar de excelente qualidade". Rouen é uma cidade:

construída em pedras simetricamente dispostas, às margens do rio Sena. Nem videiras nem árvores crescem lá, mas há abundância de trigo e espelta. No rio, eles pegam um peixe que chamam de "salmão" e um outro peixe pequeno, que tem sabor de pepino e cheira como pepino [...]. No inverno, em Rouen, quando o frio é extremo, aparece uma espécie de ganso branco, com bico e pés vermelhos [...] essa espécie somente choca seus ovos numa ilha desabitada. Às vezes, quando os navios naufragam no mar, os que conseguem alcançar essa ilha podem sobreviver com esses ovos e os filhotes dessa ave durante um mês ou dois.

Sobre Schleswig, ele observa o seguinte:

A cidade tem poucas vantagens ou coisas boas. Seu alimento consiste sobretudo em peixe, que é abundante. Quando crianças nascem, eles as lançam ao mar, para poupar despesas.

Ele estava mais impressionado com Mainz:

Uma cidade muito grande, uma parte dela sendo habitada e o resto, plantado. Encontra-se na terra do francos, junto a um rio chamado Reno. É rica em trigo, cevada, espelta, cítricos e frutas. Lá existem dirrãs, forjados na Samarcanda, nos anos de 301-302 [934 e 935], com o nome do soberano e a data de emissão [...]. Uma coisa extraordinária é que, embora essa cidade esteja situada no Ocidente mais distante, eles têm temperos que somente se obtêm no Oriente mais distante, como pimenta, gengibre, cravo, nardo, crisântemo balsâmico e galanga; esses produtos são trazidos da Índia, onde são encontrados em abundância[2].

Na segunda metade da Idade Média, os autores muçulmanos estão um pouco mais bem informados e Al-Idrīsī, por exemplo, fornece informações bastante detalhadas. Mesmo um lugar tão distante quanto a Inglaterra começa a aparecer. Assim Ibn Saʿīd observa, como uma peculiaridade da Inglaterra, que:

2 Qazvīnī, p. 388; cf. Jacob, p. 25-26; cf. Miquel, p. 1058-1059. Cf. supra, n. 10, p. 103.

Há somente água de chuva nessa ilha e é com água de chuva que eles cultivam suas colheitas [...]. Nessa ilha há minas de ouro, prata, cobre e estanho. Eles não têm vinhedos por causa do frio extremo. As pessoas transportam a produção dessas minas até a terra de França e a trocam por vinho. É por isso que o rei da França tem tanto ouro e prata[3].

O historiador persa, Rashīd al-Dīn, também estava impressionado com a riqueza da Inglaterra, que "inclui incontáveis minas de ouro, prata, cobre, estanho e ferro, bem como uma grande variedade de frutas". Rashīd al-Dīn também observa que havia comerciantes francos que, embarcando de Gênova, viajavam ao Egito, Síria, norte da África, Anatólia e Tabriz[4].

Das mercadorias produzidas na Europa central e ocidental, somente três atraíam a atenção dos autores muçulmanos. Eram elas escravos eslavos, armas francas e lã inglesa. Uma vez que a lei islâmica proíbe a escravização de muçulmanos livres ou de não muçulmanos livres, que sejam súditos leais e paguem tributos ao Império Islâmico, a população escrava das terras islâmicas somente podia ser recrutada de duas formas: por nascimento (filhos de pais escravos, independentemente de sua religião, eram escravos) ou provindos do exterior. O crescimento natural da população escrava logo se revelou uma fonte totalmente inadequada de trabalho escravo adicional. O império muçulmano, ao contrário do romano e de outros impérios antigos, não podia aumentar sua população de escravos com criminosos e devedores ou com a venda como escravos de pessoas livres, mas empobrecidas. Assim, novos escravos tinham que provir de fora das fronteiras islâmicas e podiam ser adquiridos ou como tributo, ou por captura ou simplesmente por meio de compra.

Isso deu origem a uma importante diferença entre o Império Islâmico e os antigos impérios. Na Antiguidade, exceto após uma campanha ou repressão bem sucedida, a maioria da população escrava era de origem local. No Império Islâmico, ao contrário, a maior parte da população escrava vinha de fora

---

3   Ibn Sa'īd, *Kitāb Basṭ al-arḍ* ..., p. 134.
4   Rashīd al-Dīn, *Histoire*, p. 4-5/17-18; *Frankengeschichte*, p. 48-49.

das terras islâmicas e, com o tempo, isso deu origem ao desenvolvimento em massa do comércio escravista em todos os países que faziam fronteira com o mundo islâmico, para suprir suas necessidades cada vez maiores.

As duas principais fontes de população escrava para o Islã eram as estepes eurasianas, ao norte, de onde escravos brancos, em sua maioria turcos, eram importados e empregados sobretudo com objetivos militares, e a África tropical, ao sul, de onde escravos negros eram capturados ou comprados para uso no trabalho doméstico e outros tipos de trabalho. Havia, contudo, algumas áreas de recrutamento secundárias e a Europa era uma delas. Sem dúvida, escravos de origem europeia eram mais frequentes nas terras ocidentais do Islã, em especial, na Espanha muçulmana. Como acontecia nas outras fronteiras, eles eram, de início, recrutados sobretudo na guerra. O inimigo infiel capturado no campo de batalha podia por lei ser escravizado e, durante algum tempo, isso foi suficiente para manter o suprimento.

Com a interrupção do avanço islâmico, seguida de um período de paralisação e, então, por um recuo gradual do poderio islâmico, os suprimentos de prisioneiros de guerra deixaram de ser suficientes e os que eram capturados podiam ser mais bem empregados se usados para resgate ou troca. Os escravos passaram então a ser adquiridos por meio de compra e surgiu um comércio florescente para o abastecimento de escravos europeus, tanto homens quanto mulheres, para atender as necessidades de trabalho doméstico, assim como de outros tipos de trabalho, da Espanha muçulmana e do norte da África. Esses escravos brancos no ocidente muçulmano são conhecidos coletivamente como *saqāliba*, o termo árabe plural para *saqlabī*, ou eslavo; como nas línguas europeias, os termos da língua inglesa *slav* (eslavo) e *slave* (escravo), parecem combinar um conteúdo étnico com um conteúdo social. Nos textos dos geógrafos, o termo *saqāliba* se refere a vários povos eslavos da Europa oriental e central. Nas crônicas da Espanha muçulmana, ele se torna um termo técnico para os escravos pretorianos dos califas omíadas de Córdova, sendo assim o equivalente dos mamelucos turcos do califado oriental. Os primeiros *saqāliba* na Espanha parecem ter sido prisioneiros capturados pelos alemães, em incursões contra a Europa oriental, e vendidos aos muçulmanos na Espanha. Com o tempo, o significado do termo foi ampliado, de modo a incluir praticamente todo escravo branco estrangeiro, servindo no exército ou no trabalho doméstico. O autor árabe do século x, Ibn Ḥawqal, um viajante do Oriente que visitou a Espanha muçulmana, observa que os escravos europeus que ele encontrara por lá vinham não somente da Europa oriental mas também incluíam nativos da França, Itália e norte da Espanha. Alguns ainda eram obtidos por meio de captura – não mais por meio de expedições militares além da fronteira, mas agora sobretudo em ataques desfechados pelo mar. A importação comercial de escravos continuou por terra, provindo da França onde, para tomar de empréstimo uma expressão do historiador holandês Reinhart Dozy, havia uma "importante manufatura de eunucos", em Verdun[5].

A estrutura específica da sociedade muçulmana, que permitia que escravos ocupassem posições de grande influência e poder, tornou possível aos *saqāliba* na Espanha muçulmana tornar-se um elemento extremamente importante na sociedade árabe espanhola. Nós os encontramos servindo como generais e ministros, como donos de grandes riquezas e, às vezes, como donos de propriedades e até mesmo de seus próprios escravos. Adotando a língua árabe, eles chegaram até mesmo a produzir intelectuais, poetas e cientistas em tal quantidade e magnitude que um deles, durante o reinado de Hishām II (976-1013), escreveu todo um livro sobre os méritos e realizações dos escravos da Andaluzia. Ao que parece, nenhuma cópia chegou até nós.

Quando estabeleceram seu califado na Tunísia, no início do século x, os fatímidas avançaram para leste, rumo à conquista do Egito; cerca de cinquenta anos mais tarde, os escravos eslavos teriam um papel de certa importância em suas conquistas. Jawhar, que comandou os exércitos que conquis-

5 Ibn Ḥawqal, *Kitāb Ṣūrat al-arḍ*, J. H. Kraemer (org.), Leiden, 1938, p. 110; cf. trad. para o francês, J. H. Kramers; G. Wiet, *Configuration de la terre*, Beirute/Paris, 1964, p. 109; cf. C. Verlinden, *L'Esclavage dans l'Europe médiévale*, I, *Péninsule Ibérique-France*, Bruges, 1955, p. 217; sobre o Ṣaqāliba, cf. R. Dozy, *Histoire des Musulmans d'Espagne*, 2 ed., revisada por E. Lévi-Provençal, Leiden, 1932, 2: 154, citando Liudprand, *Antapodosis*, livro 6, cap. 6.

taram o Egito e é considerado um dos fundadores do Cairo, pode ter sido um eslavo[6].

Muitos europeus estavam envolvidos na exportação de escravos para o mundo muçulmano. Entre eles estavam cristãos e judeus e também cidadãos das grandes cidades comerciais da Itália e da França, assim como os escravistas gregos que operavam no Mediterrâneo oriental. Os venezianos desempenhavam um importante papel nesse comércio e, já no século VIII, começavam a competir com os gregos.

Os europeus, ao que parece, não tinham escrúpulos em vender escravos cristãos para os muçulmanos na Espanha, norte da África e até mesmo mais para o oriente, como o Egito, embora esse tráfico já tivesse sido banido por Carlos Magno e, após ele, por papas como Zacarias e Adriano I, que tentaram pôr fim a ele. Os venezianos eram audaciosos nos negócios e chegavam até mesmo a comprar escravos de ambos os sexos, na cidade de Roma[7]. Veneza também foi uma importante fornecedora de eunucos tanto para as cortes islâmicas quanto para as bizantinas. O comércio assumiu tão grandes proporções que se tornou um escândalo público e foi proibido em diversas ocasiões, ao que parece sem muita eficácia, pelos próprios doges de Veneza.

Todas essas proibições e condenações eram ineficazes na interrupção de um negócio assim lucrativo. A situação geográfica de Veneza, nos limites das terras eslavas e de fácil comunicação marítima com os Estados muçulmanos, dava aos comerciantes venezianos uma margem competitiva e a ilha de Pula no Adriático, então sob domínio dos venezianos, se tornou um importante mercado escravista.

Havia outras fontes de suprimento. Os piratas muçulmanos da Espanha, Sicília e norte da África atacavam as costas cristãs no Mediterrâneo, em especial durante os séculos X, XI e XII, e capturavam prisioneiros em grande número. Segundo relatos, no ano de 928, uma única expedição ao Adriático teria retornado ao porto de al-Mahdiyya, Tunísia, com 12 mil

---

6 Sobre os eslavos sob os fatímidas, cf. I. Hrbek, Die Slaven im Dienste der Fatimiden, *Archiv Orientalni*, 21: 543-581, 1953.

7 W. Heyd, *Histoire du Commerce du Levant au Moyen-Âge*, trad. F. Raynaud, Amsterdã, 1967, 1: 95; I. Hrbek, Die Slaven ..., p. 548.

prisioneiros. Ela era comandada por um certo Sabir, um escravo eslavo emancipado, que pertencera ao governador da Sicília e que frequentemente atacava as costas da Itália e da Dalmácia.

Esse tráfico continuou por toda a Idade Média e somente começaria a se extinguir no século XV. Uma razão para essa mudança estava em que os comerciantes muçulmanos em busca de escravos eslavos tinham agora, assim como os cristãos do Ocidente em busca de especiarias, acesso direto às fontes de abastecimento. O intermediário do Mediterrâneo era evitado de ambos os lados. Enquanto os portugueses, contornando a África, iam adquirir suas especiarias diretamente com as fontes, na Índia e Índias orientais, os turcos, avançando nos Bálcãs e na área do Mar Negro, conseguiam obter suas provisões de escravos diretamente com as populações da Europa oriental e central e, assim, dispensar os serviços dos intermediários, sobretudo europeus, que anteriormente transportavam escravos eslavos da Europa para o Oriente Médio e o norte da África. Durante os séculos XV e XVI, a principal fonte de abastecimento estivera no sudeste europeu, onde o avanço da *jihād* otomana obtinha um suprimento contínuo e abundante de escravos albaneses, eslavos, valaquianos, húngaros e outros cristãos. Alguns eram recrutados pelo famoso *devşirme*, o tributo em meninos cristãos recrutados em meio às populações submetidas ao Império Otomano; os outros eram capturados em batalha. No século XVII, o *devşirme* foi sendo gradualmente abandonado. Ao mesmo tempo, o impasse nas guerras entre os otomanos e os Habsburgo significava que a conquista não mais fornecia um fluxo de escravos suficiente para atender as necessidades da sociedade otomana.

Um substituto foi encontrado. Os cãs tártaros da Crimeia, uma dinastia muçulmana autônoma que reconhecia laços frouxos de suserania otomana, desenvolveu um vasto sistema de captura e comércio de escravos. Os invasores tártaros capturavam escravos em meio às populações russas, polonesas e ucranianas da Europa oriental e os levavam para a Crimeia, onde eram vendidos e embarcados para Istambul, para nova distribuição nos mercados de escravos do Império Otomano. "A colheita das estepes", como os tártaros designavam suas atividades, fornecia um suprimento abundante e regular de escravos homens e mulheres, que continuaria até o final do século XVIII, quando as pilhagens tártaras finalmente chegaram ao fim, com a anexação da Crimeia pelos russos[8].

O papel desempenhado pelos meninos cristãos dos Bálcãs, recrutados pelo *devşirme* para o serviço otomano, é bastante conhecido. Um enorme número deles entrou para o aparato militar e burocrático otomano, que por algum tempo foi dominado por esses novos recrutas do Estado otomano e da fé muçulmana. Esse predomínio dos europeus dos Bálcãs na estrutura de poder otomana não passou despercebido e existem muitas queixas de outros membros, às vezes dos escravos caucasianos que eram seus maiores concorrentes e, mais veementemente, dos muçulmanos livres e mais velhos, que se sentiam depreciados pela preferência dada a escravos convertidos ao Islã. O poeta Veysi, escrevendo no início do século XVII sobre as dificuldades por que passava o império e suas causas, observa, entre outras queixas: "Como é estranho que os que desfrutam de cargos e poder sejam todos albaneses e bosnianos, enquanto o povo do Profeta de Deus [isto é, os antigos muçulmanos, ou talvez os árabes] sofre humilhação"[9].

A influência dos recrutas do *devşirme* era de fato enorme. Muitos deles ascenderam a altos cargos no Estado otomano; outros alcançaram proeminência como intelectuais, poetas e mesmo como juristas e teólogos muçulmanos. O papel dos camponeses do leste da Europa capturados por invasores tártaros e enviados através do Mar Negro é menos conhecido e parece ter sido menos afortunado. Ao contrário dos que eram recrutados pelo *devşhirme*, eles raramente entravam para a elite governante otomana, mas serviam, em vez disso, em funções mais humildes e, muitas vezes, servis. Essas funções não estavam limitadas às formas habituais de serviço doméstico e no harém. Ao contrário de uma suposição amplamente aceita, os escravos muitas vezes também eram empregados com finalidades

---

8 Sobre os tártaros e suas atividades, cf. A. Fisher, *The Crimean Tartars*, Stanford, 1978; idem, Muscovy and the Black Sea Slave Trade, *Canadian American Slavic Studies*, 6: 575-594, 1972; e idem, *The Russian Annexation of the Crimea 1772-1783*, Cambridge, 1970.
9 E. J. W. Gibb, *A History of Ottoman Poetry*, v. 3, London, 1904, p. 217.

econômicas. A utilização de escravos na agricultura e em minas na Idade Média já foi comprovada, embora essa, ao que parece, não fosse a forma dominante da produção em nenhuma delas. Existem, no entanto, informações abundantes sobre o uso de trabalho escravo em grandes áreas de cultivo durante o período otomano – em sua maior parte, embora não exclusivamente, de propriedade e operando sob os auspícios do governo.

Uma certa ideia da importância relativa dos diferentes grupos étnicos de escravos pode ser obtida a partir da bibliografia muçulmana sobre o assunto. Temos acesso a uma série de textos escritos em árabe, persa e turco, que vão da baixa Idade Média até o século XVIII e que descrevem os atributos das diferentes raças de escravos e as finalidades para as quais eles podiam ser empregados de forma mais apropriada. As obras mais antigas falam quase que exclusivamente de escravos de origem asiática e, mais especificamente, de origem africana. Os escritos otomanos que abordam esse tema dão alguma atenção aos escravos eslavos e outros escravos do leste da Europa, mas, com pouquíssimas exceções, não discutem os da Europa ocidental[10].

Mais tarde, a fonte praticamente única de escravos da Europa ocidental para o mundo islâmico eram os corsários da Barbária, que continuavam a capturar embarcações no mar e ocasionalmente invadiam as costas das terras cristãs. Esses corsários entraram num novo período de intensa atividade no início do século XVII, quando chegaram até as ilhas britânicas e a Islândia. Mas seus prisioneiros eram capturados sobretudo para obtenção de resgate, e não para uso, e não constituíam mais uma mercadoria de importância comercial.

Alguns deles, contudo, quer voluntária quer involuntariamente, permaneciam entre os muçulmanos que os capturavam. O primeiro grupo, constituído predominantemente por homens, compunha-se de europeus que adotavam o Islã e faziam carreira a serviço dos corsários. Esses prisioneiros sem dúvida levavam consigo conhecimentos técnicos úteis para seus novos senhores, em termos de construção naval, conhecimentos de artilharia e navegação – da mesma forma

---

10 Sobre essas obras, cf. H. Müller, *Die Kunst des Sklavenkaufs*, Freiburg, 1980.

que os ex-piratas europeus que, no início do século XVII, continuavam suas carreiras como corsários sob o Crescente. Eles também serviram, em diferentes oportunidades, para conduzi-los a algumas das costas mais remotas e menos defendidas da Europa ocidental, onde se encontravam ricas pilhagens. Não há provas de que esses aventureiros tenham tido algum impacto, além de uma certa influência limitada, sobre os países que os recebiam.

Havia um outro grupo de prisioneiros capturados por corsários muçulmanos, cuja estada em terras muçulmanas foi involuntária, mas permanente. Tratava-se de mulheres que, por sua beleza, eram conservadas como concubinas ou enviadas – por venda ou como presentes – aos haréns do Oriente Médio. As consideradas mais perfeitas muitas vezes encontravam seu destino final no Harém Imperial em Istambul, como concubinas dos sultões ou de outros dignitários. Os pais dos sultões otomanos são famosos e fartamente documentados, mas pouco se sabe sobre suas mães. Elas eram em sua maioria escravas do harém, cuja identidade, origem e até mesmo nome foram ocultados à história pela discreta reserva dos núcleos domésticos muçulmanos. Isso deu origem a uma certa especulação sobre a origem de algumas dessas mulheres, que chegaram ao palácio como escravas insignificantes e ascenderam a posições de grande poder e dignidade como mães de algum sultão no poder. Existe um grande número de histórias sobre as mães dos sultões, algumas das quais, segundo relatos, seriam de origem europeia. A mais famosa delas é Nakşidil, o nome dado no harém à mãe do grande sultão reformador Mahmud II. De acordo com uma lenda bastante difundida, tratava-se de Aimée du Buc de Rivery, uma francesa da Martinica, prima de Josephine de Beauharnais, mas não existem provas confiáveis em apoio a essa história. Existe melhor comprovação no caso de Nur Banu, uma concubina de Selim II e mãe de seu sucessor, Murad III. Uma veneziana, pertencente à nobreza patrícia romana por nascimento, tratava-se de, segundo alguns relatos, Cecilia Venier-Baffo, filha do governador veneziano da Ilha de Corfu. Capturada com a idade doze anos por um saqueador turco, ela foi enviada como presente ao sultão Suleiman, o Magnífico, que a cedeu a seu filho, Selim. Mais tarde, ela e sua sucessora Safiye, mãe de Mehmed III, estabeleceram correspondência com Veneza e até mesmo com a Inglaterra[11].

É pouco provável que essas mulheres tenham contribuído em muita coisa para o conhecimento da Europa pelos muçulmanos, ou mesmo por seus filhos, fossem eles membros da realeza ou não. Em termos fatuais, elas foram introduzidas no harém numa idade muito tenra; em termos da sociedade muçulmana, seu impacto e influência, fora do harém, eram mínimos.

O comércio de armamentos, ao contrário do de escravos, exibe crescimento ininterrupto. Mesmo anteriormente às Cruzadas, existem passagens em textos árabes elogiando a alta qualidade das espadas fabricadas pelos francos, assim como outras espadas europeias. Na época das Cruzadas, isso se tornara uma importante mercadoria de exportação, que ajudava a restabelecer o equilíbrio, de resto desfavorável, no comércio entre a Europa e as terras do Islã. A exportação de armas para os muçulmanos, até mais que a exportação de escravos cristãos, despertava a ira das autoridades eclesiásticas e, às vezes, até mesmo das autoridades reais, mas com poucos resultados.

Não eram somente as armas produzidas pelos francos que eram vistas como úteis pelos muçulmanos, mas também os homens que as fabricavam e utilizavam. Um cronista egípcio fala sobre os francos empregados como artesãos, fabricando armas para a marinha e outros serviços no Cairo, sob os fatímidas[12]. Aventureiros francos aparecem nos exércitos de soberanos muçulmanos, da Espanha até o Levante e a Ásia Menor. Existem relatos sobre alguns dos antigos soberanos turcos da Anatólia, que teriam empregado milhares de mercenários cristãos, alguns dos quais do Ocidente europeu. Há também relatos sobre marinheiros genoveses e outros marinheiros europeus, a serviço de soberanos do Oriente Médio, em especial, dos mongóis[13].

---

11  Sobre essa e outras histórias, cf. A. D. Alderson, *The Structure of the Ottoman Dynasty*, Oxford, 1956, p. 85 e s.; Çağatay Uluçay, *Harem* II, Ancara, 1971; idem, *Padişahlarin Kadinlari ve Kizlari*, Ancara, 1980; E. Rossi, La Sultana Nūr Bānū (Cecilia Venier-Baffo) moglie di Selim II (1566-1574) e madre di Murad III (1574-1595), *Oriente Moderno*, 33: 433-441, 1953; S. A. Skilliter, Three Letters from the Ottoman "Sultana" Ṣāfiye to Queen Elizabeth I, em *Documents from Islamic Chanceries*, S. M. Stern (org.), Oxford, 1965, p. 119-157.

12  Ibn al-ṭuwayr, citado por Al-Maqrīzī, *al-Mawā'iẓ wa'l-i'tibār bi-dhikr al--khiṭaṭ wa'l-āthār*, Būlāq, 1270/1853, 1: 444.

13  J. Richard, An account of the Battle of Hattin, *Speculum*, 27: 168-177, 1952.

No período otomano, o comércio de armamentos era considerável e incluía matérias-primas essenciais. Uma bula papal, emitida por Clemente VII, em 1527, prometia excomunhão e anátema a "todos os que levam para os sarracenos, turcos e outros inimigos do nome cristão, cavalos, armas, ferro, fios de ferro, estanho, cobre, *bandaraspata*, latão, enxofre, salitre e tudo mais que seja apropriado para a produção de artilharia e ferramentas, armas e máquinas ofensivas, com as quais eles lutam contra os cristãos, assim como cordas, madeira e outros suprimentos náuticos e artigos proibidos". Cem anos mais tarde, uma bula do mesmo tipo, emitida pelo papa Urbano VIII, incluía uma lista um pouco mais longa de materiais bélicos proibidos; ela, além disso, excomungava e anatematizava todos os que, direta ou indiretamente, dessem ajuda, conforto ou informações aos turcos e outros inimigos da religião cristã[14].

Não era somente o Vaticano que estava preocupado com esse tipo de comércio. Eram frequentes as reclamações, por parte de governos europeus, quanto ao fornecimento de materiais bélicos e conhecimento de técnicas militares aos turcos por potências europeias rivais. No final do século XVI e início do XVII, as potências católicas frequentemente acusam os protestantes, sobretudo os ingleses, de fornecer uma ampla variedade de materiais bélicos, em especial, o estanho. "Os turcos também desejam a amizade dos ingleses por causa do estanho que tem sido enviado para lá durante os últimos anos e que é de enorme valor para eles, uma vez que não podem forjar suas armas sem ele, enquanto os ingleses obtêm um lucro imenso com o produto, o único artigo com o qual eles mantêm seu comércio com o Levante". Um navio inglês capturado em Milos, com um carregamento em mercadorias destinadas à Turquia, continha, segundo se verificou,

200 fardos de *kerseys**, laníferos ingleses, 700 barris de pólvora, mil barris de peças para montagem de arcabuzes, 500 arcabuzes montados,

---

14 *Bulla in Cena Domini*, Clemente VII *anno* 1527, Urbano VIII *anno* 1627. Citado em K. Pfaff, Beiträge zur Geschichte der Abendmahlsbulle vom 16. bis 18. Jahrhundert, *Römische Quartalschrift für christliche Altertumskunde*, 38: 38-39, 1930.

\* Espécie de tecido rústico de lã, que recebe o nome da cidade de Kersey, Inglaterra, onde se presume teria se originado (N. da T.).

2 mil lâminas de espada, um barril cheio de lingotes de ouro de alta qualidade, 20 mil sequins, uma grande quantidade de dólares e outras coisas de valor. Além disso, foi encontrada uma nota escrita em caracteres turcos em pergaminho, emitida pelos serviços do sultão[15].

Mas os decretos de excomunhão e as ameaças de punição secular não conseguiram coibir os envolvidos nesse tipo de comércio altamente lucrativo. O fornecimento de armas e materiais bélicos pelas potências cristãs para os otomanos e outros Estados muçulmanos crescia continuamente e, com o tempo, alcançaria enormes proporções.

Além de escravos e materiais bélicos, a Europa, ao que parece, tinha a oferecer pouca coisa que pudesse interessar o comprador muçulmano. Havia, contudo, uma outra mercadoria, diversas vezes mencionada pelos autores muçulmanos; trata-se dos tecidos ingleses, já famosos no mundo ocidental desde a alta Idade Média. Ibn Yaʻqūb, o viajante que visitou o Ocidente no século X, observa, falando da ilha de Shāshīn, presumivelmente a Inglaterra anglo-saxônica:

> Existe lá uma espécie de lã de beleza excepcional, que não se encontra igual em outras terras. Dizem que a causa disso está em que as mulheres de lá banham a lã com gordura de porco, o que aprimora sua qualidade. Sua cor é branca ou azul-turquesa e sua beleza é excepcional[16].

Um autor de um período posterior, o geógrafo Ibn Saʻīd, fornece um pouco mais de informações: "Um fino escarlate (*ishkarlat*) é produzido lá [na Inglaterra]. Nessa ilha eles têm ovelhas com lã tão macia quanto seda. Eles cobrem suas ovelhas com panos, para protegê-las da chuva, do sol e da poeira"[17].

Essa passagem de Ibn Saʻīd também é citada por autores posteriores, em seus escritos de geografia.

---

15  *Calendar of State Papers* espanhol (1568-79), Londres, 1894 (nota 609), p. 706, do embaixador em Londres a Felipe II (28 de novembro 1579); *Calendar of State Papers* veneziano (1603-07), p. 326; carta datada de 28 de fevereiro de 1605 o.s. [N. da T.: do inglês "old style", em referência à datação antiga pelo calendário juliano] do cônsul de Veneza em Milos ao bailio em Istambul. Devo as referências nesta e na nota precedente ao falecido V. J. Parry.
16  Qazvīnī, p. 362; cf. Jacob, p. 32. Cf. supra, n. 10, p. 103.
17  Ibn Saʻīd, *Kitāb Basṭ al-arḍ*..., p. 134.

Uma referência independente ocorre na descrição da Europa sob os francos feita por Rashīd al-Dīn, que observa: "Em ambas as ilhas [Irlanda e Inglaterra] eles têm ovelhas, de cuja lã são feitos tecido de lã e fino escarlate"[18].

A palavra escarlate é de origem controversa, embora seja provável que as formas árabes e persas derivem do Ocidente, e não o inverso. Já houve muita discussão sobre se no século XIII essa palavra denotava uma cor ou uma determinada qualidade de tecido. Esta última alternativa parece mais provável. Escarlate, seja lá o que fosse, era um dos principais produtos da Inglaterra no século XIII e esses ecos orientais remotos desse comércio inglês têm certo interesse. As três fontes acima citadas sugerem que esse escarlate era algo conhecido a partir de rumores e que somente se encontrava na distante Europa. No século XV, no entanto, alguns documentos otomanos fazem referências explícitas ao tecido inglês como uma mercadoria importada para os domínios otomanos[19].

No final do século XVIII, a balança comercial tinha se modificado decisivamente em favor da Europa e contra as terras islâmicas do Oriente Médio e do norte da África. Esse processo teve início com o grande florescimento da indústria e do comércio europeus no final da Idade Média e nos séculos iniciais da modernidade. A abertura e o desenvolvimento das rotas marítimas permitiam evitar o Oriente Médio e até mesmo o comércio de seda persa, outrora importante como fonte de matérias-primas e de receitas fiscais para a Turquia; ele era agora desviado e, em grande parte, controlado por comerciantes do Ocidente europeu. O estabelecimento de colônias europeias no Novo Mundo e nos postos avançados do Oriente, somado à nova capacidade industrial da própria Europa, finalmente deu aos comerciantes europeus algo substancial para oferecer aos consumidores do Oriente Médio.

A composição do comércio entre o Islã e a cristandade literalmente se invertia. Onde outrora a Europa havia importado tecidos do Oriente Médio, ela agora vendia tecidos e importava matérias-primas. A mudança nas relações comerciais é pitorescamente ilustrada em nossa familiar xícara de café,

18  Rashīd al-Dīn, *Histoire*, p. 4-5/18; *Frankengeschichte* p. 49.
19  N. Beldiceanu, *Les Actes des premiers Sultans*, v. 1, Paris, 1960, p. 127.

originária do Oriente Médio. Tanto o café quanto o açúcar utilizado para adoçá-lo foram inicialmente introduzidos na Europa a partir do Oriente Médio. O café, originário do extremo sul do Mar Vermelho, provavelmente da Etiópia, foi levado para a região do Mediterrâneo oriental durante o século XVI e daí se difundiu para a Europa. Até o último quarto do século XVII, o café era um importante item das exportações do Oriente Médio para a Europa. Na segunda década do século XVIII, os holandeses cultivavam café em Java para o mercado europeu e os franceses exportavam até mesmo para a Turquia o café cultivado em suas colônias nas Índias ocidentais. Em 1739, o café das Índias ocidentais é mencionado como estando presente até mesmo no Oriente mais extremo, em Erzerum, na região oriental da Turquia. O café das colônias, levado pelos comerciantes ocidentais, era mais barato que o proveniente da região do Mar Vermelho e, em consequência, reduzia em muito sua participação no mercado.

Também o açúcar foi originalmente uma inovação do Oriente. Primeiramente refinado na Índia e no Irã, a Europa o importava do Egito, Síria e norte da África, sendo então levado pelos árabes para a Sicília e a Espanha. Daí ele foi levado para as ilhas do Atlântico e, de lá, para o Novo Mundo. Aqui, novamente, as colônias das Índias ocidentais ofereciam oportunidades que não seriam ignoradas. Em 1671, os franceses construíram uma refinaria em Marselha, de onde eles exportavam o açúcar das colônias para a Turquia. O consumo havia aumentado enormemente, quando os turcos passaram a adoçar seu café, talvez em consequência do sabor mais amargo dos grãos vindos das Índias ocidentais. Até então, eles dependiam sobretudo do açúcar proveniente do Egito. O açúcar das Índias ocidentais era mais barato e logo dominava o mercado do Oriente Médio. No final do século XVIII, quando um turco ou um árabe bebiam uma xícara de café, tanto o café quanto o açúcar haviam sido cultivados na América Central e tinham sido importados por comerciantes franceses ou ingleses. Somente a água fervida era de origem local.

Uma outra mercadoria importante nesse novo comércio era o tabaco. Era um produto totalmente novo para o mundo islâmico, levado das colônias americanas pelos comerciantes ingleses. O historiador Peçuy, escrevendo por volta de 1635, tem o seguinte a dizer sobre o que ele designa como "a chegada da fumaça fétida e nauseabunda do tabaco": "os infiéis ingleses", diz ele, "o trouxeram no ano de 1009 [1601 d.C.] e o vendiam como remédio para algumas doenças da umidade". Seu uso, no entanto, rapidamente se expandiu para além das finalidades medicinais que lhe eram atribuídas. Foi adotado "por sensualistas e perseguidores do prazer" e até mesmo "por muitos dos grandes ulemás e poderosos". Numa passagem pitoresca, Peçuy descreve a popularidade imediata desse novo vício e seus efeitos. "Com o incessante fumar da gentalha, as cafeterias ficavam cheias de fumaça azul, a tal ponto que os que estavam dentro não podiam se ver uns aos outros". Mesmo em locais públicos, os viciados envenenavam o ar. "Seus cachimbos nunca deixavam suas mãos. Soltando baforadas uns nos olhos e rostos dos outros, eles deixavam as ruas e mercados fedendo". Apesar desse e muitos outros efeitos nocivos, "no início do ano de 1045 [1635-36 d.C.], sua disseminação e fama eram tais que não é possível descrever ou expressar"[20].

No final do século XVIII, a fragilidade econômica do Oriente Médio, em contraste com a Europa, era esmagadora e ajudava a abrir caminho para o domínio político e militar do século seguinte. Mas os autores muçulmanos manifestam pouca consciência disso. A bibliografia econômica do Ocidente permanecia totalmente desconhecida dos leitores muçulmanos. Nenhuma obra com conteúdo econômico foi traduzida para o árabe, o persa ou o turco até pleno século XIX. Mesmo os limitados relatos sobre a Europa que se encontravam disponíveis estavam preocupados, em sua maioria, com temas políticos e militares e tinham pouco a dizer sobre a economia das nações europeias. Talvez a única exceção seja o embaixador marroquino Al-Ghassānī, que visitou Madri em 1690-1691. Seus comentários sobre os efeitos da expansão espanhola na América mostram uma certa perspicácia e um eco da filosofia social de Ibn Khaldūn:

> Os espanhóis ainda possuem muitas províncias e vastos territórios nas Índias e o que eles trazem de lá todos os anos os deixa

---

20 Peçuy, 1: 365; traduzido em B. Lewis, *Istanbul and the Civilization of the Ottoman Empire*, Norman, 1963, p. 133-135.

ricos. Devido à conquista e exploração das terras das Índias e às grandes riquezas que eles extraem delas, a nação espanhola possui hoje a maior prosperidade e a maior renda de todos os povos cristãos. Mas o amor pelo luxo e confortos da civilização os dominou e vocês raramente encontrarão alguém dessa nação que se ocupe do comércio ou viaje para o exterior a negócios, como fazem outras nações cristãs como os holandeses, ingleses, franceses, genoveses e outros. Da mesma forma, as atividades manuais praticadas pelas classes inferiores e pela gente comum são desprezadas por essa nação, que se considera superior às outras nações cristãs. A maioria dos que exercem essas atividades na Espanha são franceses e isso porque seu próprio país oferece a eles somente um pobre sustento; eles vão em massa para a Espanha, em busca de trabalho e de fazer dinheiro. Em pouco tempo, eles fazem fortunas enormes[21].

O embaixador otomano Vasif, que esteve na Espanha em 1787-1788, também observa alguns efeitos econômicos do ouro das Américas:

a cada três anos os espanhóis enviam cerca de cinco ou seis mil trabalhadores para as minas do Novo Mundo. Isso se tornou uma necessidade de Estado, uma vez que a maior parte dos mineiros não consegue se adaptar ao clima e morre. O ouro e a prata chegam às casas de cunhagem de moedas em Madri, mas a população é rala e a agricultura definha, forçando os espanhóis a importar alimentos do Marrocos. Por isso eles procuram conquistar a boa-vontade dos soberanos marroquinos. Ele vende a eles provisões a um alto preço em ouro e prata não cunhados, que ele então faz cunhar em Madri a partir de matrizes fornecidas por ele, com suas próprias inscrições[22].

Wazīr al-Ghassānī tem muito mais a dizer sobre questões de economia. Mehmed Efêndi discute também as fábricas de tapetes e de artigos de vidro que havia visitado e estava especialmente impressionado com elas[23].

Na última parte do século XVIII, emissários como Resmi e Azmi fazem frequentes referências ao comércio e às manufaturas dos países que visitavam. Resmi, que visitou Berlim em

---

21 Ghassānī, *Riḥlat al-wazīr fī iftikāk al-asīr*, p. 44-45; cf. Sauvaire, *Voyage en Espagne d'un Ambassadeur Marocain*, p. 97-99.
22 Vasif, em *Cevdet*, 4: 357; cf. Barbier de Meynard, *Ambassade de l'historien Turc...*, p. 520-521.
23 Mehmed Efendi, p. 109; cf. trad. para o francês, *Le Paradis des infidèles* p. 163.

1777 e viajou pela Romênia e Polônia, tem diversos comentários a respeito. Ele observa que:

> No reino da Polônia, além dos poloneses, existem duas outras nacionalidades, os russos e os judeus. Os primeiros cuidam da agricultura e outros trabalhos pesados, enquanto os judeus, nas cidades, realizam todo o comércio do trigo e outras mercadorias, assim como as atividades lucrativas de compra e venda; mas o maior lucro está nas mãos dos poloneses, já muito ricos, que se vestem com casacos guarnecidos com galões bordados em ouro e mangas largas e com um gorro leve de pele de carneiro.

Na Prússia, ele viu fábricas têxteis e usinas de açúcar e observou que as máquinas usadas nessas indústrias também haviam sido feitas na cidade de Berlim. Resmi também comenta sobre o gosto prussiano pela porcelana, que era anteriormente importada da China e da Índia, até que os prussianos aprenderam a fabricá-la eles mesmos, primeiro na Saxônia e, mais tarde, em Berlim[24]. Seu sucessor, Azmi, que visitou Berlim em 1790, estava mais interessado em questões militares e políticas, mas também tinha algo a dizer sobre o bem-sucedido esforço prussiano em criar indústrias e sobre a força que isso conferia ao país[25].

As referências à Europa na literatura otomana anterior ao século XIX são extremamente raras. Um exemplo ocorre num trabalho literário de autoria do poeta Hashmet, escrito por ocasião da subida ao trono do sultão Mustafá III, em 1757. Nessa obra, o poeta, a fim de louvar o novo sultão e glorificar sua subida ao trono, emprega o corriqueiro recurso literário do sonho e o conhecido tema muçulmano dos reis da terra que vão prestar homenagem ao senhor do Islã. Em sua visão, o poeta vê os reis chegando, dispostos a fazer a oferta de obediência ao novo sultão e solicitar o privilégio de servir em sua corte. Os reis chegam um a um até o poeta, explicam seus objetivos e solicitam seus bons serviços na obtenção das nomeações que estão buscando. Cada monarca descreve a especialidade de seu próprio país e solicita uma nomeação correspondente na corte

---

24 Resmi, *Sefaretname-i* [...] *Prusya*..., p. 27-28, 33 e 36.
25 Azmi, *Sefaretname 1205 senesinde*..., passim.

do novo sultão. O imperador da China solicita a custódia do palácio de porcelana, o imã do Iêmen solicita ser o principal fornecedor de café. Então se aproximam seis soberanos europeus, enumerados na seguinte ordem – o tsar russo, que solicita ser o principal comerciante de peles; o imperador austríaco, que se vangloria da habilidade de seu país com artigos de vidro, de cristal e espelhos e solicita ser nomeado o principal fabricante de objetos de vidro; "o chefe da República de Veneza", que fala da habilidade de seu povo – existente de longa data – com metais preciosos e busca uma nomeação como principal avaliador; o rei da Inglaterra, que fala da produção de pólvora e armamentos de guerra de seu país e solicita ser encarregado do arsenal de pólvora; o "rei" da Holanda, que fala com orgulho das tulipas e outras flores e solicita nomeação como jardineiro; por fim, o rei da França, que descreve a produção de seu país de tecidos finos, cetim e outros tipos de tecido e solicita nomeação como chefe de guarda-roupa. Nenhum outro soberano europeu está incluído na lista[26].

O ponto de vista de Hashmet talvez tenha pouco valor em termos de história da economia, mas fornece interessantes indicações sobre a imagem que um otomano da metade do século XVIII fazia dos estados europeus e seus produtos.

Abū Ṭālib Khān, que visitou a Inglaterra no final do século XVIII, dedica todo um capítulo de seu livro ao surgimento da indústria que ele podia observar na época. Era no número e no aperfeiçoamento das máquinas que ele via a principal causa da prosperidade e grandeza dos ingleses. Fora isso que permitira aos ingleses expandir seu poderio a tantos lugares distantes; era isso também que tornava impossível a seus vizinhos, os franceses, apesar de sua grande força e coragem, fazer algo contra eles. Abū Ṭālib descreve vários tipos de máquinas, a começar pelas mais simples, os moinhos para trituração de grãos, até as grandes fundições de ferro, "movidas a vapor". Ele comenta sobre a fabricação do canhão, das lâminas de metal e das agulhas e admira a velocidade e eficiência da máquina de fiar de múltiplas bobinas, a Spinning Jenny. Ele descreve seu funcionamento e observa que, por meio dessa máquina, é possível

---

26  Hashmet, *Intisāb al-mulūk*, em apêndice a *Dīvān*, Būlāq, 1842, p. 8-9.

produzir tecido muito mais rapidamente e com um número muito menor de trabalhadores. Ele estava, no entanto, menos impressionado com a qualidade, que ele achava inferior à dos tecidos da Índia, feitos à mão. Abū Ṭālib também visitou uma cervejaria, uma fábrica de papel e outros estabelecimentos e tem muito a dizer sobre a bomba hidráulica usada no abastecimento de água em Londres. Ele havia até mesmo ouvido falar de máquinas inventadas para uso na cozinha. "Os homens desse reino", observa ele, "são extremamente impacientes e avessos ao trabalho trivial ou que consuma tempo", por isso inventaram máquinas de uso na cozinha, para executar tarefas como assar frangos, moer carne e cortar cebolas[27].

Abū Ṭālib, ao que parece, visitou diversas fábricas em diferentes partes do país. Estava devidamente impressionado com o que vira, chegando mesmo a comentar, em suas observações iniciais, sobre as bases econômicas do poder militar e político. A conexão seria vista com maior clareza e discutida de forma mais explícita por um visitante de um período um pouco posterior, Halet Efêndi, embaixador otomano em Paris, de 1803 a 1806. Halet Efêndi era um reacionário convicto, que desprezava os franceses e outros europeus e se opunha à ideia de imitá-los, em aspectos de alguma importância. Para ele, o remédio era claro e simples:

> Sabe Deus, sou da opinião de que se, uma vez a cada três ou quatro anos, como medida de emergência, fossem colocadas de lado 25 mil bolsas de *aspers** e fossem criadas cinco fábricas, de rapé, de papel, de cristal, de tecido e de porcelana, assim como uma escola de línguas e de geografia, então, no decorrer de cinco anos, haveria para eles o mesmo que nada para se manter, uma vez que a base de todo seu comércio atual está nessas cinco mercadorias. Queira Deus conceder algum zelo a nossos senhores, amém[28].

Halet foi precedido pelos reformadores do século XVIII na ênfase dada à necessidade de melhora na educação. Sua sugestão de que a indústria era uma das fontes do poder europeu,

---

27 H. Khadīv-Jam (org.), *Masīr-i Ṭālibī yā Safarnāma-i Mīrzā Abū Ṭālib Khān*, Teerã, 1974, p. 201 e s.; cf. trad. para o inglês, C. Stewart, *Travels of Mirza Abu Taleb Khan...*, Londres, 1814, v. 2, cap. 13:1 e s.
* Antiga moeda turca (N. da T.).
28 Karal, *Halet*, p. 32-33.

embora expressa em termos simplistas, levantava uma nova e importante questão para os habitantes do Oriente Médio. No decorrer do século XIX, isso se tornaria parte da sabedoria consolidada e os soberanos reformadores da Turquia, Egito, Irã e outros países do Oriente Médio veriam na ciência e na indústria os talismãs mágicos com que recriar os magníficos tesouros do misterioso Ocidente.

# 8. Governo e Justiça

Para o muçulmano, a comunidade à qual ele pertencia era o centro do mundo, definido pela posse da verdade de Deus e a aceitação da lei de Deus. Nesse mundo muçulmano, havia em princípio somente um Estado, o califado, e somente um soberano, o califa, o líder legítimo da Casa do Islã e soberano supremo da comunidade política muçulmana.

Durante o primeiro século da história islâmica, essa percepção correspondeu à realidade. O Islã era de fato uma comunidade e um Estado; seu avanço era rápido e inexorável e é provável que parecesse claro e garantido aos muçulmanos da época que o rápido progresso e a iminente realização dos processos paralelos de conquista e conversão em pouco tempo conduziriam toda a humanidade até o rebanho islâmico.

No decorrer do século VIII, o Islã árabe alcançava seus limites e aos poucos era admitida a ideia de que havia uma pausa na inevitável expansão do Estado e da fé muçulmana. O grande projeto de capturar Constantinopla foi adiado; ele somente seria retomado muitos séculos mais tarde pelos turcos otomanos, numa nova onda da conquista islâmica que, por sua vez, viria a ser contida na Europa central. Aos poucos os muçulmanos viriam a aceitar a ideia de que o Islã tinha fronteiras e que, para além delas, havia outras sociedades e outras comunidades políticas. O conceito de uma comunidade islâmica universal e única, envolvendo toda a humanidade, foi preservado, mas sua realização era deixada para um futuro messiânico.

No duro mundo real, a unidade, assim como a universalidade, da comunidade política islâmica era tacitamente abandonada. Às vezes, soberanias conflitantes surgiam no âmbito do Império Islâmico, dando, na melhor das hipóteses, reconhecimento apenas simbólico à suserania do califa. Com o tempo, surgiram até mesmo califados rivais e, após a destruição do califado de Bagdá pelos invasores mongóis, em 1258, a teórica unidade política do Islã chegava ao fim. Mesmo assim, o ideal de uma única soberania islâmica ainda dominava as mentes dos muçulmanos, sendo expresso nos títulos dos monarcas muçulmanos que ascenderam ao poder no período do pós-califado. Uma das características mais notáveis das terras islâmicas do período medieval até o século xix é a ausência de entidades territoriais ou étnicas estabelecidas e permanentes, ou mesmo de títulos monárquicos territoriais e étnicos, como encontramos na Europa onde, desde muito cedo, encontramos um rei da França, um rei de Inglaterra, um rei da Dinamarca e muitos outros.

Não existe isso no Oriente Médio islâmico. Em parte isso reflete a grande disparidade e instabilidade dos reinos no período medieval, quando era raro dois soberanos sucessivos governar precisamente o mesmo território. Mas essa continuaria sendo uma característica dos títulos reais islâmicos, mesmo no período pós-mongol, quando os Estados eram, no todo, relativamente estáveis e permanentes. Até 1500, havia somente três Estados de alguma importância no Oriente Médio, a Turquia, o Irã e o Egito, e com a conquista otomana do Egito e seus territórios dependentes, esse total ficava reduzido para dois. Mas os termos que empregamos – o sultão da Turquia, o xá da Pérsia, o sultão do Egito – eram aplicados a esses soberanos por estrangeiros ou rivais, nunca por eles próprios. Para os europeus, o uso desses títulos tinha valor simplesmente descritivo. Aplicado por esses soberanos uns aos outros, um título territorial era um termo ofensivo, destinado a deixar claro que sua soberania era local e limitada. Quando os soberanos do Egito, da Turquia e da Pérsia falavam de si próprios, eles se designavam como o soberano do Islã, ou do povo do Islã, ou das terras do Islã, mas nunca da Turquia, da Pérsia ou do Egito.

Nisso, assim como em outros aspectos, entre os muçulmanos assim como entre outros povos, havia uma tendência a ver os outros como um reflexo de si próprios. Se o Islã era concebido como uma entidade única, era natural pensar na Casa da Guerra nos mesmos termos. As subdivisões entre os infiéis, em particular os que viviam além das fronteiras islâmicas, não tinham nenhum interesse ou relevância.

Mas, enquanto os historiadores podiam se concentrar nas partes realmente importantes da história, isto é, as questões relativas à própria comunidade de Deus e os soberanos por Ele designados, e ignorar os movimentos absurdos dos bárbaros infiéis além das fronteiras, os soberanos dos Estados islâmicos se viam cada vez mais forçados a estabelecer negociações, de um tipo ou de outro, com esses bárbaros e eram compelidos, por esse motivo, a reunir algumas informações mínimas sobre eles.

O primeiro elemento de preocupação nas negociações com as comunidades políticas dos infiéis estava em denominar e identificar os diferentes soberanos. Isso, em si mesmo, criava alguns problemas interessantes. As tradições muçulmanas mais antigas, referindo-se a uma época em que o Islã ainda estava confinado a partes da Península Árabe, designam três soberanos dominando as áreas ao redor – Kisrā, Qayṣar e Najāshī. Nenhum deles aparece no *Alcorão* designado pelo nome, mas as ocasionais alusões do *Alcorão* ao Estado circunjacente são explicadas e detalhadas por comentários e pela tradição. Todos os três termos são palavras tomadas de empréstimo e filtradas para o árabe, provavelmente a partir do aramaico. O termo Kisrā deriva de Cosroés, ou Khosrau, um dos últimos e o maior dos soberanos sassânidas do Irã; Qayṣar é, naturalmente, César e Najāshī é o Negus da Etiópia. Todas as três designações, ao que parece, eram consideradas pelos primeiros muçulmanos como nomes pessoais, e não como títulos – os nomes dos soberanos que na época governavam nos três países importantes que eles conheciam. De acordo com um anúncio profético atribuído a Maomé: "Se Kisrā perecer, não haverá nenhum Kisrā depois dele. E se Qayṣar perecer, não haverá nenhum Qayṣar depois dele. Por Ele, em cuja mão minha alma se encontra, você gastará os tesouros deles no caminho de Deus"[1].

Kisrā pereceu e, de fato, não houve nenhum outro depois dele. O reino sassânida foi subjugado e se incorporou à Casa do Islã e a linhagem dos imperadores zoroastrianos chegou ao fim. A monarquia cristã da Etiópia sobreviveu, mas ficou cercada e reduzida a uma relativa insignificância. Somente o Império Romano do Oriente permaneceu como vizinho e adversário do Islã. O título Qayṣar, no entanto, era raramente empregado para designar os imperadores bizantinos. Às vezes eles eram conhecidos por títulos abertamente insultantes. Uma designação comum é *ṭāghiya*, ou tirano, mais tarde também empregada para designar monarcas europeus, em especial, por autores do norte da África. Uma outra forma de tratamento é exemplificada numa famosa carta enviada pelo califa Hārūn al-Rashīd ao imperador bizantino Nicéforo, que se inicia com "De Hārūn, o Comandante dos Fiéis, a Nicéforo, o cão dos romanos, saudações"[2].

No entanto, o termo mais comumente empregado para designar o imperador bizantino e todos os demais soberanos da cristandade é *malik*, rei. A palavra árabe *malik*, no Alcorão e na tradição, assim como seu equivalente em hebraico *melekh*, nos primeiros livros do Antigo Testamento, tem uma conotação bastante negativa, quando aplicada a seres humanos, sugerindo uma autoridade mundana e não religiosa. Nos primeiros séculos da expansão muçulmana e no âmbito dos territórios muçulmanos, a palavra era utilizada como um termo condenatório, para distinguir entre o domínio ímpio e arbitrário dos monarcas seculares e o domínio divinamente autorizado e divinamente ordenado dos califas. Seria somente com o ressurgimento da tradição política manifestamente persa no

---

1 Citado em *EI2.*, cf. verbete elaborado por R. Paret e I. Shahid, "Ḳaysar".
2 Ṭabarī, *Ta'rīkh al-rusul wa 'l-mulūk*, M. J. de Goeje (org.), Leiden, 1879-1901, 3: 695. Hārūn pode ter se sentido insultado, porque Nicéforo havia anteriormente se dirigido a ele, tratando-o por "Rei dos Árabes", um título degradante em termos muçulmanos.

âmbito do Islã que a noção e a terminologia da monarquia começariam a recuperar alguma respeitabilidade em meio aos muçulmanos. Mesmo então, a palavra ainda mantinha uma certa conotação negativa. Isso fica claro no modo desdenhoso como eram indiscriminadamente agrupados os monarcas da cristandade sob a expressão *mulūk al-kuffār*, os reis dos infiéis, ou a expressão *mulūk al-kufr*, os reis da descrença.

Para uma classe de soberanos, até mesmo o termo rei era demasiado. Os principados cristãos estabelecidos pelos cruzados nos territórios tomados aos muçulmanos eram vistos como sequer tendo a legitimidade mínima dos soberanos da Europa. Nos modelos dos manuais de chancelaria egípcios para as formas de tratamento que deviam ser empregadas na correspondência com os reis de Chipre e da Armênia Inferior, a palavra *malik* era substituída por *mutamallik*, uma forma árabe que significa aquele que pretende ser rei, sem de fato o ser. Essa mesma palavra *malik* era empregada indiscriminadamente para príncipes francos, chefes tribais africanos, imperadores bizantinos, indianos e chineses, assim como monarcas europeus.

Para a correspondência com esses monarcas, era necessária uma precisão um pouco maior. Os primeiros exemplos dessa correspondência são as cartas que, segundo se alega, teriam sido trocadas entre o profeta Maomé e os soberanos de três países vizinhos. Embora a autenticidade desses documentos tenha sido contestada, eles sem dúvida são de origem muito antiga e servem para documentar o relacionamento com soberanos não muçulmanos. Os três monarcas são mencionados pelo nome, por um título, em geral, rei, às vezes por um termo antigo equivalente, como "senhor" (*ṣāḥib*) ou "o poderoso" (*'Aẓīm*), e pelo nome do reino ou povo por ele governado. Assim, o imperador bizantino é designado como *malik*, ou *ṣāḥib*, ou *'Aẓīm* dos romanos, o *Negus*, como *najāshī*, ou rei da Etiópia etc. A forma de saudação é diferente da empregada com monarcas muçulmanos. Quando um soberano muçulmano escreve para outro, ele utiliza a saudação islâmica clássica: "A paz esteja consigo"; quando ele se dirige a um monarca não muçulmano, a fórmula é substituída por "A paz esteja com os que seguem o reto caminho". Essa saudação um tanto ambígua tornou-se padrão na correspondência com os soberanos não muçulmanos. Ao ser recebido numa audiência, o embaixador marroquino Al-Ghassānī deliberadamente insistia em saudar o rei da Espanha com essas palavras. O *ṭāghiya* espanhol, observava ele, ficou surpreso com essa forma de tratamento sem precedentes, mas devido às circunstâncias, teve de aceitar, uma vez que sabia que o embaixador estava firmemente decidido a não lhe conceder nenhuma outra[3]. Séculos antes, o autor das memórias sobre o príncipe Djem enfatizara que o príncipe prisioneiro havia se recusado a beijar a mão, o pé ou mesmo o joelho do Papa, por fim, consentindo somente em beijar seu ombro, de acordo com as formas orientais de cortesia.

Faltam informações sobre a correspondência diplomática com as potências não muçulmanas nos primeiros séculos, embora seja provável que o descortês "cão dos romanos" de Hārūn al-Rashīd, escrito às vésperas da irrupção de uma guerra, fosse exceção, e não a regra. As melhores informações que temos sobre questões como essas no Islã medieval provêm do Egito, onde o mais antigo relato sobre uma troca de correspondência com um soberano não muçulmano, o coimperador bizantino, data do século x[4]. Depois disso, temos relatos bastante detalhados em meio à bibliografia burocrática egípcia, assim como diversos documentos, preservados sobretudo em arquivos europeus.

Mas, informações realmente completas somente estariam disponíveis no período otomano quando, pela primeira vez, temos não apenas crônicas, mas também um grande número de documentos. Pelas crônicas, poderíamos ter a impressão de que os otomanos pouco se importavam com o uso correto dos títulos europeus. Assim, até mesmo Kemalpaşazade, o cronista de Suleiman, o Magnífico, refere-se aos principais monarcas europeus como o bei da França, o bei da Espanha, o bei da Alaman, utilizando um título que no Império Otomano era empregado para meros governadores de províncias. No mesmo espírito, os reinos sobre os quais esses monarcas europeus governavam são normalmente designados – mesmo em cartas

---

3 Ghassānī, *Riḥlat al-wazīr fī iftikāk al-asīr*, p. 41; cf. Sauvaire, *Voyage en Espagne d'un Ambassadeur Marocain*, p. 90-91. *Vakiat-i Sultan Cem*, p. 21.
4 S. M. Stern, An Embassy of the Byzantine Emperor to the Fatimid Caliph al--Muʿizz, *Byzantion*, 20: 239-258, 1950.

da realeza a eles dirigidas – pelo termo vilaiete, em geral aplicado às subdivisões do Império Otomano.

Mais comumente, no entanto, os textos otomanos utilizam o termo *kïral* para os monarcas europeus e revelam alguma preocupação em se dirigir aos soberanos europeus por seus títulos corretos – como definidos por eles próprios – sempre preservando, contudo, as posições muçulmanas básicas. As cartas à rainha Elizabeth I da Inglaterra começam por "Glória dos virtuosos seguidores de Jesus, a mais antiga das veneráveis senhoras da comunidade cristã, moderadora dos assuntos da seita nazarena, que traz os traços da majestade e reverência, a rainha da terra da Inglaterra, que seu fim seja bem-aventurado"[5]. Essa *intitulatio*, presente em praticamente todas as cartas dirigidas a monarcas cristãos europeus, indica a classificação religiosa básica adotada pela chancelaria otomana. A identidade cristã da rainha Elizabeth é reafirmada nada menos que três vezes, antes que o autor do documento comece a falar da Inglaterra. A rainha é um dos soberanos da cristandade. No âmbito dessa entidade mais ampla, ela governa a terra (vilaiete) da Inglaterra. A invocação, assim como a fórmula profética acima citada, exprime a esperança de que ela venha a se tornar uma muçulmana antes de sua morte e, assim, seja eternamente bem-aventurada.

Na época de Elizabeth, pouco se conhecia na Turquia sobre a terra da Inglaterra e as pretensões de seus soberanos. Não é de surpreender que eles soubessem mais sobre a Europa central, onde dignitários como o imperador em Viena e, mais tarde, o rei da Prússia eram tratados por uma mesma fórmula, mas seguida por uma forma aproximada de seus títulos corretos.

Durante longo tempo, a prática da chancelaria otomana seria a de recusar conceder a soberanos cristãos qualquer título maior que o de rei. Enquanto os sultões do Marrocos estavam satisfeitos em empregar, de forma um tanto frouxa, o termo sultão para outros soberanos muçulmanos e até mesmo para soberanos cristãos europeus, os otomanos ciosamente reservavam esse título exclusivamente para si, utilizando designações

---

[5] Muitos exemplos estão preservados no Public Records Office, em Londres. Para outras referências, cf. *EI2.*, verbete "Diplomatic".

inferiores para os outros soberanos muçulmanos, sem falar nos soberanos europeus. Até mesmo o imperador do Sacro Império Romano-Germânico era normalmente designado como o rei de Viena, um dispositivo protocolar destinado a diminuir sua importância. O primeiro monarca europeu a receber um título um pouco mais honroso foi Francisco I da França que, num tratado franco-otomano, é designado como padixá, um termo de origem persa indicando soberania suprema, às vezes utilizado pelos próprios sultões otomanos. Seu uso para designar o rei francês era, dessa forma, uma concessão considerável. Seria somente no século seguinte que seriam admitidos títulos mais elevados para monarcas austríacos, russos e outros monarcas europeus. A prática normal seria conceder-lhes seus próprios títulos. O imperador austríaco era então normalmente designado como *çasar*, de *kaiser*, o russo, como *tsar*.

Os russos achavam a questão importante o suficiente para incorporá-la ao Tratado de Küçük Kaynarja, de 1774, no qual eles impunham sua vontade a um Império Otomano derrotado. O artigo 13 do tratado estabelecia que, desse momento em diante, "a Sublime Porta se compromete a empregar o sagrado título de Imperatriz de todas as Rússias em todas as cartas e atos públicos, assim como em outros casos, na língua turca, isto é, 'Temamen Roussielerin Padischag'". A inclusão, no texto do artigo, da transcrição da expressão em turco merece ser comentada. Um memorando russo da época, comentando o tratado, observa esse aspecto, juntamente com os mais óbvios ganhos econômicos, estratégicos e políticos, como uma das conquistas do tratado. A relutância dos otomanos em conceder esse título a soberanos estrangeiros era mais que uma simples questão de protocolo oficial. Ela estava profundamente enraizada no senso muçulmano dos otomanos do que era apropriado ou não. Isso pode ser observado num relatório escrito por um oficial turco que acompanhara o embaixador Ibrahim Paxá a Viena, em 1719. O autor – não um diplomata ou burocrata, mas um soldado escrevendo em turco simples e direto – se refere ao imperador austríaco pela palavra "kaiser", registrada na grafia turca. Para explicar essa palavra pouco conhecida para seus leitores, ele observa que, "em língua alemã, isso significa *padişah*". Para evitar até mesmo a aparência de uma comparação imprópria, ele acrescenta a expressão *la-teşbih*, cujo teor é algo próximo à expressão em inglês "God save the mark"⁶*.

A preocupação dos muçulmanos em diferençar entre sua própria soberania islâmica e a dos soberanos inferiores da Europa fica clara tanto no estilo quanto nos títulos de suas cartas. "Nossa Sublime Porta", escreve o sultão Murad III à rainha Elizabeth, em 1583,

> está aberta em graça e benevolência aos que oferecem lealdade. Nossos corações, inflamados de felicidade, estão sempre prontos e preparados para os que fazem da submissão [...] seu enviado [...], como serão cuidados e protegidos os enviados de outros reis que [...] oferecem devoção e fidelidade a nosso Sublime Lintel e Ilustre Limiar [...], por isso, vocês, de sua parte, sempre permanecem leais e amigos de nossa Corte [...], de pés firmes no caminho da devoção e fidelidade, constantes na estrada da amizade e lealdade [...]⁷.

Fórmulas como essas, juntamente com outros termos ainda mais fortes e comuns na correspondência otomana com os monarcas europeus, refletem uma expectativa, talvez precipitada, na concordância dos europeus com esse tipo de relação.

Os embaixadores muçulmanos, não surpreendentemente, dedicam sua atenção sobretudo aos soberanos para os quais sua missão era oficialmente enviada e dizem muito pouco sobre as personagens menores. Estas últimas são em geral mencionadas em especial no contexto de suas reuniões e intercâmbios com eles. Al-Ghassānī discute o notável fenômeno da herança de títulos, até mesmo em linhagem feminina, e a grande cobiça dos espanhóis em adquiri-los, quer por méritos quer por matrimônio⁸. Mehmed Efêndi oferece uma sucinta explicação do sistema de governo francês, para uso de seus leitores:

> Eles têm vários vizires, que eles chamam de "ministros" e que ficam abaixo dos marechais e duques. A cada um deles é confiada uma

---

6 F. Kraelitz, *Bericht über den Zug...*, p. 24-25. A tradução dessa expressão para o alemão feita por Kraelitz se baseia numa leitura equivocada do texto em turco.

* Literalmente, "Deus salve a marca", exclamação de assombro humorado ou de desprezo irônico (N. da T.).

7 Public Record Office, SP 102/61/14.

8 Ghassānī, op. cit., p. 80 e s.; cf. Sauvaire, op. cit., p. 181 e s.

área específica. Nenhum deles interfere nas atividades dos outros e cada qual é independente no serviço que lhe é confiado. O acima mencionado [o arcebispo de Cambrai] estava a cargo dos assuntos estrangeiros e tinha poder para lidar com questões como dispor sobre a guerra e a paz, cuidar de todos os assuntos comerciais, negociar com os embaixadores que vinham de outras partes e nomear e dispensar os embaixadores franceses enviados para o Limiar da Felicidade [Istambul][9].

Não seria senão no final do século XVIII que os emissários e outros visitantes muçulmanos que viajavam para a Europa começariam a prestar alguma atenção na estrutura real de governo e nos funcionários em níveis mais baixos. Sem dúvida, o mais interessante deles foi Azmi Efêndi, o embaixador otomano em Berlim de 1790 a 1792. Como outros visitantes e autores turcos desse período, em seu relatório, ele reflete uma perceptível mudança na atitude com relação aos europeus, que deixavam de ser vistos como infiéis mergulhados na ignorância, sequer dignos de menção, ou apenas dignos de menção devido a suas divertidas esquisitices. Ao contrário, eles passavam a ser vistos como fortes rivais em avanço, cujos costumes deviam ser estudados, para que fosse possível se proteger contra eles, e talvez até mesmo, com essa mesma finalidade, imitados. O relatório de Azmi se inicia com uma descrição bastante padronizada de suas viagens e atividades. De interesse muito maior é a segunda parte do relatório, na qual ele oferece um relato sobre o reino da Prússia sob vários títulos: a administração do país, seus habitantes, as altas agências de governo, a situação do Tesouro, a população, os armazéns de alimentos do governo, o exército, os arsenais de munições e os depósitos de armamentos. Azmi Efêndi estava manifestamente impressionado com a organização do governo prussiano e, em especial, com a eficiência do aparato estatal, a competência de seus funcionários, a ausência de funcionários não qualificados ou desnecessários e o sistema de salários e promoções. Ele comenta sobre o esforço prussiano em criar indústrias e discorre em detalhe sobre a paz e segurança interna da monarquia prussiana. Ele concede elogios especiais à ordem financeira e ao Tesouro. Sua descrição do

9 Mehmed Efendi, *Le Paradis des infidèles*, p. 65; cf. trad. para o francês, p. 97.

exército prussiano e de seu sistema de treinamento se tornou uma fonte importante para os funcionários otomanos que reivindicavam uma melhor organização militar. Azmi Efêndi não se contenta em fazer suas sugestões por meio das inferências a que seus comentários possam dar origem, mas conclui seu relatório com uma série de recomendações para melhora do Estado otomano, sugeridas a ele por suas experiências com o Estado prussiano. Elas são as seguintes:

1. A corrupção, uma das causas da tirania e ruína no reino otomano, deve ser inteiramente eliminada.
2. O aparato estatal deve ser reduzido e somente pessoas competentes podem ser empregadas.
3. Todos os funcionários devem ter garantido um salário regular, de acordo com seu trabalho.
4. Desde que não cometam nenhum delito que cause danos à ordem e aos princípios do reino, os funcionários não podem ser demitidos de seus cargos.
5. Não se deve permitir que pessoas não qualificadas ocupem cargos para os quais não estão preparadas.
6. As classes mais baixas, que hoje se esforçam em vão por imitar os grandes, devem receber educação.
7. As forças armadas, em especial o exército e a marinha, devem ser adequadamente treinadas e estar preparadas para toda e qualquer emergência, seja no verão seja no inverno. Se isso for garantido, os aliados do Estado otomano crescerão em força e entusiasmo e seus adversários serão derrotados. Desse modo, seria possível vencer os inimigos do Estado otomano[10].

De tempos em tempos, os autores muçulmanos que escrevem sobre a Europa ocidental observam desvios no padrão humano normal da monarquia. Um deles é o governo de uma rainha. Numa sociedade em que a poligamia e o concubinato eram normais, sendo amplamente praticados em especial por monarcas, a instituição da soberania feminina tinha pouca probabilidade de emergir. Houve, de fato, umas poucas mulheres

10 Azmi, *Sefaretname 1205 senesinde...*, p. 46 e s. e passim.

notáveis, que conseguiram alcançar o poder supremo, mesmo nesse contexto impropício, mas seus reinados foram de curta duração. As rainhas não eram, no entanto, inteiramente desconhecidas ao mundo muçulmano. Eles tinham conhecimento das rainhas da vizinha Bizâncio e, ao que parece, compreendiam o princípio da sucessão. Um historiador muçulmano quase da mesma época, comentando sobre a imperatriz bizantina Irene, que reinou de 797 a 822, observa: "Uma mulher veio a governar os romanos porque, em sua época, ela era a única que restava de sua casa real"[11].

Um historiador muçulmano registra a chegada a Bagdá, no ano de 906, da embaixada de uma rainha lombarda da Itália chamada Berta, filha de Lotário, mas não fornece informações sobre ela ou seu país. Qalqashandī, em seu manual para a chancelaria, inclui a "mulher que governa Nápoles" entre os monarcas por ele discutidos. Citando uma fonte mais antiga, ele diz que seu nome era Joana e que uma carta que lhe fora enviada, próximo ao final do ano de 773 [1371], se dirigia a ela empregando os seguintes títulos: "À exaltada, honrada, reverenciada, venerada, magnífica, gloriosa rainha, sábia em sua religião, justa em seu reino, grande na religião nazarena, benfeitora da comunidade cristã, protetora da fronteira, amiga de reis e sultões". Qalqashandī prossegue, observando que, "se ela for sucedida em seu reinado por um homem, será apropriado que ele receba os mesmos títulos, na forma masculina, ou então títulos mais altos, em vista da superioridade dos homens sobre as mulheres"[12].

Os otomanos estavam bastante familiarizados com rainhas europeias no poder, de Elizabeth da Inglaterra a Maria Teresa da Áustria. É curioso que, embora comentem, com frequência e desfavoravelmente, a alta posição concedida às mulheres na sociedade cristã, os visitantes muçulmanos parecem não se incomodar com monarcas do sexo feminino.

No que concerne aos papas, vários autores muçulmanos discutem seu poder temporal e um deles, o historiador persa Rashīd al-Dīn, chega mesmo a esboçar, em sua história universal,

---

11 Abū 'l-Faraj al-Iṣfahānī, *Kitāb al-Aghānī*, Bulāq, 1285, 17: 14; trad. para o inglês em B. Lewis, *Islam*, 1: 27.
12 Qalqashandī, *Ṣubḥ al'shā fī ṣinā'At al-inshā'*, 8: 53.

escrita nos primeiros anos do século XIV, uma definição das relações entre o papa, o imperador e os outros reis da cristandade:

> A ordem dos monarcas francos é a seguinte: o primeiro na linha de sucessão é o *Pāp*, que significa o pai dos pais e eles o consideram como o califa de Cristo. Depois dele vem o imperador [*Chasar*] que, na língua dos francos, eles chamam de *Āmperūr* e significa sultão dos sultões. Depois vem o Rēdā Frans, que significa rei dos reis. O imperador mantém sua soberania do dia em que se torna imperador até sua morte. Eles o escolhem devido a sua devoção e merecimento entre diversos homens de valor e o coroam imperador. O Rēdā Frans reina por herança de pai para filho e, no momento, ele é muito poderoso e respeitado. Sob seu comando, há doze soberanos e, a cada um desses soberanos, três reis estão submetidos. Então vem o Rē, que significa rei ou senhor.
> A posição do papa é muito alta e grandiosa. Sempre que desejam nomear um novo imperador, sete de seus grandes homens têm a tarefa de se reunir e trocar ideias – três marqueses, três grãos-príncipes e um monarca. Eles consideram todos os notáveis dos francos e escolhem dez dentre eles e, então, entre os dez, após exame cuidadoso, eles escolhem o que for dotado de devoção, autoridade, competência e castidade e se distinguir por sua fé, devoção, constância, dignidade, bom caráter, nobreza e perfeição da alma. Eles colocam uma coroa de prata em sua cabeça, em Allemania, que os francos acreditam ser um terço do mundo. Daí eles vão para o país da Lombardia e colocam uma coroa de aço em sua cabeça, então, vão daí para a grande Roma, a cidade do papa, e o papa, ficando de pé, levanta uma coroa de ouro e a coloca em sua cabeça. Então, ele se abaixa e segura o estribo, para que o papa coloque seu pé sobre sua cabeça e pescoço e passe sobre ele, para montar em seu cavalo. Com isso, ele recebe o título de imperador e os reis dos francos se tornam submissos e obedientes a ele e seu domínio se estende por todas as terras e mares dos reinos dos francos[13].

As informações de Rashīd al-Dīn são razoavelmente boas e sem dúvida provêm de alguma fonte papal. Ele prossegue com um curto relato da história dos papas até sua própria época.

Ainda mais estranho que o reinado de uma mulher ou um sacerdote era um terceiro tipo de soberania que os muçulmanos

---

13 Rashīd al-Dīn, *Histoire*, p. 2-3 e 15-16; *Frankengeschichte*, p. 46-47.

encontravam na Europa e à qual eles ocasionalmente se referiam em seus livros. A noção de república não era em absoluto desconhecida dos muçulmanos medievais. Ela aparece em versões e discussões árabes de textos políticos gregos, nas quais o termo grego *politeia* (cf. a expressão latina *res publica*), isto é, comunidade política ou república, era traduzido pelo termo árabe *madīna*. A "*politeia* democrática" da classificação de Platão aparece, nos textos árabes clássicos, como *madīna jamā'iyya*. Mesmo na comunidade islâmica, segundo a lei tal como formulada pelos juristas sunitas, o califado devia ser um cargo não hereditário, eletivo e sujeito à lei, e não acima dela.

De fato, no entanto, após os primeiros quarenta anos e os quatro primeiros califas, a soberania no Islã, assim como na maior parte do mundo na época, era quase que invariavelmente monárquica. Nem também os conceitos de república transmitidos a partir dos textos filosóficos gregos tinham muita influência fora do estreito círculo de autores e leitores de filosofia. Seu pouco impacto fica evidente do fato de que, quando, numa etapa posterior, uma nova terminologia se tornou necessária para designação das formas de governo vinculadas à república na Europa, ela foi inventada sem conhecimento ou referência à bibliografia filosófica.

A forma de governo da república sem dúvida oferecia alguns problemas da compreensão. Uma das primeiras explicações se encontra num relatório de 'Umarī, elaborado por volta de 1340.

> Os venezianos não têm um rei, mas sua forma de governo é a comuna. Isso significa que eles concordam quanto ao homem que eles nomeiam para governar sobre eles por consentimento unânime. Os venezianos (*Banādiqa*) são chamados Finisin. Seu emblema é uma figura humana com um rosto que eles acreditavam ser o de Marcos, um dos apóstolos. O homem que governa sobre eles vem de uma das famílias notáveis entre eles [...].

Depois de observar que os pisanos, os toscanos, os anconitanos\* e os florentinos têm o mesmo sistema de governo por comuna, ele fornece mais alguns detalhes sobre Gênova, a nação de origem de seu informante renegado:

---

\* Nascidos na cidade de Ancona, Itália (N. da T.).

A forma de governo do povo de Gênova é a comuna. Eles nunca tiveram nem terão um rei. Seu governo no momento é mantido por duas famílias, uma delas é a Casa de Doria, da qual provém meu informante Balban, a outra é a Casa de Spínola. Balban também disse que, depois dessas duas famílias em Gênova, há as casas de Grimaldi, Mallono, de Mari, San Tortore (?) e Fieschi. Os membros dessas famílias são os conselheiros de quem quer que esteja governando[14].

Qalqashandī, seguindo o *Tathqīf*, fornece instruções para a correspondência com duas repúblicas italianas, a de Gênova e a de Veneza. Sobre a primeira, ele diz:

A forma de tratamento para os soberanos de Gênova: eles são um grupo de gente de várias posições, isto é, o *podestà*, o capitão e os anciãos. Segundo o *Tathqīf*, as cartas endereçadas a eles devem ser escritas *in quarto*, utilizando o seguinte estilo: "Esta correspondência é endereçada a suas excelências, os exaltados, respeitados, honrados, venerados e estimados *podestà* e capitão, fulano e sicrano, e aos grandes e honrados anciãos (xeiques), formuladores do julgamento e aconselhamento, da Comuna da Gênova, glória da comunidade cristã, grandes da religião nazarena, amigos de reis e sultões, que Deus Todo-poderoso os inspire a seguir o reto caminho, torne seus esforços auspiciosos e os inspire a bons conselhos ".

O *Tathqīf* acrescenta: "No início do ano de 767 [1365-1366], eles abandonaram a forma de tratamento para o podestà e o capitão, cargos que deixaram de ser ocupados, e a correspondência passou a ser endereçada ao doge, que os substituiu". Sobre Veneza, Qalqashandī observa:

A forma de tratamento para o soberano de Veneza; o autor do *Tathqīf* diz: a fórmula estabelecida foi adotada quando uma resposta foi enviada a ele, no ano de 767. Seu nome na época era Marco Cornaro [...]. "Recebemos a carta de sua Excelência o exaltado, respeitado, estimado, corajoso, venerado, magnífico doge, Marco Cornaro, Orgulho da Comunidade cristã, Esplendor da seita da cruz, doge de Veneza e da Dalmácia [...]. Protetor da religião dos filhos do batismo, amigo de reis e sultões".

---

14 'Umarī (Amari), Condizioni degli stati Cristiani..., *Atti R. Acad. Linc. Mem.*, 11: texto, p. 96-97.

Após citar outros exemplos, Qalqashandī acrescenta seu próprio comentário:

> Disso tudo se segue que o doge é diferente de um rei. No primeiro e no segundo exemplos, a forma de tratamento é quase a mesma, mas no terceiro, ela é inferior às duas primeiras.
> Se o doge é de fato o rei, então a diferença na forma de tratamento se deve a alguma circunstância ou a alguma diferença nos objetivos dos copistas, ou talvez a sua falta de informação acerca da posição dos destinatários, como pode acontecer a qualquer momento em decorrência das atribulações no trabalho, como é óbvio[15].

Mais a leste, Rashīd al-Dīn também parece ter ouvido falar das repúblicas da Itália. Diz ele:

> Nessas cidades não há reis hereditários. Os notáveis e os grandes nomeiam um homem devoto e de vida digna e, por consentimento de todos, eles o tornam soberano durante um ano e, ao final desse ano, um pregoeiro grita "quem quer que tenha sofrido injustiça durante este ano, que faça sua queixa". Todos os que sofreram alguma injustiça se apresentam e o absolvem. Então eles chamam um outro e fazem dele seu soberano [...]. Além desse país [a região circunvizinha a Gênova], há um outro, chamado Bolonha, e sua capital é uma grande cidade [...] e, além dele, na região costeira, está uma cidade chamada Veneza, na qual a maior parte dos edifícios foi construída elevando-se do mar. Seu soberano também tem trezentas galeras. Também lá, não há nenhum monarca estabelecido, quer por força quer por sucessão hereditária. Os comerciantes da cidade nomeiam, por consentimento de todos, um homem bom e devoto e o constituem seu soberano e, quando ele morre, eles escolhem e nomeiam um outro[16].

Na época dos otomanos, as instituições inspiradas na república eram mais conhecidas e talvez mais bem compreendidas. O Império Otomano mantinha amplas relações com as repúblicas de Ragusa, na costa da Dalmácia, Veneza, Gênova e outros Estados italianos e, mais tarde, também com as Províncias Unidas dos Países Baixos. A forma de tratamento, contudo, ainda é normalmente pessoal. O dirigente da república de Ragusa, que usava o título de "rector", é mencionado

---

15 Qalqashandī, op. cit., 8: 46-48.
16 Rashīd al-Dīn, *Histoire*, p. 7-8 e 21; *Frankengeschichte*, p. 51-52.

em documentos otomanos pela palavra eslava *knez*, às vezes na fórmula "ao *knez* e os cavaleiros de Ragusa" ou "ao *knez* e os comerciantes de Ragusa". Da mesma forma, em cartas para Veneza ou discussões sobre assuntos relativos a Veneza, os autores otomanos (como Venedik Beyleri) em geral falam do doge ou da *signoria*, e não da república.

Kâtib Çelebi, escrevendo em 1655, conseguia até mesmo distinguir entre a república oligárquica de Veneza e as repúblicas democráticas dos Países Baixos e da Inglaterra de Cromwell, bem como apresentar uma sucinta explicação dos procedimentos eleitorais.

Quanto à organização do governo, diz ele, os Estados da Europa estão divididos em três escolas, ou *madhhab*, cada qual fundada por um sábio de grande prestígio; elas são chamadas de *monarchia*, fundada por Platão, *aristocratia*, fundada por Aristóteles, e *democratia*, fundada por Demócrito. Monarquia significa que todo o povo obedece a um único soberano, sábio e justo. Esse sistema é seguido pela maioria dos soberanos da Europa. Na *aristocratia*, a condução do governo está nas mãos dos notáveis, que são independentes na maior parte das questões, mas escolhem um dentre os seus como chefe. O Estado de Veneza é organizado segundo esse princípio. No terceiro, *democratia*, a condução do governo está nas mãos dos súditos (*reaya*) que, desse modo, podem se proteger da tirania. Eles procedem por meio de eleições, de modo que as pessoas de cada povoado escolhem um ou dois homens que eles consideram sábios e competentes e os enviam à sede do governo, onde eles formam um conselho e escolhem líderes entre eles próprios. Esse é o sistema seguido pelos holandeses e pelos ingleses.

Kâtib Çelebi oferece uma rápida descrição dos vários conselhos (*Divan*) existentes em Veneza e até mesmo dos procedimentos de votação. Cada membro do conselho tem em suas mãos duas bolas semelhantes a botões, uma branca e a outra preta. Eles as chamam de *ballotta*. Após a discussão no Divan, os que lá se sentam manifestam sua vontade, deixando cair essas bolas pretas ou brancas[17].

---

17 *Irşad*. Cf. supra, n. 15, p. 86.

Um autor do início do século XVIII, escrevendo sobre assuntos relativos à Europa, chega mesmo a tentar uma explicação para o termo república (*jumhūr*), empregado com relação a Veneza, à Holanda e outras repúblicas. "Num Estado desse tipo", diz ele, "não há um único governante, mas todos os assuntos são resolvidos por meio do consentimento de todos os seus dirigentes; e esses dirigentes são eleitos por escolha da população". O mesmo autor define a Suíça como "repúblicas associadas", cada cantão sendo uma república separada. Esse termo, diz ele, também é usado para a Holanda, mas com um sistema um pouco diferente, sendo mais o de uma *stadt*, na qual os homens mais importantes tomam de fato as decisões, mas a um homem é confiada a tarefa de aplicá-las. A Polônia, observa ele em justificação, é ao mesmo tempo tanto uma monarquia quanto uma república[18].

No século XVIII, até mesmo instituições peculiarmente europeias como as cidades livres recebiam a atenção dos visitantes otomanos. Mehmed Efêndi, visitando Toulouse e Bordeaux em seu caminho para Paris, descreve as duas como cidades livres (*serbest*), no sentido de que eram guarnecidas por suas próprias tropas localmente arregimentadas e eram administradas por um parlamento encabeçado por um presidente. As duas palavras estão escritas em francês, em transcrição para o turco-árabe[19]. O autor, que no início do século XVIII examina a situação da Europa, emprega o mesmo termo, "livre", para descrever o porto de Danzig\*, que estava livre tanto da autoridade imperial quanto de taxações. Um outro autor do século XVIII, descrevendo a estrutura do Sacro Império Romano-Germânico, emprega os termos "livre" e mesmo "república" para descrever entidades privilegiadas no âmbito do império, como por exemplo a Suábia[20]. Alguns viajantes otomanos que visitaram a Hungria chegavam mesmo a falar sobre como os húngaros lamentavam a perda de suas antigas liberdades.

18  *Icmāl-i ahval-i Avrupa*. Cf. supra, n. 59, p. 206.
19  Mehmed Efendi, op. cit., p. 33-36.
\*   Danzig era uma cidade livre alemã, que depois da II Guerra Mundial, foi integrada à Polônia e passou a ser chamada de Gdansk (N. da T.).
20  Şem'danizade, *Şem'dani-zade Findiklini Süleyman Efendi...*, 2: 22.

A percepção que os otomanos tinham das instituições inspiradas na república entrou numa nova fase após a Revolução Francesa, quando o Império Otomano teve de negociar não apenas com a nova república da França, mas também com outras repúblicas, algumas delas nas fronteiras com a Turquia e formadas com base no modelo francês. Enquanto a França e a Turquia estavam em guerra, a transmissão das ideias francesas aos turcos era relativamente inviável. No entanto, a rapidez e facilidade com que um exército de menos de 30 mil franceses conseguiu conquistar e manter o Egito durante mais de três anos causaram profunda impressão. O mesmo fizeram a tolerância e a justiça do governo francês. Isso é o que, entre outras coisas, observa um historiador egípcio, Jabartī, que, em várias obras, registra as impressões produzidas pelos franceses que ocupavam o Egito sobre um membro da classe ulemá egípcia.

Pelo tratado de 1802, a França se retirava tanto do Egito quanto das ilhas Jônicas e um novo embaixador otomano, Halet Efêndi, era enviado a Paris, onde permaneceria até 1806. Seus comentários são sugestivos:

> Uma vez que os franceses não tinham um rei, eles não podiam ter um governo. Além disso, em consequência do interregno ocorrido, a maioria das altas posições são ocupadas pela escória da população e, embora alguns nobres permaneçam, o verdadeiro poder ainda está nas mãos da ralé desprezível. Eles não conseguiram, dessa forma, sequer organizar uma república. Nenhuma nação pode esperar lealdade ou amizade desse povo, uma vez que não passa de uma associação de revolucionários ou, em turco claro, uma matilha de cães. Napoleão é um cachorro louco, que se esforça em reduzir todos os Estados à mesma desordem que sua própria nação amaldiçoada [...]. Talleyrand é um sacerdote mimado [...] e o resto é um bando de larápios[21].

No dia 29 de maio de 1807, o primeiro grande sultão reformador, Selim III, foi deposto e o triunfo das forças reacionárias foi celebrado com o massacre dos partidários da reforma. Um ano ou dois após esses acontecimentos, Ahmed Asim Efêndi,

---

21 Karal, *Halet*, p. 32-44 e 62. Sobre a audiência de Halet com Napoleão, cf. B. Flemming, "Ḥālet Efendis zweite Audienz bei Napoleon", *Rocznik Orientalistyczny*, 37: 129-136, 1976.

o historiógrafo do império, escrevia uma crônica abrangendo os anos de 1791-1808, que registrava algumas das impressões deixadas pelo movimento de reforma, em geral, e pela influência francesa, em particular. Asim era, no geral, a favor das reformas, que ele esperava iriam restaurar a deteriorada força militar do império e capacitá-lo a se defrontar com seus inimigos. Numa curiosa passagem, ele cita o exemplo da Rússia que, diz ele, surgiu da fraqueza e da barbárie para se tornar uma grande potência, ao adotar as ciências e técnicas do Ocidente. Mas sua disposição em aceitar os métodos ocidentais não o impedia de ser anticristão e de considerar todas as potências cristãs como inimigas do Islã. Em sua visão, somente calamidade poderia resultar de acordos com essas potências. Ele é em especial hostil aos franceses e ridiculariza os pró-franceses da Turquia, chamando-os de tolos iludidos. Ele tem pouco a dizer sobre as questões internas da França e esse pouco é negativo. A República Francesa, diz ele, é "como os roncos e burburinhos de um estômago enjoado". Seus princípios consistem "no abandono da religião e na igualdade entre ricos e pobres"[22].

Uma das instituições ocidentais mais incompreensíveis para o observador muçulmano era a assembleia representativa eleita. Kâtib Çelebi, como vimos, oferece algumas observações sobre as instituições democráticas e inspiradas na república, mas suas informações são exíguas e seu tratado sobre a Europa permaneceu, em todo caso, pouco conhecido. Outros autores otomanos não têm praticamente nada a dizer sobre a questão e curtas referências ocasionais aos corpos eletivos na Itália, França, Holanda ou outros lugares manifestam pouco interesse ou compreensão.

A primeira tentativa de descrição é a de Abū Ṭālib Khān, que visitou a Inglaterra no final do século XVIII. Mas mesmo ele – que em seu longo relato sobre o sistema político britânico, no geral fatual e amistoso, discute com certo detalhe os oficiais de Estado e suas funções – faz apenas duas rápidas referências à Casa dos Comuns, que ele visitou em companhia de amigos ingleses.

Na primeira delas, após a observação um tanto indelicada de que os membros discursando o faziam lembrar de um bando

22 Asim, *Tarihi* 1: 62, 76, 78, 175, 265 e 374-376.

de papagaios na Índia, ele observa que a Câmara dos Comuns serve a um triplo objetivo – facilitar a coleta de impostos para o Estado, proteger os contratantes de erros e, em terceiro lugar, exercer supervisão sobre as ações do monarca, dos ministros e outros assuntos em geral[23]. Na outra passagem, Abū Ṭālib comenta rapidamente sobre os membros da Casa dos Comuns, sua forma de eleição e a diversidade de funções e tarefas a eles atribuídas. Entre elas, observa ele com certo assombro, está o estabelecimento das leis e das penalidades para os infratores, sendo isso necessário porque, ao contrário dos muçulmanos, eles não possuem uma lei divina revelada do céu e, assim, são obrigados a fazer suas próprias leis de acordo com a situação, com as necessidades do momento e das circunstâncias e com a experiência dos juízes[24].

Nessa referência à função legislativa do Parlamento, Abū Ṭālib toca numa das mais profundas diferenças entre o Islã e a cristandade. Para o fiel muçulmano, não existe um poder legislativo humano. Deus é a única fonte da lei, que Ele promulga pela revelação. A lei divina – em árabe *charia* – regulamenta todos os aspectos da vida humana. As autoridades terrenas não têm nenhum direito de revogar ou sequer modificar a lei. Seu dever é mantê-la e fazer com que seja cumprida – e nada mais. A única margem de liberdade deixada é, a princípio, a da interpretação e isso é tarefa de intérpretes qualificados, os doutores da lei sagrada. Isso em tese. Na realidade, essa situação era um pouco diferente. Numa grande diversidade de questões, o que a lei sagrada prescrevia era desconsiderado, quer tacitamente quer por uma reinterpretação engenhosa. E, como a mudança nas circunstâncias tornava a lei sagrada quer imprópria quer inadequada, ela era de fato complementada ou modificada pela lei baseada nos costumes ou simplesmente por vontade do soberano. Mas isso tudo era a prática, não a teoria. Em princípio, Deus era o único legislador. As autoridades humanas nada mais podiam fazer além de interpretar, regulamentar e aplicar a lei.

Algumas das primeiras referências muçulmanas às práticas cristãs pressupõem uma visão análoga da parte dos cristãos e chegam mesmo a falar da "*charia* dos cristãos", vista

---

23 Abu Ṭālib, *Masir*, p. 242; cf. Stewart, *Travel of Mirza Abu Taleb Khan*..., 2: 55.
24 Idem, p. 250-251; cf. idem, 2: 81.

como semelhante à dos muçulmanos. Mas, com o tempo, surgiu a percepção de que o mundo cristão tinha um conceito diferente da natureza da lei e uma forma diferente de perceber e aplicar a justiça.

Não é de surpreender que as primeiras referências muçulmanas aos procedimentos judiciais europeus fossem hostis, ou antes, desdenhosas. Por exemplo, um viajante medieval que visitou a Europa central oferece uma descrição do julgamento por ordálio, em suas várias formas:

> Eles têm estranhos costumes. Por exemplo, se um deles acusa o outro de falsidade, ambos são testados pela espada. Isso acontece da seguinte forma: os dois homens, o que acusa e o acusado, avançam com seus irmãos e seus clientes e recebem, cada um, duas espadas, uma das quais eles prendem à cintura, a outra que eles mantêm em suas mãos. Então o que é acusado de falsidade faz o juramento, da forma preferida entre eles, de que é inocente da acusação levantada contra si; o outro jura que o que disse é verdadeiro. Então ambos se ajoelham, a curta distância um do outro e voltados para o leste. Então cada qual se lança contra o outro adversário e eles lutam até que um deles seja morto ou fique incapacitado.
>
> Um outro de seus costumes estranhos é o ordálio pelo fogo. Se um homem for acusado em questões de propriedade ou de sangue, eles tomam um pedaço de ferro, aquecem-no ao fogo e recitam sobre ele alguma coisa da *Torá* e alguma coisa dos Evangelhos. Então eles fixam dois bastões em pé na terra, tiram o ferro do fogo, com tenazes, e o colocam nas extremidades dos dois bastões. Então, o acusado chega, lava as mãos, segura o pedaço de ferro e anda com ele três passos. Então, ele o solta e sua mão é envolvida com uma atadura e marcada com um selo e ele é mantido sob vigilância durante uma noite e um dia. Se, no terceiro dia, eles encontrarem uma bolha da qual sai líquido, então ele é culpado, se não, então ele é inocente.
>
> Outro de seus costumes é o ordálio pela água. Isso significa que o acusado é atado pelas mãos e pés e preso por uma corda. Se flutuar, ele é culpado, se afundar, ele é inocente, já que eles consideram que a água o aceitou.
>
> Somente os escravos são testados pela água e pelo fogo. Quanto aos homens livres, se forem acusados em questões de propriedade valendo menos de cinco dinares, os dois lados se enfrentam com bastões e escudos e lutam até que um deles fique incapacitado. Se um deles for mulher ou aleijado ou judeu, ele designa um representante por cinco dinares. Se o acusado cair, ele deverá ser inevi-

tavelmente crucificado e todas as suas posses serão tomadas. Seu adversário recebe dez dinares de sua propriedade[25].

Essa passagem é citada por Qazvīnī de 'Udhrī e, assim, provavelmente faz parte do relato de Ibrāhīm ibn Ya'qūb.

Usāma ibn Munqidh, um contemporâneo sírio dos cruzados, fornece uma descrição como testemunha ocular de um embate na cidade de Naplusa, na Palestina, então ocupada pelos cruzados:

> Um dia, em Naplusa, presenciei um de seus ordálios por combate. A causa dele foi que alguns assaltantes muçulmanos tinham atacado uma das aldeias de Naplusa e um dos camponeses foi acusado de guiar os assaltantes até a aldeia. Ele fugiu, mas o rei mandou prender seus filhos, de modo que ele voltou e disse: "Façam-me justiça, eu desafio o homem que me acusou de guiar os bandidos até a aldeia". Então o rei disse ao senhor que mantinha a aldeia sob feudo: "Traga alguém para lutar com ele". Assim, ele foi até a aldeia e lá encontrou um ferreiro e ordenou que lutasse; pois o senhor do feudo queria proteger seus camponeses, para que nenhum deles fosse morto e sua lavoura ficasse prejudicada.
>
> Eu vi esse ferreiro. Era um jovem forte, mas sem estômago para a luta. Ele andava um pouco, então se sentava e pedia algo para beber. O desafiante era um homem velho, mas tinha coração resoluto, era audacioso e confiante. O visconde, que era o preboste do lugar, chegou e deu a cada um deles um bastão e um escudo e colocou as pessoas em torno deles, formando um anel. Então eles começaram a lutar e o velho empurrou o ferreiro e o fez recuar até o anel de espectadores e então retornou ao centro. Eles continuaram lutando, até que ambos ficaram parecendo com pilares de sangue. Isso prosseguiu por algum tempo, enquanto o visconde os instigava com gritos de "mais rápido". O ferreiro se aproveitava de sua experiência no uso do martelo e o velho ia enfraquecendo. Então o ferreiro o atingiu com um golpe que o derrubou e seu bastão caiu sob suas costas. Então, o ferreiro se ajoelhou sobre ele e tentou enfiar os dedos em seus olhos, mas não conseguia, devido ao grande fluxo do sangue saindo dos olhos. Então, ele se levantou e bateu em sua cabeça com o bastão, até matá-lo. Então, amarrou uma corda ao redor do pescoço do morto e o arrastou para longe e o enforcou. O senhor do

---

25 Qazvīnī, Wüstenfeld (org.), p. 410; cf. Jacob, p. 21-22. Cf. supra, n. 10, p. 103.

feudo se aproximou e deu ao ferreiro sua própria capa, fez com que ele montasse na garupa de seu cavalo e foi embora.

Esse é um exemplo de sua jurisprudência e de seus procedimentos legais, que Deus os amaldiçoe[26].

É fácil compreender o desdém de um muçulmano civilizado, acostumado com os procedimentos regulares do tribunal de um Qadi, com relação a essa espécie de lei e justiça. Mas os procedimentos legais europeus não se restringiam ao nível do ordálio por combate e os observadores muçulmanos de períodos posteriores, que teriam a oportunidade de observá-los mais de perto, seriam um pouco mais positivos em seus comentários. Já no século XII, Ibn Jubayr, um muçulmano espanhol que visitou a Síria, observava que o francos tratavam seus súditos muçulmanos conquistados com justiça e via nisso um motivo de inquietação. Sentimentos desse mesmo tipo eram expressos no final do século XVIII pelo historiador egípcio Jabartī que, descrevendo as forças francesas que ocupavam seu país, admirava sua disciplinada sobriedade ao lidar com a população civil e o modo como submetiam sua própria autoridade a regras e procedimentos judiciais, em contraste com os despotismos arbitrários e caprichosos aos quais ele estava acostumado. Jabartī estava em particular impressionado com o modo como as autoridades militares francesas haviam conduzido o julgamento do assassino muçulmano do general Kléber, o sucessor de Bonaparte como comandante das forças francesas no Egito.

Os franceses, diz ele, imprimiram um relatório completo do processo em três línguas: francês, turco e árabe. Ele teria preferido omiti-lo, uma vez que era muito longo e escrito em árabe precário, mas decidiu que muitos de seus leitores gostariam de ter conhecimento dele, não só pelas informações que o documento fornecia sobre um acontecimento real, mas também pela luz que lançaria sobre os procedimentos de administração da justiça pelos franceses e o modo como "as regras são aplicadas por esse povo, que não segue nenhuma religião mas governa e julga pela razão". O caso, observa ele, é esclarecedor:

---

26 Usāma, *Kitāb al-I'tijbār*, p. 138-139; cf. Hitti, *An Arab-Syrian Gentleman and ...*, p. 167-168.

Um estrangeiro insano, vindo de um lugar distante, atacou e matou à traição seu chefe e eles o pegaram em flagrante. Mesmo assim, eles não se apressaram em matá-lo ou matar os que ele denunciara como cúmplices, embora o tivessem capturado com a arma do crime em sua mão, ainda gotejando com o sangue de seu comandante. Em vez disso, montaram um tribunal e realizaram um processo, no qual levaram o assassino para interrogatório, tanto verbal quanto por tortura. Então trouxeram os homens que ele denunciara e os interrogaram separadamente e em conjunto. Então realizaram o julgamento deles, de acordo com seus procedimentos legais e libertaram Muṣṭafā Efêndi al-Bursali, o calígrafo, uma vez que não havia provas contra ele.

Jabartī está manifestamente impressionado com a insistência dos franceses no devido processo legal e com sua presteza em absolver e libertar um acusado contra o qual havia provas insuficientes. Com manifesta amargura, ele contrasta isso com "o comportamento nefasto que mais tarde vimos ser cometidos por soldados valentões, que diziam ser muçulmanos e se diziam guerreiros numa guerra santa, mas matavam as pessoas e destruíam seres humanos sem nenhuma razão a não ser satisfazer suas paixões animais"[27].

Nem todos os observadores muçulmanos admiravam da mesma forma os procedimentos judiciais ocidentais. Abū Ṭālib Khān, que tivera o infortúnio de ser processado em dez xelins por um alfaiate em Londres e recebeu do juiz a ordem de pagar essa soma, com uma multa adicional de seis xelins por não ter obedecido a intimação, tinha uma visão um pouco menos favorável. Ele não estava impressionado com o sistema de jurados, uma vez que eles podiam facilmente ser intimidados pelo juiz, forçados a adotar sua opinião, ou enviados de volta, para reconsiderar seu veredito. E isso não era tudo. Se essas medidas falhassem, os juízes tinham o poder de prender os jurados, sem comida, enquanto eles e os advogados se retiravam para outra parte do palácio de justiça, para jantar e beber vinho fartamente, às custas do governo. Ainda mais perturbadores que os jurados, para Abū Ṭālib, eram os advogados, envolvidos numa profissão inexistente nos procedimentos judiciais islâmicos. Abū Ṭālib admitia que os juízes ingleses eram

---

27 Jabartī, 'Ajā'ib al-athār fī..., 3: 117 e s.

"honrados e tementes a Deus e se protegiam contra as artimanhas dos advogados", mas observava que, mesmo assim, a longa duração e o alto custo dos processos legais ingleses muitas vezes resultavam numa recusa de justiça ao queixoso. Mesmo juízes bem intencionados podiam permitir que os advogados confundissem a questão e intimidassem as testemunhas. Ele observa que, muitas vezes, o estado de direito transgride os ditames da justiça natural e até mesmo um juiz temente a Deus não pode emitir uma decisão equitativa sem ele próprio violar essa lei criada pelos homens[28].

Em geral, no entanto, os muçulmanos que se davam ao trabalho de observar os procedimentos judiciais e legislativos europeus ficavam favoravelmente impressionados com eles. O xeique egípcio Rifā'a, que esteve em Paris de 1826 a 1831, até mesmo se empenhou em traduzir o texto integral da constituição francesa.

O xeique Rifā'a não se deixava convencer inteiramente pela doutrina francesa da igualdade que, observava ele, não se estendia aos assuntos econômicos:

igualdade existe entre eles somente em suas palavras e ações, mas não em suas posses. É verdade que eles não recusam ajuda aos amigos, contanto que peçam como empréstimo, e não como presente, e mesmo assim somente se estiverem seguros de que serão reembolsados.

O xeique Rifā'a observa, de passagem, que os franceses estão "mais próximos da avareza que da generosidade [...], na verdade, a generosidade pertence aos árabes". Ele estava, no entanto, impressionado com o princípio francês da igualdade perante a lei e o cita como

uma das mais claras provas de que alcançaram um alto grau de justiça e de seu avanço nas artes civilizadas. O que eles chamam de liberdade e se empenham em alcançar é o mesmo que o que chamamos de justiça e equidade, isso porque o significado do reino da liberdade é o estabelecimento da igualdade perante a lei.

28  Abū Ṭālib, op. cit., p. 278-79; cf. Stewart, op. cit., p. 101-104.

O xeique Rifā'a estava em especial impressionado com a existência de leis fixas e chamava a atenção para o significado das garantias constitucionais da liberdade e igualdade perante a lei e para o requisito de uma câmara legislativa eleita para o estabelecimento das leis[29].

Foi este último aspecto – governo constitucional e parlamentar – que passou a obcecar, cada vez mais, as mentes dos viajantes do Oriente muçulmano que visitavam a Europa, no início, até mesmo mais amplamente que o desenvolvimento econômico. Era nele que muitos deles esperaram encontrar a chave com que desvendar os segredos do progresso ocidental e compartilhar dos benefícios da prosperidade e poder do Ocidente.

---

29  Rifā'a, p. 120 e 148.

# 9. Ciência e Tecnologia

A grande era da ciência muçulmana clássica teve início com as traduções e adaptações das obras científicas persas, indianas e, sobretudo, gregas. Embora o movimento das traduções tenha chegado ao fim no século XI, o desenvolvimento da ciência islâmica continuou durante algum tempo ainda. Os cientistas muçulmanos expandiram em muito os conhecimentos a eles transmitidos, com suas próprias pesquisas, experimentos práticos e observações em campos tão diversificados quanto a medicina, a agricultura, a geografia e a guerra. Das influências externas que, por meio de traduções ou de outros procedimentos, contribuíram com o desenvolvimento da ciência islâmica, a dos gregos é, por larga margem, a mais importante. Houve, no entanto, outras, algumas delas substanciais. A matemática e a astronomia indianas, em especial, a notação posicional – os assim chamados numerais arábicos que eram, na verdade, indianos – são de importância crucial. Além disso, as invasões dos mongóis colocaram o mundo islâmico pela primeira vez em relação direta com a China e alguns elementos da cultura e da ciência do Extremo-oriente também começaram a afetar a prática muçulmana e, em menor grau, o pensamento muçulmano.

A influência do Ocidente nesse período foi praticamente nula – talvez pela excelente razão de que o Ocidente tinha muito pouco a oferecer. Até então somente um texto em árabe, de conteúdo científico e baseado num original do Ocidente europeu, viera à luz. Trata-se de uma versão em árabe-judaico – isto é em língua árabe mas utilizando a escrita hebraica – de uma série de tabelas astronômicas mostrando o movimento dos planetas, ao que parece baseada num livro de tabelas de Novara, Itália, concluído em 1327[1]. Embora escrita em árabe, a obra era inacessível a árabes muçulmanos que não conhecessem a escrita hebraica, sendo claramente destinada ao uso de cientistas judeus. Isso prefigura um fenômeno que seria bastante comum no final da Idade Média e nos primeiros séculos da modernidade, quando os cientistas judeus e, em particular, os médicos judeus constituíam praticamente o único canal pelo qual o conhecimento científico ocidental penetrava o mundo islâmico.

O escritor sírio do século XII, Usāma ibn Munqidh, oferece um vívido relato da impressão provocada no mundo muçulmano pela prática da medicina na Europa medieval:

O senhor de Munayṭira [um barão e cruzado das vizinhanças] escreveu a meu tio, pedindo que enviasse um médico para tratar de um de seus companheiros que estava doente. Ele enviou um médico cristão [sírio] chamado Thābit. Ele não tinha passado nem dez dias fora, quando voltou e nós dissemos para ele: "Como você curou rápido o doente!" e ele respondeu: "Eles me trouxeram dois pacientes, um cavaleiro com um abcesso na perna e uma mulher afligida por um problema mental. Fiz para o cavaleiro um cataplasma e o abcesso supurou e ele se sentiu melhor. Coloquei a mulher numa dieta e mantive seu humor úmido. Então um médico franco foi até eles e disse: 'Esse homem não sabe nada sobre como tratá-los'. E ele disse ao cavaleiro: 'O que você prefere, viver com uma perna ou morrer com as duas?' e o cavaleiro respondeu: 'Viver com uma'. Então o médico disse: 'Tragam-me um cavaleiro forte e um machado afiado' e eles os trouxeram. Enquanto isso, eu esperava. Então ele colocou a perna do doente sobre um bloco de madeira e disse ao cavaleiro: 'Acerte a perna dele com o machado e decepe-a

---

[1] B. Goldstein, The Survival of Arabic Astronomy in Hebrew, *Journal for the History of Arab Science*, 3: 31-45, spring 1979.

com um golpe!'. Então, enquanto eu olhava, ele acertou um golpe, mas a perna não foi decepada; então ele acertou um segundo golpe e a medula da perna espirrou para fora e o homem morreu na hora.

O médico então se voltou para a mulher e disse: 'Esta mulher tem em sua cabeça um demônio que se apaixonou por ela. Raspem sua cabeça'. Então eles rasparam sua cabeça e ela voltou a comer sua dieta habitual, com alho, mostarda e coisas desse tipo. Seu estado mental piorou e ele disse: 'O demônio entrou em sua cabeça'. Ele então pegou uma navalha, fez uma incisão em cruz em sua cabeça e puxou a pele no meio, até que o osso do crânio aparecesse; ele o esfregou então com sal e a mulher morreu na hora.

Então eu disse a eles: 'Vocês ainda precisam de mim?' e eles disseram que não e assim voltei para casa, tendo aprendido coisas sobre sua prática médica que eu não conhecia antes"[2].

O tio de Usāma naturalmente preferia enviar um médico cristão local a pedir a um muçulmano que se aventurasse nas mãos dos francos. O cristão sírio compartilhava do desprezo que os discípulos muçulmanos de Galeno e Hipócrates deviam sentir pelas práticas atrasadas e brutais dos médicos francos. Usāma também registrou um ou dois casos em que o tratamento médico dos francos havia funcionado. Sobre um deles, uma receita para escrófula, Usāma observa que o médico franco exigiu que seu paciente primeiramente fizesse um juramento cristão, prometendo que não prescreveria esse remédio a outros por dinheiro. Em geral, sua visão dos francos é extremamente negativa.

Somente numa área os muçulmanos medievais mostravam algum respeito pelas realizações dos cruzados, isto é, as artes da guerra. A prática muçulmana com os armamentos e, ainda mais, com fortificações, mostra sinais da influência dos francos, devido à adaptação de modelos francos e ao emprego de prisioneiros de guerra francos.

Na época dos otomanos, a importância de se dominar a arte franca da guerra se tornava dolorosamente óbvia. Isso era especialmente verdadeiro no caso da artilharia e da marinha. Embora a pólvora tivesse sido inventada séculos antes na China, o

---

[2] Usāma, *Kitāb al-I'tijbār*, p. 132-133; cf. Hitti, *An Arab-Syrian Gentleman and…*, p. 162.

duvidoso crédito por reconhecer e realizar seu potencial militar pertence à Europa cristã. Os países muçulmanos estavam, de início, relutantes em aceitar essa nova invenção. Pode ser que canhões tenham sido usados na defesa de Alepo, quando a cidade foi sitiada por Tamerlão, mas em geral os mamelucos do Egito e da Síria rejeitavam uma arma que consideravam anticavalheiresca e que percebiam ser potencialmente destruidora de sua ordem social. Os otomanos foram muito mais rápidos em apreciar o valor das armas de fogo e foi em grande parte graças ao uso do mosquete e do canhão que eles conseguiram derrotar seus dois grandes rivais muçulmanos, o sultão do Egito e o xá da Pérsia. O uso eficiente do canhão desempenhou um papel importante na conquista de Constantinopla, em 1453, e em outras vitórias obtidas pelos otomanos sobre seus adversários tanto europeus quanto muçulmanos. Significativamente, a maior parte de seus fundidores de armas e soldados de artilharia era constituída por renegados ou aventureiros europeus. Embora os otomanos tivessem plena capacidade de desenvolver esse novo tipo de armamento, eles continuavam recorrendo a estrangeiros para o conhecimento científico e até mesmo a tecnologia necessária para produzi-lo. O mesmo é em grande parte verdadeiro quanto ao corpo de artilharia e infantaria. O resultado inevitável foi que, com o tempo, o domínio otomano das técnicas e do uso da artilharia foi progressivamente ficando defasado com relação a seus rivais europeus.

O interesse dos otomanos em armas e minas se equiparava a sua preocupação em se manter atualizados com relação à navegação e à construção naval europeias. Quando um navio de guerra veneziano encalhou em águas turcas, os engenheiros navais otomanos o examinaram com grande interesse e tentaram incorporar diversas características de sua construção e armamentos em suas próprias embarcações. Foi feita a seguinte pergunta ao grande mufti da capital: é lícito copiar as invenções dos infiéis nessas questões? A resposta que ele deu foi que, para derrotar os infiéis, é permitido imitar as armas dos infiéis.

A pergunta toca um ponto importante. Na tradição muçulmana, as inovações são em geral consideradas como nocivas, a menos que se possa mostrar que são benéficas. A palavra *bid'a*, inovação ou novidade, denota um afastamento com relação aos preceitos e práticas sagrados transmitidos à humanidade pelo Profeta, seus discípulos e os primeiros muçulmanos. A tradição é boa e preserva a mensagem de Deus para a humanidade. O afastamento com relação à tradição é, dessa forma, nocivo e, com o tempo, a palavra *bid'a*, entre muçulmanos, passou a ter aproximadamente a mesma conotação que o termo heresia em meio aos cristãos.

Uma forma particularmente censurável de *bid'a* é a que ocorre quando se imita o infiel. Segundo um provérbio atribuído ao Profeta, "quem imita um povo se torna um deles". Isso tem sido interpretado como significando que adotar ou imitar práticas características dos infiéis é o mesmo que um ato de infidelidade e, consequentemente, uma traição ao Islã. Esse provérbio e a doutrina que ele exprime eram frequentemente invocados pelas autoridades religiosas muçulmanas para denunciar e se opor a alguma coisa que eles viam como imitação da Europa e, por isso, como um ato de conciliação com os infiéis. Ele era um argumento muito eficaz nas mãos dos conservadores religiosos, sendo consistentemente utilizado por eles para barrar inovações ocidentalizantes como a tecnologia, a tipografia e até mesmo a medicina de estilo europeu.

Havia, no entanto, uma exceção importante a essa doutrina – a guerra. A *jihād*, a guerra santa contra os infiéis, era uma das obrigações coletivas básicas do Estado e da comunidade muçulmana. Quando a guerra é defensiva, ela se torna obrigação individual de todos os muçulmanos. Dessa forma, fortalecer as forças militares muçulmanas e torná-las mais eficientes na realização da *jihād* contra os infiéis tem, em si, mérito religioso e é, na verdade, uma obrigação. Para ser possível lutar contra o infiel, pode ser necessário aprender com o infiel – e os juristas otomanos e outros autores que abordam o assunto às vezes citam um princípio que eles designam como *al-muqābala bi'l-mithl*, opor semelhante a semelhante, isto é combater o infiel com suas próprias armas e invenções[3]. Os defensores da modernização da guerra conseguiram encontrar

---

3 U. Heyd, The Ottoman "*Ulema*" and Westernization in the Time of Selim III and Mahmud II, em U. Heyd (org.), *Scripta Hierosolymitana*, v. IX: *Studies in Islamic History and Civilization*, Jerusalém, 1961, p. 74-77.

precedentes no passado religioso e mesmo em textos sagrados. O próprio Profeta, argumentavam eles, e os primeiros guerreiros muçulmanos estavam dispostos a adotar as técnicas militares avançadas de sua época, dos persas zoroastrianos e dos bizantinos cristãos, a fim de lutar contra eles com maior eficiência. Mais tarde, os exércitos do califado adotavam os armamentos gregos dos bizantinos, assim antecipando e justificando também a subsequente adoção da pólvora e das armas de fogo da cristandade. Uma confirmação das autoridades era encontrada até mesmo num verso do *Alcorão*, no qual os fiéis eram exortados a "combater os politeístas completamente, assim como eles combatem vocês completamente"[4]. Isso era reinterpretado como significando que os muçulmanos deviam usar todas as armas, inclusive as armas dos infiéis, a fim de derrotá-los.

No todo, os otomanos estavam dispostos a seguir ou adaptar as práticas bélicas europeias e, em particular, as da artilharia e da marinha, sempre que a oposição religiosa estivesse ameaçada. Eles faziam uso da tecnologia ocidental também na mineração. Os territórios otomanos no sudeste da Europa continham importantes minas de ferro e, em especial, de prata. A exploração dessas minas estava em grande parte em mãos de especialistas alemães, empregados pelo Estado otomano em troca de participação nos lucros. Eles empregavam as técnicas de mineração com que estavam familiarizados na Alemanha e mesmo as leis que regulavam essas minas otomanas eram as leis de mineração dos Estados saxões. Essas leis ainda existem numa versão turca conhecida como *Kanun-i Sas* – a lei saxônica[5].

Para essa e outras finalidades, os otomanos estavam dispostos a empregar especialistas europeus em número suficiente para formar um grupo oficialmente reconhecido no palácio, conhecido como *Taife-ı Efrenjiyan*, a Corporação dos Francos. Os sultões otomanos e seus ministros podiam ver claramente a importância da tecnologia europeia e, assim, buscavam e empregavam europeus que atendessem a suas necessidades.

---

4 *Alcorão*, 9.36.
5 Sobre a mineração no Império Otomano, cf. R. Anhegger, *Beitraege zur Geschichte des Bergbaus im Osmanischen Reich*, Istambul, 1943.

Mas sempre havia oposição por parte dos conservadores religiosos e, embora essa oposição não fosse forte o suficiente para impedir o empréstimo e uma certa imitação, ela era forte o suficiente para impedir o surgimento de uma tecnologia local dinâmica e robusta. Os sultões tinham o poder e os meios de contratar técnicos do exterior; eles não tinham o poder de produzir seus próprios técnicos por meio do sistema educacional dominado pelos ulemás.

Apesar de suas dificuldades, os otomanos estavam muito mais bem situados que outros Estados islâmicos. Os sultões e ministros otomanos ao menos podiam perceber a importância da tecnologia ocidental e, por algum tempo, conseguiram até mesmo promover um certo grau de inovação tecnológica. Durante os séculos de apogeu, os otomanos não somente conseguiram acompanhar os armamentos europeus mais avançados, mas às vezes até mesmo os aprimoraram com suas próprias invenções e inovações. Alguns observadores europeus dos séculos XVI e XVII comentam sobre a rapidez com que os otomanos adaptavam e, às vezes, modificavam os armamentos e munições europeus. Ainda durante o segundo cerco turco de Viena, em 1683, alguns observadores austríacos observavam que os mosquetes turcos eram tão bons quanto os dos austríacos e, em alguns aspectos, no alcance por exemplo, até melhores. Mas a contínua dependência com relação a especialistas e técnicos do exterior tinha seu custo. Os otomanos foram encontrando cada vez mais dificuldade em se manter em dia com o rápido avanço das inovações tecnológicas ocidentais e, no decorrer do século XVIII, o Império Otomano, ele próprio bem à frente do resto do mundo islâmico, ficou manifestamente para trás com relação à Europa em quase todas as tecnologias bélicas[6].

As etapas da mudança podem ser vistas de forma mais evidente no contraste entre as frotas marítimas muçulmanas e as europeias. Enquanto as operações navais otomanas estavam

---

6 Para essas questões, recorri a um texto do dr. Rhoads Murphey, The Ottomans and Technology, apresentado no Second International Congress on the Social and Economic History of Turkey, Estrasburgo, 1980. O uso de armas de fogo pelos otomanos é discutido em detalhe por V. J. Parry em *EI2.*, verbete "Bārūd", e em Materials of War in the Ottoman Empire, em M. A. Cook (org.), *Studies in the Economic History of the Middle East*, Londres, 1970, p. 219-229.

confinadas ao Mediterrâneo, elas conseguiam acompanhar relativamente bem o desenvolvimento da construção naval e da navegação europeia. No início do século XVII, com a expansão do poderio e influência otomanos no oeste do Mediterrâneo, elas entraram em contato mais direto com as potências marítimas do Atlântico. Isso foi em grande parte consequência de uma importante mudança na Europa ocidental. Após a morte da rainha Elizabeth da Inglaterra, em 1603, o novo rei, Jaime I, fez um acordo de paz com a Espanha e, pelo tratado de 1604, tinha fim a longa guerra marítima entre os dois países. Quase ao mesmo tempo, o conflito da Espanha com a Holanda chegava ao fim e, em 1609, a Espanha reconhecia a independência holandesa. Os muitos corsários ingleses e holandeses, que tinham sido de enorme importância na luta desses dois povos contra a Espanha, se tornavam, então, não apenas desnecessários, mas também perigosos e os ingleses, holandeses e outros governos ocidentais abandonaram sua antiga tolerância e começaram a tomar medidas cada vez mais severas contra seus próprios piratas. Muitos deles, encontrando em seus locais de origem condições cada vez menos favoráveis ao exercício de suas atividades, sacrificavam sua fé a seu negócio e fugiam para a costa da Barbária, onde recebiam prontas boas-vindas. Os piratas do Ocidente europeu, acostumados a navegar os oceanos em embarcações de vela quadrada, com os armamentos dispostos ao longo das laterais, apresentaram esse tipo de navio a seus anfitriões e ensinaram como construir e utilizá-lo. Os corsários, rápidos em perceber as vantagens do disparo simultâneo dos canhões dispostos na lateral do navio com relação ao escasso armamento com que estavam equipadas as galeras, logo dominavam as técnicas de navegação e combate nesses novos navios e, em pouco tempo, frotas partindo do norte da África avançavam para além do estreito de Gibraltar e assolavam regiões distantes como a Madeira, as Ilhas Britânicas e mais além.

Durante algum tempo, as frotas muçulmanas tiveram um desempenho tão bom ou até melhor que o dos cristãos. Mas a vantagem foi aos poucos sendo perdida e, sem um fluxo regular de refugiados e renegados para restaurar e manter seus padrões, elas começaram a ficar para atrás. A construção naval otomana e do norte da África não conseguiu acompanhar os principais desenvolvimentos que se realizavam na Europa durante os séculos XVII e XVIII e, no final do século XVIII, os otomanos, que durante muito tempo haviam sido autossuficientes em termos de armamentos, se viram obrigados a encomendar navios de estaleiros no exterior. Essa foi uma mudança infausta.

Além dos armamentos e da navegação, havia uma outra tecnologia valiosa, na qual a Europa era vista como podendo fazer alguma contribuição. Tratava-se da ciência da medicina. Nos séculos XV e XVI, as coisas haviam mudado de forma bastante radical com relação aos dias em que os cruzados buscavam ajuda com médicos muçulmanos ou com os médicos cristãos e judeus do Oriente. Agora era a Europa que avançava e o Islã que recuava. O caráter íntimo e pessoal dos serviços prestados pelos médicos dava à inovação médica um atrativo que estava ausente nos ramos mais públicos e impessoais da ciência e tecnologia europeias. Na medicina, era a melhora individual e, talvez, até mesmo a sobrevivência do paciente que estava em jogo. Assim como em outras épocas e lugares, na busca dos melhores médicos disponíveis, o egoísmo podia prevalecer até mesmo sobre o fanatismo mais extremo. No entanto, mesmo nesse caso havia resistência e os médicos mais conservadores, praticantes da medicina tradicional, reagiam com furor.

No início, a penetração da medicina europeia nos domínios otomanos se devia, em grande parte se não inteiramente, a não muçulmanos – sobretudo aos judeus e às vezes aos cristãos. No século XV, Mehmed, o Conquistador, recorreu aos serviços de um médico judeu da Itália, Giacomo di Gaeta que, mais tarde, como convertido ao Islã, se tornaria Yaqub Paxá. Até o século XVI, médicos judeus, a maioria deles de origem espanhola, portuguesa e italiana, eram comuns no império otomano. Não somente os sultões, mas também muitos de seus súditos recorriam a esses médicos, que eles reconheciam como representantes de um conhecimento de nível superior. Visitantes de passagem, chegados do Ocidente cristão, comentavam, em geral com desaprovação, o papel desempenhado por esses médicos judeus, em especial, sua influência na corte otomana. Alguns desses visitantes zombavam dos médicos judeus, por seu conhecimento precário do latim e do grego e por sua incapacidade em se manter em dia com a medicina ocidental, que então avançava rapidamente[7]. Outros observavam que, entre eles, estavam alguns que tinham "bons conhecimentos teóricos e eram experientes na prática"[8] e estavam familiarizados com a bibliografia médica padrão e textos afins, em grego assim como em árabe e hebraico.

Alguns desses médicos judeus chegavam até mesmo a preparar textos escritos ou traduzidos para o turco por eles próprios, para uso de seus pacientes pertencentes à realeza, assim como outros que não faziam parte dela. Uma obra desse tipo, um opúsculo intitulado *Asa-i Piran*, O Bastão do Idoso, discute as doenças às quais os idosos estão sujeitos e oferece conselhos sobre sua prevenção e cura. O autor, ao que parece, era um certo Manuel Brudo, às vezes chamado de Brudus Lusitanus, isto é, Brudo, o Português, um judeu que praticava sua fé em segredo e que deixou Portugal na década de 1530. Ele foi inicialmente para Londres, então se mudou para a Antuérpia e depois para a Itália, finalmente se estabelecendo na Turquia, onde retornou publicamente ao judaísmo. Além dos conselhos médicos, o livro inclui uma série de observações extraídas da experiência do autor em diversos países europeus. Ele observa, por exemplo, como os ingleses cozinhavam ovos e peixes e que tipo de lenha os londrinos utilizavam no inverno, para evitar a umidade. Ele discute os hábitos dos ingleses e alemães de comer manteiga fresca e ovos no café da manhã e o costume de servir ameixas cozidas antes das refeições, como laxante. Ele desaprova a prática dos cristãos de almoçar ao meio-dia e elogia a sabedoria muçulmana de se alimentar de manhã cedo. Seu livro, ao que parece, foi escrito para Suleiman, o Magnífico[9].

Manuel Brudo foi um de uma série de médicos judeus de origem europeia que entraram para o serviço do sultão. Esses médicos se tornaram tão importantes que os arquivos palacianos indicam a existência de dois corpos separados de médicos da

7 U. Heyd, Moses Hamon, Chief Jewish Physician to Sultan Suleyman the Magnificent, *Oriens*, 16: 153, 1963, citando Nicholas de Nicolay, livro 3, cap. 12.
8 Idem, Nicholas de Nicolay, op. cit., "bien sçavants en la Théorique et experimentez en pratique".
9 U. Heyd, An Unknown Turkish Treatise by a Jewish Physician under Suleyman the Magnificent, *Eretz-Israel*, 7 : 48-53, 1963.

corte, um muçulmano e outro judeu. Isso sugere que os muçulmanos continuavam exercendo sua prática médica de acordo com as tradições do Islã medieval, enquanto os judeus, em maior ou menor grau, seguiam as práticas europeias, provavelmente com uma defasagem cada vez maior, à medida que perdiam contato com seus países de origem e com a ciência europeia. Outras obras de autoria judaica dessa época incluem um curto tratado de odontologia, escrito em turco por Moisés Hamón, um judeu de origem andaluza que foi nomeado chefe dos médicos judeus do sultão Suleiman, o Magnífico[10]. Essa talvez seja a primeira obra de odontologia em turco e, provavelmente, uma das primeiras publicadas sobre o assunto em todo o mundo. Um outro livro desse período é um curto tratado sobre os compostos farmacêuticos, escrito por um médico que modestamente se denomina Musa Jalinus al-Isra'ili, isto é, Moisés, o Galeno Judeu. O autor observa que seu tratado se baseia em escritos muçulmanos, francos, gregos e judaicos.

Muitos desses médicos judeus desempenharam um papel político de certa importância. Seu acesso pessoal a sultões e vizires, de um lado, e seu conhecimento das línguas e condições europeias, de outro, os tornavam úteis tanto para os soberanos turcos quanto para os emissários estrangeiros e possibilitaram a alguns deles alcançar posições de poder e influência. Alguns foram até mesmo enviados em missões diplomáticas no exterior.

Até o século seguinte, os médicos otomanos teriam uma nova e dolorosa razão para prestar atenção nas técnicas médicas europeias. Tratava-se de uma doença anteriormente desconhecida em meio a eles, provinda do Ocidente e à qual, por essa razão, eles deram o nome que ela ainda tem na maioria dos países muçulmanos – *firengi**, a doença dos francos. O primeiro tratado turco sobre a sífilis, que faz parte de uma coletânea de textos médicos presenteada ao sultão Mehmed IV, em 1655, baseia-se, em grande parte, na famosa obra de Girolamo Fracastoro, de Verona (1478-1553), e também inclui alguns materiais tomados de empréstimo a Jean Fernel (-1558) sobre

---

10 U. Heyd, "Moses Hamon...", p. 168-169.
\* E que apresenta muitas variantes, tais como: *firangi, farangi, firanga* ou *firanga roga* (N. da E.).

o tratamento dessa doença. Outras partes dessa obra abordam outras doenças e citam o nome de diversos médicos europeus do século XVI de grande reputação. O livro revela um certo conhecimento da medicina europeia e é bem possível que o autor soubesse ler em latim, ou pelo menos tivesse a sua disposição alguém capaz de prestar esse serviço. Mas a diferença na abordagem já é perceptível. Embora a coletânea fosse presenteada ao sultão em 1655, as obras europeias nela citadas são todas do século XVI[11]. Os médicos judeus que chegavam da Europa no século XVI representavam o nível mais alto da medicina europeia nesse século. Os médicos judeus do Império Otomano do século XVII ainda representariam o nível mais alto da medicina europeia – mas do século XVI. A retomada do contato, por meio do treinamento dos médicos gregos do Império Otomano em escolas italianas, a partir da metade do século XVII, parece não ter produzido nenhuma mudança fundamental nessa relação. O lento desenvolvimento e o arcabouço atemporal dos escritos científicos otomanos já haviam dado origem a um sério atraso da ciência otomana com relação à ciência ocidental. A defasagem entre as duas se tornaria ainda maior.

Essas ocasionais referências dos otomanos à ciência ocidental deixam claro que eles não raciocinavam em termos de progresso na pesquisa, de mudança nas ideias, ou de avanço gradual do conhecimento. Os conceitos básicos de formação, teste e, caso necessário, abandono de hipóteses continuavam ignorados numa sociedade em que o conhecimento era concebido como um *corpus* de verdades eternas, que podiam ser adquiridas, acumuladas, transmitidas, interpretadas e aplicadas, mas não modificadas ou transformadas. Seus trabalhos em medicina e outras ciências consistiam sobretudo em compilações,

11 Adnan-Adivar, *Science*, p. 97-98; *Ilim*, p. 112-113. Um médico persa chamado Bahā al-Dawla (ca.- 1510), numa obra intitulada *Khulāsat al-Tajārib*, a quintessência da experiência, escreve algumas páginas sobre a sífilis, que ele chama de "a chaga americana", ou "a varíola dos francos". De acordo com esse autor, a doença tinha origem na Europa, de onde foi levada para Istambul e o Oriente Próximo. Ela surgiu no Azerbaijão, em 1498, e se disseminou para o Iraque e o Irã (Haskell Isaacs, European influences in Islamic medicine, *Mashriq: Proceedings of the Eastern Mediterranean Seminar, University of Manchester 1977-1978*, Manchester, 1981, p. 25-26). O mesmo artigo discute também uma obra produzida em terras otomanas, na segunda metade do século XVII, pelo médico sírio do sultão Mehmed IV.

adaptações e interpretações do acervo de conhecimentos islâmicos clássicos, preservado em persa e, em especial, em árabe, às vezes complementado por materiais extraídos de obras científicas ocidentais, mas tratados da mesma forma. Não havia tentativa de busca de novas descobertas e havia muito pouca consciência até mesmo da existência de tais processos. As grandes mudanças, que ocorriam na época, nas áreas de anatomia e fisiologia passavam despercebidas e permaneciam desconhecidas.

Segundo a convicção muçulmana, havia, nos primeiros tempos do Islã, um domínio chamado *ijtihād*, o exercício do julgamento independente, pelo qual os estudiosos, teólogos e juristas muçulmanos haviam sido capazes de resolver problemas teológicos e jurídicos, para os quais os textos sagrados e a tradição não forneciam respostas explícitas. Boa parte do *corpus* teológico e de jurisprudência muçulmana nasceu dessa forma. No devido tempo, o processo chegava a seu fim, quando todas as perguntas haviam sido respondidas; na formulação tradicional, "a porta do *ijtihād* estava fechada" e daí por diante não seria mais necessário, nem permitido, nenhum novo exercício do julgamento independente. Todas as respostas já estavam lá e tudo que era necessário era seguir e obedecer. Ficamos tentados a fazer um paralelo com o desenvolvimento da ciência muçulmana, no qual o exercício do julgamento independente dos primeiros tempos produziu um rico florescimento da atividade e da descoberta científicas, mas no qual também a porta do *ijtihād* seria depois fechada e um longo período se seguiria, durante o qual a ciência muçulmana passaria a consistir quase que inteiramente em compilação e repetição.

Durante algum tempo, os refugiados judeus que chegavam da Europa pareciam estar por iniciar uma nova fase na medicina otomana. Mas, na verdade, tudo que eles fizeram foi introduzir alguns novos detalhes, novas informações que seriam acrescentadas ao acervo de conhecimentos médicos, e com o tempo, à medida que perdiam seus contatos com a Europa e se tornavam parte da sociedade do Oriente Médio, os judeus otomanos deixaram de se distinguir de forma relevante de seus vizinhos muçulmanos.

Em parte eles foram substituídos pelos gregos otomanos, que entravam então num período de crescimento e desenvolvimento. Panagiotis Nicoussias foi um dos primeiros gregos otomanos a estudar medicina na Universidade da Pádua, onde se formou por volta de 1650. Após seu regresso a Istambul, ele foi tão bem sucedido em sua prática da medicina que foi nomeado pelo grão-vizir Mehmed Köprülü como seu médico pessoal. Assim como acontecera com os médicos judeus no século anterior, o grão-vizir veio a se apoiar em seu médico grego educado no Ocidente, como fonte para o conhecimento da situação na Europa. Nicoussias se tornou dragomano da Sublime Porta, talvez o primeiro a ocupar esse cargo importante. Foi sucedido, após sua morte em 1673, por outro médico grego de Pádua, Chiote Alexander Mavrocordato, que havia publicado uma dissertação sobre a função dos pulmões na circulação sanguínea. No entanto, ele a publicou em latim e sua obra faz parte da história da medicina europeia, e não da otomana. Foi como grande dragomano da Sublime Porta que ele conquistou seu lugar na história otomana.

O início do século XVIII trouxe algumas mudanças. Em 1704, um médico chamado Ömer Şifai escreveu um opúsculo sobre o uso da química em tratamentos médicos, que ele apresentava como sendo uma tradução de Paracelso. Por volta da mesma época, um outro médico otomano, um grego cretense convertido ao Islã chamado Nuh ibn Abdulmennan, traduzia outro livro sobre tratamentos médicos. Um terceiro médico da época, Şaban Şifai, professor na escola de medicina vinculada à mesquita de Süleymaniye, escreveu um tratado abordando a concepção, o nascimento e os cuidados pré-natais e pós-natais. Todas essas obras refletem um novo tipo de medicina, bem como uma nova abordagem da prática médica.

Essas inovações inevitavelmente provocaram forte resistência e, em 1704, um novo decreto proibia a prática da "nova medicina (*Tibb-i Jedid*) por certos médicos ignorantes". O decreto menciona "certos pseudo-médicos da comunidade franca, que abandonaram o caminho dos antigos médicos e usavam certos medicamentos conhecidos pelo nome de nova medicina". O decreto exigia que os médicos turcos se submetessem a um exame e proibia que médicos estrangeiros exercessem a prática médica. Isso não impediu Ömer Şifai de continuar seu trabalho e escrever um tratado em oito volumes sobre a assim chamada nova medicina. Embora a administração oficial otomana ainda desse seu apoio à medicina de Galeno e Avicena, os discípulos de Paracelso começavam a criar força[12].

Diversos embaixadores que visitavam os países europeus revelavam algum interesse nas ciências e um interesse um pouco maior nas tecnologias. Mehmed Efêndi comentava repetida e favoravelmente sobre o sistema de comunicações francês, sobre as barreiras, canais, estradas, pontes e túneis pelos quais ele passara em seu caminho da costa do sul até Paris. Visitou o observatório astronômico, onde ficou extremamente impressionado com a grande variedade de instrumentos astronômicos e de outros tipos que pôde observar, cuja finalidade ele parece ter compreendido bem. Mehmed fala do grande "número de máquinas" para se observar as estrelas, "para levantar grandes cargas com facilidade, para saber quando é lua nova, para elevar as águas e outras coisas admiráveis e maravilhosas". Viu também espelhos côncavos incandescentes*, "enormes como uma de nossas grandes bandejas em metal de Damasco", nos quais era gerado calor suficiente para colocar madeira em chamas e derreter chumbo. Ele descreve com certo detalhe os instrumentos astronômicos, em especial, um telescópio com o qual ficou imensamente impressionado[13].

Outros estavam menos interessados. Um exemplo de atitude diferente com relação à ciência e aos equipamentos que ela permitia produzir pode ser encontrado no relatório de embaixada enviado por Mustafa Hatti Efêndi, que esteve em missão em Viena, em 1748. Durante sua estada, ele e sua comitiva foram convidados a visitar o observatório astronômico, para conhecer as maravilhas da ciência mais recente. Mas não ficou impressionado:

> Por ordem do imperador, fomos convidados a visitar o observatório, para ver algumas das estranhas invenções e objetos maravilhosos que lá estavam guardados. Aceitamos o convite alguns dias mais tarde e fomos a um edifício de sete ou oito andares. No

12  Idem, *Science*, p. 128-29; *Ilim*, p. 141-143.
\*   Trata-se dos chamados "espelhos convergentes de Arquimedes" (N. da T.).
13  Mehmed Efendi, *Le Paradis des infidèles*, p. 26 e s. e 122; cf. trad. para o francês, p. 36-40, 186-190.

andar superior, com um teto em que havia uma abertura, vimos os instrumentos astronômicos e os telescópios, grandes e pequenos, para observar o sol, a lua e as estrelas.

Um dos aparelhos mostrados a nós foi o seguinte. Havia duas salas contíguas. Em uma, havia uma roda e nessa roda havia duas grandes esferas de cristal. A essas esferas estava preso um cilindro oco, mais estreito que um caniço de junco, do qual saía uma longa corrente que ia até a outra sala. Quando a roda era virada, um vento incandescente percorria a corrente até a outra sala, onde jorrava do solo e, se alguém tocasse nele, o vento atingia seu dedo e sacudia todo seu corpo. O que era ainda mais extraordinário era que, se a pessoa que nele tocava segurasse uma outra pela mão e essa outra segurasse uma outra e, assim, formasse um anel de vinte ou trinta pessoas, cada uma delas sentiria o mesmo choque no dedo e no corpo que a primeira. Nós mesmos experimentamos. Como não deram nenhuma resposta inteligível a nossas perguntas e como toda a coisa é meramente um brinquedo, não achamos que valesse a pena buscar mais informações sobre isso.

Outro aparelho que eles nos mostraram consistia em dois recipientes de cobre, cada um colocado sobre uma cadeira, a aproximadamente três varas* de distância. Quando fogo era colocado num deles, ele produzia sobre o outro um efeito tão grande, apesar da distância, que ele explodia como se sete ou oito mosquetes tivessem sido disparados.

O terceiro aparelho consistia em pequenas garrafas de vidro que os vimos bater contra pedras e madeira, sem que se quebrassem. Então introduziam fragmentos de pederneira nas garrafas, com o quê, essas garrafas da grossura de um dedo, que tinham resistido ao impacto das pedras, se dissolviam como farinha. Quando perguntamos sobre o significado disso, eles disseram que, quando o vidro quente era jogado diretamente em água fria, ele ficava assim. Atribuímos essa resposta descabida a sua falsidade de francos.

Outro aparelho consistia numa caixa, com um espelho no interior e dois cabos de madeira do lado de fora. Quando se giravam os cabos, rolos de papel dentro da caixa eram revelados em etapas, cada qual retratando várias espécies de jardins, palácios e outras fantasias pintadas neles.

Após a apresentação desses brinquedos, uma toga de honra foi presenteada ao astrônomo e dinheiro foi dado aos servidores do observatório[14].

---

\* Medida antiga equivalente a cerca de 114 cm (N. da T.).
14 *Tarih-i 'Izzi*, Istambul, 1199 (A.H.), p. 190a-190b.

Provavelmente os cavalheiros e diplomatas europeus do século XVIII não teriam sido mais receptivos às maravilhas da ciência que seu colega turco. A diferença importante é que este último exprimia a atitude de sua sociedade, o que não acontecia no caso dos europeus.

Os otomanos, não menos que outros povos muçulmanos, desprezavam os bárbaros infiéis a oeste deles, mas estavam preparados para estudar e tomar de empréstimo algumas das invenções dos engenhosos bárbaros que poderiam servir a seus propósitos, sem colocar em risco seu modo de vida. Isso era assinalado por Ghiselin de Busbecq, embaixador do Sacro Império Romano-Germânico em Istambul, numa carta datada de 1560:

> Nenhuma outra nação mostrou menos relutância em adotar as invenções úteis de outros; por exemplo, eles se apropriaram, para seu próprio uso, de canhões grandes e pequenos e de muitas outras de nossas descobertas. No entanto, eles nunca conseguiram imprimir livros e instalar relógios públicos. Eles afirmam que suas escrituras, isto é, seus livros sagrados, não seriam mais escrituras, se fossem impressas, e acham que, se instalassem relógios públicos, a autoridade de seus muezins e de seus ritos antigos seria diminuída[15].

Com o tempo, os otomanos cederam nesses dois pontos. A impressão gráfica, como vimos, foi introduzida para textos em turco e em árabe no século XVIII e os relógios foram importados muito antes disso, chegando a ser instalados até mesmo nas Grandes Mesquitas Imperiais.

O uso de dispositivos para medir a passagem do tempo não era de forma alguma novo no Islã. Muito ao contrário, partindo de dois métodos herdados da antiguidade, o relógio de sol e o relógio de água, os muçulmanos conseguiram desenvolver um conjunto elaborado de dispositivos de sua própria invenção. O interesse otomano nos relógios mecânicos europeus, cuja produção no Ocidente teve início no século XIV, data de muito cedo. No século XVI, os relógios europeus eram amplamente usados no Império Otomano e até mesmo encontravam imitadores locais. Um dos mais notáveis desses imitadores foi o sírio

---

15 O. G. de Busbecq, *The Turkish Letters* ..., p. 213-214; cf. E. G. Forster, p. 135; cf. Forster e Daniell, 1: 125.

Taqī al-Dīn (1525-1585), cujo tratado sobre relógios operados por pesos e por molas, escrito na metade do século, é de grande importância na história dessa ciência.

Nem todos os relógios usados no Império Otomano eram importações da Europa. De 1630 aproximadamente até por volta de 1700, havia uma associação de relojoeiros no bairro de Gálata, em Istambul, cujos produtos estavam à altura dos padrões dos mestres relojoeiros suíços e ingleses. Mas tratava-se de emigrados europeus, e não de muçulmanos locais, e no final do século XVII, mesmo eles não conseguiam mais se manter. Diversos fatores contribuíram para sua ruína. Um deles era a dificuldade cada vez maior em obter os materiais necessários, agravada pelas políticas mercantilistas dos governos e fabricantes ocidentais, que agora produziam relógios projetados para o gosto e mercado turcos. Sua prática era exportar relógios completos; eles não estavam mais dispostos a fornecer mecanismos ou peças de reposição para os relojoeiros locais, como faziam anteriormente. Uma outra razão, sem dúvida, era o constante aprimoramento na fabricação dos relógios de pêndulo e de mola na Europa, que os relojoeiros estabelecidos em Istambul não tinham condições de acompanhar. Nos primeiros anos do século XVIII, a fabricação de relógios na Turquia praticamente desapareceu. Um dos últimos relojoeiros ocidentais a ir para a Turquia foi Isaak Rousseau, pai do filósofo Jean-Jacques Rousseau, que observa, em suas confissões, que "meu pai, após o nascimento de meu único irmão, foi para Constantinopla, onde tinha sido nomeado relojoeiro do Harém".

Por uma estranha coincidência, também Voltaire tinha vínculos com o mercado turco de relógios. Como proprietário rural em Ferney, ele dedicou algum esforço em ajudar moradores de sua propriedade, inclusive um grupo de cerca de cinquenta refugiados religiosos de Genebra. Tratava-se de um grupo de relojoeiros e Voltaire se empenhou em encontrar novos mercados para eles. Numa carta escrita a Frederico, o Grande, em 1771, Voltaire observa que a Turquia era o mercado perfeito: "Faz agora sessenta anos que eles vêm importando relógios de Genebra e ainda não são capazes de produzir um, ou mesmo de acertá-lo"[16].

---

16 O. Kurz, *European Clocks and Watches in the Near East*, London, 1975, p. 70-71, citando Rousseau, *Confissões*, trad. para o inglês, 1891, p. 3; Voltaire,

Além dos relógios, havia uma outra invenção europeia que alguns habitantes do Oriente Médio achavam útil. No Irã, já em 1480, um poeta, lamentando a chegada da velhice, observava que, entre outras enfermidades, "meus dois olhos agora não servem mais para nada sem a ajuda de óculos francos (*firangī shīsha*), eles se tornam quatro".

A importação de óculos produzidos na Europa parece ter continuado em pequena escala e há referências ocasionais a sua compra e utilização[17].

O sistema de filtragem, projetado para excluir importações que pudessem ameaçar o modo de vida tradicional, permaneceu eficiente contra a mais perigosa penetração das ideias – a das concepções ocidentais de investigação e descoberta, de experimentação e mudança, que estão por trás tanto da ciência ocidental quanto da tecnologia à qual ela deu origem. Os produtos da tecnologia ocidental podiam, após a devida consideração, ser admitidos; o conhecimento alcançado pela ciência ocidental podia, em certos casos, ser aplicado; mas esse era o limite de sua aceitação.

A questão surgiria novamente, numa forma aguda, no século XVIII, quando uma série de derrotas nos campos de batalha convenceu a elite otomana governante de que os inimigos cristãos do Império haviam de alguma forma conseguido alcançar superioridade nas artes da guerra e que mudanças eram necessárias, a fim de restaurar o poderio otomano. Seus sentimentos são bem expressos num memorando escrito por um certo Janikli Ali Paxá, após a esmagadora derrota otomana pelos russos, em 1774. Ali Paxá se faz duas perguntas que, diz-nos ele, tinham ocupado profundamente seus pensamentos. Por que o Império, outrora tão forte, havia se tornado tão fraco e o que devia ser feito para restaurar sua antiga força? O soldado turco, dizia ele, não era menos corajoso que antes, o povo, não menos, os territórios, não menores e os recursos do Império ainda eram tão grandes quanto antes. No entanto,

---

*Correspondence*, T. Bestermann (org.), v. 78, Geneve, 1962, p. 127; e S. Tekeli, *16'inci Asirda Osmanlilarda saat ve Takiyuddin'in "Mekanik saat konstruksuyonouna dair en parlak yildizlar" adli eseri*, Ancara, 1966.

17  Jāmī, *Salāmān va-Absāl*, Teerã, 1306s, p. 36; trad. para o inglês de A. J. Arberry, *Fitzgerald's Salaman and Absal*, Cambridge, 1956, p. 146; cit. Lynn White Jr., *Medicine, Religion and Technology*, Berkeley/Los Angeles, 1978, p. 88.

se outrora os exércitos do Islã tinham invariavelmente posto para correr os infiéis, agora eram os próprios muçulmanos que eram postos a correr pelos infiéis[18].

O remédio recomendado por Janikli Ali Paxá era estritamente conservador – o retorno aos antigos bons costumes. Havia outros, contudo, que viam o problema na superioridade militar do Ocidente e a resposta numa reforma militar. Um importante aspecto dessa reforma era a criação de centros de treinamento em guerra moderna.

As novas escolas de engenharia militar e de engenharia naval, criadas no século XVIII, davam novo estímulo à aceitação e assimilação de pelo menos alguns aspectos da ciência ocidental. Um dos professores da escola de engenharia de Üsküdar, fundada em 1734, era um certo Mehmed Said, filho de um mufti da Anatólia, ao qual se atribui a invenção de um quadrante de dois arcos, para uso dos artilheiros, bem como a escrita de um tratado com ilustrações geográficas. Existem outros escritos do período, inclusive um tratado turco de trigonometria, ao que parece, baseado em fontes ocidentais, uma tradução de um conhecido tratado de ciência militar escrito pelo grande soldado italiano, conde de Montecuccoli, e algumas obras de medicina[19].

Essa primeira escola e o corpo de engenheiros militares criado na mesma época recebiam forte oposição dos janízaros que, com o tempo, forçaram seu abandono. O objetivo de modernizar as forças armadas não foi, no entanto, abandonado e, em 1773, uma nova tentativa era feita, com a abertura de uma escola de engenharia naval. Entre os professores dessa nova escola estavam diversos europeus. O corpo discente parece ter se formado sobretudo a partir de estudantes provenientes das escolas anteriores, juntamente com alguns oficiais no serviço ativo. Um oficial de artilharia originário do Ocidente, que ajudou a iniciar a escola, fala de seus "capitães de barba branca" e "alunos de sessenta anos"[20].

Desta vez, as forças reacionárias não conseguiram obter o fechamento da escola que, ao contrário, cresceu e serviu de modelo para outras escolas de engenharia militar, de medicina e

18 O memorando de Janikli Ali Paxá chegou até nós na forma de um manuscrito que se encontra na Biblioteca da Universidade de Upsala.
19 Adnan-Adivar, *Science*, p. 142 e s.; *Ilim*, p. 161-163.
20 Baron F. de Tott, *Memoires*, Maestricht, 1785, 3: 149.

de disciplinas semelhantes, criadas pelo sultão Selim III e seus sucessores. O sacerdote veneziano, Gianbatista Toderini, que visitou Istambul entre 1781 e 1786, descreveu essa escola com certo detalhe. Ele encontrou um bom número de instrumentos náuticos, assim como diversos atlas e cartas navais europeias, uma versão em turco do *Atlas Minor*, um globo celeste, mostrando as constelações e com símbolos e caracteres em turco (trabalho de um professor da escola), "uma esfera armilar de metal feita em Paris, alguns astrolábios árabes, alguns relógios de sol turcos e francos, um oitante inglês de excelente qualidade, feito por John Hadley, diversas bússolas turcas com correção" e vários outros dispositivos de navegação.

Numa segunda sala, Toderini pôde ver "um mapa geográfico da Ásia", impresso sobre seda, "com uma longa inscrição em turco" dizendo que tinha sido traduzido por Ibrahim Müteferrika no ano de 1141 da *hijra*, isto é, 1728-1729, três globos terrestres de vários tamanhos, um teodolito de excelente qualidade, de Paris, instrumentos antigos e modernos para medir distâncias, um quadrante telescópico e várias tabelas trigonométricas. Toderini observa não ter visto o modelo da máquina para instalação e remoção dos mastros de navios, criado por Tott. Entre diversos livros europeus, ele encontrou as tabelas astronômicas de Monsieur de la Lande, com uma tradução para o turco. Ele observou a seu guia que elas não eram recentes e aconselhou a aquisição da edição mais recente. Seu guia também mostrou tabelas turcas de balística, traduzidas de livros europeus, e códices sobre o astrolábio, sobre relógios de sol, sobre a bússola e sobre a geometria que ele utilizava no ensino de seus alunos.

O guia de Toderini era o principal instrutor da escola, um argelino de idade madura – "un algerino uomo maturo" – que falava o italiano, o francês e o espanhol e que relatava ter ido para Istambul, depois de ter navegado pelo Mediterrâneo, Atlântico e as costas das Índias e mesmo até a distante América. Ele era um experimentado timoneiro e piloto e manifestava preferência por instrumentos ingleses e mapas franceses.

Os alunos da escola, de acordo com o que o professor argelino dizia ao sacerdote veneziano, eram mais de cinquenta em número, "filhos de capitães do mar e cavalheiros turcos", mas somente alguns eram assíduos e se dedicavam aos estudos[21].

Eles se tornaram mais dedicados após a anexação da Crimeia pelos russos, em 1783, que fez com que os otomanos percebessem, com nova urgência, a natureza da ameaça com que se defrontavam. Em 1784, por iniciativa do grão-vizir Halil Hamid Paxá e com a assistência da embaixada francesa, um novo programa de treinamento era iniciado, com dois oficiais de engenharia franceses como instrutores, trabalhando com o apoio de intérpretes armênios. Mas essa iniciativa também teria fim, com o início da guerra do Império Otomano contra a Áustria e a Rússia, em 1787. A presença dos instrutores franceses, sendo considerada como violação da neutralidade, fez com que eles fossem afastados. A saída dos instrutores e as tensões da própria guerra prejudicaram o desenvolvimento da escola, até que a assinatura do tratado de paz com os vizinhos do norte do Império, em 1792, permitiu ao novo sultão, Selim III, dar à iniciativa um renovado impulso. Mais uma vez o sultão se voltou para a França e, no outono de 1793, ele enviou a Paris uma lista de solicitações, de oficiais e técnicos que desejava empregar. Em 1795, o Reis Efêndi Ratib enviou uma lista do mesmo tipo, apenas mais longa, à Comissão de Segurança Pública, em Paris. Que fosse à república – e não mais ao rei da França – que esses pedidos eram enviados e por quem esses oficiais eram nomeados era algo que não parecia incomodar o sultão, de forma alguma. Em 1796, o novo embaixador francês, general Aubert du Bayet, um veterano das revoluções americana e francesa, chegou a Istambul com todo um grupo de peritos militares[22]. Desta vez, foram criadas diversas escolas, tanto para oficiais do exército quanto da marinha, que ofereciam formação nas técnicas de artilharia, fortificação, navegação e nos conhecimentos complementares. Oficiais franceses foram enviados para trabalhar como instrutores e o conhecimento do francês se

21 G. Toderini, *Letteratura turchesca*, Veneza, 1787, 1: 177 e s.
22 Aubert du Bayet (mais tarde, Dubayet) nasceu em Nova Orleans e lutou na Revolução Americana sob o comando de Lafayette. Atuou na Revolução Francesa desde o início e participou da assembleia legislativa francesa como deputado por Grenoble.

tornou obrigatório para os estudantes. Uma biblioteca para uso dos estudantes continha cerca de quatrocentos livros europeus, a maioria deles em francês. Entre eles estava uma coleção da *Grande Encyclopédie*.

Mais uma vez durante as revoltas das guerras revolucionárias e napoleônicas, essas escolas passaram por dificuldades e algumas foram fechadas, por pressão das forças reacionárias. Quando Mahmud II deu início a suas reformas, em 1826, restavam apenas duas delas, as escolas de engenharia naval e de engenharia militar. Essas escolas foram reabertas e outras foram criadas, em especial uma Escola de Medicina, em 1827, e uma Escola de Ciências Militares, em 1834, projetada para servir como a Sandhurst ou a Saint Cyr* dos exércitos otomanos. Em todas essas escolas, os estrangeiros figuravam com destaque entre os professores e o conhecimento de uma língua estrangeira, normalmente o francês, era uma exigência obrigatória para os estudantes.

Havia de fato uma tarefa urgente para os muçulmanos que tivessem algum conhecimento das línguas ocidentais – estudar as ciências do Ocidente, traduzir ou escrever manuais em turco e, como pré-requisito, suprir a língua turca com o vocabulário técnico e científico moderno do qual ela carecia e do qual ela precisava para essa finalidade.

Dois homens desempenharam um papel de notável importância nessa tarefa. Um deles foi Ataullah Mehmed, conhecido como Şanizade (1769-1826), historiógrafo imperial, de 1819 até sua morte. Membro da classe ulemá por origem e por educação, ele no entanto, ao que parece, aprendeu pelo menos uma língua ocidental e realizou estudos de medicina europeia e outras ciências. Sua obra mais importante, além de sua história do Império durante os anos em que ocupou o cargo, é uma tradução para o turco de um manual de medicina austríaco, provavelmente elaborado a partir de uma versão italiana. Şanizade acrescentou um tratado explicativo de fisiologia e anatomia de sua própria autoria e, mais tarde, uma outra tradução de uma obra austríaca, desta vez sobre vacinação. O surgimento desse manual em turco assinala o fim de uma

---

* Academia militar inglesa e escola militar francesa, respectivamente (N. da T.).

era na medicina turca e o início de outra. Até então, apesar de alguns acréscimos ocasionais de conhecimentos ou métodos provindos do Ocidente, a prática médica otomana tinha permanecido basicamente fiel à tradição islâmica helenística e clássica, à medicina de Galeno e Avicena, assim como a filosofia e a ciência otomanas tinham permanecido fiéis a Aristóteles, Ptolomeu e seus comentadores e a religião otomana, fiel ao Profeta, ao *Alcorão* e à tradição. As descobertas de Paracelso e Copérnico, de Kepler e Galileu eram tão distantes e irrelevantes para os otomanos quanto os argumentos de Lutero e Calvino.

Agora, pela primeira vez, Şanizade criava um vocabulário médico moderno em língua turca (que permaneceria em uso até as recentes reformas linguísticas) e fornecia aos estudantes de medicina turcos um manual completo de medicina moderna, que servia como ponto de partida para uma bibliografia e prática médicas inteiramente novas.

O que Şanizade fez pela medicina, Hoja Ishak Efêndi (-1834) fez pela matemática e pela física. Judeu por nascimento e nativo da Grécia, Ishak Efêndi, a certa altura, se converteu ao Islã e foi nomeado professor para a Escola de Engenharia onde, com o tempo, se tornou o principal instrutor. Segundo informações, ele falava o francês, o latim, o grego e o hebraico, além do turco e duas línguas islâmicas clássicas, o persa e o árabe. Hoja Ishak Efêndi produziu diversas obras, em sua maior parte traduções, a mais importante delas, um compêndio em quatro volumes das ciências matemáticas e físicas que, pela primeira vez, dava aos estudantes turcos um panorama dessas ciências da forma como praticadas e compreendidas no Ocidente. Assim como Şanizade, Hoja Ishak Efêndi teve de criar seu próprio vocabulário e, com ele, se tornou o criador da maior parte do vocabulário científico utilizado na Turquia durante o século xix e, na verdade, até as reformas linguísticas realizadas sob a República. Uma vez que a prática dos estudiosos otomanos da época era recorrer ao árabe e, em menor grau, ao persa, para a criação de novos termos, da mesma forma que os autores europeus recorriam ao latim e ao grego, parte desse novo vocabulário ainda está em uso nos países árabes. As outras obras de Hoja Ishak Efêndi abordam sobretudo as ciências e engenharia militares[23].

Com a publicação das obras desses dois homens, a criação de novas escolas em que seus trabalhos puderam ser utilizados como manuais e, por fim, mais importante de tudo, o número cada vez maior de estudantes enviados para estudar ciências na Europa, as antigas ciências – medicina, matemática, física e química – chegaram ao fim. Essas antigas ciências persistiram por mais algum tempo nas regiões mais remotas do Islã, mas, dessa época em diante, ciência passava a significar a ciência ocidental moderna. Não havia mais nenhuma outra.

---

23 B. Lewis, *Emergence*, p. 85 e s.

# 10. Vida Cultural

A mesquita de Nuruosmaniye se situa na entrada do grande bazar de Istambul. Concluída em 1755, sob a direção do arquiteto Çelebi Mustafa juntamente com um mestre pedreiro cristão chamado Simão, ela assinala o ponto de virada da evolução cultural islâmica. Em seu projeto geral, a mesquita, com sua única cúpula central sobre um espaço lateral, permanece na tradição das grandes mesquitas imperiais com as quais os sultões otomanos, a partir de Mehmed, o Conquistador, adornavam a cidade de Istambul. Mas, em seus detalhes e características arquitetônicas menores, existe uma mudança significativa, que claramente reflete influências da ornamentação barroca italiana[1].

Muito cedo essas influências já podiam ser percebidas em parte da decoração do Palácio Imperial. O aparecimento de influências europeias em algo tão central para o Islã otomano quanto a arquitetura de uma mesquita imperial revela algo novo no Islã – uma hesitação na autoconfiança que, até então, havia sobrevivido a todas as derrotas e recuos que o inimigo cristão impusera ao Estado otomano. A mesma sensação

---

1  S. K. Yetkin, *L'Architecture Turque en Turquie*, Paris, 1962, p. 133 e s.

de dúvida é expressa num provérbio citado pelo embaixador otomano em Paris, Mehmed Efêndi, ao ver os belos jardins do Trianon: "Este mundo é a prisão dos fiéis e o paraíso dos infiéis"[2].

O primeiro sinal da onda de influências culturais que pode ser observado na decoração barroca da mesquita de Nuruosmaniye data dos primeiros anos do século XVIII, do período conhecido nos anais otomanos como *Lale Devri*, a Idade das Tulipas. Esse período, iniciado com a assinatura do Tratado de Passarowitz com a Áustria, em 1718, deriva seu nome da paixão universal pelas tulipas que absorvia a sociedade otomana na época. Foi uma era de paz. O sultão, Ahmed III, e seu grão-vizir, Damad Ibrahim Paxá, estavam agudamente conscientes do novo perigo vindo do norte, que ameaçava o império e que, por algum tempo, fora evitado pela assinatura do tratado de paz. Nessa situação, eles perseguiram dois objetivos – evitar a guerra e encontrar novos aliados. A negociação da Paz de Carlowitz, em 1699, tinha mostrado o caminho. Ameaçados pelos vizinhos da Europa oriental e central, eles se voltaram para a Europa ocidental em busca de apoio e, pela primeira vez, começaram a estabelecer relações mais estreitas.

Na história otomana, a era das tulipas é vista como uma era de desenvolvimento cultural pacífico e de abertura de novos caminhos. Como seria de se esperar, os otomanos se voltaram, em primeiro lugar, para as fontes de sua própria civilização e foi criado um programa para a realização de traduções para o turco de alguns dos principais textos clássicos, árabes e persas, anteriormente não disponíveis nessa língua.

A expansão desse interesse para os textos ocidentais foi ainda mais notável. Apenas alguns anos antes, em 1716, o grão-vizir, Damad Ali Paxá, morrera na batalha de Petrovaradin, deixando uma magnífica biblioteca. O principal mufti do império, Abu Ishak Ismail Efêndi, emitiu uma *fetwa**, proibindo a consagração dessa biblioteca como doação de um devoto

---

2 Mehmed Efendi, *Le Paradis des infidèles*, p. 199; cf. Kreutel; Spies, *Leben und Abenteuer des Dolmetschers 'Osman Ağa*, 1954, p. 71, onde a mesma fórmula é citada.

* Ou *fatwa*, pronunciamento legal que visa esclarecer alguma questão controversa (N. da T.).

(*waqf*), porque continha livros (alguns deles talvez em línguas europeias) de filosofia, história, astronomia e poesia. Os livros foram, então, enviados ao Palácio Imperial[3]. Esse interesse no Ocidente era ainda limitado e pragmático. Sua finalidade era fortalecer o império, para melhor resistir a seus inimigos. A orientação, ou antes, as informações buscadas com o Ocidente eram em primeiro lugar e sobretudo militares, a ser complementadas por temas políticos, conforme necessário. A essa altura, contudo, surgia a percepção de que alguns outros elementos, além do militar e político, poderiam estar envolvidos. Uma indicação disso é que, quando seguiu para a França, em 1721, Mehmed Efêndi recebeu instruções "para visitar fortalezas e fábricas e fazer um estudo completo dos meios de civilização e educação e relatar sobre os que podiam ser utilizados"[4] na Turquia.

A missão diplomática de Mehmed Efêndi produziu certa repercussão na vida social e cultural de ambos os lados. Em Paris, a chegada do embaixador turco e sua comitiva deu início à moda da *turquerie*, que abrangia de moda feminina a arquitetura e música, e provocou o mesmo em outras capitais europeias que também foram visitadas. Menos conhecida e mais modesta é a onda de moda francesa em Istambul. Os efeitos dela podem ser vistos sobretudo nos palácios construídos pelo sultão e seus ministros na era das tulipas e, em especial, em seus jardins. Em seu relatório de embaixada, Mehmed Efêndi comenta, com certo detalhe, sobre os jardins de Versalhes e outros locais que ele admirava imensamente[5]. É clara a influência do jardim francês formal, com suas fontes de mármore rodeadas por caminhos e canteiros de flores simetricamente dispostos. Um mobiliário de estilo ocidental, até então desconhecido, foi introduzido no palácio, sobretudo, ao que parece, para uso dos ocidentais lá hospedados.

A reação de Mehmed Efêndi com relação às artes é instrutiva:

> O costume entre essa gente é o rei dar aos embaixadores seu próprio retrato adornado com diamantes, mas, como quadros não são permitidos

---

3 A. Refik, *Hicri on ikinci asirda Istanbul hayati (1100-1200)*, Istambul, 1930, p. 58; Adnan-Adivar, *Science*, p. 125-26; idem, *Ilim*, p. 133; Berkes, *Secularism*, p. 27.
4 Karal, *Tanzimat*, p. 19; Berkes, *Secularism*, p. 33.
5 Mehmed Efendi, op. cit., p. 91; cf. trad. para o francês, p. 137.

entre os muçulmanos, recebi, em vez disso, um cinto incrustado com diamantes, dois tapetes feitos em Paris, um grande espelho, um rifle e pistolas, um estojo com armação em bronze dourado, um relógio de mesa de bronze dourado, dois grossos recipientes de porcelana com pegadores de gelo em bronze dourado e um açucareiro[6].

Mehmed Efêndi manifestamente desaprovava – ou pelo menos desejava dar a impressão de que desaprovava – retratos. Sua falta de interesse pela pintura é confirmada por sua sucinta descrição dos quadros que lhe mostraram no palácio:

Então fomos ver os maravilhosos quadros pendurados na câmara do conselho. Demos uma volta com o rei, que explicou o que eles representavam[7].

Por outro lado, ele se torna realmente eloquente quando fala da tapeçaria nas paredes:

Há uma fábrica especial para produção de tapeçaria, que pertence ao Rei [...]. Sabendo que um embaixador estava em visita, eles penduraram todos os tapetes que estavam prontos nas paredes. Como a fábrica é muito grande, devia haver mais de cem peças penduradas nas paredes. Quando vimos isso, pusemos a mão sobre a boca, com admiração. Por exemplo, as flores são trabalhadas de tal forma que parecem um vaso de flores verdadeiras. A aparência das pessoas é desenhada, suas pálpebras, suas sobrancelhas e especialmente o cabelo e as barbas em suas cabeças são tão bem retratados que nem Mani nem Behzād, trabalhando no mais fino papel chinês, poderiam produzir arte como essa. Uma figura parece sorrir, para mostrar sua alegria; outra parece melancólica, para mostrar sua tristeza. Uma outra aparece tremendo, com medo, outra chora, outra parece abatida por alguma doença. Assim, ao primeiro olhar, a condição de cada pessoa é revelada. A beleza dessas obras está além da descrição e além da imaginação[8].

As reações de Mehmed Efêndi à arte realista, mesmo a da Europa do século XVIII, é notável e instrutiva, assim como a

6  Idem, p. 139-140; cf. trad. para o francês, p. 214.
7  Idem, p. 78; cf. trad. para o francês, p. 118.
8  Idem, p. 109; cf. trad. para o francês, p. 163. Behzād foi um famoso pintor persa; Mani, o fundador da religião maniqueísta, é famoso como grande artista, nas lendas muçulmanas.

diferença em suas reações a retratos e a tapeçarias. Pinturas a óleo penduradas em paredes eram novas e estranhas, totalmente fora de sua experiência. Tapeçarias de parede (que ele denomina *kilim*) estavam vinculadas a uma forma de arte com que ele estava familiarizado e, assim, eram mais facilmente inteligíveis. O contraste pode ser observado em sua rejeição indiferente a uma e sua reação de entusiasmo à outra.

A pintura europeia e, em especial, a arte europeia do retrato, não eram, contudo, inteiramente desconhecidas ao Oriente muçulmano. Há indicações de que o sultão Bajazeto II dedicara alguma atenção à obra de Leonardo da Vinci. Mas, ao que parece, era o engenheiro e não o artista que o interessava – e, na verdade, somente em relação ao projeto de construção de uma ponte atravessando o Corno de Ouro, em Istambul. Esse projeto não deu em nada, mas, no período otomano, um número cada vez maior de artistas europeus visitava Istambul e outras cidades.

Numa época anterior à fotografia, os embaixadores europeus e outros viajantes que desfrutavam de suficiente prosperidade muitas vezes acrescentavam um artista a seu grupo de acompanhantes, servindo aos mesmos objetivos da câmera hoje em dia. Ao que parece, havia um considerável mercado para pinturas murais na Europa e, em particular, para gravuras e ilustrações de livros representando as maravilhas do Oriente.

A presença desses artistas ocidentais em meio a eles não passava inteiramente despercebida aos turcos. O pintor italiano Gentile Bellini visitou Istambul após a conquista e chegou a pintar um retrato do conquistador. O pintor foi selecionado e enviado pela Signoria de Veneza, segundo se dizia, por solicitação do sultão. Após a morte de Mehmed II, seu extremamente devoto filho e sucessor, Bajazeto II, desaprovando a pintura e, em especial, a arte retratista, desmontou a coleção do pai e enviou os quadros para venda no bazar. O retrato foi adquirido por um comerciante veneziano e, por fim, foi parar na Galeria Nacional, em Londres[9].

9 F. Babinger, Vier Bauvorschläge Leonardo da Vinci's an Sultan Bajezid II (102/3), *Nachrichten der Akad. der Wiss. in Göttingen*, I. Phil.-Hist. Klasse, n. 1 (1952): 1-20; idem, Zwei Bildnisse Mehmed II von Gentile Bellini, *Zeitschrift für Kulturaustausch*, 12 (1962): 178-182; J. von Karabacek, *Abendländische Künstler zu Konstantinopel im XV. und XVI. Jahrhundert*: I, *Italienische Künstler am Hofe Muhammads II. des Eroberers 1451-1481*, Viena, 1918.

Retratos eram na verdade algo novo no mundo islâmico. A lei sagrada islâmica tem sido interpretada como proibindo a representação de imagens humanas. Essa proibição foi totalmente eficaz com relação à escultura, que somente começaria a penetrar o mundo islâmico no final do século XIX e ainda é vista com forte desaprovação pelos puristas. A pintura bidimensional era, contudo, amplamente praticada, em especial em terras persas e turcas. Ela diferia da pintura ocidental em dois aspectos importantes. O primeiro era que ela estava limitada sobretudo às iluminuras e ilustrações em livros e, ocasionalmente, também à pintura mural. A prática de pendurar pinturas em paredes era ocidental e não seria adotada pelos muçulmanos antes do final do século XIX. A outra era que as figuras representadas nessas pinturas eram, em sua maior parte, literárias e históricas. A pintura de retratos sem dúvida ocorre na arte islâmica clássica, mas é extremamente rara e objeto de forte desaprovação.

A adoção da pintura de retratos pelos sultões otomanos e seus artistas foi um dos primeiros sinais importantes da influência europeia. O exemplo estabelecido por Mehmed, o Conquistador, não foi seguido por seus sucessores imediatos, mas, no século XVI, a prática se tornaria generalizada. Um livro concluído em 1579 chegava a incluir um álbum de retratos de sultões otomanos. Quem compilou a obra foi o historiador da corte Seyyid Lokman e o artista foi o pintor da corte otomana Nakkaş Osman; ele forneceu os retratos dos doze sultões que haviam governado os otomanos até então. A introdução redigida por Lokman sugere que houve alguma dificuldade em encontrar os retratos dos sultões mais antigos e que ele e seu colega tiveram de recorrer às obras dos "mestres francos". Provavelmente ele está se referindo aos retratos em gravura – em sua maioria, imaginários – que na época adornavam os livros europeus sobre o Império Otomano. A mesma influência pode talvez ser observada no cuidado em garantir a exatidão da arte retratista e mesmo em representar os trajes corretos de cada sultão[10]. A popularidade dessa obra é atestada pelo grande

---

10 N. Atasoy, Nakkaş Osman'in padişah portreleri albümü, *Türkiyemiz*, 6: 2-14, 1972, que inclui gravuras coloridas de doze sultões, de Osman a Murad III.

número de cópias que chegaram até nós e pelo aparecimento posterior de álbuns de retratos reais do mesmo tipo.

No século XVII e início do XVIII, ao que parece, os sultões e mesmo outros dignitários estavam dispostos a posar para retratos. Um artista europeu de destaque na época foi Jean-Baptiste Vanmour (1671-1737), que viveu cerca de trinta anos na Turquia. Outro, foi Antoine de Favray (1706-1792?), um cavaleiro da Ordem de Malta, que permaneceu algum tempo em Istambul como hóspede do embaixador francês. Muitos desses artistas retratam as audiências que o sultão ou o grão-vizir davam aos embaixadores estrangeiros, provavelmente por encomenda destes últimos. Vanmour também produziu, para o mercado europeu, gravuras do sultão, do grão-vizir e de um grande número de outros dignitários, mas não está claro se elas foram posadas ou não. Que algumas dessas pinturas de artistas ocidentais eram de fato encomendadas fica claro com as coleções no Palácio Topkapı[11].

No entanto, de interesse muito maior que as obras de artistas ocidentais no mundo islâmico foi a mudança observada nos próprios artistas islâmicos. Dois retratos de Mehmed, o Conquistador, ainda preservados no palácio em Istambul, parecem ser obras de artistas turcos inspirados em protótipos italianos. Seu estilo ainda é islâmico, mas com claras influências ocidentais, sobretudo na utilização do sombreado. Um deles é atribuído ao primeiro pintor otomano de destaque, Sinan, que, segundo se afirmava, foi aluno de um mestre veneziano chamado Paoli.

No século XVIII, em especial próximo ao seu fim, a influência ocidental sobre a arte turca se tornava manifesta. Sem dúvida uma das razões disso foram os artistas estrangeiros empregados na corte otomana e nos meios próximos a ela. Um deles, um polonês chamado Mecti, se converteu ao Islã. Vários quadros de um pintor armênio chamado Raphael foram vistos no palácio por um visitante europeu, entre 1781 e 1785. No final do século XVIII, a antiga tradição artística estava praticamente morta e mesmo as ilustrações de obras literárias turcas eram predominantemente de estilo ocidental.

---

11 Cf. A. Boppe, *Les Peintres du Bosphore*, Paris, 1911; e R. van Luttervelt, *De "Turkse" Schilderijen van J. B. Vanmour en zijn School*, Istambul, 1958.

A ocidentalização da arte pictórica turca precedeu em muito toda influência ocidental sobre a literatura e mais ainda sobre a música[12].

A influência da arte ocidental não se limitava à Turquia, mas podia ser vista também no Irã e mesmo ainda mais a leste. Uma das figuras de destaque na arte islâmica foi o pintor Behzād, que viveu no final do século xv e início do xvi. Ele formou muitos discípulos que seguiram seu estilo e que, em conjunto, constituem o que é conhecido como a Escola de Herat. Existem muitas pinturas dessa escola, inclusive alguns retratos de personagens reais atribuídos, com autoria incerta, ao próprio Behzād. Existem muito poucos desses retratos em períodos anteriores e a prática de encomendar retratos e de posar para artistas sem dúvida se deve à influência tanto do estilo quanto dos métodos da pintura europeia. Essa influência parece ter-se expandido da Turquia para o Irã, onde, já no início do século xvi, encontramos uma cópia de um quadro de Bellini feita por um artista persa. Essa obra também foi atribuída a Behzād, embora essa atribuição não seja plenamente aceita. O importante nesse caso é que uma das obras turcas de Bellini não somente era conhecida mas foi copiada por um artista persa.

Após a acessão da dinastia safávida no Irã, em 1502, o país desenvolveu contatos mais estreitos tanto com o Império Otomano quanto com a Europa ocidental, de onde provinha um grande número de visitantes, que começavam a chegar nos portos iranianos e em outras cidades[13]. Um dos primeiros xás da linha de sucessão, Ṭahmāsp, estava especialmente interessado na pintura e convidou o grande Behzād a se encarregar das oficinas reais em Tabriz, uma posição que ele manteria até sua morte, em 1537. Nessa época, a exportação de sedas e brocados para a Europa era uma importante fonte de receitas para o Estado persa e os xás faziam o que podiam para estimular

---

12 Sobre a pintura e decoração turcas, cf. G. M. Meredith-Owens, *Turkish Miniatures*, London, 1963, p. 16; N. Atasoy; F. Çağman, *Turkish Miniature Painting*, Istambul, 1974; G. Renda, *Batililaşma döneminde Türk resim sanati*, Ancara, 1977.

13 A. Destrée, L'Ouverture de la Perse à l'influence européenne sous les Rois Safavides et les incidences de cette influence sur l'évolution de l'art de la miniature, *Correspondence d'Orient*, 13-14: 91-104, 1968.

e desenvolver esse comércio. 'Abbās I transferiu a capital para Isfahan, autorizou o estabelecimento de comunidades católicas na cidade e estimulou as relações tanto diplomáticas quanto comerciais com a Europa. 'Abbās também estava bastante preocupado em embelezar e melhorar sua cidade. Um visitante italiano, Pietro della Valle, visitou Isfahan e se encontrou com o xá. Pietro não ficou impressionado com a pintura persa em miniatura, sobre a qual ele comenta com desprezo. No entanto, ele observa que havia quadros italianos à venda em Isfahan, na loja mantida por um comerciante veneziano, um dos mais ativos na cidade. O próprio xá visitou essa loja, "que estava cheia de quadros, espelhos e outras curiosidades italianas". Ele tratou Scudendoli [o comerciante veneziano] com grande cordialidade e mostrou ao embaixador da Índia [que o acompanhava] algumas dessas pinturas – em sua maioria retratos de príncipes semelhantes aos que eram vendidos por uma coroa na Piazza Navona, em Roma, "mas que são comprados aqui por dez sequins*" – e o convidou a escolher alguma que fosse de seu agrado[14]. Uma outra comprovação histórica da influência da arte europeia é fornecida por um embaixador espanhol, dom Garcia de Silva Figueroa, enviado ao xá em missão por Felipe III da Espanha, em 1617. Descrevendo um pequeno pavilhão real por ele visitado, dom Garcia observa que:

havia quadros de excelente qualidade, incomparavelmente mais bem feitos que os que normalmente se veem na Pérsia [...]. Ficamos sabendo que o pintor [...] se chamava Jules, que ele nascera na Grécia e crescera na Itália, onde havia aprendido sua arte [...]. Era muito fácil ver que se tratava da obra de um europeu, pois era possível reconhecer o estilo italiano[15].

O xá 'Abbās morreu em 1629, mas seus sucessores mantiveram um certo interesse pela arte do Ocidente. Um deles, 'Abbās II, estava especialmente interessado na arte ocidental. Ele convidou pintores italianos e holandeses para Isfahan, os quais, graças ao apoio real, vieram a influenciar enormemente o

---

\* Unidade monetária turca (N. da E.).
14 Citado em W. Blunt, *Isfahan Pearl of Persia*, London/Toronto, 1966, p. 100.
15 Citado em A. Destrée, *L'Ouverture...*, op. cit., p. 97.

desenvolvimento ulterior da arte da miniatura. Afirma-se que o próprio xá teria tomado lições de pintura com dois artistas holandeses.

Contatos cada vez mais frequentes com a Europa e, em especial, com Veneza e Holanda favoreceram a ampliação da influência artística europeia. A presença de importantes comunidades de europeus residentes no Irã e o estabelecimento de comunicações regulares entre o país e a Europa permitiram a um grande número de artistas ocidentais visitar e, durante algum tempo, residir no Irã, tornando assim possível aos artistas iranianos ver e apreciar suas obras. A influência pode ser observada na pintura de um grande número de quadros murais nos palácios reais de Isfahan, representando cenas e personagens da corte, assim como na pintura de miniaturas.

A influência dos modelos ocidentais – e talvez até mesmo do treinamento ocidental – logo se torna manifesta no desenvolvimento da pintura persa de miniaturas. O cenário empalidece e se reduz a um pano de fundo. Os figurantes recuam e desaparecem. A personagem central agora se torna dominante e mais natural, suas características rigidamente idealizadas e estereotipadas se abrandam em traços mais humanos. O artista descobria as virtudes da arte retratista, as oportunidades das técnicas de luz e sombra e do toque de realidade. Esse novo realismo se desenvolve na arte persa do século XVII e mais ainda na do século XVIII, tornando-se predominante no início do século XIX.

Assim como na Turquia, diversos pintores europeus, cujos nomes nos são conhecidos, residiram no Irã e alguns deles trabalharam para os xás. Mais notável ainda é a atitude de ʿAbbās II, enviando um artista persa à Itália para aprimorar seu treinamento. Ele é conhecido como Muḥammad Zamān e estudou em Roma, onde aprendeu as técnicas mais recentes da época. Afirma-se que ele teria adotado a religião católica, sendo às vezes mencionado como Muḥammad Paolo Zamān. Vários outros pintores persas da época revelam influência europeia e talvez até mesmo treinamento – se não na Europa, pelo menos por artistas europeus residentes no Irã[16].

16 I. Stchoukine, *Les Peintures des manuscrits de Shah ʿAbbas Ier*, Paris, 1964.

Os mesmos processos podem ser observados na Índia, onde os soberanos do Império Mogol foram grandes patronos das artes e manifestaram considerável interesse nos novos estilos levados pelos viajantes da Europa, que então começavam a visitar seu país. Já em 1588, um pintor indiano preparava um álbum de cópias de pinturas sobre temas cristãos para o imperador Akbar. Visitantes europeus relatavam que seu sucessor, Jahāngīr, possuía pinturas europeias penduradas nas paredes de seu palácio. O impacto da influência europeia é ainda mais evidente na pintura indiana que na persa. Ao contrário do Irã, cujas tradições culturais haviam sido exclusivamente islâmicas durante muitos séculos, a Índia era um país de pluralismo religioso e cultural. Os artistas indianos estavam familiarizados com tradições artísticas tanto hindus quanto islâmicas e tinham, além disso, uma familiaridade com a estatuária que não existia em outros países muçulmanos. Tudo isso tornava a aceitação e assimilação da arte europeia muito mais fácil entre eles. De forma bastante curiosa, nem no Irã nem na Índia parece ter havido uma tendência muito forte em adotar as técnicas materiais da pintura ocidental. A pintura a óleo, por exemplo, tão central no desenvolvimento da arte europeia, não foi adotada pelos pintores persas ou indianos, que prefeririam preservar as ferramentas e materiais da antiga tradição.

Um aspecto interessante eram os retratos que os artistas islâmicos faziam de homens e mulheres ocidentais. Esse foi um desdobramento tardio. De todo o período das cruzadas, por exemplo, somente um único quadro em que os cruzados eram retratados chegou até nós. Trata-se de uma pintura em papel proveniente de Fusṭāṭ, no Egito, e feita durante o século XII. Ela retrata uma batalha sob os muros de uma cidade e mostra um guerreiro com um escudo redondo, portanto, presumivelmente um muçulmano lutando contra diversos – pelo menos quatro – adversários armados com escudos em forma de papagaio pentagonal e, dessa forma, presumivelmente normandos[17].

O interlúdio nos contatos entre europeus e mongóis durante os séculos XIII e XIV deixou alguns registros tanto artísticos quanto literários. Alguns dos manuscritos de Rashīd

---

17  B. Gray, A Fatimid Drawing, *British Museum Quarterly*, 12: 91-96, 1938.

Fig. 8: *Fatḥ 'Alī Xá recebe uma delegação estrangeira.*

Fig. 9: *Guerreiro muçulmano luta com os cruzados.*

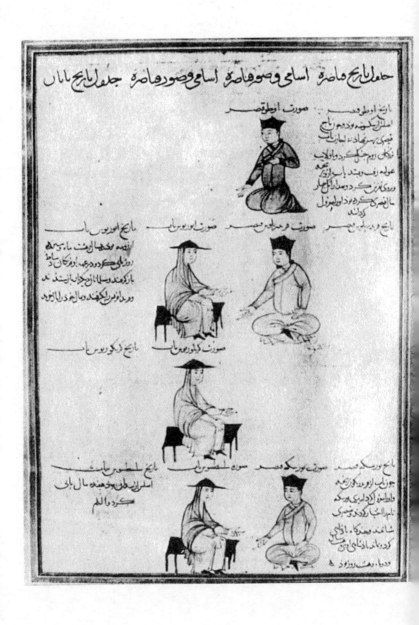

Figs. 10 e 11: Papas e imperadores.

وضعِ هند و و... لاجہ بود ہ و حسی عظیم السّم ... و رعیت قبط ابراہم و ... ابتا ... خراب ساختہ و الوار حاج لکہ دی و... بکر و قرار ابرد و حب...
...ل و سی پرسید و ...  ...  ...  اول مسعود بکونا رسانیدہ و معبود بغاری حانستہ و آئین نکسارندہ رہی خراب...
سانید و دریا کہ بستوی بدو کا ... جندکھا مدو ... و ہن جم مقصود و وی غن معروف روی آند ... مسک...
رسید ازانکہ توا رسانید و ... اسند و اکبر عہت بود یا باشد اپو ... بایند و وسیع... ما بعد اسم و ... ی سای ... سا ...
...  ...حور ایسکہ ک... و اردرسانید ار غارجت کہ داردار ... غدار او پی سع اعزاد و سعیع و ... بد ایشان...
اغاز سر و تولع باسطع کہ خدا رسیع اللہ و طابع فاہر و سی و سنعل موسم و ... منل سیع اللہ ارواول کہ حد دعا و رفع...

دک...

قرار ۶ فاید وفات و سعی احوال
... در بارہ ... آستانہ مغفرت است

مسیح العسلم بن بشیر الا رجمالی ... ابراہ ... مو سرقت الد و بین ابر و ... سیع اللّم الی فسمی کرد بود و او از آل اسم...
... و قہر خواند و بسات و ... و کلی بمجاع بود و ... با ... رنصاتی حود ایع جست سنہ میں سیع ... علیہ سلیٰ العالم...
... ستغراو حا ...  و ... کہ جروا از اوّل سال ... راو اودا ... پ ۳۳ سال سی و سہ ام سرفیان و سری کہ حضرت اللہ نسل ... سطاول و ... بود سکسور گرمو...
وارد با بیننی جوست ... ایع ... ... طاروں ... سرپان مستفیس بود و دا اماذ و... بمار و و کہ جد و جو ہ...
ابسادا لہ ... او ک شرود ... سلم اللہ سکسور حوب و ... مداع سان طا ... و دوبانی دیکرد و ... روح ... ہرا سام پرستہ ارد ... جبا ... کبایا...
... وسی ... ... ساسکمہ ... ج ... ... ... ... و کسکہ کا لین و ... دبار ... دعی سری ... نسلیا ... یال و ایت
...ی و ... و و وسط ا... کرد و و ... سرب و ... و اخوا ... ہر و حرم جد و... باکرد و ... کسشید ... ع ... رشتہ ... منول ... سوید...
عمار ... کہ ... صر را کسشی و فتو دون ... باسای ... او وارد و عنی ... و و سای قسر کی کشند و و غزاسو فاخر و و و سعید ار...
در مصر سیع ... داد عید و عراب ارود ... و کرد ایع ... فیطار سب ... حوار ... سہ ... حوار یاں بود و سیع اور...
جست حوسی کرد اسد و سعع سر ... ... بعد لف تکاطف کاب و ... در ی جرا مابا و سم و سالاں روت کہ توی اسمبر بایا ... و ا ... اہل اعا ارد... و... وسای...

جسد دین سومر بات و قل سورت اغاکسندنود ... اکے یاتاں و ع...امر ... ران ... قا مرسد و اں ... مطا یر ... ار ... و اوّل عدو...
اروں قیصر ستگی ... ہلاک سد ... عطار ... اں عمر ی ہر سال یہ بیدنلب بسری... سبت و بعدو...
جمار ہ و ... اں شامی مسد و در بسا ... ری حود دارں از کمتہ ... و و سعی ہر ... رویہ یہ و ا ہل اعا ... و ... کشسد

*Figs. 12 e 13: Pinturas murais em Isfahan, mostrando visitantes europeus no Irã.*

Fig. 14: *Pagem da corte em trajes europeus.*

Fig. 15: *Jovem e senhora em trajes europeus.*

Fig. 16: *Pajem europeu segura taça de vinho.*

Fig. 17: *Príncipe persa com servidores, inclusive um europeu e um cortesão indiano mogol.*

al-Dīn, relatando a história dos francos, são fartamente ilustrados com retratos de imperadores e papas. Eles são, sem dúvida, inteiramente imaginários e os retratos revelam sinais claros de influência sino-mongol nos trajes, na postura e mesmo nas características das personagens retratadas. Há, contudo, vários elementos reconhecidamente autênticos em termos de trajes europeus medievais, em especial os trajes clericais, mostrando que o artista persa havia observado visitantes ou talvez retratos de europeus[18]. Outras indicações da influência iconográfica europeia também podem ser observadas em alguns manuscritos ilustrados produzidos no Iraque e no oeste do Irã durante os séculos XIII e XIV.

As atividades dos europeus no Levante e no norte da África receberam ainda menos atenção por parte dos artistas muçulmanos que por parte dos autores muçulmanos. As tentativas seguintes de retratar visitantes europeus são do final do século XVI e início do XVII e se encontram no Irã. Dois palácios, o Chihil Sutūn (Quarenta colunas), do final do século XVI, e o ʿAlī Qāpū, do início do século XVII, ambos em Isfahan, foram utilizados pelos xás do Irã como locais de audiência nos quais eles recebiam estrangeiros e outros visitantes. Entre as pinturas que decoram as paredes de ambos os edifícios, estão diversos retratos de vários tipos de visitantes que aí estiveram. Além dos indianos, estão incluídos diversos europeus, em sua maioria em trajes espanhóis e portugueses. Representações do mesmo tipo se encontram em miniaturas persas do mesmo período.

A presença ocidental na Índia do período mogol também teve certo impacto sobre a arte indiana e muçulmana. Numerosas miniaturas representando homens europeus e ocasionalmente mulheres chegaram até nós. Há até mesmo obras produzidas com a pretensão de que passassem por retratos de pessoas designadas pelo nome – o emissário inglês, Sir Thomas Roe, aparecendo diante do imperador Jahāngīr (1605-1627), bem como retratos de dois funcionários da Companhia Britânica das Índias Orientais, o famoso Warren Hastings, retratado em

---

18 Cf. fac-símiles em Jahn (org.), Rashīd al-Dīn, *Frankengeschichte*; D. S. Rice, The Seasons and the Labors of the Months in Islamic Art, *Ars Orientalis*, I, 1954, p. 1-39.

trajes europeus da corte, e Richard Johnson, usando o uniforme com casaco vermelho, segurando um chapéu de três bicos e sentado numa cadeira. Ele está acompanhado por um servidor que segura um para-sol.

Alguns dos mais interessantes, do ponto de vista artístico, são os quadros do artista turco Abdüljelil Çelebi, conhecido como Levni. Nascido em Adrianópolis, ele se tornou aprendiz na "casa de pintura" (Nakişhane), em Istambul. Levni começou trabalhando com iluminuras e, mesmo nessa área tradicional, seu trabalho revela a influência rococó ocidental. Passou posteriormente a trabalhar com a pintura e foi nomeado pintor da corte de Mustafá II (1695-1703) e de Ahmed III (1703-1730)[19]. Levni produziu álbuns, manuscritos ilustrados e um grande número de quadros. Além de retratos, pintou quadros retratando celebrações palacianas. Alguns desses quadros mostram embaixadores estrangeiros, que podem ser facilmente reconhecidos por seus trajes europeus e pelo fato de que, ao contrário das outras figuras representadas, estão sentados em cadeiras. Eles aparecem discretamente escoltados por guardas e dragomanos. Há, em especial, dois belos quadros retratando jovens cavalheiros europeus. Um manuscrito turco, provavelmente datado de algum período após 1793 e contendo retratos de damas e cavalheiros europeus de várias nacionalidades, mostra influências europeias muito mais fortes e pode ser, em parte, uma adaptação de lâminas europeias. No entanto, os trajes retratados – exceto pelo barrete tricolor usado pela dama francesa – são do século anterior[20].

As influências artísticas europeias podem ser encontradas, não somente na pintura, mas também, e talvez numa dimensão ainda maior, na decoração arquitetônica. Tanto na Turquia quanto no Irã, pinturas murais começam a aparecer com frequência cada vez maior no lugar da decoração floral, mais

19 Sobre Levni, cf. S. Ünver, *Levni*, Istambul, 1957.
20 A data fornecida no colofão (1190/1776) está sem dúvida incorreta, uma vez que a dama francesa é representada como usando um barrete frígio com laço tricolor. Um manuscrito análogo, mas em melhores condições, na Biblioteca da Universidade de Istambul, é datado de 1206/1793. Cf. Norah M. Titley, *Miniatures from Turkish Manuscripts*, London, 1981, n. 23. Cf. também, G. Renda, *Batılılaşma*..., p. 220 e s.; E. Binney, *Turkish Miniature Paintings and Manuscripts*, New York, 1973, p. 102.

Fig. 18: *Warren Hastings em trajes europeus da corte.*

Fig. 19: *Richard Johnson em uniforme com casaco vermelho.*

Fig. 20: *Três homens em trajes do início do século XVII, possivelmente portugueses, na corte mogol.*

Fig. 21: *Chegada do emissário de Castela, Don Clavijo, à corte de Tīmūr*

comum no estilo tradicional. Essas pinturas são realizadas diretamente sobre o reboco, muitas vezes adornadas por um contorno em motivos barrocos. No Irã, elas frequentemente retratam cenas e personagens da corte. Na Turquia, elas são em sua maior parte constituídas por paisagens, muitas vezes cenas da cidade de Istambul, que incluem, no entanto, cenas de outros lugares e de uma série de mesquitas. Tanto a arte retratista quanto a paisagista são novas na tradição islâmica e ilustram uma importante entrada em cena do estilo e gosto europeus. Para os artistas otomanos, a ocidentalização era mais fácil na pintura de paisagens que na arte retratista. A arte otomana tinha sua própria tradição de pintura "topográfica". A pintura de cenas e edifícios não levantava os difíceis problemas religiosos e morais impostos pela representação da figura humana[21]. Assim, mesmo na época em que a influência da arquitetura e da pintura europeias havia se tornado não apenas forte mas também dominante, ainda havia resistência praticamente total à escultura e até mesmo aos relevos.

As novas tendências na arte da pintura na Turquia, Irã e Índia muçulmana não encontravam paralelos nos países árabes, onde a arte da pintura de miniaturas tinha praticamente desaparecido na Idade Média e onde a arquitetura, exceto nas terras mais ocidentais do norte da África, tinha se tornado nada mais que cópia provinciana dos estilos otomanos. É somente na segunda metade do século XIX que a arte e a arquitetura ocidentais podem ser vistas como tendo alguma influência no Egito e, ainda mais tarde, em outras terras árabes.

A música de uma cultura estrangeira, como de se esperar, é de penetração mais difícil que sua arte. O interesse ocidental nas artes da Ásia e da África é muito maior que seu interesse na música desses continentes. Da mesma forma, os muçulmanos apreciavam e até mesmo produziam arte ocidental muito antes de ser capazes de ouvir a música ocidental. Na verdade, até uma época relativamente recente, tanto o interesse quanto a influência eram praticamente nulos. Os primeiros viajantes que visitaram a Europa fazem muito poucas referências a músicas que eles poderiam ter ouvido. Ibrāhīm ibn Yaʻqūb, falando

---

21 G. Renda, *Batılılaşma*, passim.

Fig. 22: Embaixadores estrangeiros em festividades no palácio otomano.

Figs. 23 e 24: *Jovens cavalheiros europeus em Istambul.*

Fig. 25: *Mulher franca de Istambul.*

Fig. 26: *Inglesa.*

Fig. 27: *Francesa*.

Fig. 28: *Austriaca*.

Fig. 29: *Holandesa*.

Fig. 30: *Americana*

sobre Schleswig, observa que "Nunca ouvi canto pior que o daquela gente de Schleswig. É uma cantarola que sai de suas goelas, como o latido de cães, mas mais animalesco"[22]. Séculos mais tarde, em Viena, o otomano Evliya Çelebi era um pouco mais tolerante. Entre as coisas que ele descreve está uma orquestra de músicos infiéis, cuja música, observa ele, soa muito diferente dos instrumentos musicais da Turquia, mas tem "um som extremamente atraente, caloroso e enternecedor"[23]. Ele também faz grandes elogios ao desempenho e apresentação do Coro dos Meninos Cantores de Viena. Na verdade, esses comentários, exceto por uma curta observação sobre uma biblioteca, são o que nele mais se aproxima de um reconhecimento da vida cultural europeia. Mehmed Efêndi, durante sua estada em Paris, foi um meticuloso frequentador da ópera, mas sem dúvida a via mais como espetáculo que como realização musical:

Há em Paris um tipo especial de diversão chamado ópera, onde se mostram maravilhas. Há sempre uma grande aglomeração de gente, já que todos os grandes senhores frequentam o espetáculo. O regente comparece com frequência e o rei, de vez em quando; assim, decidi ir também [...]. Cada um ocupava um lugar de acordo com sua posição e eu me sentei ao lado do rei, que estava num assento revestido com veludo vermelho. O regente compareceu nesse dia. Não sei dizer quantos homens e mulheres estavam lá.

O lugar era soberbo; as escadarias, as colunas, os tetos e as paredes eram todos dourados. Esse dourado e o brilho dos tecidos dourados que as damas usavam, bem como das joias com as quais elas estavam cobertas, tudo sob a luz de centenas de velas, criavam o mais belo dos efeitos.

Em frente aos espectadores, no lugar dos músicos, estava uma cortina decorada com brocado. Quando todo mundo estava sentado, a cortina foi levantada e apareceu um palácio, com atores em trajes teatrais e cerca de vinte moças com rosto de anjo e vestidos e saias adornados com rendas douradas, que davam ainda mais brilho ao local. Então começou a música, então uma dança e então a ópera começou[24].

---

22 Qazvīnī, p. 404; cf. Jacob, p. 29; cf. Miquel, p. 1062. Cf. supra, n. 10, p. 103
23 Evliya, *Seyahatname*, 7: 312; cf. Kreutel, *Im Reiche des Goldenen Apfels*, p. 185.
24 Mehmed Efendi, op. cit., p. 83 e s.; cf. trad. para o francês, p. 127-31.

O embaixador narra em seguida a trama da ópera e descreve o cenário e os trajes. Ele observa que o diretor da ópera é uma personagem importante e que se trata de uma arte muito cara.

O marroquino Wazīr al-Ghassānī tinha algo a dizer sobre a música na Espanha. Ele menciona três instrumentos musicais usados no país. O mais popular deles é a harpa (*arba*), sobre a qual ele observa que "produz sons agradáveis para quem sabe como tocar" e pode ser encontrada nas igrejas, em festivais e na maioria das casas espanholas. Não existem alaúdes, mas os espanhóis têm um instrumento parecido, chamado "violão". Um pouco adiante, falando das igrejas e dos serviços religiosos, ele menciona um terceiro instrumento, o órgão – "um instrumento muito grande, com foles e grandes tubos de chumbo dourado, que produz sons magníficos". Visitando a Espanha em 1690, isso foi, ao que parece, tudo que Wazīr descobriu sobre a música espanhola[25]. O emissário otomano Vasif, que visitaria a Espanha cerca de noventa anos mais tarde, tinha ainda menos a dizer. Os espanhóis, observava ele, haviam apreciado imensamente os músicos e cantores que ele levara consigo da Turquia. Ele não admirava a música deles: "Por ordem do rei, todos os homens importantes nos convidaram para refeições e tivemos que sofrer de tédio com sua música"[26].

Uma vez que a música islâmica clássica é transmitida quase que exclusivamente via tradição oral, não há registros da música dos séculos XVII e XVIII, assim não há como julgar se, de alguma forma, ela sofreu influências da sonoridade da música europeia. A primeira manifestação oficial favorável à música ocidental ocorreu após a destruição do corpo dos janízaros, em 1826. O sultão, como a parte da modernização de suas forças armadas, decidiu substituir a famosa *mehter* de flautas de bambu, trombetas, címbalos e timbales dos janízaros por uma banda no estilo ocidental.

Em 1827, o Serasker, ou comandante militar, Mehmed Hosrev Paxá pediu ao ministro da Sardenha em Istambul que o ajudasse a obter alguns instrumentos musicais do tipo que era usado nas

---

25 Ghassānī, *Riḥlat al-wazīr fī...*, p. 97 e s.; cf. Sauvaire, *Voyage en Espagne d'un Ambassadeur Marocain*, p. 277 e s.; cf. Miknāsī, *Al-Iksīr fī fikāk al-asīn*, p. 624-25.
26 Vasif, *Cevdet*, 4: 355; cf. Barbier de Meynard, Ambassade de l'historien Turc..., p. 518.

bandas militares da Sardenha. Ele também solicitou o empréstimo de um maestro, para treinar um primeiro grupo de músicos. Foi feito um acordo entre as autoridades otomanas e as da Sardenha e, no momento oportuno, Giuseppe Donizetti, irmão do compositor Gaetano Donizetti, foi enviado a Istambul, onde regeu, ou antes comandou, a banda imperial e, mais tarde, foi encarregado da Escola Imperial Otomana de Música, criada para fornecer bateristas e trompetistas ao exército em novo estilo. Esses esforços são descritos por visitantes europeus que lá se encontravam na época. Um compatriota italiano observava: "Em menos de um ano, muitos jovens que nunca antes tinham ouvido música europeia estudavam com *Signor* Donizetti, um professor de Bérgamo, até estar preparados para formar bandas militares relativamente completas, nas quais cada executante podia ler bastante bem e tocar bastante bem"[27].

Num livro publicado em 1832, um visitante inglês nos oferece sua impressão dessa banda:

> Agora os cantos de um grupo de barqueiros gregos, que tinha animado nossa sobremesa, dava lugar aos sons de uma banda militar e, para mim um presente inesperado às margens do Bósforo, ouvimos a música de Rossini, apresentada de forma bastante bem executada sob a regência do professor, *Signor* Donizetti (piemontês). Nós nos levantamos e descemos até o cais do palácio, onde a banda estava tocando. Fiquei surpreso com a pouca idade dos membros da banda [...] e ainda mais surpreso, ao ficar sabendo que eram os pagens reais, que haviam recebido essa formação para divertimento do sultão. Sua facilidade em aprender que, disse-me Donizetti, seria notável até mesmo na Itália, mostra que os turcos são naturalmente dotados para a música; mas esses jovens não terão tempo de desenvolver seu talento, pois seus destinos os chamam a outras aspirações. Como nobres do império em embrião, eles estão destinados, após concluir seus estudos iniciais de equitação, do *Alcorão* e da música, a uma colocação em alguma posição importante; assim, pensei eu observando-os, em um mês, veríamos, no jovem da flauta, o capitão de uma fragata; no do grande tambor, o chefe de uma fortaleza; no da corneta, o coronel de um regimento de cavalaria.

---

27 E. de Leone, *L'Impero Ottomano nel primo periodo delle riforme (Tanzimat) secondo fonti italiani*, Milão, 1967, p. 58-59, citando Cesare Vimercati, *Constantinople e l'Egitto*, Prato, 1849, p. 65.

Donizetti foi promovido ao posto de *miralay* e se tornou um paxá. Há relatos de que, nos últimos anos, ele teria treinado e conduzido uma orquestra de mulheres do harém, para entretenimento do sultão Abd al-Hamid II[28].

Apesar disso e de uma série de outras medidas posteriormente tomadas, a aceitação da música ocidental no mundo islâmico avançou muito lentamente. Embora alguns talentosos compositores e intérpretes dos países muçulmanos, em especial da Turquia, tenham tido enorme êxito no mundo ocidental, a reação em seus países ao tipo de música que eles executavam é ainda relativamente fraca. A música, assim como a ciência, faz parte da última cidadela da cultura ocidental, um dos últimos segredos em que o recém-chegado deve penetrar.

Havia um espetáculo que de forma alguma conseguia divertir – a tourada espanhola. Al-Ghassānī, o embaixador marroquino, faz a seguinte descrição de uma delas, sem dúvida numa época em que o toureiro era um nobre amador e ainda não se tornara profissional:

> É um de seus costumes, em meados do mês de maio, escolher touros fortes e valentes e levá-los a essa praça pública, que eles adornam com todas as espécies de sedas e brocados. Eles se sentam em balcões que dão para a praça e soltam os touros, um a um, no meio dela. Então, todos os que se acham corajosos e querem demonstrá-lo entram na praça a cavalo, para enfrentar o touro com sua espada. Alguns morrem e alguns matam o touro. O rei tem um lugar fixo na praça. Ele assiste, acompanhado por sua esposa e todo seu séquito. Pessoas de todos os tipos ficam nas janelas, cujo aluguel, nesse dia ou durante algum festival, equivale ao de um ano inteiro[29].

Al-Ghazzāl, um embaixador marroquino enviado à Espanha mais tarde, desaprovava a prática veementemente: "Quando pediram nossa opinião, fomos obrigados a responder, por cortesia, que tínhamos apreciado, mas, na realidade, pensávamos exatamente o contrário, pois a tortura de animais não é permitida nem pela lei de Deus nem pela da natureza"[30].

28  A. Slade, *Records of Travel in Turkey, Greece*..., Londres, 1832, 1: 135-136. Sobre a orquestra do harém, cf. princesa Musbah Haidar, *Arabesque*, edição revisada, London, 1968, p. 61.
29  Ghassānī, op. cit., p. 62; cf. Sauvaire, op. cit., p. 141.
30  Al-Ghazāl, p. 20; cf. Miknāsī, op. cit., p. 107-109 e 139.

Outras formas de espetáculo tinham um pouco mais de sucesso. Hatti Efêndi, por exemplo, que visitou Viena em 1748, observa:

> Eles têm um teatro em Viena, com quatro ou cinco andares de altura, para apresentar suas peças, que eles chamam de comédia e ópera. Nele, homens e mulheres se reúnem todos os dias, exceto nos dias em que se reúnem na igreja, e com frequência o imperador e a imperatriz em pessoa compareçam, em seus camarotes reservados. As mais belas moças alemãs e os jovens mais elegantes, em trajes dourados, executam várias danças e números maravilhosos; batendo o ritmo com os pés, eles apresentam um raro espetáculo. Às vezes eles representam histórias do Livro de Alexandre, às vezes histórias de amor, nas quais raios devastadores colocam em chamas os refúgios da paciência e da serenidade[31].

Uma influência mais direta que essas visitas ocasionais era exercida pelos imigrantes judeus provenientes da Europa, que apresentavam espetáculos dramáticos na Turquia já nos séculos XVI e XVII. A eles se seguiram os grupos teatrais gregos, armênios e até mesmo os de ciganos. Os judeus, em especial os que haviam chegado pouco tempo antes da Europa, parecem ter desempenhado um papel importante na introdução do movimento do espetáculo teatral na Turquia e na organização do primeiro espetáculo. Foram eles que treinaram os primeiros artistas muçulmanos, em sua maior parte, ciganos. Na época do sultão Murad IV (1623-1640), as apresentações dos jovens ciganos eram realizadas no palácio, toda quinta-feira. Essas influências ajudaram em muito no desenvolvimento de uma forma específica de arte turca, o *orta oyunu*, uma espécie de encenação dramática popular, em grande parte improvisada e não muito diferente da *Commedia dell'Arte* italiana. Um exemplo desse tipo de espetáculo é representado numa miniatura preservada num álbum do sultão Ahmed I (1595-1603). O *orta oyunu* turco se inspira em diferentes fontes – a tradição sobrevivente da mímica antiga, o novo tipo de encenação introduzido pelos judeus espanhóis e, com influência cada vez maior, o exemplo do próprio teatro italiano – e se tornou conhecido por meio dos

---

31 Hatti, em *Tarih-i Izzi*, p. 190 e s.

europeus residentes em Istambul e pelo contato com a Europa, em especial com a Itália. É até mesmo possível que algumas das peças europeias tenham se tornado conhecidas sob essa forma. O tema do Otelo, por exemplo, facilmente compreensível para os públicos muçulmanos, constitui a base de um *orta oyunu* bastante popular e difundido[32].

Da Turquia, o exemplo das peças dramáticas e populares se difundiu mais para leste, até o Irã, onde a encenação da paixão, comemorando o martírio do imã Hussein e sua família, foi executada pela primeira vez no final do século XVIII e início do XIX.

Em geral, no entanto, as barreiras contra a literatura ocidental eram quase absolutas. Para as artes visuais e musicais, tudo que era necessário era ver, ouvir e chegar à compreensão necessária para acompanhar esta ou aquela obra. Por mais difícil que fosse, ainda era mais fácil que ter de dominar uma língua estrangeira ou mesmo chegar a desejar fazê-lo.

É notável, por exemplo, que mesmo muçulmanos cultos que visitavam a Europa, como os embaixadores otomano e marroquino, não manifestassem praticamente nenhum interesse pelas obras escritas europeias. Eles estavam, naturalmente, interessados nas produções de sua própria civilização. Assim, os emissários muçulmanos enviados à Espanha falam da grande coleção de manuscritos árabes existente na biblioteca do Escorial. Mas, longe de exprimir alguma satisfação diante da amplitude da influência cultural muçulmana, eles parecem considerar essas obras como prisioneiras nas mãos dos infiéis, a ser resgatadas sempre que possível, e não como as portadoras da mensagem muçulmana para o Ocidente. O embaixador otomano Vasif, que visitou a biblioteca do Escorial e recebeu uma cópia do catálogo de livros árabes, é bastante explícito: "Quando descobrimos que a biblioteca incluía cerca de dez antigos manuscritos do nobre *Alcorão* e um grande número de obras da Lei Sagrada, de teologia e da tradição, ficamos profundamente

---

[32] Sobre o teatro, cf. A. Bombaci, Rappresentazioni drammatiche di Anatolia, *Oriens*, 16: 171-193, 1963; idem, Ortaoyunu, *Wiener Zeitschrift für die Kunde des Morgenlandes*, 56: 285-297, 1960; M. And, *A History of Theatre and Popular Entertainment in Turkey*, Ancara, 1963-1964; idem, *Karagöz, Turkish Shadow Theatre*, Ancara, 1975.

comovidos e compungidos"[33]. Emissários marroquinos chegaram até mesmo a tentar incluir os manuscritos árabes dessa coleção em seus planos de resgate de prisioneiros muçulmanos. Os prisioneiros eram valiosos e alcançavam altos preços quando trocados por resgate. Esse alto valor atribuído a manuscritos árabes pode ser visto, não tanto como indicação da alta estima em que era tida a literatura, mas antes como expressão do desejo de resgatar textos árabes muçulmanos ao exílio e ao sacrilégio. No mesmo espírito, o embaixador marroquino do século XVIII Al-Miknāsī queria até mesmo "redimir" algumas moedas muçulmanas, porque traziam os nomes de Deus e do Profeta e alguns versos do *Alcorão*, que ele não queria deixar nas mãos dos infiéis[34]. Os emissários marroquinos, ao que parece, não manifestavam nenhum interesse pelos livros europeus, enquanto entre os otomanos, apenas Evliya comenta uma visita a uma biblioteca cristã, a da catedral de Santo Estêvão, em Viena.

Ele ficou impressionado com o tamanho da biblioteca – maior que as grandes bibliotecas das mesquitas de Istambul e do Cairo e incluindo "muitos livros em todas as escritas e línguas dos infiéis" – e também com o cuidado dedicado à conservação dos livros: "Os infiéis, por mais descrentes que sejam, veneram o que eles consideram ser a palavra de Deus. Eles tiram o pó e passam o pano em todos os livros, uma vez por semana, e têm setenta ou oitenta funcionários encarregados dessa tarefa". Esse deve ser um dos primeiros exemplos de uma comparação na qual os europeus aparecem em melhor posição que os muçulmanos e – em consequência – merecendo ser imitados. Existem alguns outros poucos exemplos do período anterior à era das reformas. Uma outra comparação é um pouco mais ambígua. A biblioteca de Viena, observa Evliya, continha um grande número de livros ilustrados: "Mas entre nós as imagens são proibidas e, assim, não temos nenhum livro ilustrado. É por isso que existem tantos nesses mosteiros de Viena". Sobre os livros em si, ele menciona pelo nome apenas o *Atlas Minor* e um *mappemonde* e se refere, de forma mais genérica, às "obras de geografia e astronomia" – em outras palavras, as ciências práticas, sobre as quais a Europa poderia ter

---

33 Vasif, em *Cevdet*, 4: 355; cf. Barbier de Meynard, op. cit., p. 518.
34 Miknāsī, op. cit., p. 52 e 70.

algo útil a ensinar. Sobre as artes e a literatura do Ocidente, Evliya nada tem a dizer[35].

Muito da atitude dos otomanos com relação à Europa franca, era a mesma que a do califado clássico com relação a Bizâncio. Informações políticas e militares eram necessárias, a ciência e os armamentos podiam ser úteis. O resto não tinha nenhum interesse. Enquanto, no século XVIII, um volume considerável de poesia e outras formas de literatura árabe e, num volume menor, persa e turca estava disponível em traduções para a maioria das línguas da Europa, nenhuma obra de literatura em língua europeia havia sido traduzida para qualquer das línguas islâmicas. A primeira obra turca baseada numa fonte ocidental foi, como observado, a adaptação turca de Ali Aziz dos *Mille et un jours* de Pétis de la Croix. A obra de De la Croix, contudo, consiste num pastiche de *As Mil e Uma Noites*, não muito tempo antes traduzidas para o francês pela primeira vez, dificilmente podendo ser considerada uma descoberta da literatura ocidental.

O livro seguinte a ser traduzido foi o *Télémaque*, de Fénelon\*, cuja versão para o árabe foi preparada em Istambul, em 1812, por um árabe cristão de Alepo. A obra não chegou a ser impressa, mas está preservada num manuscrito na Bibliothèque Nationale, em Paris[36]. O *Télémaque* parece ter exercido um especial fascínio sobre os leitores muçulmanos do Oriente Médio. Meio século mais tarde, ele seria o primeiro livro ocidental a ser traduzido e publicado tanto em turco como em árabe.

Outra das primeiras traduções foi uma versão para o árabe de *Robinson Crusoé*, impressa em Malta nos primeiros anos do século XIX. Somente várias décadas mais tarde seriam feitas as primeiras versões, para o árabe e para o turco, de obras da literatura francesa e, depois, inglesa. Enquanto isso, o *Robinson Crusoé* e o *Télémaque* serviriam de guias bastante respeitáveis para os tesouros da literatura europeia.

---

35 Evliya, op. cit., 7: 267; cf. Kreutel, op. cit., p. 108.
\* François de Salignac de la Mothe, bispo e teólogo católico. Liberal em política e educação, foi tutor de Luís da França, duque de Borgonha (1682-1712), para quem escreveu, *Les Aventures de Télémaque* (N. da E.).
36 Bibliothèque Nationale, Arabe n. 6243. Cf. Blochet, Catalogue, p. 219.

# 11. Vida Social e Pessoal

O grande orientalista inglês Sir William Jones (1746-1794), lamentando o atraso em que se encontravam os estudos otomanos na Europa, observava:

> O que acontecia é que, em geral, as pessoas que haviam residido entre os turcos e que, por seu conhecimento dos dialetos orientais, eram as mais capacitadas para fornecer uma descrição exata dessa nação, estavam ou confinadas a uma esfera de vida inferior ou envolvidas em questões de interesse, mas eram pouco afeitas à filosofia ou literatura mais refinadas; por outro lado, aquelas que, devido à alta posição que ocupavam e ao gosto refinado pela literatura, tinham tanto a oportunidade quanto a inclinação necessárias para penetrar nos segredos da política turca, essas pessoas ignoravam completamente a língua usada em Constantinopla e, em consequência, não dispunham do único meio pelo qual poderiam aprender, com algum grau de certeza, sobre os sentimentos e preconceitos de um povo tão singular. Quanto aos intérpretes em geral, não podemos esperar de homens de sua condição nenhuma profundidade de raciocínio nem agudez de observação; se meras palavras são tudo o que sabem proferir, meras palavras são tudo que podem pretender saber[1].

1 William Jones, A Prefatory Discussion to an Essay on the History of the Turks, *The Works of Sir William Jones*, v. 2, Londres, 1807, p. 456-457.

A bem fundamentada avaliação de Sir William sobre o atraso dos estudos otomanos na Europa se aplica com força ainda maior ao estado ainda mais precário dos estudos sobre o Ocidente na Turquia. O número total de muçulmanos que visitaram a Europa cristã, no período entre o advento do Islã e a Revolução Francesa, foi extremamente pequeno. Desses poucos, a grande maioria não tinha o mínimo conhecimento de uma língua europeia nem sentia desejo ou necessidade de aprender. Seus contatos estavam limitados aos objetivos políticos ou comerciais pelos quais eles haviam viajado e suas comunicações, filtradas por tradutores e intérpretes. Suas oportunidades de observar e comentar sobre o cenário europeu estavam, dessa forma, severamente restringidas. Essa limitação os incomodava muito pouco, uma vez que nem eles nem seus leitores viam algo de interesse ou valor nas terras dos infiéis, além das fronteiras.

Se os autores muçulmanos na Europa não eram motivados nem por curiosidade antropológica nem por curiosidade histórica, havia, contudo, um outro motivo que às vezes dava origem a comentários peculiares – o interesse pelo estranho e o fantástico. A civilização que produziu obras-primas como *As Mil e Uma Noites* tinha um grande apetite por maravilhas e prodígios e, para satisfazê-lo, uma vasta literatura veio a ser criada.

A Europa não estava desprovida das matérias-primas apropriadas e os visitantes muçulmanos puderam encontrar muitas coisas que os impressionaram como pelo menos estranhas e, muitas vezes, extraordinárias. Um exemplo era o hábito europeu de barbear. Para os muçulmanos, assim como para muitos outros povos, a barba era o orgulho e glória da masculinidade e, na velhice, o sinal visível da sabedoria e da experiência. Hārūn ibn Yaḥyā, o árabe que esteve prisioneiro em Roma por volta de 886, tinha uma explicação para essa prática curiosa.

Os habitantes de Roma, jovens e velhos, removem suas barbas inteiramente, sem deixar um único fio. Perguntei sobre seu motivo para remover suas barbas e disse a eles: "A beleza dos homens está em suas barbas; qual a sua razão para fazer isso?" Eles responderam: "Quem quer que não faça a barba não é um verdadeiro cristão. Pois, quando vieram até nós, Simão e os Apóstolos não tinham nem bordão nem alforje [cf. Mateus 10,10], mas eram pobres e fracos, enquanto nós éramos, então, reis vestidos em brocados e sobre assentos de ouro. Eles nos chamaram para a religião cristã, mas não lhes demos ouvidos; nós os capturamos e torturamos e removemos seus cabelos e barbas. E, então, quando a verdade de suas palavras ficou clara para nós, começamos a nos barbear, em expiação por nosso pecado de remover suas barbas[2].

Um autor de um período posterior, provavelmente Ibrāhīm ibn Yaʿqūb, também comenta sobre a prática de barbear dos francos, assim como outros hábitos repugnantes.

Vocês não verão ninguém mais imundo que eles. São gente pérfida e de caráter vil. Não se limpam ou tomam banho mais que uma ou duas vezes ao ano e isso em água fria, nem lavam suas roupas, do momento em que as vestem até quando elas caem aos farrapos. Eles removem suas barbas e, após se barbear, deixam crescer apenas um abominável restolho. Perguntaram a um deles sobre a remoção da barba e ele disse: "Pelos são supérfluos. Vocês os removem de suas áreas íntimas, então, por que teríamos de deixá-los em nossos rostos?"[3].

Os repulsivos hábitos ocidentais continuaram provocando repugnância entre os muçulmanos. Ainda no final do século XVIII, um visitante muçulmano da Índia, Abū Ṭālib Khān, observava que, em Dublin, havia apenas duas casas de banho, ambas pequenas e mal equipadas. Inevitavelmente ele teve que ir a uma delas e não gostou da experiência. No verão, comenta ele, as pessoas em Dublin se lavam no mar; no inverno, elas não se lavam nunca. As duas casas de banho são destinadas aos doentes e são usadas somente pelos que estão de fato muito doentes. Quando foi à casa de banho, Abū Ṭālib não encontrou nenhum barbeiro, nem criados para ajudar a despejar a água, nem criados de qualquer espécie. Em vez de um massagista, ofereceram-lhe uma escova de crina de cavalo, do tipo usado para limpar sapatos ou botas. "Todo mundo limpa sua própria sujeira, com suas próprias mãos"[4].

Os trajes europeus são às vezes objeto de algum comentário por parte dos visitantes muçulmanos. Evliya tem algo a dizer sobre as damas e outras mulheres em Viena:

---

2   Ibn Rusteh, *Kitāb al-Aʿlāk al-nafīsa*, p. 129-130.
3   Qazvīnī, p. 334-335; cf. Jacob, p. 32; cf. Miquel, p. 1053. Cf. supra, n. 10, p. 103.
4   Abū Ṭālib, *Masīr*, p. 74; cf. Stewart, *Travels of Mirza Abu Taleb Khan...*, p. 135-137.

Assim como os homens, as mulheres usam como agasalho casacos forrados, sem mangas e feitos de tecido preto de várias espécies. Mas sob os casacos, elas usam vestidos de brocado, seda e tecidos de trama feita com ouro e diversos outros materiais preciosos e dourados; esses vestidos não são curtos e exíguos como os das mulheres de outras terras dos infiéis, mas são tão ricos e fartos que elas arrastam atrás de si metros de tecido pela terra, como as saias rastejantes dos dervixes Mevlevi [rodopiantes]. Elas nunca usam calças. Usam sapatos de todas as cores e seus cintos em geral são incrustados com pedras preciosas. Ao contrário das jovens, as mulheres casadas andam com o peito descoberto, luzindo branco como a neve. Elas não prendem seus vestidos em volta da cintura com cintos, como as mulheres da Hungria, Valáquia e Moldávia, mas põem faixas em torno da cintura, da largura de bordas de peneiras. Esse traje é feio e faz com que elas fiquem parecendo com um corcunda. Na cabeça, elas usam gorros brancos de musselina, adornados com rendas e bordados finos e, sobre eles, capuzes com pedras preciosas, pérolas e laços. Por providência divina, os seios das mulheres desse país não são como os das mulheres turcas, grandes como odres, mas pequenos como laranjas. Mesmo assim, em sua maioria, elas amamentam seus filhos com seu próprio leite[5].

O xeique Rifāʻa observava uma outra característica surpreendente dos trajes europeus – a estranha tendência a mudar de estilo de tempos em tempos:

Uma das características dos franceses é sua ávida curiosidade por tudo que é novo e seu gosto pela mudança e variedade em tudo, em especial com relação às roupas. Elas nunca são permanentes e nenhuma moda ou adorno continua com eles até hoje. Isso não significa que eles mudam seus trajes por inteiro; significa apenas que eles os variam. Dessa forma, por exemplo, eles não deixariam de usar chapéus e os substituiriam por turbantes, mas às vezes usam um tipo de chapéu e, então, depois de algum tempo, substituem-no por um chapéu de outro tipo, variando seja na forma seja na cor, e assim por diante[6].

Abū Ṭālib considerava os complexos trajes europeus como uma ridícula perda de tempo. Numa longa discussão sobre as fraquezas e defeitos dos ingleses, ele colocava em sexto lugar "seu excessivo desperdício de tempo, dormindo,

---

5 Evliya, *Seyahatname*, 7: 318-19; cf. Kreutel, *Im Reiche des Goldenen Apfels*, p. 194-195.
6 Rifāʻa, p. 119-120.

vestindo-se, penteando os cabelos, fazendo a barba e coisas do tipo"[7]. Para seguir a moda, eles usam, do chapéu aos sapatos, nada menos que vinte e cinco peças de roupa. Eles têm, além disso, diferentes tipos de roupa para a manhã e a tarde, de modo que toda a atividade de vestir e desvestir se repete inteiramente duas vezes ao dia. Eles gastam duas horas se vestindo, penteando os cabelos e se barbeando, pelo menos uma hora no café da manhã, três horas no jantar, três horas na companhia das damas ou ouvindo música ou jogando e nove horas dormindo, de modo que não restam mais que seis horas para cuidar de seus negócios e, entre os grandes, não mais que quatro. O tempo frio, diz Abū Ṭālib, não é desculpa para o uso de um número tão grande de roupas. Eles poderiam diminuir pela metade o número de roupas e ainda se manter aquecidos e poderiam economizar muito tempo, reduzindo o tempo que gastam se barbeando, penteando e assim por diante.

Alguns desses visitantes muçulmanos eram suficientemente imaginativos para compreender que eles próprios deviam ser um espetáculo tão estranho para os ocidentais quanto os ocidentais para eles.

Assim como outros visitantes otomanos na Europa, Vasif comentava, com certa satisfação, sobre a impressão que ele próprio causava sobre as multidões que chegavam para observá-lo. Isso se iniciara já durante a quarentena, quando as pessoas das vizinhanças chegavam para observá-lo, do outro lado da cerca.

Mais tarde, quando Vasif fez sua entrada solene em Madri,

o número de espectadores estava além de toda descrição. Nos balcões das casas que davam para a rua, os espectadores se aglomeravam um atrás do outro, em fileiras de cinco ou seis. Embora a rua fosse larga o suficiente para cinco carruagens lado a lado, ela estava tão abarrotada que mesmo uma pessoa a cavalo só podia passar com dificuldade. Disseram-nos que as janelas eram alugadas a cem piastras cada[8].

---

7  Abū Ṭālib, op. cit., p. 268; cf. Stewart, op. cit., p. 135-137.
8  Vasif, *Cevlet*, p. 349, 351; cf. Barbier de Meynard, Ambassade de l'historien Turc..., p. 508, 512.

Um dignitário persa que esteve presente à inauguração da ferrovia de Londres e Croydon, em 1839, comenta sobre uma multidão de trinta ou quarenta mil pessoas que lá se reuniam:

> Assim que perceberam nossa presença, eles começaram a gritar e berrar, em assombro e caçoada. Mas o Ājūdān-Bāshī tomou a dianteira, cumprimentando-os educadamente e eles responderam tirando seus chapéus; assim, tudo correu bem. Mas, mesmo com apenas um pequeno descuido, tudo podia ter dado errado. De fato, eles tinham alguma razão para isso, uma vez que nossa aparência externa, nas roupas e em tudo mais, devia parecer muito estranha a seus olhos – em especial minha barba, da qual uma semelhante é de rara ocorrência em todo o Frangistão[9].

É nos trajes e na revolução no vestuário, a partir do início do século xix, que podemos perceber mais claramente a mudança na percepção dos soberanos muçulmanos da situação do mundo islâmico e sua relação com o mundo exterior da cristandade europeia. A mudança se inicia com a adoção de alguns dos trajes europeus pelo soberano e a elite militar, em seguida, por uma parcela cada vez maior da burocracia e, por fim, pela população em geral.

Isso já havia acontecido uma vez. No século xiii, o califado islâmico foi derrubado e uma boa parte do mundo muçulmano foi conquistada pelos mongóis pagãos do Extremo Oriente. Os muçulmanos, vencidos e perplexos, haviam, pelo menos nos níveis militares mais altos, abandonado seu estilo tradicional de trajar e adotado o dos novos senhores do mundo. Mesmo no Egito, jamais conquistado pelos mongóis, no final do século, o sultão mameluco Qalā'ūn introduziu uma nova legislação regulamentando os trajes usados pelos emires pertencentes à esfera mais central do governo. Eles deviam usar apetrechos no estilo mongol e, em vez de cortar os cabelos curtos, no estilo muçulmano, deviam deixar que crescessem e usá-los soltos. No mesmo espírito, o sultão reformista otomano Mahmud II apareceu diante de seu povo em 1826 usando calças e uma túnica e providenciou para que uma parcela cada vez maior de seu exército se

---

9 *Skarḥ-i ma'mūriyat-i Ājūdān bāshī* ..., p. 385; Bausani, Un manoscritto persiano..., p. 502-503.

vestisse da mesma forma. Túnicas para o exército, casacas para a burocracia e calças para ambos foram introduzidas em ordem progressiva. A partir daí, esses trajes se disseminaram de forma mais generalizada em meio às classes urbanas instruídas. Primeiro na Turquia, então em alguns dos países árabes e por fim no Irã, os trajes europeus se tornaram comuns. Durante longo tempo, a ocidentalização dos trajes esteve limitada aos homens e, mesmo para eles, apenas do pescoço para baixo. O turbante, que sempre teve considerável importância simbólica no mundo islâmico e que estava, além disso, diretamente vinculado à realização das preces muçulmanas, permaneceu como elemento típico. No século XX, até mesmo esse elemento foi abrandado, pelo menos por parte dos militares, e os gorros e quepes pontudos e guarnecidos com visores, típicos dos europeus, passaram a ser adotados em geral pelos oficiais até mesmo dos Estados mais militantemente islâmicos.

No início do século XIV, quando os próprios mongóis se tornavam muçulmanos e eram assimilados à sociedade do Oriente Médio, o estilo mongol foi oficialmente abandonado e um outro sultão mameluco do Egito, Muḥammad\*, filho de Qalā'ūn, após retornar de sua peregrinação a Meca, decidiu retornar ao estilo muçulmano. Ele e todos os seus emires e mamelucos abandonaram seus casacos no estilo mongol e cortaram seus cabelos, para deixá-los soltos. Os chapéus, casacos e calças no estilo europeu permaneceram, mas eram, cada vez mais, rejeitados, por razões tanto sociais quanto religiosas, por motivos tanto aristocráticos quanto populistas.

A ocidentalização dos trajes femininos ocorreria muito mais tarde e sequer se aproximaria disso. A discrepância pode estar vinculada a certas diferenças culturais básicas.

Os viajantes muçulmanos que deixaram registros de suas visitas à Europa eram, até o século XIX, sem exceção, homens. A maioria deles, no entanto, tinha algo a dizer sobre a questão das mulheres e seu lugar na sociedade. Para os que buscavam histórias estranhas e fabulosas, havia poucos tópicos mais férteis. A instituição cristã do matrimônio monogâmico, a relativa liberdade das mulheres quanto a restrições sociais e o respeito a

---

\* Al-Nāṣir Muḥammad ibn Qalā'ūn, nono sultão mameluco do Egito (N. da E.).

elas prestado até mesmo por personalidades importantes nunca deixou de causar assombro entre os visitantes das terras do Islã, embora raramente despertando sua admiração.

Uma das mais antigas impressões relativas às tradições sexuais europeias é a do embaixador árabe Al-Ghazāl, que visitou uma corte viking por volta de 845 d.C. De acordo com seu próprio testemunho, durante sua estada entre os vikings, ele se envolveu num leve flerte com a rainha viking.

Então, ao ouvir falar de Al-Ghazāl, a esposa do rei viking mandou que o chamassem, para que ela pudesse vê-lo. Quando chegou a sua presença, ele a cumprimentou, olhou para ela durante um longo tempo, fitando-a como alguém que é tomado de imensa surpresa. Ela disse a seu intérprete: "pergunte por que ele me fita assim. É porque ele me acha muito bonita ou o contrário?".

Ele respondeu: "Na verdade é porque não imaginava que havia no mundo uma visão tão bela. Vi, nos palácios de nosso rei, mulheres escolhidas para ele de todas as nações, mas nunca vi entre elas beleza como essa".

Ela disse ao intérprete: "Pergunte-lhe se está falando sério ou se está brincando". E ele respondeu: "Sério, de verdade". E ela disse: "não há, então, mulheres belas em seu país?". E Al-Ghazāl respondeu: "Mostre-me algumas de suas mulheres, para que eu possa compará-las com as nossas".

Então a rainha mandou chamar mulheres famosas por sua beleza e elas vieram. Ele as observou de cima abaixo e disse: "Elas têm beleza, mas não como a beleza da rainha, pois sua beleza e suas qualidades não podem ser apreciadas por todos e só podem ser expressas pelos poetas. Se a rainha quiser que eu descreva sua beleza, suas qualidades e sua sabedoria num poema que será declamado por todo nosso país, farei isso".

A rainha ficou imensamente feliz e encantada com isso e providenciou um presente para ele. Al-Ghazāl se recusou a aceitá-lo, dizendo "não aceitarei". Então ela disse ao intérprete: "Pergunte por que ele não quer aceitar meu presente. Ele não gosta de meu presente, ou de mim?".

O intérprete perguntou – e Al-Ghazāl respondeu: "Na verdade, seu presente é fabuloso e recebê-lo dela é uma grande honra, pois ela é rainha e filha de um rei. Mas, para mim, é presente suficiente vê-la e ser recebido por ela. Esse é o único presente que quero. Somente desejo que ela continue me recebendo".

E quando o intérprete explicou as palavras dele para a rainha, sua alegria e admiração por ele se tornaram ainda maiores e ela disse: "Que seu presente seja levado a sua residência; e sempre que ele desejar me fazer uma visita, a porta estará aberta, pois comigo ele sempre será recebido com boas-vindas e grandes honras". Al-Ghazāl agradeceu, expressou seu desejo de felicidades a ela e partiu.

Nesse ponto, o narrador da história, Tammām ibn 'Alqama, introduz uma observação:

Ouvi Al-Ghazāl contar essa história e perguntei: "E ela realmente se aproximava do grau de beleza que você atribuiu a ela?". E ele respondeu: "Por seu pai, ela tinha um certo encanto; mas, ao falar dessa forma, conquistei suas boas graças e obtive dela mais do que desejava".

Tammām ibn 'Alqama também relata:

Um de seus acompanhantes me disse: "a esposa do rei dos vikings ficou encantada com Al-Ghazāl e não podia deixar passar um dia sem mandar chamá-lo, para que ficasse com ela e lhe contasse sobre a vida dos muçulmanos, sua história, suas terras e as nações fronteiras. Raramente ele a deixava sem que ela enviasse depois um presente, para expressar sua boa-vontade para com ele – roupas ou comida ou perfume, até que suas ações se tornassem notórias e seus acompanhantes manifestassem desaprovação. Al-Ghazāl foi avisado sobre isso e se tornou mais cauteloso, visitando-a apenas um dia sim, outro não. Ela perguntou a razão disso e ele falou sobre o aviso que recebera.

Ela então se riu e disse: "Não temos esse tipo de coisa em nossa religião, nem temos ciúmes. Nossas mulheres ficam com nossos homens somente por sua própria escolha. Uma mulher fica com seu marido enquanto isso a agrada e o abandona, caso isso deixe de agradá-la". Era costume entre os vikings, antes que a religião de Roma chegasse a eles, mulher nenhuma recusar um homem, exceto que, se uma mulher da nobreza aceitasse um homem de posição humilde, ela era censurada por isso e sua família a mantinha afastada.

Quando Al-Ghazāl a ouviu dizer isso, ficou tranquilo e voltou a sua antiga familiaridade[10].

O narrador prossegue, descrevendo as negociações de Al--Ghazāl com a rainha viking, para a qual ele improvisou versos

---

10 Sobre Al-Ghazāl, cf. supra, n. 9, p. 102.

em árabe que foram devidamente explicados a ela pelo intérprete. Este último detalhe dá um tom de improbabilidade a toda a história.

A independência das mulheres ocidentais dava origem a comentários frequentes; Ibrāhīm ibn Yaʿqūb, por exemplo, falando do povo de Schleswig, observava que: "Entre eles, as mulheres têm o direito de se divorciar. Uma mulher pode dar início a um divórcio, sempre que quiser". O mesmo autor relata a história ainda mais estranha de uma ilha no mar ocidental conhecida como a Cidade das Mulheres:

Seus habitantes são mulheres, sobre as quais os homens não têm nenhum domínio. Elas andam a cavalo e lutam em guerras, sendo dotadas de grande coragem em combate. Elas têm homens como escravos e cada escravo, por sua vez, vai até sua senhora à noite. Ele permanece com ela toda a noite e se levanta com a alvorada, partindo escondido ao amanhecer. Se uma delas tem uma criança do sexo masculino, ela a mata imediatamente, mas, se dá à luz uma criança do sexo feminino, ela padece para que ela viva.

Percebendo, sem dúvida, que sua versão da antiga lenda das amazonas poderia não convencer seus leitores, Ibrāhīm ibn Yaʿqūb acrescenta: "A Cidade da Mulheres é um fato seguro, sobre o qual não existe nenhuma dúvida [...]. Oto, o rei dos romanos, contou-me sobre ela"[11].

Um aspecto que não podia deixar de chamar a atenção dos observadores muçulmanos na Idade Média, assim como em épocas mais recentes, era o que lhes parecia ser a liberdade licenciosa das mulheres e a extraordinária ausência de ciúmes entre os homens. Usāma, um vizinho sírio dos cruzados, tem várias histórias ilustrando esse aspecto:

Os francos não têm nenhum traço de ciúme ou sentimento de preocupação com a honra. Um deles pode estar andando junto com sua esposa e encontrar outro homem; este último leva a esposa para um canto, para conversar com ela em particular, enquanto o marido fica de lado, para ela poder terminar sua conversa; e se

---

11 Qazvīnī, p. 404 e 408; cf. Jacob, p. 29-31; Miquel, p. 1062; Jacob, p. 14 ; e Kunik-Rosen, p. 37. Cf. supra, n. 10, p. 103.

a conversa demorar tempo demais, ele a deixa à vontade em sua companhia e vai embora.

Este é um exemplo que eu mesmo presenciei. Quando visitava Naplusa, eu costumava ficar na casa de um homem chamado Mu'izz. Sua residência era uma hospedaria para muçulmanos, com janelas que davam para a rua. De frente para ela, do outro lado da rua, estava a casa de um franco, que costumava vender vinho para os comerciantes. Ele costumava pegar uma garrafa de vinho e andar por lá, gritando: "Fulano-de-tal, o comerciante, acaba de abrir um barril deste vinho. Se alguém quiser um pouco, está em tal lugar". Seu pagamento para atuar como pregoeiro era o vinho na garrafa.

Um dia ele voltou para casa e encontrou um homem na cama com sua esposa e perguntou: "O que o traz aqui até minha esposa?". O homem respondeu: "Eu estava cansado, assim entrei para descansar".

"E como você entrou em minha cama?"

"Encontrei a cama feita, então deitei nela".

"Mas a mulher estava dormindo com você."

"Era a cama dela. Como eu podia deixá-la fora de sua própria cama?"

"Por minha fé", disse o marido. "Se fizer isso de novo, vamos brigar".

Essa foi toda a sua desaprovação e todo o seu ciúme[12].

A história de Usāma traz todas as características de uma anedota étnica, mas ela sem dúvida ilustra de forma pitoresca como os costumes matrimoniais cristãos deviam parecer aos observadores muçulmanos da época.

A aparência dessas damas cristãs, no entanto, não era desagradável. Ibn Jubayr, um muçulmano espanhol que visitou a Síria e a Palestina sob o domínio dos cruzados, teve a sorte de presenciar um casamento cristão.

Entre os espetáculos mais belos deste mundo está uma procissão nupcial que vimos um dia em Tiro, próximo ao porto. Todos os cristãos, homens e mulheres, tinham se reunido para essa ocasião e formavam duas fileiras diante da porta da casa da noiva que devia ser dada em matrimônio. Eles tocavam flautas e cornetas e todos os tipos de instrumentos musicais, até ela sair, conduzida por dois homens que seguravam suas mãos à esquerda e à direita e pareciam

---

12 Usāma, *Kitāb al-I'tijbār*, p. 135-36; cf. Hitti, *An Arab-Syrian Gentleman and...*, p. 164-165.

ser parentes próximos. Ela estava lindamente vestida e adornada de forma esplêndida, usando um vestido de seda adornado em ouro e arrastando uma cauda atrás, como é seu costume. Em sua cabeça ela trazia um aro dourado, em volta do qual estava uma rede tecida em ouro, e em seu peito um ornamento do mesmo tipo, arranjado com gosto [...]. Atrás dela, seguiam homens cristãos, os mais importantes de sua família, usando os mais esplêndidos de seus trajes magníficos e arrastando suas capas atrás de si; depois deles, iam suas companheiras e iguais entre as mulheres cristãs, nas mais finas roupas e adornadas com joias, enquanto a música continuava [...][13].

Séculos mais tarde, Evliya Çelebi ficava encantado com a aparência das damas de Viena.

Como a água e o ar nesse país são tão bons, todas as mulheres são belas, de boa altura, silhueta elegante e feições de fada. Em toda parte, há inúmeras moças, tão adoráveis, graciosas e belas quanto o sol dourado cintilando, que encantam um homem com cada gesto e cada movimento, cada palavra e cada ato.

Uma característica da sociedade cristã nunca deixou de assombrar os visitantes muçulmanos – a deferência pública demonstrada para com as mulheres. Evliya comenta:

Vi nesse país a coisa mais extraordinária. Se o imperador encontra uma mulher na rua e está a cavalo, ele para seu cavalo e deixa a mulher passar. Se o imperador está a pé e encontra uma mulher, ele se detém e fica parado, numa postura educada. Então a mulher cumprimenta o imperador e ele tira o chapéu da cabeça e demonstra sua consideração e, somente após ela passar, é que ele segue seu caminho. Esse é um espetáculo absolutamente extraordinário. Nesse país e em outras terras dos infiéis, as mulheres têm voz de comando e são honradas e respeitadas em consideração a Maria, mãe de Cristo[14].

Não é de admirar que, ao contar essas histórias extraordinárias na Turquia, Evliya fosse considerado como mentiroso. Mesmo na Espanha, Al-Ghazāl, um embaixador marroquino viajando em 1766, ficava chocado com a liberdade das

---

13 Ibn Jubayr, p. 305-306; cf. Broadhurst, p. 320-321.
14 Evliya, op. cit., 7: 318-319; cf. Kreutel, op. cit., p. 194-195.

mulheres. Como outros visitantes muçulmanos, ele se escandalizava com o que via como a liberdade sexual das europeias – até mesmo das espanholas. Ele recebeu seu primeiro choque após cruzar a fronteira para Ceuta, um porto mantido pelos espanhóis na costa norte do Marrocos.

Suas residências têm janelas que dão para a rua, onde as mulheres se sentam o tempo todo, cumprimentando os transeuntes. Seus maridos as tratam com a maior cortesia. As mulheres são muito dadas à conversa e ao convívio com outros homens que não seus maridos, quer em companhia de outras pessoas quer em particular. Elas não estão impedidas de ir aonde quer que achem apropriado. Muitas vezes, acontece de um cristão voltar a seu lar e encontrar a esposa ou a filha ou a irmã na companhia de outro cristão, um estranho, bebendo juntos e encostados um no outro. Ele fica encantado com isso e, de acordo com o que me disseram, considera isso como um favor da parte do cristão que está em companhia de sua esposa ou de alguma outra mulher de sua casa.

Os relatos de Al-Ghazāl sobre o que vira em Ceuta e a interpretação que deu a isso parecem um tanto exagerados. Não é de surpreender que ficasse profundamente chocado – assim como outros visitantes muçulmanos antes dele – com os pares dançando nos bailes e recepções dadas em sua honra. Igualmente chocantes para ele eram os trajes pouco recatados e a autoexposição das moças de boa família, com a aquiescência, ou mesmo aprovação, dos homens que deviam ser os guardiães de sua honra. Após retornar de uma dessas recepções, Al-Ghazāl comentava:

Quando a recepção terminou e voltamos a nossa residência, rezamos a Deus para que nos salvasse da triste condição desses infiéis, destituídos de ciúme varonil e mergulhados na falta de fé, e imploramos ao Todo-poderoso que não nos responsabilizasse por nossa ofensa ao conversar com eles como as circunstâncias exigiam[15].

Mehmed Efêndi estava igualmente impressionado com a independência e poder das mulheres na França:

Na França, as mulheres estão em posição superior aos homens, de modo que elas fazem o que querem e vão aonde bem entendem;

15   Al-Ghazāl, p. 12 e 23.

e o maior dos senhores demonstra respeito e cortesia além de todos os limites com relação à mais humilde das mulheres. Nesse país, suas ordens prevalecem. Dizem que a França é o paraíso das mulheres, onde elas não têm preocupações nem problemas e onde tudo que elas desejam é seu, sem nenhum esforço[16].

No entanto, em visita à Inglaterra no final do século XVIII, Abū Ṭālib Khān observava um outro lado da história, que os visitantes anteriores tinham ignorado e, no todo, via as mulheres inglesas em pior situação que suas irmãs muçulmanas. Elas eram mantidas ocupadas em vários empregos em lojas e outros locais – uma situação que Abū Ṭālib atribuía à sabedoria dos legisladores e filósofos ingleses, que haviam encontrado o melhor modo de afastar as mulheres da má conduta – e, além disso, estavam sujeitas a uma série de restrições. Por exemplo, não saíam após o anoitecer e não passavam a noite em nenhuma casa que não a sua, a menos que acompanhadas por seus maridos. Uma vez casadas, não tinham nenhum direito de propriedade e estavam completamente à mercê de seus maridos, que podiam despojá-las como bem entendessem. As mulheres muçulmanas, por outro lado, estavam em muito melhor situação. Sua situação legal e direitos de propriedade, até mesmo contra seus maridos, estavam estabelecidos e protegidos pela lei. E elas também tinham outras vantagens. Ocultas por trás do véu, comentava ele com certo desgosto, elas podiam se entregar a toda espécie de má conduta e imoralidade, numa variedade muito ampla. Elas podiam ficar fora de casa como quisessem e visitar seus pais ou parentes e até mesmo amigas, ficando longe de casa durante vários dias e noites cada vez. Abū Ṭālib tinha óbvio receio quanto às oportunidades que essas liberdades ofereciam[17].

Da Inglaterra, Abū Ṭālib foi para a França, onde, em manifesta contradição com as ideias comumente aceitas, não achou nem a cozinha nem as mulheres tão agradáveis quanto na Inglaterra. Ele preferia a comida inglesa simples aos elaborados pratos franceses e tinha uma opinião análoga sobre as mulheres dos dois países. "As mulheres francesas", dizia ele, "são

---

16 Mehmed Efendi, *Les Paradis des infidèles*, p. 25; cf. trad. para o francês, p. 34-35.
17 Abū Ṭālib, op. cit., p. 225-226; cf. Stewart, op. cit., 2: 27-31.

mais altas, cheias e arredondadas que as inglesas, mas muito menos bonitas, talvez porque não têm a simplicidade e modéstia virginal nem o porte gracioso das moças inglesas". Abū Ṭālib estava escandalizado com o estilo de penteado francês, que desagradavelmente lembrava a aparência das prostitutas comuns na Índia. Ele achava indecente a aparência das francesas, com sua pintura, jóias e seios quase nus. Para piorar as coisas, elas eram "autoconfiantes, tagarelas, falavam alto e eram rápidas nas respostas". Seus vestidos de cintura alta eram cômicos, em vez de atraentes. Para concluir, Abū Ṭālib observava que, embora por temperamento ele fosse facilmente estimulado pela visão da beleza, como ele próprio tivera ocasião de observar ao frequentar espetáculos em Londres, nada disso acontecia em Paris. No Palais Royal, dia e noite, ele se via face a face com milhares delas, mas não ficava minimamente estimulado com nenhuma[18].

As camponesas francesas e, na verdade, tudo mais nas aldeias eram ainda piores. As aldeias eram extremamente desagradáveis e muito diferentes das cidades. As mulheres eram tão rústicas que a visão delas apenas provocava repulsa e, quanto a suas roupas, por comparação, as aldeãs na Índia pareceriam habitantes do paraíso[19].

Um poeta turco do período era mais explícito em termos sexuais. Fazil Bei, também conhecido como Fazil-i Enderuni (1757-1810) era neto do famoso líder árabe palestino que se rebelou contra os otomanos na década de 1770. Criado em Istambul, Fazil Bei se tornou famoso por seus poemas eróticos, em especial, dois longos poemas, um sobre jovens mulheres e outro sobre jovens homens, descrevendo-os por sua nacionalidade e enumerando as qualidades boas e más dos vários grupos nacionais, em vista das finalidades que ele próprio tinha em mente. Entre eles estavam, além dos diferentes grupos étnicos do próprio Império Otomano e das regiões próximas, os francos de Istambul, os habitantes da região do Danúbio, os franceses, poloneses, alemães, espanhóis, ingleses, russos, holandeses e até mesmo os americanos, termo pelo qual Fazil Bei claramente se referia aos índios norte-americanos. Não há

18  Idem, p. 315-316; cf. idem, 2: 254-255.
19  Idem, p. 305; cf. idem, 2: 255.

indicações de que Fazil Bei tenha chegado a viajar ao exterior, mas, como alguém que foi criado e viveu no Palácio Imperial em Istambul, ele devia ter amplas oportunidades de encontrar jovens mulheres e homens de diversas nacionalidades. Suas descrições dos jovens tendem a ser bastante vagas e reticentes. Seu tratamento das jovens é muito mais explícito, repleto com uma grande massa de detalhes, às vezes clínicos. Mas ele sem dúvida dá ocasional importância ao contexto cultural. Fazil Bei reprova as francesas pelo costume, para ele repugnante, de mimar cãezinhos e abraçá-los contra o colo. Também tem conhecimento de que as espanholas cantam e tocam violão e observa que elas chegam via Marrocos. As inglesas são castas e têm o rosto rosado, sendo em parte proprietárias da Índia. As holandesas falam uma língua difícil – ficamos imaginando como Fazil Bay conseguiu chegar a essa conclusão – mas não conseguem provocar desejo sexual[20].

Halet Efêndi, que permaneceu em Paris de 1803 a 1806 e em geral se empenha em pintar um quadro tão negativo quanto possível, descreve um outro aspecto dos costumes sexuais europeus. Ele começa citando, com indignação, uma acusação que os detratores dos muçulmanos fazem contra eles:

> Eles dizem: saibam que, em geral, embora também o sejam muitos armênios e gregos no mundo, os muçulmanos são homossexuais. Isso é escandaloso. No Frangistão, Deus proíba, uma coisa como essa não pode acontecer e, caso aconteça, eles punem severamente e um grande escândalo se produz e assim por diante – de modo que, ao ouvir sobre isso, as pessoas se lembrem de que todos nós somos dessa opinião, como se não tivéssemos nenhum outro interesse.
>
> Em Paris, há uma espécie de praça do mercado, chamada Palais Royal, onde há lojas de várias espécies de mercadorias por todo canto e, sobre elas, salas contendo 1500 mulheres e 1500 homens exclusivamente ocupados com a sodomia. Ir a esse lugar à noite é vergonhoso, mas como não há nenhum mal em ir durante o dia, fui observar esse espetáculo especial. Assim que se entra, dos quatro cantos, homens e mulheres distribuem cartões impressos para todos os que chegam, nos quais está escrito: "Tenho tantas mulheres, minha sala está em tal lugar, o preço é tanto" ou "Tenho tantos

---

20 Sobre Fazil cf. E. J. W. Gibb, *Ottoman Poetry*, 4: 220 e s. Sobre os manuscritos ilustrados de seu poema, cf. supra, n. 20, p. 327.

jovens, suas idades são tal e tal, o preço oficial é tanto", tudo em cartões especialmente impressos. E se algum dos jovens ou mulheres contrai sífilis, há médicos designados pelo governo, para cuidar deles. As mulheres e jovens se posicionam em torno de algum homem, desfilam em volta dele e perguntam "de qual de nós você gosta?". E tem mais, pessoas importantes daqui perguntam com orgulho: "Você visitou nosso Palais Royal? E você gostou das mulheres e dos jovens?".

Graças a Deus, nas terras do Islã, não há tantos desses jovens e catamitos[21].

Mais tarde, um egípcio que visitou Paris, o xeique Rifā'a, apresentaria uma perspectiva um pouco diferente sobre a questão do homossexualismo. Ele observava, com interesse e aprovação, que, na França, o homossexualismo era considerado com horror e repugnância, a tal ponto que, quando traduziam do árabe poemas de amor homossexual, os estudiosos franceses modificavam o masculino para a forma feminina.

Ele estava impressionado de forma menos favorável pelas damas francesas. De acordo com ele, faltava modéstia às mulheres parisienses e, aos homens, masculinidade:

> Entre eles, os homens são escravos das mulheres e estão submetidos a suas ordens, sejam elas belas ou não. Um deles dizia que, entre os povos do Oriente, as mulheres se parecem com posses domésticas, enquanto, entre os francos, elas se parecem com crianças mimadas. Os francos não acalentam nenhum mau pensamento sobre suas mulheres, embora as transgressões dessas mulheres sejam em grande número.

Rifā'a prossegue, explicando que, mesmo que a conduta imprópria de uma esposa fique evidente para o marido, atestada e comprovada por testemunhas, e ele a expulse de casa e eles fiquem separados durante algum tempo, ainda assim, para obter o divórcio, é necessário que ele se dirija ao tribunal e leve provas convincentes de sua conduta imprópria.

> Entre suas más qualidades está a falta da virtude de muitas de suas mulheres, como acima mencionado, e a falta do ciúme varonil

---

21 Karal, *Halet*, p. 33-34.

de seus homens, em ocasiões que provocariam o ciúme varonil entre os muçulmanos, como por exemplo em relação à intimidade e o flerte impróprio [...]. A fornicação entre eles é um pecado secundário, e não capital, especialmente no caso dos solteiros.

O xeique, contudo, admite estar impressionado com a aparência, estilo e até mesmo a conversa das francesas: "As mulheres francesas se destacam pela beleza, graça, conversa e cortesia. Elas sempre se apresentam portando seus adornos e se misturam com os homens em locais de entretenimento". O xeique, assim como outros visitantes muçulmanos, compareceu a um baile e ficou devidamente chocado com os estranhos costumes do mundo ocidental. Assim como seus predecessores, ele achou muita coisa estranha e extraordinária, mas ficou menos chocado que eles. "Um baile", explica ele,

sempre inclui tanto homens quanto mulheres e há grandes luzes e cadeiras nas quais se sentar. Essas cadeiras são, em sua maior parte, para as mulheres se sentar e nenhum homem pode se sentar enquanto todas as mulheres não estiverem sentadas. Se uma mulher chega e não há nenhuma cadeira vazia, um dos homens se levanta e cede-lhe o lugar. Nenhuma mulher se levanta para que ela se sente.

"As mulheres", observa ele com assombro, "são sempre tratadas nessas reuniões com mais consideração que os homens".

Havia uma outra estranha característica nesses bailes ocidentais. "Entre eles, a dança é considerada uma arte [...] praticada por todos [...] e apropriada ao cavalheiro e ao homem elegante – e não é imoral, uma vez que nunca ultrapassa os limites da decência".

Com frequência, o xeique faz comparações entre fenômenos ocidentais e seus equivalentes egípcios, muitas vezes favoráveis ao Ocidente. Ele compara as atrizes dos palcos franceses às dançarinas do Egito e o teatro, ao teatro de sombras muçulmano, acrescentando que, em ambos os casos, a forma ocidental é superior. Seus comentários sobre a dança são esclarecedores. "No Egito, a dança é praticada somente pelas mulheres, a fim de provocar o desejo. Em Paris, ao contrário, a dança consiste apenas em algo como dar saltos para lá e para cá, sem a menor sugestão de imoralidade". Essa observação é ainda mais notável na medida em que o xeique Rifāʿa, assim como os antigos exploradores muçulmanos nos salões de baile europeus, ficara desconcertado com a curiosa prática de mudar de parceiros.

Cada homem convida uma mulher para dançar e, quando a dança termina, outro homem a convida para uma segunda dança e assim por diante. Há um tipo de dança especial, na qual o homem coloca o braço em volta da cintura da pessoa com quem está dançando e em geral a segura com a mão. Em geral, tocar uma mulher, em qualquer parte, da cintura para cima não é considerado uma ofensa entre esses cristãos. Quanto mais um homem se sai bem conversando com as mulheres e as lisonjeando, mais refinado ele é considerado[22].

Um último comentário emitido por um viajante persa, que partira de Esmirna em 1838, sobre alguns dos outros passageiros no navio:

Subiram a bordo quatro moças inglesas, dotadas de muito traquejo e inteligência, mas de rosto feio e desagradável. Como, ao que parece, não tinham conseguido encontrar alguém apropriado em seu próprio país, elas tinham sido obrigadas a viajar para o exterior e estavam viajando havia algum tempo, na esperança de encontrar marido. Mas tinham fracassado em seus objetivos e agora voltavam para casa.
No domingo, por volta do meio-dia, chegamos à ilha de Pire [Siros?], o primeiro território grego que alcançamos. Ficamos lá presos, de quarentena, durante vinte dias, o que poderia servir como amostra do inferno. As quatro virgens (era o que alegavam) foram nossas companheiras nos prédios reservados para a quarentena e Ājūdān-Bāshī pagou suas despesas. Uma delas teve sorte e encontrou um robusto jovem grego que fora um dos nossos companheiros de viagem a bordo do navio e com quem ela estivera trocando acenos e sinais secretos. Eles haviam se tornado íntimos e compartilharam de um mesmo alojamento[23].

Diversos visitantes em missão diplomática tinham algo a dizer sobre as cidades que visitavam e, ocasionalmente, faziam comparações com suas próprias cidades. Mehmed Efêndi observava:

---

22 Rifāʿa, p. 123 e s.
23 Ājūdānbāshī, p. 281; Bausani, Un manoscritto persiano..., p. 496-497.

Paris não é tão grande quanto Istambul, mas os edifícios são de três, quatro ou até sete andares, sendo que uma família inteira vive em cada andar. Um grande número de pessoas é visto nas ruas, pois as mulheres estão sempre nas ruas, indo de uma casa a outra e nunca ficando em sua própria casa. Devido a essa mistura de homens e mulheres, o centro da cidade parece mais populoso do que realmente é. As mulheres ficam sentadas nas lojas, realizando diversos negócios[24].

Visitantes muçulmanos do norte da África e da Índia, assim como do Oriente Médio, comentam sobre o papel das mulheres como lojistas nas cidades ocidentais, assim como sobre sua presença universal.

No todo, esses viajantes muçulmanos, mesmo já no final do século XVIII e início do XIX, não demonstram grande interesse pelos assuntos internos da Europa. Mesmo Azmi, que visitou a Prússia em 1790, tinha pouca curiosidade sobre questões que não diziam respeito a sua missão e comentava, com a irritação, sobre "uma das extraordinárias práticas europeias" de tentar mostrar aos visitantes de outros países os locais memoráveis de suas cidades, com isso os distraindo e atrasando, além de provocar desperdício de dinheiro com um prolongamento inútil de sua estada. Dos visitantes muçulmanos que viajaram ao Ocidente até o início do século XIX, somente um, Mīrzā Abū Ṭālib Khān, abordou essas questões com algum detalhe[25]. E o que é significativo, ele vinha de um país que havia sofrido o impacto direto do Ocidente. No decorrer do século XIX, os visitantes muçulmanos dos países do Oriente Médio também encontrariam razões para prolongar sua estada e ampliar seu âmbito de interesses.

24 Mehmed Efendi, op. cit., p. 112; cf. trad. para o francês, p. 169.
25 O texto original em persa foi organizado e publicado por seu filho e uma outra pessoa em Calcutá, em 1812. Uma versão para o urdu foi publicada em Muradabad, Índia, em 1904. Uma versão acadêmica do texto – a primeira no Irã – foi publicada em Teerã, há alguns anos. Por outro lado, uma versão em inglês, publicada em Londres, em 1810, desfrutou de considerável sucesso. Ela foi novamente publicada, numa segunda edição, com materiais adicionais, em 1812. Uma tradução para o francês, a partir da versão inglesa, foi publicada em Paris, em 1811, e uma outra, em 1819. Uma tradução para o alemão, a partir da versão para o francês, foi publicada em Viena, em 1813. A versão para o inglês é, para dizer o mínimo, notavelmente livre e provavelmente o resultado de alguma forma de tradução oral de algum intermediário.

# 12. Conclusões

Durante a ocupação francesa do Egito, no final do século XVIII, o historiador egípcio Jabartī visitou a biblioteca e o centro de pesquisas que os franceses haviam criado num palácio mameluco abandonado, no Cairo. Ele observava que haviam montado uma grande e bem suprida biblioteca, na qual até mesmo os soldados franceses mais simples iam ler e – o que era ainda mais notável – na qual os muçulmanos eram cordialmente, ou mesmo calorosamente, recebidos:

> Os franceses ficavam particularmente satisfeitos quando um visitante muçulmano mostrava interesse pelas ciências. Eles logo vinham conversar com ele, mostrando-lhe todo tipo de livro, com gravuras de partes do globo terrestre, de animais e de plantas. Eles também tinham livros de história antiga[1].

Jabartī visitou a biblioteca diversas vezes. Mostraram-lhe livros sobre a história islâmica e a cultura islâmica em geral e ele ficou admirado ao descobrir que os franceses tinham uma coleção de textos árabes, bem como muitos livros muçulmanos

---

1 S. Moreh (org. e trad.), *Al-Jabartī's Chronicle of the First Seven Months of the French Occupation of Egypt*, Leiden, 1975, p. 117.

traduzidos do árabe para o francês. Ele observa que os franceses "se esforçam bastante em aprender a língua árabe e a linguagem coloquial. Eles se esforçam nisso dia e noite. E também têm livros especialmente dedicados a todos os tipos de línguas, suas declinações e conjugações, assim como sua etimologia". Essas obras, observa Jabartī, "permitem que eles traduzam com facilidade tudo que desejam de qualquer língua para sua própria língua, com muita rapidez"[2].

Jabartī tinha feito uma descoberta – a existência do orientalismo europeu. Sua surpresa é compreensível. No final do século XVIII, quando se deu a primeira incursão europeia moderna no Oriente árabe, os estudantes europeus que pesquisavam o Oriente Médio já tinham a sua disposição uma ampla bibliografia. Cerca de setenta livros de gramática para o árabe tinham sido impressos na Europa, cerca de dez para a língua persa, cerca de quinze para a turca. Quanto aos dicionários, havia dez para o árabe, quatro para o persa e sete para o turco. Muitos deles eram mais que simples manuais e suportes pedagógicos baseados em obras de autores nativos e, na verdade, representaram contribuições originais e importantes para a pesquisa especializada.

Não havia nada equiparável do outro lado. Para um árabe, um persa ou um turco, não havia uma única gramática ou dicionário de qualquer das línguas ocidentais, quer em manuscrito quer na forma impressa. Somente em pleno século XIX é que vamos encontrar algum esforço no sentido de oferecer gramáticas e dicionários de línguas ocidentais para os usuários do Oriente Médio. Quando finalmente começam a ser publicados, os primeiros exemplares se devem, em grande parte, a iniciativas missionárias e imperialistas. O primeiro dicionário bilíngue dedicado ao árabe e uma língua europeia, de autoria de um falante nativo do árabe, foi publicado em 1828. Era o trabalho de um cristão – um copta egípcio – "revisado e ampliado" por um orientalista francês e, de acordo com o prefácio do autor, destinado ao uso de ocidentais e não de árabes[3]. A ideia de que os

---

2 Jabartī, "Ajā´ib al-athār fī...*, 3: 34-35.
3 *Dictionnaire français-arabe d'Ellious Bochtor Egyptien* [...] *revu et augmenté par Caussin de Perceval*, Paris, 1828-1829.

árabes pudessem precisar de dicionários como esse parece não ter ocorrido a ninguém até muito tempo depois.

O estudante europeu que se dedicasse ao Oriente Médio estava mais bem situado que seu equivalente do Oriente Médio em mais aspectos que a simples disponibilidade de suportes linguísticos. No final do século XVIII, ele já tinha a sua disposição uma vasta bibliografia sobre a história, religião e cultura dos povos muçulmanos, inclusive edições e traduções de textos e bons estudos especializados. Na verdade, sob muitos aspectos, na Europa os estudos sobre o Oriente Médio já estavam bem mais avançados que os dos próprios muçulmanos. Os viajantes e arqueólogos europeus tinham dado início ao processo que levaria ao resgate e deciframento dos monumentos do antigo Oriente Médio e à restituição, para os povos da região, de seu passado grandioso, glorioso e por muito tempo esquecido. A primeira cátedra de árabe na Inglaterra foi fundada por Sir Thomas Adams na Universidade de Cambridge, em 1633. Em Cambridge e em centros do mesmo tipo em outros países do Ocidente europeu, um grande esforço em conhecimento criativo foi dedicado às línguas, literaturas e culturas antigas e medievais da região; muito menos atenção, no entanto, havia sido dada a temas mais recentes e contemporâneos. Tudo isso estava em notável contraste com a quase total falta de interesse exibida pelos habitantes do Oriente Médio pelas línguas, culturas e religiões da Europa. Somente o Estado otomano, responsável pela defesa e a diplomacia e, assim, pelas negociações com os Estados europeus achava necessário, de tempos em tempos, reunir e compilar informações sobre eles. Os registros de suas descobertas mostram que, até o final do século XVIII, suas informações eram em geral superficiais, muitas vezes inexatas e quase sempre estavam desatualizadas.

A sensação de eternidade, de que nada realmente muda, é uma característica dos escritos muçulmanos sobre a Europa – assim como, na verdade, de seus escritos sobre outras épocas e lugares. Um médico ou cientista ficam satisfeitos em traduzir um livro de medicina ou ciências escrito cinquenta ou cem anos antes. Kâtib Çelebi, escrevendo sobre a religião cristã em 1655, se inspira na polêmica medieval, sem se preocupar com mudanças que poderiam ter ocorrido na religião cristã durante o meio milênio que se passara desde então e sem referências à Reforma, às guerras religiosas, ou mesmo ao cisma entre Roma e Constantinopla. No mesmo espírito, um historiador otomano do início do século XVIII, Naima, equipara os Estados europeus de sua época com os cruzados medievais e nega haver necessidade de discuti-los em detalhe e um artista turco do final do século XVIII, buscando retratar os trajes das mulheres europeias, toma como base modelos do século XVII.

Por que essa diferença nas atitudes das duas sociedades uma com relação à outra? Certamente ela não pode ser atribuída a uma maior tolerância religiosa da parte dos europeus. Ao contrário, a atitude cristã com relação ao Islã era muito mais fanática e intolerante que a dos muçulmanos com relação aos cristãos. As razões dessa tolerância maior dos muçulmanos são, em parte, teológicas e históricas, em parte, práticas. O Profeta Maomé viveu cerca de seis séculos após Jesus Cristo. Tanto para os cristãos quanto para os muçulmanos, sua própria religião e sua própria revelação representavam a palavra final de Deus para a humanidade. Mas a cronologia impunha uma diferença na percepção uns dos outros. Para os muçulmanos, Cristo era um precursor; para os cristãos, Maomé era um impostor. Para os muçulmanos, o cristianismo era uma forma primitiva, incompleta e obsoleta da única religião verdadeira e, assim, continha elementos de verdade baseados numa revelação autêntica. Em consequência, os cristãos, assim como os judeus, mereciam tolerância por parte do Estado muçulmano. Para os cristãos, que lidavam com uma religião surgida posteriormente, uma posição como essa não era viável em termos teológicos. Os cristãos já encontravam bastante dificuldade em tolerar o judaísmo, que eles poderiam ter considerado da mesma forma que os muçulmanos com relação à cristandade. Para eles, tolerar o Islã teria significado admitir uma outra revelação depois de Cristo e aceitar textos sagrados posteriores aos Evangelhos. Essa era uma admissão que eles não estavam preparados para fazer.

Havia também algumas considerações práticas. O Islã surgiu num mundo predominantemente cristão e, durante muito tempo, os muçulmanos foram uma minoria nos países em que eles governavam. Uma certa tolerância com relação às religiões da maioria submetida era, dessa forma, uma necessidade administrativa e econômica e a maioria dos soberanos muçulmanos sabiamente reconhecia isso. A Europa, em geral, não estava sujeita a limitações desse tipo. No único país europeu em que um problema desse tipo ocorreu, a Espanha, foi alto o preço pago pela intolerância da Reconquista: o empobrecimento do país pela expulsão de mouros e judeus.

Também havia uma importante diferença entre as duas civilizações em termos do interesse que elas provocavam e da curiosidade que despertavam. Em comparação com a ampla diversidade dos povos e culturas do mundo islâmico, a Europa dos francos na Idade Média devia parecer um lugar extremamente monótono. Em termos substanciais, ela era uma região com uma religião, uma raça e, na maioria dos casos, uma cultura. Havia um mesmo tipo de traje para cada uma das poucas classes sociais relevantes. Tudo isso estava em notável contraste com a caleidoscópica variedade de raças, credos, trajes e culturas do mundo islâmico. A cristandade chegava até mesmo a cultivar sua uniformidade; pelo menos, ao que parece, ela tinha dificuldade em tolerar ou acomodar toda e qualquer espécie de desvio da norma e despendia enorme quantidade de energia na perseguição de hereges, bruxas, judeus e outros que se afastassem dessa norma.

O único aspecto em que a Europa apresentava maior diversidade era a língua. Ao contrário do mundo de língua árabe, no qual o árabe era a única língua da religião, do comércio e da cultura, assim como o repositório do conhecimento do passado e o instrumento dos negócios no presente, a Europa utilizava uma ampla variedade de línguas diferentes, para a religião e para a produção de conhecimento, assim como para suas atividades cotidianas. Os clássicos da Europa e as Sagradas Escrituras cristãs estavam em três línguas, o latim, o grego e o hebraico, aos quais podemos acrescentar uma quarta, o aramaico, se levamos em conta os livros em aramaico do Antigo Testamento. Assim os europeus estavam acostumados desde muito cedo com a necessidade de estudar e dominar línguas difíceis que não a do próprio país e, mais que isso, de reconhecer que havia fontes externas de conhecimento escritas em línguas estrangeiras, cujo acesso envolvia aprender essas línguas. A situação era muito diferente entre os árabes, para os quais sua própria língua era, ao mesmo tempo, a dos textos sagrados, a língua clássica e a língua usada nas atividades práticas; assim ninguém sentia ou via necessidade de aprender alguma outra língua.

Havia muitas línguas diferentes faladas na Europa e o âmbito de aplicação de cada uma delas era limitado. Assim, desde a infância, o europeu sabia que teria de aprender línguas para se fazer compreendido por seus vizinhos ou para viajar a estudos ou a negócios. E, o mais importante, ele tinha que aprender línguas a fim de chegar a uma boa compreensão dos conhecimentos religiosos ou, na verdade, de toda e qualquer espécie de conhecimento. Ainda hoje, enquanto a costa sul do Mediterrâneo possui uma só língua escrita, o árabe, a costa norte possui quase uma dúzia.

Nas terras muçulmanas e, em particular, nas terras árabes, as cidades ofereciam uma variedade infinita de tipos, que era enriquecida pelos viajantes de retorno e por visitantes, escravos e comerciantes que vinham das distantes terras da Ásia, da África e até mesmo da Europa. A aparência de homens com trajes estrangeiros e de aspecto diferente não despertava curiosidade nas grandes metrópoles do Oriente Médio, onde eles eram comuns. Não havia nada que se assemelhasse à extraordinária curiosidade exibida pelos habitantes das monocromáticas capitais da Europa diante do espetáculo de visitantes marroquinos, otomanos, persas e outros visitantes exóticos.

Essa curiosidade ansiosa, muitas vezes mal-educada, era comentada por muitos dos muçulmanos que visitavam a Europa. No início do século XVIII, o embaixador otomano Mehmed Efêndi ficava assombrado com o estranho comportamento de europeus que viajavam grandes distâncias, esperavam durante longas horas e suportavam consideráveis incômodos, apenas para satisfazer sua curiosidade em avistar um turco. A palavra empregada para traduzir "curiosidade" é *hirs*, cujo significado poderia ser, com mais exatidão, "ânsia", "avidez" ou "cobiça"[4]. Azmi Efêndi, fazendo uma parada em Köpenick, em seu caminho para Berlim em 1790, comenta:

---

4 Mehmed Efendi, *Le Paradis des infidèles*, p. 43.

Como nenhum emissário do lado de nosso exaltado Sultanato havia sido enviado a Berlim durante trinta anos, o povo de Berlim não conseguiu conter sua impaciência até nossa chegada na cidade. Apesar do inverno e da neve, tanto homens quanto mulheres chegavam em carruagens, montados a cavalo e a pé, para nos ver e observar e então voltavam para Berlim[5].

Azmi observa que, por todo o caminho de Köpenick até Berlim, multidões de espectadores se aglomeravam dos dois lados. As aglomerações na capital eram ainda maiores. Vasif descreve cenas análogas em sua entrada em Madri[6]. Quase todos os visitantes ficavam impressionados e nem um pouco lisonjeados com o interesse que impelia as pessoas a se dar a tanto trabalho e até mesmo a pagar somas substanciais em dinheiro por nenhuma outra razão a não ser observá-los. Esse tipo de curiosidade era sem dúvida muito estranho e difícil de ser compreendido.

Nos primeiros tempos, seria possível atribuir a diferença de atitude entre as duas culturas ao fato de que uma tinha mais a aprender, a outra, mais a oferecer. Mas, no final das cruzadas, essa explicação já não era mais apropriada e, no final da Idade Média, ficava claro que se tratava de uma diferença das mais fundamentais entre as duas sociedades.

Para começar, a Europa compartilhava da generalizada falta de curiosidade acerca de outros povos. Havia, sem dúvida, exceções. Heródoto, comumente reconhecido como o pai da história, escreveu sobre os bárbaros assim como sobre os gregos e sobre épocas antigas assim como sobre as mais recentes. Não podendo ler os escritos orientais, ele buscava suas informações em suas pesquisas e viagens ao Oriente. Muitos séculos mais tarde, um outro europeu, Guilherme (m. 1190), arcebispo de Tiro, no reino latino de Jerusalém, escreveria sua história das monarquias muçulmanas vizinhas. Também ele encontrou suas fontes no próprio Oriente e, conhecendo o árabe, também conseguia ler os textos originais.

Mas eram raros os que estudavam a história de outros povos. A maioria dos historiadores europeus, tanto da antiguidade

---

5  Azmi, *Sefaretname 1205 senesinde...*, p. 30-31.
6  Cf. supra, n. 8, p. 355.

quanto medievais, se limitava aos homens e acontecimentos de seus próprios países e, em geral, de sua própria época. Isso, ao que parece, era o que seus leitores queriam. Heródoto teve poucos imitadores na historiografia clássica e, no todo, era mais ridicularizado que admirado. A história dos cruzados no Oriente, de Guilherme de Tiro, era amplamente lida, sendo até mesmo traduzida para o francês; porém, até onde sabemos, da história dos muçulmanos não sobreviveu um único manuscrito sequer.

Pode parecer estranho que a civilização islâmica clássica, que em seus primórdios foi enormemente afetada por influências gregas e asiáticas, viesse a rejeitar de forma tão decisiva o Ocidente. Mas podemos sugerir uma explicação plausível. Enquanto o Islã estava ainda receptivo e em expansão, a Europa ocidental tinha pouco ou nada a oferecer, mas, ao contrário, lisonjeava o orgulho muçulmano com o espetáculo de uma cultura que era visível e palpavelmente inferior. Além disso, o próprio fato de ser cristã a desprestigiava de antemão. A doutrina muçulmana das revelações sucessivas, culminando na missão final de Maomé, levava os muçulmanos a rejeitar o cristianismo como uma forma anterior e imperfeita de algo que ele próprio possuía em sua forma perfeita e definitiva e, em consequência, a desqualificar a civilização e o pensamento cristãos. Após o impacto inicial do cristianismo oriental sobre o Islã em seu período inicial, as influências cristãs, até mesmo da avançada civilização de Bizâncio, foram reduzidas ao mínimo. Mais tarde, quando a expansão cristã e o recuo do Islã haviam criado uma nova relação, o Islã havia se cristalizado em suas formas de pensamento e comportamento e se tornara impermeável a estímulos externos, em especial aos que provinham do milenar adversário no Ocidente. Cercados pelo poderio militar do Império Otomano, ainda uma formidável barreira mesmo durante seu declínio, os povos do Islã continuaram, até o início da era moderna, a nutrir – como alguns no Ocidente ainda hoje fazem – a convicção de uma imutável e imensurável superioridade de sua própria civilização com relação a todas as demais. Para os muçulmanos medievais, da Andaluzia à Pérsia, a Europa cristã era uma terra atrasada de infiéis ignorantes. Esse ponto de vista talvez fosse justificado numa determinada época; no final da Idade Média, ele se tornava perigosamente obsoleto.

Enquanto isso, a própria Europa mudava radicalmente sua atitude com relação ao mundo exterior. O grande florescimento da curiosidade intelectual e da pesquisa científica europeias deveu-se, em boa parte, à feliz, embora não fortuita, coincidência entre três importantes desenvolvimentos. Um deles foi a descoberta de todo um mundo novo, com povos estranhos, tanto selvagens quanto civilizados, e com culturas que eram desconhecidas às Sagradas Escrituras, aos clássicos e à memória da Europa. Um fenômeno assim extraordinário não podia deixar de despertar pelo menos algum impulso à curiosidade. Outro, foi o Renascimento e a redescoberta da antiguidade clássica, que ofereciam tanto um exemplo desse tipo de curiosidade quanto um método para satisfazê-la. O terceiro, foi o início da Reforma – o enfraquecimento da autoridade eclesiástica tanto sobre o pensamento quanto sobre sua expressão e a libertação das mentes humanas de uma forma sem precedentes desde a antiga Atenas.

O mundo muçulmano tinha suas próprias descobertas, pois a expansão dos exércitos árabes muçulmanos os levara até civilizações tão remotas e diversas quanto a Europa, a Índia e a China. Ele também tivera seu próprio Renascimento, no resgate da cultura grega e, em menor dimensão, da cultura persa nos primeiros séculos do islamismo. Mas esses acontecimentos não coincidiram entre si nem foram acompanhados por um afrouxamento dos vínculos teológicos. O renascimento islâmico se deu quando a expansão do Islã havia cessado e o contra-ataque da cristandade se iniciava. O embate intelectual entre antigos e modernos, entre teólogos e filósofos, teve fim com uma vitória esmagadora e duradoura dos primeiros sobre os últimos. Isso confirmava a fé do mundo muçulmano em sua própria autossuficiência e superioridade como o repositório da fé verdadeira e – o que para os muçulmanos significava a mesma coisa – do modo de vida civilizado. Seriam necessários séculos de derrotas e recuos para que os muçulmanos estivessem preparados para modificar essa visão do mundo e de seu lugar nele e olhar para o Ocidente cristão com algo além do desprezo.

Uma diferença importante e relevante entre o Islã e o Ocidente estava na variedade e dimensão do comércio e no impacto dos que estavam nele envolvidos. Os comerciantes europeus no Oriente Médio eram numerosos, muitas vezes ricos e, cada vez mais, capazes de influir e, às vezes, até mesmo controlar tanto a política quanto a educação. Os comerciantes muçulmanos na Europa eram poucos e insignificantes e a classe comerciante muçulmana não conseguiu criar e manter uma sociedade burguesa, nem desafiar seriamente o domínio das elites militares, burocráticas e religiosas sobre o Estado e sobre as escolas. Essa foi uma diferença cujas consequências podem ser vistas em todos os aspectos da história social e intelectual muçulmana.

Um contraste tem sido às vezes feito entre as respostas muito diferentes que o mundo islâmico e o Japão deram ao desafio do Ocidente. Mas a situação dos dois era muito diferente. Além da óbvia vantagem de que os japoneses desfrutavam, vivendo em ilhas distantes, longe do ataque ou interferência das potências ocidentais, havia uma outra diferença. O modo como os muçulmanos percebiam a Europa era influenciado, na verdade dominado, por um elemento que tinha muito pouco ou nenhum efeito sobre os japoneses – isto é, a religião. Como o resto do mundo, a Europa era percebida pelos muçulmanos, primeiramente e sobretudo, em termos religiosos, isto é, não como ocidentais ou europeus ou brancos, mas como cristãos – e no Oriente Médio, ao contrário do Extremo Oriente, o cristianismo era algo conhecido e desprezado. Que lição de valor poderia ser aprendida com os seguidores de uma religião imperfeita e superada?

Para piorar a situação, essa religião era vista como não apenas inferior, mas também hostil. Desde seu surgimento inicial, na Península Arábica, no século VII, o Islã estivera em conflito quase permanente com a cristandade, nas conquistas muçulmanas iniciais e nas reconquistas cristãs, na *jihād* e nas cruzadas, no avanço turco e na expansão europeia. Embora o Islã tivesse entrado em muitas batalhas contra muitas fronteiras, as guerras contra a cristandade haviam sido as mais longas e devastadoras e eram essas guerras que perseguiam a consciência muçulmana como a grande *jihād* por excelência. Sem dúvida havia lições a aprender com o inimigo no campo de batalha, mas elas eram de valor e efeito limitados e seu impacto era amortecido pelas defesas sociais e intelectuais do Islã.

Alguns muçulmanos que visitavam a Europa se preocupavam em reunir informações úteis. No início, elas se restringiam quase que exclusivamente a informações militares que pudessem ter valor em caso de novos conflitos armados. Assim, os relatórios das embaixadas da Turquia e do Marrocos na Europa normalmente continham relatos bastante detalhados sobre as viagens dos emissários até seus destinos, assim como descrições das estradas, estações de troca e defesas dos locais pelos quais eles passavam. Com o tempo, informações políticas consideradas úteis passaram a ser incluídas. Mas isso se daria bem mais tarde. Esse tipo de informação estava quase inteiramente ausente durante a Idade Média, e até o final do século XVIII, mesmo os relatórios políticos otomanos provindos da Europa eram assombrosamente fragmentários, rudimentares e ingênuos.

Próximo ao final do século XVIII, os muçulmanos começaram a observar a Europa com inquietação cada vez maior e a manifestar sinais de perceber a necessidade de estudar essa estranha e agora perigosa sociedade. Pela primeira vez, eles estavam dispostos a viajar pela Europa cristã e até mesmo a permanecer por lá durante algum tempo. Foram criadas embaixadas permanentes e funcionários otomanos de diferentes níveis passaram a permanecer na Europa, às vezes durante anos. A eles se seguiram os estudantes, primeiro uns poucos e depois um fluxo sempre crescente, enviados pelos soberanos do Oriente Médio para adquirir os conhecimentos e técnicas necessárias à manutenção de seus regimes e à defesa de seus domínios. Embora seus objetivos ainda fossem primariamente militares, desta vez os efeitos iam muito além e as lições que esses estudantes aprendiam nas universidades europeias, e mesmo nas escolas militares europeias, ultrapassavam em muito os desejos ou intenções de seus senhores imperiais. No segundo quarto do século XIX, o número de turcos, de árabes muçulmanos ou de persas que podiam ler numa língua europeia era ainda notavelmente pequeno e muitos deles eram convertidos do cristianismo ou do judaísmo ao Islã, ou então filhos ou netos de convertidos. Mas eles começavam a formar um grupo importante, lendo outras coisas além de seus manuais e tendo um importante impacto como intérpretes e, cada vez mais, como tradutores.

No decorrer do século XIX, o ritmo, as dimensões e o alcance da descoberta muçulmana da Europa haviam se transformado radicalmente – mais cedo em alguns países, mais tarde em outros, de acordo com a incidência e a intensidade do impacto europeu – e a descoberta assumiu um caráter inteiramente novo.

A principal força impulsionando a mudança era – a essa altura inconfundível – o predomínio da Europa no mundo. Mas o processo de descoberta também era em muito acelerado pela abertura de novos canais e, sobretudo, pela introdução da tipografia e a consequente criação de jornais e revistas e publicação de livros, que tornaram possível ao leitor muçulmano o acesso ao conhecimento da realidade e ideias europeias.

Um dos mais eficientes dos novos canais era o jornal. Essa inovação europeia não era inteiramente desconhecida no Oriente islâmico. Já em 1690, o embaixador marroquino, Ghassānī, comentava sobre o que ele chamava de "moinho da escrita", isto é, a prensa tipográfica, e mencionava os boletins informativos que na época circulavam na Espanha[7]. Ele observava, entre outras coisas, que "eles estão cheios de mentiras sensacionalistas". É no século XVIII que os observadores otomanos pela primeira vez revelam algum conhecimento da imprensa europeia e há indicações de que passagens de jornais europeus eram traduzidas para o turco, para manter informado o Conselho Imperial. O que teve início como uma prática intermitente tornou-se uma agência de imprensa que seria mantida pelo governo otomano durante todo o século XIX e ainda depois. Os arquivos do Palácio do Quediva\*, no Cairo, revelam que havia uma preocupação análoga com relação à imprensa ocidental entre os sucessores de Muḥammad 'Alī Paxá.

Os primeiros jornais publicados na região foram devidos não à iniciativa local, mas à estrangeira. Eles eram publicados em francês, com patrocínio dos franceses, e faziam parte do

---

7 Ghassānī, *Riḥlat al-wazīr fī iftikāk al-asīr*, p. 67; cf. Sauvaire, *Voyage en Espagne d'un Ambassadeur Marocain*, p. 150.

\* Refere-se ao Palácio construído pelo quediva (título turco do paxá do Egito) Ismail, para as comemorações de inauguração do Canal de Suez, em 1869 (N. da T.).

esforço de propaganda do governo revolucionário francês. Na década de 1790, os franceses instalaram uma prensa tipográfica em sua embaixada em Istambul, na qual emitiam boletins, comunicados oficiais e outras informações e, em 1795, o embaixador francês imprimia um boletim informativo quinzenal, de seis a oito páginas, presumivelmente para orientação dos cidadãos franceses. Ele era distribuído por toda parte nos domínios otomanos e, no ano seguinte, se tornava um jornal, *La Gazette Française de Constantinople*, o primeiro a ser publicado no Oriente Médio[8].

Ao invadir o Egito, Bonaparte pôs fim à publicação do jornal francês em Istambul, mas a reiniciou no Cairo, para onde levou duas prensas equipadas com tipos árabes e gregos, assim como franceses. Em 12 de frutidor do ano VI, correspondendo a 29 de agosto de 1798, os franceses imprimiam e publicavam o primeiro número do *Courier de l'Égypte*, que a partir de então seria publicado a cada cinco dias e forneceria uma cobertura das notícias locais e, às vezes, das europeias. No total, foram publicadas 116 edições.

Esse boletim informativo, juntamente com uma revista mais ambiciosa, *La Décade d'Égypte*, era publicado exclusivamente em francês. Mas, após o assassinato do general Kléber, em 16 de junho de 1800, seu sucessor, Abdullah Menou, lançou o primeiro jornal em língua árabe. Intitulado *Al-Tanbīh*, o jornal teve curta duração.

A fase seguinte na criação de uma imprensa no Oriente Médio teve início em Esmirna, em 1824, com a fundação de uma publicação mensal. Embora escrito em francês e dirigido sobretudo à comunidade estrangeira, esse jornal desempenhou um papel de certa importância nos acontecimentos da época e algumas vezes envolveu seu editor em problemas com as autoridades, como por exemplo quando defendeu a causa otomana contra os insurgentes gregos. O episódio ilustraria dois novos aspectos – o poder da imprensa e o perigo da censura. Os russos, incomodados com a linha editorial do jornal, tentaram

---

8 Sobre essa e outras publicações, cf. L. Lagarde, Note sur les journaux français de Constantinople à l'époque révolutionnaire, *Jounal Asiatique*, 236: 271-276, 1948; R. Clogg, A Further Note on the French Newspapers of Istanbul during the Revolutionary Period, *Belleten*, 39: 483-490, 1975; e *EI2*., verbete "Djarīda".

persuadir as autoridades turcas a eliminá-lo. O historiador otomano Lûfti cita o embaixador russo, que teria dito:

> Na verdade, na Inglaterra e na França, os jornalistas podem se expressar livremente, até mesmo contra seus reis; de modo que, em várias ocasiões no passado, irromperam guerras entre a França e a Inglaterra por causa desses jornalistas. Louvado seja Deus, os domínios divinamente guardados [isto é, os otomanos] estavam protegidos de coisas como essas, até que, há pouco tempo, esse homem apareceu em Esmirna e começou a publicar seu jornal. Seria bom impedi-lo[9].

Apesar dessa severa advertência, o jornal continuou circulando e, com o tempo, outros se juntaram a ele.

O xeique egípcio Rifā'a, que visitou Paris em 1826, foi rápido em reconhecer o valor da imprensa:

> Os homens aprendem sobre o que se passa nas mentes dos outros com certas páginas diárias chamadas *Journal* e *Gazette*. Com essas páginas, é possível ficar sabendo de novos acontecimentos que se passam dentro e fora do país. Embora nelas se encontrem mais mentiras do que é possível contar, elas contêm notícias com as quais os homens podem adquirir conhecimento; eles discutem questões científicas recentes, anúncios interessantes, ou conselhos úteis, tanto vindos dos grandes quanto dos humildes – pois às vezes os humildes têm ideias que não ocorrem aos grandes [...]. Entre as vantagens dessas páginas estão: se um homem fizer algo bom ou mau e sua ação for importante, as pessoas do *Journal* escrevem sobre isso, para que possa chegar ao conhecimento tanto dos grandes quanto das pessoas comuns, a fim de obter aprovação para os homens de bem e condenação para os homens que praticam más ações. Da mesma forma, se um homem é prejudicado por outro, ele escreve sobre sua queixa nessas páginas e todos, os grandes e as pessoas comuns, ficam sabendo disso e conhecem a história dos oprimidos e de seu opressor, exatamente como aconteceu, não ocultando nem modificando nada, para que a questão alcance o lugar da justiça e seja julgada segundo leis fixas e, assim, possa se tornar um aviso e exemplo para outros[10].

---

9 Lûtfi, *Tarih* 3: 100; cf. A. Emin, *The Development of Modern Turkey as Measured by its Press*, New York, 1914, p. 28.
10 Rifā'a, p. 50.

O primeiro periódico regular em uma língua do Oriente Médio foi criado no Egito por Muḥammad 'Alī Paxá. Tratava-se do jornal oficial egípcio, cujo primeiro número foi publicado no Cairo, em 20 de novembro de 1828. Seu equivalente otomano foi publicado alguns anos mais tarde, em 1832. Um artigo editorial explicava que o órgão oficial era o desenvolvimento natural da antiga instituição otomana da historiografia imperial e servia à mesma função de tornar conhecida "a natureza verdadeira dos acontecimentos e o sentido verdadeiro dos atos e ordens do governo", a fim de impedir mal-entendidos e evitar a crítica desinformada. Um outro objetivo, afirmava o artigo, era fornecer conhecimentos úteis sobre o comércio, a ciência e as artes. A inauguração do serviço postal otomano, em 1834, facilitou imensamente a circulação desse jornal, que permaneceu como o único em língua turca até a fundação, em 1840, por um inglês chamado William Churchill, do primeiro jornal não oficial, um semanário. No Irã, uma espécie de boletim oficial começou a circular em 1835, publicado por Mīrzā Muḥammad Ṣāliḥ, um dos primeiros estudantes iranianos a estudar na Inglaterra.

Para o leitor atual, esses jornais oficiais, do Cairo, Istambul e Teerã, parecem pobres e estéreis e de interesse e atrativo limitados. No entanto, eles provavelmente tiveram um papel de certa importância, familiarizando seus leitores turcos, egípcios e persas com pelo menos o quadro mais amplo do mundo exterior e também criando um novo vocabulário jornalístico, para denotar e discutir instituições e ideias até então desconhecidas. A revolução semântica que disso resultou deu início a um importante avanço no processo de descoberta. Juntamente com os jornais e periódicos que surgiriam posteriormente, eles ofereceram um veículo e um meio para um volume cada vez maior de traduções, que levavam aos leitores muçulmanos informações sobre a Europa, boa parte delas escritas por europeus.

Nas primeiras décadas do século XIX, havia dois principais centros de reforma ocidentalizante, na Turquia e no Egito. Em ambos, o preparo e a publicação de traduções de livros ocidentais eram de importância central. No Egito, sobretudo, havia um programa de traduções organizado e financiado pelo Estado, sem outro igual desde a época dos califas abássidas, quando fora realizada a tradução para o árabe das obras gregas de filosofia e ciência. Entre 1822 e 1842, 243 livros foram impressos no Cairo, em sua maioria, traduções. Embora impressos no Egito, um país de língua árabe, mais da metade deles estava em turco. No Egito de Muḥammad 'Alī Paxá, o turco era ainda a língua da elite governante e as obras sobre assuntos militares e navais, inclusive as de matemática pura e aplicada, estavam, por essa razão, quase todas em turco. Mais da metade dos estudantes enviados por 'Alī Paxá para a Europa era de otomanos que falavam o turco, vindos de fora do Egito. As obras sobre medicina, veterinária e agricultura, por outro lado, eram em sua maior parte publicadas em árabe, uma vez que esses assuntos não estavam reservados à elite governante de língua turca. A história, que recebeu credibilidade temporária como ciência útil, também parece ter sido um assunto para a elite, uma vez que os poucos livros de história impressos na tipografia de Muḥammad 'Alī estavam, no período inicial, todos em turco. Entre 1829 e 1834, quatro livros de conteúdo histórico foram traduzidos, um sobre Catarina, a Grande, da Rússia e outros três sobre Napoleão e sua época. Seguiu-se um intervalo de vários anos até que outra tradução de uma obra de história fosse publicada – uma versão da *Histoire de Charles XII*, de Voltaire, publicada em 1841. Desta vez, a obra não estava em turco, mas em árabe, assim como as subsequentes traduções de obras de história publicadas no Egito[11].

As traduções para o turco publicadas no Egito eram, evidentemente, lidas na Turquia, onde algumas delas foram reimpressas. Mas o movimento das traduções em Istambul por muito tempo se limitou a obras científicas e seria somente na metade do século que traduções de livros de história europeus começariam a ser publicadas em Istambul. Um marco decisivo foi a publicação, em 1866, de uma versão para o turco de um compêndio inglês de história universal.

---

11  Sobre o primeiro movimento das traduções no Egito, cf. Jamal al-Dīn al--Shayyāl, *Tarīkh al-tarjama wa 'l-ḥaraka al-thaqāfiyya fī 'Aṣr Muḥammad 'Alī*, Cairo, 1951; e J. Heyworth-Dunne, Printing and Translation under Muḥammad 'Alī, *JRAS* (1940), p. 325-349.

No Irã, o interesse pela história ocidental parece ter desaparecido após a grande crônica de Rashīd al-Dīn. Sua obra teve muitos imitadores, mas a descrição de regiões distantes se tornou estilizada e nada novo ou de interesse foi acrescentado. Será somente nos primeiros anos do século XIX que vamos encontrar algumas obras abordando a história ocidental, a maioria delas ainda em manuscrito. Em grande medida, elas se baseiam em fontes de informações turcas e não diretamente em fontes ocidentais. Um manuscrito não datado, provavelmente do início do século XIX e de autor desconhecido, relata a história da Inglaterra, de Júlio César a Carlos I, em vinte e oito capítulos[12]. Além dessas obras, histórias da Europa ocidental escritas em persa somente apareceriam na segunda metade do século XIX. A essa altura, já havia uma vasta bibliografia tanto em turco quanto em árabe que, juntamente com a imprensa jornalística e os periódicos em rápido crescimento, deve ter transformado a imagem do mundo, tal como ela aparecia aos leitores muçulmanos.

Durante a primeira metade do século XIX, o processo de descoberta se expandiu até proporções diluvianas. A Europa não estava mais à espera de ser descoberta pelo explorador muçulmano, mas ela própria invadia as terras muçulmanas e impunha uma nova relação fundamental, à qual o mundo muçulmano levou muito tempo para se ajustar e a qual ele nunca realmente aceitou.

No início do século XIX, era possível perceber a mudança numa série de aspectos. Um deles, já observado, era a atitude com relação às línguas estrangeiras, isto é, europeias. Pela primeira vez, o conhecimento de uma língua ocidental era visto como algo admissível, depois como desejável, então, como necessário, e jovens muçulmanos eram colocados sob a orientação de professores estrangeiros, inicialmente em seus próprios países e, por fim, até mesmo na Europa. Não muito antes, isso teria sido considerado grotesco e abominável. Agora, o conhecimento de línguas estrangeiras se tornava uma qualificação importante e a escola de línguas e a agência de traduções se

---

12 Detalhes encontrados na versão ampliada de Storey, *Persian Literature*, para o russo, por Y. E. Bregel, *Persidskaya Literatura*, Moscou, 1972, 2ª parte, p. 1298, onde há uma lista de outras obras persas sobre História americana e europeia.

alinhavam com o exército e o palácio entre as vias de acesso ao poder. Essa mudança nas circunstâncias dava um novo e importante papel às minorias cristãs, em especial nos países árabes, onde, muito mais que na Turquia ou na Pérsia, elas compartilharam da língua e da cultura da maioria muçulmana.

O fluxo de visitantes muçulmanos na Europa crescia – primeiro os diplomatas, depois os estudantes e então muitos outros, inclusive, após algum tempo, até mesmo refugiados políticos. O trânsito dos conhecimentos e ideias, da Europa para o Oriente Médio, passava pelos mesmos canais e ainda outros, agora incomparavelmente mais amplos. Além do movimento muito maior de pessoas, havia muitas novas áreas de contato. A escola e o regimento, o livro e o jornal, a agência de governo e o escritório comercial, todos eles ajudavam a aprofundar e ampliar a percepção muçulmana da Europa, agora, cada vez mais, vista como uma força imensamente poderosa e em rápida expansão, ameaçando a própria existência do Islã e exigindo ser compreendida e, em certa medida, imitada.

A antiga atitude de desdém e desinteresse estava mudando, pelo menos em meio a alguns elementos das elites governantes. Por fim, alguns muçulmanos se voltavam para a Europa, se não com admiração, então com respeito e talvez temor, e lhe prestavam o supremo cumprimento da imitação. Uma nova fase da descoberta tinha início; ela continuaria quase até nosso próprio presente.

# Fontes das Ilustrações

Três miniaturas do *Jarūn-nāma*, um poema heroico persa de Qadrī sobre a retomada de Ormuz dos portugueses. Datado de 1697, no estilo de Isfahan (B. L. add. 7801, persa)*.

1. Os portugueses repelem o exército do Imām Kuli Khān em Ormuz (Fólio 43a).
2. Incendiando a fortaleza de Ormuz (Fólio 48a).
3. O Imām Kuli Khān recebe dois emissários portugueses (Fólio 58).

De um álbum turco do século XVII, preparado por um artista turco para um embaixador europeu (publicado por F. Taeschner), *Alt--Stambuler Hof und Volksleben, Ein türkisches Miniaturalbum aus dem 17. Jahrhundert*, Hannover, 1925, lâminas 14, 51-53.

4. Os venezianos bombardeiam Tênedos.
5. Procissão do bailio até sua audiência.
6. O bailio é perfumado durante sua audiência com o grão-vizir.
7. Audiência do bailio com o grão-vizir.
8. Capa de livro da época de Fatḥ 'Alī Xá (B. L. Or. 5302). Fatḥ 'Alī Xá recebe uma delegação estrangeira, provavelmente em Nawrūz.

> * B. L. (*British Library*), indica que a numeração faz parte do catálogo da *Biblioteca Britânica*; "add." (acréscimo, aquisição) refere-se ao código de classificação na biblioteca. As indicações "Or." "O.R." e "O. R.", após as abreviações "B. L.", são classificações de catálogo da B. L. (N. da T.).

9. Fusṭāṭ – século XII. Uma batalha sob as muralhas de uma cidade. Em papel, mostra um guerreiro com escudo redondo (muçulmano) lutando contra guerreiros com escudos (normandos) em forma de amêndoa – pelo menos quatro com cota de malha (B. L. O.R. 1938-3-12-01).

Dos manuscritos persas ilustrados de Rashid al-Dīn, publicados por Karl Jahn, *Die Frankengeschichte des Rašīd ad-Dīn*, Viena, 1977.

10. Os papas Honório III, Gregório IX, Celestino IV, os imperadores Oto IV, Frederico II, Henrique da Turíngia (Tesouro de Topkapı, n. 1654, datado de 717/1317, Fólio 311r, lâmina 33).
11. O papa e o imperador (Tesouro de Topkapı, n. 1653, início do século XV, Fólio 416r, lâmina 46).
12 e 13. Pinturas murais do pavilhão de Chihil Sutūn, em Isfahan (final do século XVI, reconstruído em 1706), mostram visitantes europeus.

Miniaturas persas, séculos XVI e XVII (B. L.).

14. Pagem da corte em trajes europeus (O. R. 1948-12-11-015).
15. Jovem e senhora em trajes europeus. As assinaturas de Riẓā-i 'Abbāsī não são autênticas (O. R. 1920-9-17-0294).
16. Pajem europeu segura taça de vinho, Pérsia, período do xá 'Abbās II (1642-66) (O. R. 1948-10-0-062).
17. Um príncipe, possivelmente o xá Sulaymān (1667-94), com servidores, inclusive um europeu e um cortesão mogol. Com inscrições, atribuído a Muḥammad (ou Paolo) Zamān. Pérsia, cc. 1680 d.C. (O. R. 1948-12-11-019).

Miniaturas da Índia muçulmana (B. L.).

De um manuscrito do divã de Mīr Qamar al-Dīn Minnat. Século XVIII (anterior a 1792). Índia (B. L. Or. 6633).

18. Warren Hastings em trajes europeus da corte (Fólio 67a).
19. Richard Johnson em uniforme com casaco vermelho, segurando o tricórnio e sentado numa cadeira. Servidor segura o guarda-chuva e o chauri, leque cerimonial de crina de cavalo (Fólio 68a).
20. Três homens em trajes europeus do início do século XVII. Possivelmente portugueses na corte mogol. Álbum indiano (B. L. add. 7468) (Fólio 9).
21. Chegada da embaixada de Castela, chefiada por Don Clavijo, à corte de Tīmūr. Vestindo os trajes dos cavalheiros ingleses da era do rei Jorge III. O chefe da delegação, de chapéu na mão, entrega uma carta a Tīmūr, que está de pé, diante do trono (*Malfūzāt-i Tīmūrī*, início do século XIX, Índia) (B. L. Or. 158, Fólio 322).

Miniaturas de autoria do pintor otomano Levni.

22. Embaixadores estrangeiros em festividades no palácio. Dragoman e guardas posicionados atrás. De Süheyl Ünver, *Levni*, Istambul, 1951, Figura 10.

23. Jovem cavalheiro europeu com bengala na mão direita e casaco na cor roxa. Assinado por Levni, início do século XVIII (B. L. O. R. 1960-11-12-01).
24. Jovem cavalheiro europeu usando casaco na cor vermelha. Assinado por Levni, início do século XVIII (B. L. O. R. 1960-11-12-02).

Ilustrações para o *Livro das Mulheres* por Fazil Bei (B. L. Or. 7094, incorretamente datado de 1190/1776, provavelmente de 1793 ou posterior).

25. Mulher franca de Istambul (Fólio 29b).
26. Inglesa (Fólio 43b).
27. Francesa (Fólio 43a).
28. Austríaca (Fólio 41a).
29. Holandesa (Fólio 44a).
30. Americana (Fólio 44b).

*As ilustrações de numeração 1, 2, 3, 8, 9, 14-21 e 23-30 foram reproduzidas por cortesia da Biblioteca Britânica.*

*As ilustrações de numeração 10 e 11 foram reproduzidas por cortesia do diretor do Museu do Palácio de Topkapı.*

*As ilustrações de numeração 12 e 13 foram reproduzidas por cortesia do autor.*

# Índice Remissivo

Abássidas 6, 73
'Abbās I, xá 24, 315
'Abbās II, xá 315, 316, 392
Abd al-Hamid II 347
Abū Bakr b. Bahrām al
 -Dimashqī 186
Abū Ḥāmid 107, 109
Abu'l-Fidā 179N
Abū Shāma 13N
Abū Ṭālib Khān 154, 155, 250, 251N,
 272, 273, 277, 278N, 355, 356, 357N,
 366, 367, 372
Acre 108, 179
açúcar 246
Adler, E. 140N
Adnan-Adivar, A. 185N, 186N, 292N,
 300N, 309N
adoção dos trajes mongóis 358-359
Afetinan 185N
Afonso, rei de Andaluz 111
África, norte da 1, 2, 4, 21, 23, 31,
 38, 39, 64, 65, 68, 70, 83, 90, 97,
 107, 109, 122, 135, 136, 154, 177,
 193, 224, 234, 235, 237, 238, 245,
 246, 256, 288, 289, 328
agricultura 41, 73

Aḥmad, S. Maqbul 165N
Ahmed I 348
Ahmed III 308, 329
Ahmed b. Lutfullah. *Cf.* Müneccimbaşi
Ahmed Paxá. *Cf.* Bonneval, conde de
Ahmedi 17N
Ājūdān-Bāshī 138, 358N, 371N
Alarcón, M. A. 110N
albaneses 85, 118, 142, 143, 188,
 238, 239
Alcácer-Quibir (Al-Qasr al-Kabīr),
 Batalha de 23
*Alcorão* 38, 57, 62, 63, 69, 73, 75, 82,
 109, 181, 226, 228, 255, 256, 286,
 304, 346, 349, 350
Alderson, A. D. 242N
Alemanha, alemão 33, 34, 72, 79,
 83, 84, 86, 103, 104, 127, 133, 140,
 142, 143, 156, 188, 193, 194, 199,
 203, 213, 214, 236, 286
Alepo 10, 284, 351
Alexandria 49, 50, 52, 149
Ali Aziz 155, 156
Ali Efêndi, Seyyid 155, 156
'Alī Qāpū 328
Allen, W. E. D. 102N

Almagia, R. 184N
amān 59-61. Cf. também *musta'min*
Amari, M. 111N, 151N
América 24, 113, 121, 139, 187, 192, 246-248, 301, 367
Americana, Revolução 302
Anatólia 2, 14-17, 184, 242
And, M. 349N
Andaluz, Andalucia. *Cf.* Espanha
Anhegger, R. 286N
árabe, árabes 2-5, 67, 69-72, 77, 104, 119, 133, 168, 169, 177, 184, 225
Arábia, Península Árabe 1, 2, 5, 56, 62, 119, 181
Arce, A. 121N
Argélia 31, 38, 39, 301
Argyropoulo, Y. 91N
Aristarchi, Stavraki 91
armas 40, 98, 234, 243-244, 283-288
Armênia, armênios 7, 15, 45, 52, 81, 93, 111, 113, 120, 121, 123, 145, 186, 217, 302, 313, 348
Arnoldo de Lubeca 86
arquitetura europeia, influência da 307, 308, 329, 334
arte, artistas 309-329
*Asa-i Piran* 290
Ashtor, E.
 "Che cosa sapevano..." 165N
 *Jews of Moslem Spain* 103N
 "Social Isolation..." 12N
Ásia central 8, 10, 15, 29, 31, 64, 70, 98
Asim 54, 271, 272
assassinos 86
Astracã 16, 29
Atasoy, N. 312N, 314N
Atıf Efêndi, Ahmed 48, 49
Atlântico 29, 42, 246, 301
*Atlas Major* 186
*Atlas Minor* 301, 350
Áustria, austríacos 34, 38, 48, 81, 84, 85, 127, 129, 134, 189, 199, 203, 204, 206-210, 214, 215, 218, 226, 250, 260, 287, 302
d'Avezac 185N
Avicena 295, 304
Awḥadī, M. H. 76N

Azmi Efêndi 133, 152, 225, 249, 262, 263, 372, 378, 379
Azulay, H. D. 140

Babur, Mogol 31
Babilônia, babilônios 181, 193
Babinger, F.
 "'Bajezid..." 146N
 *Geschichtsschreiber* 126N, 127N, 193N
 *Mehmed* 190N
 "*Pfortendolmetscher*" 80N
 "Zwei Bildnisse" 311
Bagdá 10, 13, 15, 76, 77, 100, 231, 254, 264
Baibars, sultão mameluco 105
bailio, veneziano 116, 117, 141, 391
Bajazeto II 21, 146, 196, 311
Bakrī 103N, 104, 175N
Bálcãs 21, 30, 66, 78, 111, 119, 144, 148, 188, 203, 239
baleia, caça à 174, 175
Báltico 16, 187, 209
*banu'l-aṣfar* 169
Barak, espião otomano 149
Barbária, corsários da. *Cf.* Corsários
barbear, atitudes com relação ao 354, 355
Barbier de Meynard. *Cf.* Vasif Efêndi
Barkan, Ö. L. 79N
Baronian, Bédros 186
Barthold, V. V. 100N
basco 86, 168
Bausani, A. 138N, 139N, 358N, 371N
Bavária 205, 209
Bayet, general Aubert du 302
Becker, C. H. 95N
Beeston, A. F. L. 178N
Behzād 310N, 314N
Beldiceanu, N. 245N
Belgrado 34, 215, 226
Bellini, Gentile 311, 314
*berats* 43
berberes 2, 8-10
Berchet, F. 141N
Berkes, N. 132N, 309N
Berlim 132, 133, 152, 155, 156, 207, 248, 249, 262, 378, 379
Berta, rainha dos lombardos 76N,

# ÍNDICE REMISSIVO

100, 264
bibliotecas europeias 349, 350, 373
*bid'a* 285
Binney, E. 329N
Bizantino, Império, bizantinos 1, 2, 5, 10, 14, 18, 58, 61, 64, 67, 75, 98, 111, 121, 122, 145, 165, 167, 172, 181, 184, 190, 192, 210, 237, 256-258, 286, 351, 380
Blaeu, Joan 186
Blunt, W. 315N
Bombaci, A.
  "Liber Graecus" 87N
  "Nuovi [...]" 87N
  "Rappresentazione [...]" 349N
Bonelli, L. 88N
Bonneval, conde de 44, 209
Boppe 313N
Bordeaux 130, 232, 270
Bósnia 85, 142, 143, 188, 239
Boyle, J. A.
  *History* 112N
  "Ilkhans [...]" 110N
  *Rashid al-din* 182N
Bräunlich, E. 184N
Bregel, Y. E. 389N
Brudo, Manuel 290
Budapeste 21, 33
*Bulla in Cena Domini* 243N
Busbecq, Ogier Ghiselin de 32, 297

café, Cafés 245-247
Çağman, F. 314N
Cairo 10, 210, 237, 242, 373, 384, 385
caldeus 67, 123, 139
*Calendar of State Papers* 244N
califa, califado 6, 13-15, 73, 100, 103, 104, 165, 253, 254, 256, 286
Campo Fórmio, Tratado de 48
Canal Don-Volga 29
Cantemir, Demetrius (latim para a forma romena Dimitrie Cantemir) 192
capitulações 42, 43, 124, 200
Carion, Johann 191, 193
Carlos I 389
Carlos II 135
Carlos VIII 147
Carlos XII 204
Carlos Magno 100, 169, 237
Carlos Martel 2, 3, 171
Carlowitz, Tratado de Paz de 34, 88, 144, 204, 308
cartografia 163, 184
Casa da Guerra 57-62, 65, 98, 114, 212, 213, 255
Casa da Trégua 59
Casa do Islã 30, 57, 59-61, 166, 184, 211, 253, 256
Casa dos Infiéis 162
catalão, catalães 88, 103, 197, 200
Catarina, a Grande 388
católicos 11, 84, 113, 120, 123 126, 145, 191, 217-219, 223, 243, 316
Cáucaso, caucasiano 7, 239
*çauş* 125, 126
Cavaleiros de Rodes 197
Cavaleiros de São João 97, 146
cazares 7, 231
Celestino IV 320, 392
Ceuta 23, 177, 365
Cevdet 38N, 39N, 47N, 49N, 54N, 92N, 132N, 134N, 152N, 227N, 248N, 345N, 350N
Chambers, R. L. 158N
Cheddadi, A. 106N
Chemoul, M. 158N
Chew, S. 137N
Chihil Sutūn 322, 328, 392
China, chinês 5, 17, 31, 58, 64, 67, 74, 96, 98, 182, 183, 192, 229, 231, 249, 250, 257, 281, 283, 381
Chipre 97, 120
ciência 73-76, 155, 156, 272, 281-305
Clavijo, Ruy de 333, 392
Clogg. R. 385N
"colheita das estepes" 238. *Cf.* também escravidão
Colin, G. S. 72N
Colombo 184
comerciantes. *Cf.* comércio; Fondaco dei Turchi
comércio, mercadorias 12-14, 24, 29, 40-42, 77, 79, 81, 98, 109, 110, 113, 114, 121, 123, 125, 140-147, 163, 183, 202, 231-234, 269, 314-315,

382. Cf. também capitulações; consulados; Fondaco dei Turchi
Comidas, Cosmo 210
confissão católica, atitudes com relação à 223
Conquistas muçulmanas 2-6, 18-22, 30, 63-65, 195, 196, 253, 254, 381
Constantinopla 1, 4-6, 18, 20, 21, 30, 89, 90, 96, 143, 189, 190, 192, 195, 284, 298. Cf. também Istambul
consulados, cônsules, europeus 43, 82, 109, 110, 149
convertidos 43, 63, 71, 80, 81, 92, 118, 119, 124, 140, 182, 201, 289, 294, 383
Copérnico 186, 304
coptas, cóptico 70, 123, 217, 374
Córdova 101, 103, 104, 170, 226, 235
corsários 21, 22, 39, 96, 122, -241, 288
cossacos 30, 188
Crimeia 16, 29, 46, 51, 238, 239, 302
cristandade, conhecimento da 375-377
cristãos, atitudes com relação aos 211-229
cristãs, minorias 2, 11, 12, 46, 49, 53, 61-64, 70, 76, 78-81, 90, 113, 118-120, 122, 123, 125, 139, 145, 177, 191, 210, 283, 390. Cf. também *dhımma*
Cromwell 269
Cruzadas, cruzados 8-16, 22, 46, 59, 67, 77, 86, 105-108, 175-181, 183, 203, 242, 257, 275, 282, 283, 317, 319, 362, 363, 379, 380, 382, 392
curiosidade 74, 171, 378-381

Dalmácia, dálmatas 150, 238, 267, 268
Damasco 10, 204
danças, dançando 365, 370, 371
Daniell, N. 297N
Danúbio, danubiano 33, 34, 367
Danzig 270
*Dār al-Ḥarb*. Cf. Casa da Guerra
*Dār al-Islām*. Cf. Casa do Islã
*Dār al-Ṣulḥ*. Cf. Casa da Trégua

*Décade d'Égypte, La* 385
De Groot, A. A. 126N
Delanoue, G. 77N
Destrée, A. 314N, 315N
devşirme 238, 239. Cf. também escravidão
*dhımma, dhimmīs* 61, 62, 119, 212, 213. Cf. também cristãs, minorias, judaísmo
*Dictionnaire français-arabe* 374N
Diez, Friedrich von 156
Dinamarca 101, 162, 208, 254
diplomacia 36, 37, 43, 59, 60, 77-79, 81, 82, 95-105, 108-114, 118, 123, 124, 126N, 132, 133, 163, 183, 204, 205, 258, 259N
diplomatas
  árabes 81, 100-105, 223, 354, 355, 359-364
  europeus 36, 48, 77-78, 86, 88, 89, 99-101, 109, 110, 113, 114, 124, 148, 182, 197, 200, 214, 222, 264, 297, 302, 311, 313, 315, 328-329, 335, 383-385
  indianos 315
  marroquinos 81, 85, 124, 126, 134-137, 207, 210, 222-226, 247, 258, 345-350, 364-365, 383
  mongóis 17, 112
  otomanos 39, 53-54, 81, 88-89, 123-135, 148-149, 151, 152, 155-157, 205-209, 213-216, 224-227, 248-252, 260-262, 270, 295-297, 308-311, 334, 344-350, 357, 365-369, 372, 378, 383
  persas 81, 124-126, 137-138, 358
Djem 21, 146, 147, 149, 221, 222
Dodge, B. 77n
Donizetti, Giuseppe 346, 347
Donskoi, Dimitri 25
Dozy, R. 102N, 236
dragomano. Cf. intérpretes
drama 348, 349
Dublin 355
Dunlop, D. M. 164N

economia 40-42, 144, 231-252. Cf. também comércio
Eduardo I 17

educação 44, 78, 89-93, 122, 123, 155-158, 251, 293, 294, 300-350, 346-347, 383, 386, 389-390. *Cf. também* Engenharia, Escola de; Medicina, Escola de; Militares, Escola de Ciências; Música, Escola Imperial Otomana de; estudantes no exterior
Egito 1, 2, 6, 11, 12, 15, 16, 24, 46, 49-53, 110, 111, 121, 157, 158, 165, 181, 204, 210, 227, 234, 246, 252, 254, 255, 258, 271, 276, 284, 317, 334, 358, 359, 370, 373, 385
*elçi* 125. *Cf. também* diplomatas
Elizabeth I 37, 215, 220, 259, 261, 264, 288
embaixadas, relatórios de 125-139, 383
embaixadas residentes
  europeias 77-78, 82, 89, 113, 302
  otomana 81, 155-158, 383
embaixadores. *Cf.* diplomatas
Emin, A. 385N
emissários. *Cf.* diplomatas
empréstimo, palavras tomadas de 87-90
Engenharia, Escola de 44, 91, 92, 300, 303, 304. *Cf. também* educação
Ertaylan, I. H. 146N
Escandinávia 169, 232
Escócia 154, 178, 183
Escorial 135, 349
escravidão, escravos, tráfico de escravos 29, 39, 61, 88, 100, 188-189, 231, 234-244
eslavos, eslávico 84, 85, 87, 118, 165-170, 175, 196, 197, 211, 234-238, 240, 269
Esmirna 371, 385, 386
Espanha, espanhol 2-4, 6-8, 23, 31, 37, 39, 40, 65-68, 71, 72, 76, 78, 80, 81, 83-86, 88, 90, 101, 102, 107-109, 111, 119-121, 126, 133-136, 139, 145, 150, 162, 165-169, 171, 177, 180, 181, 184, 193, 197, 199, 200, 202, 203, 208, 209, 215, 218, 219, 222-227, 235-237, 246-248, 258, 261, 288, 289, 328, 345, 347-349, 363-365, 367, 368

especiarias, comércio de 32, 238
espionagem 118, 121, 148-150, 219
Estados Unidos 39, 90
estudantes no exterior 157-159
Etiópia, etíope 72, 165, 246, 255-257
Evliya Çelebi 83, 84, 86, 127-129, 131, 189, 218, 344, 350, 351, 355, 356N, 364

Farman-Farmayan, H. 158N
Fatḥ 'Alī Xá 138, 318, 391
fatímidas (dinastia) 6, 236, 242
Favray, Antoine de 313
Fazil Ahmed Paxá 186
Fazil Bei 158N, 338-343, 367, 368, 393, (como Fazil Bey) 393
Felipe III, da Espanha 315
Felipe IV 199, 203
Fénelon 351
Feridun Bei 190, 219N
Fernando I 23
Fernando III, imperador 199
Fernel, Jean 291
*fetwa* ou *fatwa* 308
Figueroa, Dom García de Silva 315
filosofia 73-76
Findley, C. V. 134N
Firdevsi-i Rumi 196, 197N
Fisher, A. W. 239N
Flemming, B. 271N
Fondaco dei Turchi 141-145
Forster, E. G. 297N
Fracastoro, Girolamo 291
França, francês 3, 17, 21, 31, 36, 37, 44-54, 58, 67, 85, 86, 88-90, 92, 93, 103, 109, 111, 113, 124, 125, 130-132, 137, 139, 140, 146, 147, 151, 154-158, 162, 163, 181, 186, 190-193, 196, 198-200, 202, 203, 206, 208-210, 213, 214, 227, 228, 234, 236, 237, 246, 250, 251, 254, 258, 261, 262, 270-272, 276-278, 301-304, 309-312, 329, 351, 365-370, 373, 374, 380, 384-386
Francisco I 260
francos, franco 3, 4, 7-10, 44, 69, 77, 91, 93, 99, 100, 105-111, 114, 151, 165-171, 176, 177, 179-184, 188, 190, 191, 193, 195-197, 204, 211,

215, 220, 232-234, 242, 276, 283, 291, 301, 312, 367
Frederico II, imperador 320, 392
Frederico, o Grande 298
Frederico Guilherme II 210
Frens, Gabriel de 149
Fusṭāṭ 317, 319, 392

Galland, Antoine 192
Galland, J. C. 89N, 130N
Garcia, R. 110N
*gavur* 214. Cf. também *kāfir*
gázis 17-19, 195
Gedik Ahmed Paşá 20
Genebra 298
Gêngis-Khan 14-16
Gênova 111, 112, 177, 200, 208, 234, 242, 266-268
geografia 44, 55, 56, 67, 75, 161-191
geógrafos
  árabes e persas 5, 67, 163-180
  otomanos 24, 161-164, 185-191
Geórgia 7, 15, 111
Al-Ghassānī 85N, 135, 222, 223, 247, 248, 258, 261, 345, 347, 384
Al-Ghazāl 101, 102, 347N, 360, 361, 364, 365
Ghāzān Khān 182
Al-Ghazzāl 225, 226, 347
Giacomo di Gaeta 389
Gibb, E. J. W.
  *Constantinople* 19N
  *Damascus* 9N
  *Ottoman Poetry* 239N, 368N
Gibbon, E. 2, 3, 5
Gibraltar 5, 145, 288
Gil, M. 166N
Godmar, bispo 170
Goldstein, B. 282N
Goldziher, I. 170N
Golius, Jacob 163
Grã-Bretanha, britânico. Cf. Inglaterra
Granada 72, 107, 135, 179, 224, 226
Gray, B. 317N
Grécia, grego 4, 5, 7, 21, 45, 48, 49, 55, 56, 67, 70, 72-77, 81, 85-87, 90-93, 111, 113, 120-123, 140, 145, 164-167, 169-171, 176, 180, 181, 190, 192, 195, 196, 217, 237, 281,
290-292, 294, 304, 315, 348, 377, 379-381, 385
Gregório IX 320, 392
Guerra dos Trinta Anos 198, 200, 203, 205
guerra e estratégia militar 124, 187, 194, 283-287
guerra santa 3, 6, 7, 10, 11, 14, 17, 38, 59, 285
Guilherme II 208
Guilherme III 208
Guilherme de Tiro 380

Habsburgo 34, 36, 79, 203, 238
Hacı Halife. Cf. Kâtib Çelebi
Haddad, A. 100N
Haddad, G. M. 51N
Haia 126
Haidar, princesa Musbah 347N
El-Hajji, A. A. 102N, 103N, 168N, 175N
Halet Efêndi 5, 54, 251, 271, 368
Hamidizade 38
Hamidullah, M. 76N
Hanôver 205, 206
*ḥarbī* 61, 213
harém 239, 241, 242;
  mulheres europeias no 241, 242
Hārūn al-Rashīd 100, 256, 258
Hārūn b. Yaḥyā 96, 172, 220, 354
Harvey, L. P. 66N
Hasan b. Hamza 190
Hashim, S. U. 165N
Hashmet 249, 250
Hassan, Sir Joshua 145N
Hastings, Warren 328, 330, 392
Hatti Efêndi 295, 348
Haydar 146
hebreu, hebraico 64, 71, 72, 256, 290, 304, 377
helenismo. Cf. Grécia
Henrique III 124
Henrique IV 125
Henrique VIII 223
Henrique da Turíngia 320, 392
Herat, Escola de 314
Herbelot, Barthélemi d' 163
Herbette, M. 125N, 137N, 155N
Hess, A. C.
  "Lepanto [...]" 36N

"Moriscos [...]" 219N
Heyd, U.
"Moses Hamon [...]" 290N, 291N
"Ottoman ulema [...]" 285N
"Unknown Turkish Treatises [...]" 290N
Heyworth-Dunne, J. 158N, 388N
Hezarfen, Hüseyn 192, 193N, 194
higiene, atitude com relação à 354-355
hinduísmo 212, 317
Hishām II
história muçulmana da Europa 170-171, 180-183, 190-210, 375-376, 389
Hitti, P. K. 276N, 363N
Holanda, holandês 32, 36, 67, 85, 103, 127, 140, 163, 206, 208, 236, 246, 248, 250, 269, 270, 288, 315, 316, 367, 368
homossexualismo 369
Honório I 319, 392
Horda Dourada 16, 25
Hosrev, Mehmed 345
Hrbek, I. 107N, 237N
Hulagu 15
Hungria, húngaros 15, 21, 22, 37, 43, 78-81, 83-85, 107, 122, 131, 162, 188, 189, 196, 197, 201-203, 214, 215, 218, 225, 238, 270
Ḥusayn Khān. *Cf.* Âjūdān-Bāshī

Ibn 'Abd al-Ḥakam 4
Ibn 'Abd al-Mun'im 179
Ibn al-Athīr 9, 10
Ibn Dihya 101
Ibn al-Faqīh 96N, 166, 172, 173
Ibn Ḥawqal 236
Ibn Jubayr 108, 109, 276, 363, 364N
Ibn Khaldūn 105, 133, 180, 181, 183, 193, 247
  *'Ibar* 181N
  *Muqaddima* 180N
  *Ta'rīf* 106N
Ibn Khurradādhbeh 165, 166
Ibn al-Nadīm 77
Ibn al-Qalānisī 9
Ibn al-Qūṭiyya 4
Ibn Rusteh 96N, 166N, 167N, 172N, 355N

Ibn Sa'īd 176, 233, 234N, 244
Ibn Shāhīn 110N
Ibn al-ṭuwayr 242N
Ibn Wāṣil 105N, 221
Ibrahim Müteferrika 43, 44N, 45, 208, 209, 301
Ibrāhīm Paxá 260, 308
Ibrāhīm b. Ya'qūb 103, 104, 108, 140, 174-176, 232, 244, 275, 334, 355, 362
*Icmal-i ahval-i Avrupa* 209N, 270N
Idris, H. R. 58N
Al-Idrīsī 177-1780, 233
igualdade, doutrina da 266-279
Ihlasi, xeique Muhammad 186
*ijtihād* 293
Iluminismo 46, 156
Ilyās ibn Ḥannā 139
imperialismo europeu 22, 66
Império Romano do Oriente. *Cf.* Bizantino, Império
impressão 43, 45, 86, 114, 120, 131, 202, 208-210, 285, 385, 388
Inalcik, H.,
  "Djem" 146N
  *Mehmed* 20N
  "Osmanlı-Rus [...]" 29N
Índia, indianos 5, 24, 31, 32, 41, 58, 64, 70, 73, 90, 154, 161, 182, 183, 187, 192, 229, 231, 238, 246-249, 251, 257, 273, 281, 317, 328, 367, 368, 372, 381. *Cf. também* diplomatas indianos; Mogol; viajantes indianos
Índias 32, 192, 238, 301
Índico, Oceano 21, 22, 25, 187
indústria 41, 250-252
Inglaterra, inglês 17, 24, 32, 36, 37, 52, 82, 85, 88-90, 109, 113, 124, 133, 137-138, 140, 145, 149, 152, 154, 157, 163, 178, 179, 183, 193, 194, 197, 198, 200, 203, 206, 208, 215, 223, 233, 234, 242-245, 250, 259, 269
Inostrancev, C. 76N
Inquisição 223
intérpretes 78-81, 83, 118, 127, 139, 187, 302, 335, 353-354, 360-362, 392
*iqlīm* 56

Irã. *Cf.* Pérsia
Iraque 2, 6, 16, 56, 73, 110, 231, 328
Irlanda 101, 155, 169, 174, 175, 178, 183, 245
*Irşad* 161N, 217N, 222N, 269N
Isfahan 315, 316, 322, 391, 392
al-Isfahānī, Abu'l-Faraj 264N
Ishak Efêndi, Hoja 92, 304, 305
Islândia 22, 186, 240
Issawi, C. 90N
Istambul 29, 32, 35, 37, 43, 45, 80, 81, 113, 118, 125, 132, 138, 141, 143, 147, 157, 191, 193, 197-200, 205, 294, 297, 298, 301, 302, 307, 309, 311, 329, 345, 346, 367, 368, 385, 387, 388. *Cf. também* Constantinopla
Itália, italiano 12, 20, 21, 31, 85-90, 105, 106, 109, 113, 120, 122, 123, 127, 139, 140, 145, 146, 148-151, 155, 157, 177, 182, 183, 195, 208, 213, 236-238, 267, 268, 272, 289, 290, 301, 303, 307, 313, 315, 316, 346
I'tişām al-Dīn 154N
Ivã, o Grande 25, 197
Izzedin, M. 96N

Jabartī 49, 50, 217, 276, 277, 373, 374
Jacob, G. 102N, 103N, 104, 175N, 344N, 355N
jacobitas 217
Jahāngīr, imperador mogol 328
Jāḥiẓ 232N
Jahn, K.,
"Christliche [...]" 165N
"Erweiterung [...]" 182N
Rashid al-Din 182N
Jaime I 288
Jāmī 299N
Janikli Ali Paxá 299, 300
janízaros 129, 157, 300, 345
Japão, japonês 74, 382
jardins europeus 308, 309
*Jarūn-nāma* 26-28, 391
Jerusalém 10, 96, 100, 140, 200, 204, 379
Jesus 43N, 219, 376

*jihād*. *Cf.* guerra santa
*Jıhannüma* 185-187, 192
*jızya* 61
João de Lorena 104N
Johnson, R. 329, 331, 392
Jones, Sir William 353
jornais 191, 384-387. *Cf. também* impressão
judaísmo, minorias judaicas 1, 2, 11, 24, 45, 55, 62, 67, 80, 85, 92, 96, 98-100, 103, 119-125, 139, 143-145, 150, 166, 189, 193, 212, 223, 237, 282, 290, 304, 348, 349, 376, 383
"jugo tártaro" 16, 25
julgamento por ordálio 274-276
Juvaynī 112N

*kāfir* 212, 213
Kahane, H. e R. 87N
Kahle, P. 184N
Kara Mehmed Paxá 126, 127
Karabacek, J. von 311N
Karal, E. Z.,
*Fransa-Misr.* 228N, 369N
*Halet* 251N, 271N
Tanzımat 309N
"Yunan" 48N
Kâtib Çelebi 84-86, 161-164, 185-187, 191, 192, 194, 198-200, 208, 215-217, 222, 269, 272, 375
*Fezleke* 199N, 200N
*Irşad* 86N
*Mizān* 186N
Kemalpaşazade 37N, 203, 258
Khanikov, M. V. 220N
Khāqānī 220
*kharja* 71
al-Khuri, Y. 165N
Al-Khwārezmī 164
Kinglake, A. W. 153N
*Kızıl-elma* 21
Kléber, general 276, 385
Knolles, Richard 22
Kosovo, batalha de 195
Kowalski, T. 103N, 104, 175N
Kračkovsky, I. J. 165N
Kraelitz, F. von 34N, 202N, 214N, 226N, 261N

Kraemer, J. 95N
Kreutel, R. F.,
    *Autobiographie* (Osman Ağa) 79N
    *Im Reiche* (Evliya) 84N, 129N, 189N, 218N, 351N, 356N, 364N
    *Kara Mustafa* (Sılıhdar) 33N
    *Leben* (Osman Ağa) 79N (Oruç) 196N
    *Osmanische Geschichtssckreiber* (série) 126N
    *Zwischen* (Osman Aga) 79n
Küçük Kaynarja, Tratado de 45, 80, 260
Kuli Khān 28, 391
Kulikovo, batalha de 25
Kunik, A. 175N
Kunik-Rosen 362N
Kuran, E. 156N, 157N
Kurz, O. 298N

Lagarde, L. 385N
Lammens, H. 111N
Langlès, L. 91N
latim 55, 69, 70, 72, 74, 76, 77, 80, 82, 85, 86, 88, 89, 163, 201, 202, 290, 292, 294, 304, 377
Lefort, J. 146N
lei islâmica 57-60, 65, 135, 211, 273
Leone, E. de 346N
Leopoldo, imperador 194
Lepanto, batalha de 35, 36, 141
Lesure, M. 35N
Levi Della Vida, G.
    "La corrispondenza" 76N
    "La traduzione [...]" 76N
Levi-Provençal, E. 102N
Levni 329, 335-337, 393
Lewis, B.,
    *Emergence* 49N, 54N, 92N, 305N
    "The French Revolution" 47N, 48N, 53N
    *Islam* 232N
    *Islam in History* 210N
    *Istanbul* 247N
    *Muslim Historians* 191N, 202N
    "Notes" 120N
Líbano 123, 145, 148
Líbia 31, 55, 56, 165
*lingua franca* 83

línguas europeias, conhecimento das 13, 71, 78, 83, 90, 119, 121, 150, 155, 163, 184, 303, 304, 377, 378, 389
literatura 74, 75, 156, 249, 349-351
Liudprand 236N
*Livro de Rogério, O* 177. *Cf. também* al-Idrīsī
Londres 97, 124, 132, 137, 138, 154, 155, 157, 251, 290, 358, 367
Luís IV 170, 171
Luís IX 181
Luís XIII 193
Luís XIV 126, 203
Luís XV 129
Lutero 304
luteranos 22, 191, 218, 219
Lutfi Paxá 35, 197, 386
Luttervelt, R. van 313N

Madri 39, 40, 132, 133, 135, 247, 248, 357, 379
Magreb, al-Maghrib 56. *Cf. também,* Marrocos; África, norte da; Tunís
Mahmud II 92, 158, 303, 358
Mahmud Raif 157
Mainz 205, 233
*Malfūzāt-i Tīmūr* 333, 392
malik 256, 257
Malta 97, 130, 208, 313, 351
mamelucos 11, 15, 16, 79, 80, 110, 121, 235, 284, 358, 359, 373
Manfredo da Sicília 105, 223, 224
maniqueísmo 1, 310N
Maomé (profeta) 1-3, 60, 62, 228, 256, 257, 376, 380
mapas. *Cf.* cartografia
Al-Maqrīzī 242N
Mar Negro 7, 15, 16, 29, 51, 52, 66, 203, 238, 239
Mar Vermelho 32, 187, 246
Marco Polo 17
Maria Teresa 264
Marrocos 8, 21, 23, 31, 38, 66, 81, 85, 123, 124, 126, 134-137, 177, 185, 207, 210, 222-226, 247, 248, 258, 259, 345, 347, 349, 350, 364, 365, 368, 383
Marselha 145, 151, 246

Marsigli, conde Ferdinando 192
Martinho de Opava 182, 183
masculinidade, conceitos de 362-363, 369-370
Massé, H. 166N
Masūdī 167, 170, 171, 183
　K. al-tanbīh 167N
　Murūj. 168N
Mavrocordato, Alexander 294
McNeill, W. H. 141N
Meca 65, 66, 359
Medicina, Escola de 92, 294, 303
medicina 73, 76, 285, 289, 290, 292-295
médicos 103, 123, 182, 289-294, 375
Medina 65
Mehmed II (Maomé II), o Conquistador 146, 190, 200, 289, 307, 312, 313
Mehmed IV 291
Mehmed Köprülü 294
Mehmed, Yirmisekiz Çelebi 129-132, 151-152, 208, 248, 261, 270, 308-310, 344, 365, 371, 378
Melvinger, A. 168N
Ménage, V. L. 191;
　"The English Capitulations [...]" 43N
　"The Mission [...]" 149N
　"Three Ottoman Treatises [...]" 86N, 191N, 209N
Meninski, François de Mesgnien 127
Mercator 186
Meredith-Owens, G. M. 314N
Mesopotâmia 1, 7, 15, 63
Al-Miknāsī 226, 345N, 347N, 350
Mil e Uma Noites, As 354
militar, militares
　alianças 36, 38
　instrução 44, 78, 89-93, 155, 300-305, 345, 346
　tecnologia 29, 36, 40-44, 98, 120, 184, 197-198, 201-202, 207-208, 234, 243, 283-289
Militares, Escola de Ciências 303
mineraçãoN280
Minnat, Mīr Qamar al-Dīn 392
Minorsky, V. 110N
Miquel, A.
　"L'Europe" 103N

Géographie 165N, 344N, 356N
"Ibrahim [...]" 103N
moda. Cf. trajes
Modon, Batalha de (Segunda Batalha de Lepanto) 196
Mogol 31; 317, 327, 328, 392
Mohács, batalha de 80, 202
Moisés Hamón 291
Mongólia, mongóis 14, 16, 17, 31, 182, 254, 328, 358, 359
monofisitas 217
Monshi, E. 24N
Moreh, S. 373N
Morier, J. J. 138
Moscou 25
Mossul 9, 139
mouros 119, 202N, 219, 224
Muḥammad 'Alī Paxá 210, 384, 387, 388
Muḥammad Riẓā Beg 137
Muḥammad Xá 138
mühimme defteri 35N
Al-Muktafī 100
Mülhemi, Ibrahim 191
mulheres 108, 261-266, 338-343, 355-356, 359-371
Müller, H. 240N
multidões europeias 357, 358
Müneccimbaşī 194N
Murad III 124, 185, 215, 241, 261
Murad IV 348
Murphey, R. 287N
Musa, Jalinus al-Isra'ili 291
música 334-347
Música, Escola Imperial Otomana de 346
Mustafá II 329
Mustafá III 249
Mustafa Âli de Galípoli 188;
　Künh al-ahbar 189N;
　Meva'id 189N
Mustafa, Seid 91N
musta'min 61. Cf. amān
mutamallik 257. Cf. também títulos

nações, conceito europeu de 213-214
nações, versos sobre as 214-215
Naff, T. 157N

Naima 199N, 200N, 202, 203, 204N, 376
Nakişhane 329
Nallino, C. A. 164N
Naplusa 275
Napoleão Bonaparte 46, 49, 50, 271, 276, 385, 388
napoleônicas, guerras 39, 83, 137, 206, 303
Nápoles 111, 112, 147, 148
Naqd 'Alī Bei 137
Al-Nāṣir Muḥammad ibn Qalā'ūn 358-359
Nedim 193
Nemçe 84, 85, 200, 205
Neşri 20N
nestorianos 217
Nice 146, 147
Nicéforo 256
Niceno, Credo 217
Nicholas de Nicolay 119, 120N, 290N
Nicola Turk 50-52
Nicoussias, Panagiotis 294
Novo Mundo 42, 98, 113, 121, 139, 161, 185, 208, 245, 246, 248
Nuruosmaniye, mesquita de 307, 308

Observatório de Paris 295
Observatório de Viena 295, 296
óculos 299
Ocupação Francesa do Egito 46, 49-51, 206, 226, 373, 385
odontologia 291
Ömer Ağa 126
Omíadas 6, 73, 235
orientais, estudiosos e estudos 82-83, 114, 138, 155, 163-164, 353-354, 374-375
Ormuz 24, 26-28, 391
Orósio 76
Oruç 18, 19N, 190N, 195, 196N
Osman, fundador do Império Otomano 17
Osman Ağa 79, 97, 208, 308N, 312N
Otelo 124, 349
Oto, imperador saxão 77, 103, 104
Otranto, batalha de 20, 21
ouro e prata 41, 248

Oxus 5, 15
Öz, T. 47N

Palestina 1, 2, 8, 10, 11, 56, 67, 84, 86, 105, 110, 181, 204, 275, 363
papado 22, 84, 105, 147, 162, 168, 183, 196, 219-223, 265
Paracelso 294, 295, 304
Paret, R. 256N
Paris 45, 88, 124-126, 129-132, 137-139, 158, 191, 251, 270, 271, 295, 301, 302, 308-310, 344, 367-370, 386
Parmaksizoğlu, I. 97N, 197N
Parry, V. J. 287N
Paruta, P. 141N
Passarowitz, tratado de 88, 129, 131, 308
Patrinelis, C. G. 87N
Pavet de Courteille, M. 37N
pax mongolica 17
Peçuy 36n, 201, 202, 247
Pedro, o Grande 204
Pedro I, de Castela 105
Pellat, C. 168N
Pelliot, P. 110N
peregrinos 11, 96, 148, 151
Pérès, H. 135N, 225N
Pérsia (Irã) 1, 2, 15, 17, 24, 41, 52, 57, 64, 67-69, 70, 72-74, 81, 82, 84, 90, 110, 112, 124, 126, 137-139, 154, 163-166, 168-170, 176, 180-184, 207, 208-210, 212, 213, 247, 254, 255, 264, 281, 284, 286, 312, 314-317, 328, 371, 378, 380, 381, 383, 387, 389-392
Pétis de la Croix 156, 192, 351
Pfaff, K. 243N
Phanar 81
piratas 38, 39, 288. Cf. também corsários
Piri Reis 184
Polk, W. R. 158N
Polônia 15, 32, 81, 103, 104, 122, 195, 196, 215, 225, 226, 238, 249, 270, 313, 367
Portugal, português 8, 11, 21, 23-28, 30-32, 65, 85, 88, 90, 119, 120, 136, 150, 200, 215, 328, 332, 391, 392

Praga 175, 199
preços, mudança nos 41
Preto, P. 141N
prisioneiros 40, 58, 96, 97, 130, 135, 149, 163, 172, 185, 195, 201, 235, 236, 349, 250, 354, 355. *Cf. também* escravidão; corsários
procedimentos jurídicos europeus 273-278
Prokosch, E. 215N
protestantes 25, 143, 191, 217-220, 243. *Cf. também* Reforma Protestante
Prússia 38, 133, 156, 205, 206, 249, 259, 262, 372
Ptolomeu 164, 193, 304

Qadrī 391
Qalā'ūn 358, 359
Qalqashandī 111, 112, 221, 222, 264, 267, 268
Qazvīnī 104, 175N, 176, 233N, 244N, 275, 344N, 355N, 362N
quarentena 134, 151-153, 357

Ra'īn, I. 158N
Rashīd al-Dīn 69N, 182, 183, 222, 234, 245N, 264, 265, 268, 317, 328, 389, 392
Raşid Efêndi 204, 205
Reconquista 8, 22, 24, 59, 105, 135, 175, 377
Refik, A. 34N
   *Hicri.* 309N
   *Tarih* 155N
   *Türkler* 198N
Reforma Protestante 46, 194, 223, 376, 381
reformas, sultões reformistas 91, 155-157, 241, 252, 303, 358
Reis Efêndi 91N
relógios e relojoeiros 297, 298
Renascimento 46, 75, 82, 112, 113, 194, 381
Renda, G. 314N, 329N, 334N
renegados. *Cf.* convertidos
representativa, assembleia 272
republicana, forma de governo 266-271

Resmi 133, 226, 248, 249
   *Berlin* 133N, 226N, 249N
   *Viyana* 133N
revolução. *Cf.* França, Revolução Francesa
Revolução Francesa 46-49, 206, 210, 227, 271, 303, 354
Richard, J. 242N
Richelieu 203
Rifa'A Rāfi' al-ṭahṭāwī 158, 278, 279, 356-369, 371
Rijswijk, Tratado de 205
Robbs, J. 186
*Robinson Crusoé* 351
Rodes 111, 146
Roe, Sir Thomas 328
Rogério II 177
Roma, romano 1, 2, 5, 12, 17, 18, 20, 21, 67, 71, 76, 77, 84, 86, 89, 95, 96, 103, 107, 111, 112, 122, 123, 126, 127, 145, 147, 161, 165-169, 172, 173, 177, 180, 181, 190-193, 196, 199, 205, 208, 210, 211, 217, 220, 221, 234, 237, 241, 256-258, 260, 264, 265, 270, 297, 315, 316, 354, 361, 362, 376
Romênia 192, 249
Rosen, V. 175N
Rosenthal, F.
   *Classical Heritage* 72N
   "Ibn Khaldūn" 180N
Rossi, E. 242N
Rouen 233
Rouillard, C. D. 125N
Rousseau, Isaak 298
Rousseau, Jean-Jacques 227, 298
Rūm, Rūmī 10, 17, 18, 67, 85, 168, 169, 172, 173, 217
Runciman, S. 100N
Rússia, russo 15, 16, 23, 25, 29-32, 38, 45-48, 51, 52, 66, 67, 77, 85, 89, 170, 175, 187, 188, 196, 203, 204, 206-209, 213, 214, 224, 232, 238, 239, 249, 250, 260, 299, 302, 367, 385, 386, 388

Sacro Império Romano-Germânico 103, 205, 208, 260, 270, 297
Sa'd al-Din 19N

safávida 112, 314
Sagrado, A. 141N
Ṣāʻid b. Aḥmad 67, 68N
Said Çelebi (Efêndi) 45, 88, 89, 131
Saladino 13, 179, 204
Salônica 45, 120
Şanizade, Ataullah Mehmed 38, 91, 92N, 303, 304
Santillana, D. 66N
São Petersburgo 132, 138, 187
Sardenha 8, 206, 345, 346
Sauvaire, H. 85N, 223N, 248N, 258N, 261N, 345N, 347N, 384N
Savary, Franciscus 200
Savory, R. M. 24N
saxões, Saxônia 77, 206, 249
  leis de mineração 280
Schleswig 233, 344, 362
secularismo 46, 229
Seippel, A. 102N, 168N, 179N
Selaniki Mustafa Efêndi 197, 198
Selim I 35
Selim II 36, 241
Selim III 155, 271, 301, 302
seljúcidas, turcos 14-17
Şemʻdanizade Süleyman Efêndi 89N, 205, 206N, 270N
serralho. Cf. harém
Sérvia, sérvios 79, 85, 111, 201, 226
sexuais, costumes, Europa 365-372. Cf. também mulheres
Shahid, I. 256N
Shakespeare 124
Shaw, S. J. 134N, 157N
al-Shayyāl, Jamāl al-Dīn 388N
Sherley, Antony 124
Sherley, R. 124, 137
Shihāb, H. A. 228N
Shīrāzī, Abuʾl-Ḥasan 137, 138, 158
Sicília 2, 5, 8, 9, 65, 66, 80, 105, 171, 177, 178, 186, 200, 223, 224, 237, 238, 246
sífilis, tratamento da 291-292
Sılıhdar 33N, 205
Sinor, D. 110N
Síria 1, 2, 6-8, 14, 35, 56, 73, 81, 86, 99, 108, 110, 123, 151, 204, 217, 234, 246, 276, 284, 298, 363
siríaco 64, 70, 71, 73, 164

Skilliter, S.
  "Letters" 242N
  "Messenger" 150N;
  William Harborne 219N;
Slade, A. 347N
Slane, M. de 179N, 180N
Smith, Sir Sidney 187
Sokollu Mehmed Paxá (grão-vizir) 36
Southern, R. W. 104N
Spies, O.
  Leben. 79N;
  "Schicksale" 97N
Spuler, B.
  "Die Europäische", "Europäische Diplomaten" 126N;
  "Ibrāhīm ibn Jaʻqūb" 103N
Stchoukine, I. 316N
Stern, S. M.
  Documents. 242N;
  "Embassy", 258N;
  e Barber, C. R. 170N
Stewart, C. 273N, 355N, 357N
Storey, C. A. 138N, 154N, 158N, 389N
Sublime Porta 48, 80, 90, 91, 118, 187, 260, 261, 294
Suécia 38, 145, 199, 204, 206, 208, 209, 232
Suíça, suíço 85, 208, 270, 298
Sulaymān, xá 327, 392
Suleiman, o Magnífico 21, 22, 35, 36, 203, 241, 258, 290, 291
sunitas, sunismo 6, 213, 217, 266
Suʻudi, Muhammad b. Hasan 185

tabaco 41, 202, 246, 247
Ṭabarī 4, 256N
Tabrīz 234, 314
Taeschner, F. 20N, 185N, 391
Taghri Berdi 80
Tahmāsp, xá 314
Taife-ı Efrenjiyan (Corporação dos Francos) 286
Tamerlão 284
Tammām ibn ʻAlqama 101, 361
Tânger 23, 165
Tanpinar, A. H. 132N
tapeçaria 310, 311
Taqī al-Dīn 298

*Tarih al-Hind al-Garbi* 24N, 185N
*Tarih-i Izzi* 296N
tártaro, tártaros 8, 16, 25, 29, 127.
  *Cf.* também Mongólia
*Tathqīf* 111, 221, 222, 267
tecnologia 29, 41, 42, 285-289
Teerã 137, 138
Tekeli, S. 299N
Tênedos, bombardeio de 115, 391
Teply, K. 128N
Thuasne, L. 146N
Tietze, A.
  "Aziz Efêndi" 156N
  *Língua Franca* 87N
Tīmūr 333, 392
Tiro 108
Titley, Norah M. 329N
títulos 111, 214-215, 254-261
Toderini, G. 301, 302N
Toledo 8, 9, 67
Tott, barão F. de 300N, 301
Toulouse 209, 270
tourada espanhola 347
Tours e Poitiers, Batalha de 2-4
tradução, atividade de 72-76, 163, 164, 189, 193, 209-210, 281, 282, 290, 303, 373-374, 383-385, 387-388
trajes 328, 329, 355-359, 376, 377
Trípoli, Tripolitânia 23, 38, 79
Tschudi, R. 35N
Túnis, Tunísia 6, 31, 38, 56, 181, 183, 185, 236, 237
Turan, Şerafettin 149N
turbante, na Europa 359
Tursun 20N
al-ṭurṭūshī. *Cf.* Ibrāhīm b. Yaʿqūb

'Udhrī 103N, 104, 275
Uluçay, Çağatay
  *Harem* II 242N
  "Padişahlarin" 242N
'Umarī 111, 150, 151, 266, 267N
Unat, F. R. 126N
uniatas, igrejas 12, 96, 145
Ünver, S. 92N, 329N
Urūfa 56, 165
Usāma b. Munqidh 99, 106, 107, 109, 275, 276N, 282, 283, 362, 363

Üsküdar (Scutari) 90, 157
Utrecht, Tratado de 145, 232

Valência 108, 134
Valle, Pietro della 315
Vanmour, Jean-Baptiste 313
Vasco da Gama 23
Vasif Efêndi 40N, 133, 134, 187, 206, 248, 345, 349, 350N, 357, 379
Vasvar, Tratado de 126
Veneza, venezianos 20, 25, 80, 85, 87, 88, 111-113, 115, 116, 123, 125, 140-145, 148, 162, 177, 185, 187, 195-197, 200, 202, 204, 208, 237, 241, 242, 250, 266-270, 284, 301, 311, 313, 315, 316, 391
Verecellin, G. 141N
Verlinden, C. 236N
Versalhes 309
Vestfália, Tratado de 199
Veysi 239
viajantes
  árabes 334, 354-355, 362-363
  cristãos 139
  europeus 17, 346
  indianos 154-155, 250-251, 272-273, 277, 355-357, 366-367, 372
  judeus 139-140
  otomanos 34, 127-128, 147-148, 218, 355-356, 370
  persas 358
Viena 21, 22, 32-34, 37, 83, 97, 124-134, 138, 145, 155, 204, 207, 259, 260, 287, 295, 344, 348, 350, 355, 364
vikings 101, 102, 168N, 174, 360, 361
Vimercati, Cesare 346N
Vinci, Leonardo da 311
Voltaire 227, 298, 388

Wansbrough, J. 80N
al-Wansharīsī 66
White, Lynn, Jr. 299N
Wieber, R. 164N
Wittek, Paul 17N
Wurm, H. 193N

xiitas 6, 25, 112